清代安徽城市发展研究

范习中/著

四川大学出版社
SICHUAN UNIVERSITY PRESS

图书在版编目（CIP）数据

清代安徽城市发展研究 / 范习中著 . — 成都 : 四
川大学出版社，2023.6
（城市与文明）
ISBN 978-7-5690-5675-4

Ⅰ . ①清… Ⅱ . ①范… Ⅲ . ①城市史—研究—安徽—
清代 Ⅳ . ① K295.4

中国版本图书馆 CIP 数据核字（2022）第 180140 号

书　　名：清代安徽城市发展研究
　　　　　Qingdai Anhui Chengshi Fazhan Yanjiu
著　　者：范习中
丛 书 名：城市与文明

丛书策划：张宏辉　徐　凯
选题策划：徐　凯
责任编辑：徐　凯　毛张琳
责任校对：张宇琛
装帧设计：墨创文化
责任印制：王　炜

出版发行：四川大学出版社有限责任公司
　　　　　地址：成都市一环路南一段 24 号（610065）
　　　　　电话：（028）85408311（发行部）、85400276（总编室）
　　　　　电子邮箱：scupress@vip.163.com
　　　　　网址：https://press.scu.edu.cn
印前制作：四川胜翔数码印务设计有限公司
印刷装订：四川五洲彩印有限责任公司

成品尺寸：170mm×240mm
印　　张：23.5
插　　页：1
字　　数：434 千字

版　　次：2023 年 6 月 第 1 版
印　　次：2023 年 6 月 第 1 次印刷
定　　价：89.00 元

本社图书如有印装质量问题，请联系发行部调换

扫码获取数字资源

四川大学出版社
微信公众号

前　言

　　清代是中国最后一个封建王朝。满人入主中原后，继承了过往被历史证明为正确的一整套封建制度和文化，使中国从明末清初的战乱中恢复过来，并迎来了中国封建社会最后一页华章——"康乾盛世"。从中国内部发展来看，清代城市的发展超过了历史上的任何时期，但是同世界城市发展相比，则步子较慢。[①] 1840 年鸦片战争后，西方列强的入侵，使中国开始进入半殖民地半封建社会，中国城市的发展也呈现了与以往不同的变化：一大批开辟为通商口岸的城市的工商业加速发展，而大部分内陆城市发展变化不大。清代安徽城市的发展情况大致也是如此。清代前中期，度过了艰难的恢复期后，安徽城市发展迎来了一个小高峰，城市腹地农业、城市工商业都有一定程度的发展；晚清，随着芜湖的开埠通商，芜湖城市发展的速度进一步加快，而安徽其他城市由于受外力影响较小，发展变化不大。

　　本书以清代安徽城市为研究对象，力图从城市发展的基础，城市的体系、规模、形态，城市管理，城市经济，城市教育，城市社会等方面来展现清代安徽城市发展的轨迹，共分为六章。

　　第一章论述清代安徽城市发展的自然、人文基础。从自然和人文两个方面讨论了清代安徽城市发展的背景。安徽的地理位置、气候等自然条件既有利于城市发展的一面，也有不利于城市发展的一面；安徽地区的城市出现较早，在清代以前，安徽城市的发展已达到较高的水平。

　　第二章研究清代安徽城市的体系、规模、形态与营建维修。首先从行政体系与区域体系两个方面来剖析清代安徽城市的结构；就规模而

---

① 何一民：《中国城市史》，武汉大学出版社，2012 年版，第 381 页。

言，清代安徽城市整体规模偏小，大城市不多；从形态上看，清代安徽城市方形城池偏少，圆形、不规则城池较多。

第三章研究清代安徽城市的管理。主要从治安管理和经济管理两个方面来阐述清代安徽城市的管理问题。从治安管理来看，清代各级地方政府、城市驻军、城市基层社会组织在治安管理中发挥着各自的作用，清末安徽各城市纷纷建立警政，参与城市治安管理；从经济管理来看，清代安徽城市往往依靠官方和民间两种力量来共同管理。

第四章研究清代安徽城市的经济。分清代前中期和晚清两个时间段来讨论清代安徽城市经济情况。清代前中期，在渡过战乱的恢复期后，安徽城市经济发展迎来一个高潮，腹地农业、城市手工业、商业都有一定的发展；清末，随着西方列强的入侵，安徽城市经济的发展有了一定的变化，而这种变化集中体现在芜湖。

第五章研究清代安徽城市的教育与近代报刊。清代前中期，安徽城市教育依旧围绕科举制进行，各种封建教育形式并行。清末，安徽各地纷纷建立新式学堂，安徽城市教育变化较大。近代报刊的出现启迪了清末安徽城市市民的民智，丰富了市民的文化生活。

第六章研究清代安徽城市的社会生活。从社会风俗、地方戏剧、社会问题等方面来讨论清代安徽城市的社会生活。就社会风俗而言，清代安徽城市社会风俗具有民俗淳厚、崇尚节俭、好习诗书等整体性特点；清代安徽城市地方戏剧的繁荣丰富了城市市民的文化生活和城市建筑；清代安徽城市的主要社会问题有赌博、吸毒、嫖娼、迷信等，对当时的安徽城市发展造成较大的危害。

目　录

绪　论

一、选题缘起

安徽省位于我国东部与中部的交界地带，具有联结东西的区位优势。安徽省地形地貌呈现多样性，长江和淮河自西向东横贯全境，将全省分为淮北、江淮、江南三大各具地形特色的板块。淮北地势坦荡辽阔，为华北大平原的一部分；江淮山地岗丘逶迤曲折，丘波起伏，岗冲相间，长江两岸和巢湖周围地势低平，属于著名的长江中下游平原；江南以山地、丘陵为主。全省大致可分为五个自然区域：淮北平原、江淮丘陵、皖西大别山区、沿江平原、皖南山区。安徽的城镇有着悠久的历史，早在三千多年前的春秋时期，皖北便出现了较多的城邦，如淮北的相城、亳县的焦邑和城父集、寿县的寿春等；两汉时期，依托淮河水运，皖中地区相继出现了一批城镇和城池；南宋以后，随着全国性的人口大迁徙，沿江地区和皖南地区得到了逐步开发，城镇的规模和人口也有较大的发展，安庆和芜湖成为皖南地区城市发展的代表。

长江流经安徽400余千米，有"皖江"之称。20世纪90年代初，上海浦东对外开放，安徽闻风而动，作出"开发皖江，呼应浦东"的决策并付诸实施，逐步形成以芜湖为突破口、沿江城市全面跟进开发开放的新格局；2006年，国家将皖江城市带纳入中部地区崛起战略重点发展区域，加快了长三角等沿海发达地区产业向中西部转移的进程；2010年1月12日，国务院正式批复《皖江城市带承接产业转移示范区规则》，安徽沿江城市带承接产业转移示范区建设纳入国家发展战略。这是迄今为止全国唯一以产业转移为主题的区域发展规划，是促进区域协调发展的重大举措，为推进安徽参与泛长三角区域发展分工，探索中西部地区承接产业转移新模式，加速安徽崛起点燃了助推剂。

清代是封建社会晚期商品经济较为发达的时期，也是我国由传统向现代转型的重要历史时期，研究这一时期作为政治、经济、文化中心的城市具有重要意义。但是，学界对于清代安徽城市的研究成果并不丰富，也不够深入。从城市史的角度出发，对清代安徽城市进行长时段、全方位的研究具有重要的理论价值，对当今安徽皖江城市带的建设和发展具有重要的借鉴意义。

二、研究现状

当前对于安徽城市的研究成果较多，但多是关于城市某一个方面的研究，或在经济史、安徽史当中偶尔提及，还没有出现清代安徽城市整体研究的书籍或论文。现将搜集到的研究成果叙述如下：

（一）安徽城市整体研究

1. 专著类

徐学林编著的《安徽城市》[①]是目前关于安徽城市研究的最为全面、系统的专著之一，全书以安徽16个城市（9个省辖市，7个县级市，以1989年的统计情况作为依据）为个案进行逐一分析，力图以翔实的史料反映各市发展的历史、现状、风景名胜和土特产品，具有较高的史料价值，但该书对城市性质和城市发展战略等理论性问题研究较少，也未提及安徽城市整体状况。《中国现代化的区域研究——安徽省（1860—1937）》[②]一书主要探讨了19世纪中叶至20世纪30年代安徽的发展与变迁，对安徽近代城市的发展作了宏观和微观的考察，对安庆、芜湖和徽州的经济特点、市镇结构的差异也作了精辟的论述。但是，此书多研究近代的安徽城市，对安徽古代的城市状况和经济发展情况的研究不够

---

① 徐学林：《安徽城市》，中国城市经济出版社，1989年版。
② 谢兴国：《中国现代化的区域研究——安徽省（1860—1937）》，"中央"研究院近代史研究所，1991年版。

透彻。《安徽近代经济史》^①《安徽近代史》^②《安徽近代经济探讨》^③《安徽省经济地理》^④等著作都涉及清代安徽城市的情况。

2. 论文类

《安徽省城市化发展的历史回顾》^⑤一文系统回顾了 1949 年前安徽省城镇发展的概况，分析了 1949 年后安徽省城市化的发展阶段及主要特征，并提出了安徽省城市化发展中存在的一些问题。《安徽省城市体系等级规模结构特征及其调整》^⑥一文认为等级规模结构是城市体系的三大结构之一，其特征可以反映城市在不同规模等级中的分布状况及城市人口集中或分散的程度，有助于认识城市体系发展所处的阶段。作者运用统计数据，在深入分析的基础上，发现安徽省现代城市体系的等级规模结构呈位序—规模分布；城市首位度偏低，规模效应不明显；城市规模总体偏小，特大城市和大城市发育不足，中等城市突出；城市规模空间分布不均衡，区域差异明显。在安徽省城市体系动态变化的过程中，等级规模结构相对稳定，但不断趋于集中，首位城市发展潜力较大，同时各规模级城市具有不同的变化趋势和特征。在此基础上，作者提出了加快皖江城市带的建设、促进皖北城市群的发展、提高皖南中等城市和中心镇水平等优化建议。《安徽汉代城市的分布与建设》^⑦一文阐述了西汉时期安徽地区设有 73 个县治，分属于汝南、庐江、九江、沛、临淮、丹阳、六安、楚、梁等郡国；东汉时期安徽地区设有 67 个县治，分属于汝南、沛、梁、彭城、下那、九江、丹阳、庐江等郡国。这些县治城市中，有 15 个沿用了战国以前的城邑，15 个沿用了秦代的城邑，43 个为西汉新建，3 个为东汉新建。安徽地区在两汉时期共有 76 座县治城市。

① 程必定：《安徽近代经济史》，黄山书社，1989 年版。
② 翁飞：《安徽近代史》，安徽人民出版社，1990 年版。
③ 王鹤鸣、施立业：《安徽近代经济探讨》，安徽人民出版社，1991 年版。
④ 张德生、高本华：《安徽省经济地理》，新华出版社，1987 年版。
⑤ 张云彬：《安徽省城市化发展的历史回顾》，载于《安徽农业大学学报（社会科学版）》，2002 年第 6 期。
⑥ 赵静、焦华富、宣国富：《安徽省城市体系等级规模结构特征及其调整》，载于《长江流域资源与环境》，2005 年第 5 期。
⑦ 张南、张宏明：《安徽汉代城市的分布与建设》，载于《学术界》，1991 年第 6 期。

（二）个体城市的研究

1. 关于安庆的研究

安庆作为清代和民国时期的安徽省会，是安徽的政治和文化中心，清代晚期的很多重大事件都与安庆密切相关，这使安庆成为学术研究的重点之一。多数学者从历史事件本身出发，探讨事件的影响以及对安庆城市发展的作用，研究重点主要集中在两个方面：一为太平天国时期安庆保卫战的研究，相关论文如《多隆阿与安庆战役》[①]《太平天国安庆根据地建设》[②] 等，探讨了安庆保卫战失败的原因、特点、意义以及太平军在安庆的根据地建设，就战争对城市的破坏也提出了相应的见解。另一研究重点主要集中在关于安庆内军械所的问题上。安庆内军械所是洋务派最早创办的近代企业，标志着洋务运动的开始。秦政奇从多个角度论述了安庆内军械所的影响、地位，以及与城市早期现代化的关系。[③]袁首乐对安庆内军械所的产品和地点问题提出疑问，认为安庆内军械所不仅试制蒸汽机和小轮船，而且也试制军火和枪炮。[④] 郑国良在《安庆内军械所究竟设立于哪一年》[⑤] 一文中对《中国近代工业史资料》记载的安庆内军械所设立于 1861 年的观点提出了质疑，通过对曾国藩的日记、奏折、信件等资料的再分析，认为军械所成立于 1862 年春。闵传超认为安庆内军械所是中国近代工业的起点，它汇聚了中国近代化的启动力，开始了从"外购船炮"向"自制船炮"的重大转折，在物质技术层面上完成了由"师夷智造炮制船"的理性选择向文化重构实践的飞跃，成为中国早期现代化历史进程中的开路先锋，其历史地位不可忽略。[⑥]

---

① 隋丽娟：《多隆阿与安庆战役》，载于《黑龙江社会科学》，1997 年第 1 期。
② 鲁尧贤：《太平天国安庆根据地建设》，载于《安庆师范学院学报（社会科学版）》，2001 年第 2 期。
③ 秦政奇：《安庆内军械所——近代兵工业的起点》，载于《安徽史学》，1992 年第 4 期。
④ 袁首乐：《安庆内军械所的产品和地点再析》，载于《历史教学问题》，1995 年第 1 期。
⑤ 郑国良：《安庆内军械所究竟设立于哪一年》，载于《安徽史学》，1998 年第 3 期。
⑥ 闵传超：《走向中国近代化的第一步——论安庆内军械所的历史地位》，载于《安庆师院社会科学学报》，1998 年第 4 期。

对安庆其他方面的零星研究成果有：《安庆历代人口情况概述》^①一文通过对民国时期以前安庆历代人口的考察，总结出安庆人口变动的大体趋势，认为安庆人口的总趋势是在不断增长的，但从线状图看，是一条起伏不平的曲线，这条曲线随着社会政治经济的盛衰而上下波动。《安庆建城考》《皖城探源》《安庆城的门》^②等文章对安庆城的缘起、城市建筑作了详细的介绍。《1907年安庆起义与晚清政局简论》^③一文详细阐述了安庆起义对晚清政局以及清末预备立宪的影响；《明清时期安庆地区的渔业经济》^④一文对明清时期安庆地区的河湖水系形态及其演变作了较为详细的阐述，揭示了部分湖泊水体逐渐淤、塞、淹、废的过程，初步探讨了导致其迅速淤塞的原因。该文还从该地区的渔税征收机构河泊所的设置分布及裁革情况，渔课的数量、比重及变化等方面分析探讨了明清时期这一区域的渔业经济状况及变迁。

从城市史角度出发来研究安庆的专著类成果很少。《传统城市的近代命运——清末民初安庆城市早期现代化研究》^⑤一书是目前少见的几本专著类成果，该书通过对安庆传统秩序、政治社会变革和经济低度发展三个方面的分析，试图以安庆为个案，总结近代传统城市转型的影响因素和变化轨迹。另外，《安庆史话》《安庆地区志》《安徽历史文化名城》等书籍对安庆的历史演变、经济文化特征、民风民俗等也作了描述性的介绍。

2. 关于芜湖的研究

芜湖是安徽著名的商业城市，也是安徽近代唯一的开放口岸城市。关于芜湖的研究成果，是目前安徽城市史中单体城市研究最为丰富的。学者的研究重点主要集中在芜湖的近现代时期，包括以下几个方面：

---

① 董学明：《安庆历代人口情况概述》，《安庆文史资料》编辑部：《安庆文史资料第11辑》。

② 政协安庆市委文史资料研究委员会：《安庆文史资料第17辑皖城古今谈专辑》（上、下册），《安庆文史资料》编辑部，1987年版。

③ 王开玺：《1907年安庆起义与晚清政局简论》，载于《安徽大学学报》，2001年第5期。

④ 尹玲玲：《明清时期安庆地区的渔业经济》，载于《安徽史学》，2001年第4期。

⑤ 朱农葆：《传统城市的近代命运——清末民初安庆城市早期现代化研究》，安徽教育出版社，2002年版。

1）芜湖开埠

《芜湖开埠与安徽近代经济的发展》[①]一文主要从微观的角度探讨了芜湖开埠后进出口贸易的特点以及对安徽近代经济发展的影响。作者认为芜湖开埠产生的作用是双重的：一方面这是西方列强侵略安徽的新阶段，加深了西方列强对安徽人民的掠夺，另一方面芜湖的开埠破坏了安徽的自然经济，推动了安徽早期现代化的进程。陈金勇将芜湖开埠后的贸易分为两个阶段：1877—1899年为第一阶段，芜湖对外贸易迅速发展，其在长江流域各商埠中的地位逐渐上升；1900—1937年为第二阶段，芜湖对外贸易继续发展，但起伏较大，呈波浪形，其在长江流域地位有所下降。[②]《典型的城市早期现代化之路》[③]一文通过比较芜湖与南通两个中等城市的功能和结构，认为两城分别代表了中等城市早期现代化的两种不同的发展模式：芜湖以开埠为契机，在传统商业的基础上，依赖有利的交通条件和对外贸易的刺激，不断扩大市场规模，发展为以米业为主导产业的商业城市；南通则由一个商业、手工业城镇发展为一个以棉纺织业为主导产业的专业性工业城市，成为近代中国城市依靠自身力量发展的典型。《传统城市近代工业发展轨迹和特征——芜湖近代工业个案研究》[④]一文对芜湖近代工业的发展作了简要的梳理和陈述，并在此基础上分析了其历史背景，认为芜湖近代的工业以民族资本为主，大部分近代工业由商业资本投入工业企业转变而来，一部分是官僚平时聚敛的投入，还有一部分由手工业主的积累投入生产转化而来，这在近代中国传统城市中具有一定的代表性。《近代芜湖城市建设概述》[⑤]分析了在外力影响下芜湖城区拓广和城区重心的"L"型转向，着重分析了这一时期城市建设的畸形发展、城市园林的私办性以及城市建筑的结构和特点。

① 王鹤鸣：《芜湖开埠与安徽近代经济的发展》，载于《安徽史学》，1995年第3期。
② 陈金勇：《近代芜湖关进出口贸易发展述论》，载于《绥化学院学报》，2005年第1期。
③ 谢国权：《典型的城市早期现代化之路》，载于《安徽史学》，1999年第4期。
④ 周忍伟：《传统城市近代工业发展轨迹和特征——芜湖近代工业个案研究》，载于《安徽史学》，2004年第1期。
⑤ 金式、管天文：《近代芜湖城市建设概述》，《芜湖文史资料第4辑》，安徽省芜湖市委员会，1990年。

2）芜湖米市

《抗战前芜湖与无锡米市》^①指出芜湖与无锡为不同类型的城市，在城市经济结构中前者依赖商业，后者工商并重。《近代芜湖与无锡工农商关系的差异》^②对近代芜湖与无锡两大米市在农业、工业、商业及其资本之间的互动关系作了较为深刻的比较，由于近代相关工业落后，两者在工农商关系中存在显著的差异。《中外驰名的芜湖米市》《芜湖米市兴衰录》《芜湖米市的百年沧桑》《裁厘加税与芜湖米市的走向》等文章对芜湖米市的兴起、发展、衰落的过程作了概括性的介绍，同时对芜湖米市兴衰的原因、芜湖米市与城市的发展关系也作了深入的探讨，其中谢国权在《近代芜湖米市与芜湖城市的发展》^③一文中阐述了近代米市的兴起与芜湖城市发展之间存在着一种互动关系，认为近代芜湖从城市性质上看是因米粮贸易而兴起的商业城市。《商业对近代中国城市发展作用——芜湖米市分析》^④阐述了地理条件与对外开放引起的商业发展对城市的拉动作用，以及米市衰落所反映的滞碍传统商业活动的经济环境及其内部的致命弱点。

3）芜湖城市产生以及城市经济、社会状况

叶孟明在《古城芜湖建置沿革简述》^⑤一文中对芜湖的形成、发展，芜湖名称的变化以及选址的变动、城市建设都作了较为详尽的叙述。《中国四大米市》的"芜湖古代的漕粮运输"^⑥一节对古代不同时期芜湖漕粮运输路线作了系统介绍。芜湖关是安徽省仅有的两户关之一（另一为凤阳关），它始于明代，兴盛于清代前期，衰落于近代，历史地位相当重要。不同的学者从不同的角度对此作了相应的论述。《明清时期的芜湖关》^⑦详细叙述了芜湖榷关的兴起、发展和衰落的过程；《清代前期

---

① 方前移：《抗战前芜湖与无锡米市》，载于《巢湖学院学报》，2005年第2期。
② 方前移：《近代芜湖与无锡工农商关系的差异》，载于《江苏商论》，2006年第1期。
③ 谢国权：《近代芜湖米市与芜湖城市的发展》，载于《中国社会经济史研究》，1999年第3期。
④ 周忍伟：《商业对近代中国城市发展作用——芜湖米市分析》，载于《华东理工大学学报（社科版）》，2002年第4期。
⑤ 叶孟明：《古城芜湖建置沿革简述》，《芜湖文史资料第1辑》，安徽人民出版社，1986年版。
⑥ 王涌：《中国四大米市》，漓江出版社，1990年版。
⑦ 陈联：《明清时期的芜湖关》，载于《安徽师范大学学报（人文社会科学版）》，2000年第1期。

的芜湖榷关及其商品流通》① 探讨了清代前期芜湖关的设置、管理和商品流通形式，认为发达的长江航运、芜湖的手工业和商业城市地位，为清代芜湖关的设置提供了有利条件；《清代芜湖关的设置及其管理体制的演变》一文从芜湖关的设置与发展探讨了芜湖关从独立自主行使主权到与洋关并存竞争乃至主权旁落，原有体制分化解体的过程，力图揭示芜湖关向芜湖常关这一概念的转化，以及该关伴随着中国近代社会性质转变而不断衰弱的历史命运。吴仁安认为芜湖在明清时期已经成为江南地区重要的经济中心之一，其手工业和商业较为发达，发达的经济有利于市政建设的逐步开展，相应地，城垣建设和市政建设的完善也促进了经济的进一步繁荣，二者互为表里。②

4）研究芜湖的专著

有关清代芜湖城市史方面的研究专著相对较少，多数为介绍性的著作，如《芜湖古今》《芜湖》等。《芜湖海关》③ 一书介绍了芜湖海关设立的时间、背景，分析了芜湖海关与租界、对外贸易的关系，对海关设立的影响及启示也作了详细的论述，认为芜湖海关既是帝国主义为在安徽扩张侵略势力而打开的重要缺口，又是安徽近代对外交往的主要窗口；《芜湖港史》④ 介绍了芜湖港形成、发展的历程，强调了在地形和水运等多种条件的作用下，芜湖逐渐形成了港、城相依的局面；《举步维艰：皖江城市早期现代化研究》⑤ 一书主要就城市从传统到现代的进程即早期现代化这方面进行研究，全书以芜湖为主线，对其展开了全面的考察，书中对安庆的城市职能及政治、文化关系也有论述；《从旧埠到新城：20 世纪芜湖城市发展研究》⑥ 以 20 世纪这一时间段为视角，运用综合系统的研究方法，采用分段叙述与专题研究相结合的办法，对20 世纪芜湖的城市发展历程特征进行了综合研究，并详细论述了芜湖

---

① 廖声丰：《清代前期的芜湖榷关及其商品流通》，载于《中国社会经济史研究》，2004 年第 1 期。

② 吴仁安：《明清时期芜湖的社会经济与市政建设》，载于《大同职业技术学院学报》，2003 年第 2 期。

③ 王鹤鸣：《芜湖海关》，黄山书社，1994 年版。

④ 鲍亦骐：《芜湖港史》，武汉出版社，1989 年版。

⑤ 周忍伟：《举步维艰：皖江城市早期现代化研究》，安徽教育出版社，2002 年版。

⑥ 章征科：《从旧埠到新城：20 世纪芜湖城市发展研究》，安徽人民出版社，2005 年版。

城市早期现代化的发展特征及其发展缓慢的原因。

3. 关于徽州的研究

1）徽州城镇

唐力行、申浩在《差异与互动：明清时期苏州与徽州的市镇》①一文中，通过对苏州、徽州两地的地理位置、区位条件的比较，分析了两地市镇的分布、结构与功能的差异，还分析了两地市镇的互动关系和发展的不同，探讨了徽州近代发展滞后的原因。杨春雷的《试论明清徽州市镇与社会转型》②一文从市镇布局、市镇功能和市镇文化等方面分析了徽州市镇的特色，并将其和江浙平原地区的市镇作了比较，探讨了徽州市镇近代发展滞后及社会转型不能推动的原因。梅立乔的《明清徽州市镇初探》③一文对明清时期徽州城镇的发展、管理和特点进行了较为系统的论述，探讨了徽州市镇的成长和不能形成协调的城镇网络体系的原因。

2）徽州建筑

张浪《徽州古典园林的研究》④一文从徽州、徽州文化与园林的关系探讨徽州园林的特色，并对徽州几个园林的考证加以论述。黄敦旺的《徽州古民居浅探》一文从徽州古村落的规划、平面布局、立面造型和室内布置等方面探讨了徽州古民居的一些特色和文化根源，反映了古代徽州村落建设的指导思想。⑤ 高曾伟的《徽州建筑民俗文化及其形成因素》⑥一文对徽州古建筑的一些特色进行了论述，探讨了这些古建筑形成的社会因素、自然因素等。梁琍的《论清末民国徽州民居的变异》⑦一文论述了清末民国徽州民居的三条发展轨迹，详细阐述了这些轨迹的特点，并和徽州古民居进行比较，分析了徽州古民居风格没有被彻底同

---

① 唐力行、申浩：《差异与互动：明清时期苏州与徽州的市镇》，载于《社会科学》，2004 年第 1 期。

② 杨春雷：《试论明清徽州市镇与社会转型》，载于《安徽史学》，1996 年第 4 期。

③ 梅立乔：《明清徽州市镇初探》，安徽大学硕士学位论文，2003 年。

④ 张浪：《徽州古典园林的研究》，载于《中国园林》，1996 年第 4 期。

⑤ 黄敦旺：《徽州古民居浅探》，载于《住宅科技》，1990 年第 8 期。

⑥ 高曾伟：《徽州建筑民俗文化及其形成因素》，载于《民俗研究》，1993 年第 3 期。

⑦ 梁琍：《论清末民国徽州民居的变异》，载于《小城镇建设》，2001 年第 3 期。

化的原因。肖国清的《论徽州古典园林艺术》①一文从徽州园林的历史沿革着手，对徽州园林进行了系统的分类，阐述了徽州园林的特点和艺术处理及这些特色形成的原因。此外，《徽州民居建筑的探讨和启示》②等文章对徽州建筑进行了论述，分析了其成因。但以上文章主要是对徽州村落的论述和研究，很少涉及徽州城镇建设。

3）研究徽州的论著

有关徽州的研究非常多，但是关于徽州城镇的研究很少，关于徽州城市建设的研究几乎没有。现有研究只是零星地介绍了徽州城市建设的某个方面，缺乏系统、整体的研究。王振忠在《徽州社会文化史探微》③一书中通过自己发现的一些徽州档案文书，对徽州的村落、宗族与社会变迁、乡土习俗和民间文化、徽商的商业分类、徽商与长江中下游区域社会等进行了研究，全书通过大量翔实的一手资料，深入探讨了明清徽州的社会和文化特点，展示了徽州基层社会的不同侧面，是一部生动的徽州社会生活史。李琳琦的《徽商与明清徽州教育》④一书对徽州社会文化特点，如教育传统、明清徽州学校教育的发展、学校教育发展与徽州经济和社会的关系、徽州商业教育、商业发展与封建伦理教化的关系等进行了详细的论述，剖析了徽商崇儒重教的个案，探讨了徽州教育的特色及其对商业发展的影响，展示了徽商在明清时期对徽州教育与社会的积极影响，指出了徽商固有的一些特性，阐述了徽商的封闭思想对徽州社会近代转型的不利影响。唐力行的《明清以来徽州区域社会经济研究》⑤一书从徽州的宗族、商人、社会、文化等方面对明清徽州的历史进行了梳理，探讨了明清以来徽州社会经济的发展及其与徽商的关系，分析了徽州与苏州市镇发展的差异，由此得出徽州相对落后的原因。朱永春的《徽州建筑》⑥一书对徽州建筑的由来、历史沿革、徽派建筑特征及鉴赏进行了系统的阐述，探讨了徽州建筑的历史背景和历史地位，对人们了解徽州建筑具有重要的参考价值。

① 肖国清：《论徽州古典园林艺术》，载于《中国园林》，1988年第2期。
② 周亚琦：《徽州民居建筑的探讨和启示》，载于《四川建筑》，2007年第2期。
③ 王振忠：《徽州社会文化史探微》，上海社会科学院出版社，2003年版。
④ 李琳琦：《徽商与明清徽州教育》，湖北教育出版社，2003年版。
⑤ 唐力行：《明清以来徽州区域社会经济研究》，安徽大学出版社，1999年版。
⑥ 朱永春：《徽州建筑》，安徽人民出版社，2005年版。

综上所述，20 世纪 80 年代以来有关安徽城市的研究取得了一些可喜的成果，但也存在着一些缺憾和不足。对安徽城市的研究多就单体城市展开，关注的往往是单体城市的某个方面，而对安徽城市作长时段的整体系统研究的很少，即使有，也往往是研究城市的某一个方面，如建筑、经济、政治等。研究方法和史料的运用也比较单一，缺乏跨学科的研究。所以笔者认为，对安徽城市的研究应该着眼于整体，研究方法应不拘一格，史料的运用也要尽量多样化，以使安徽城市的研究更丰富、细腻。

三、研究方法

本书力图在前人已有研究成果的基础上，利用地方志、统计年鉴、文史资料等，综合运用历史学、社会学、现代城市学、发展经济学、区域经济学、地理学、人口学、建筑学等多学科的研究方法和理论，对清代安徽城市发展变迁作长时段的、宏观与微观相结合、理论研究与实证分析相结合的研究，探索清代安徽城市发展变迁的规律与独特轨迹。

本书首先采用历史学的方法展开研究。这是研究清代安徽城市发展的主要方法，如运用长时段与分阶段相结合的方法对清代安徽城市的发展进行研究，可以从整体上对清代安徽城市的发展有较为全面清晰的认识。个案分析与整体描述相结合也是本书的重要研究方法，如以芜湖为个案研究安徽城市的商业、以徽州为个案研究安徽城市文化的变迁。此外，比较的方法是历史研究的一种常见方法，自 19 世纪后半叶以来形成的比较史学流派至今方兴未艾。对晚清而言，社会转型或者说早期现代化是一个不可回避的问题。而在不同的地区，这一过程又存在很大的差异，这就为我们进行比较研究提供了可能。联结东西部的安徽在晚清时期有较大的进步与发展，但相较于同一时期的东南地区乃至其他地区又表现出明显的滞后性。通过这种早期现代化的比较研究，即可在共同的现代化进程中探知安徽城市发展变迁的独特性。

研究城市史，其他相关理论与方法也不可或缺。如运用城市地理学的相关理论与方法，探讨清代安徽城市体系的规模、形态、空间变化状况；运用建筑学相关理论来讨论清代安徽城市的城墙、官署、学宫、寺庙等的建筑特色；运用城市经济学、区域经济学的相关理论研究城市经

济基础对城市发展的影响；运用城市社会学的相关原理分析城市的人口
构成、职业、社会生活的变迁以及对城市发展的影响等，这些都是本书
在研究清代安徽城市发展与变迁过程中所必须采用的理论方法。

需要指出的是，对于清代安徽城市的研究应该突破仅从地方性角度
考察基层社会的局限，在进行区域研究的过程中，重视政治制度、意识
形态、治国理念等方面对基层社会的影响，把城市史与政治史、区域社
会史结合起来，扩展社会史研究的视野。

四、研究重点、难点

（一）研究重点

第一，本书首先运用史学的基本方法，对清代安徽城市的发展作阶
段性的历史考察，从而全面展现安徽城市在清代发展变迁的历史轨迹。
同时，由于城市是具有一定地域与空间的实体，不仅单个城市会随着时
间的推移在空间上发生变化，而且区域内城市所构成的城市体系也会发
生相应的改变。本书对清代安徽城市的空间布局、城垣形制、城市规模
体系、城市形态及内部结构的发展和演变等问题进行了探讨，从空间角
度再现了清代安徽城市的发展演变轨迹。

第二，清代安徽城市经济发展和城市社会变迁等问题是本书的另一
个研究重点。在城市经济方面，将分别对城市商业、手工业及金融等行
业在清代的发展及变迁作详细的分析。通过此部分的研究，不仅要展现
清代安徽城市经济与清代其他地区的共性，更要突出在复杂的自然条件
和人文环境下安徽城市经济发展变迁的个性特征。经济的发展往往会带
来社会的变化，如新的社会阶层的出现、社会生活方式的改变以及城市
文化的变革等。在分析城市经济发展变迁的基础上，本书进一步探讨了
清代安徽城市社会管理、城市居民构成及其社会生活等内容。

第三，在掌握大量史实的基础上，将清代安徽城市放到全国的背景
下进行考察，分析安徽城市在当时全国城市中的地位，并讨论安徽城市
在清代发展变迁的原因。就安徽城市自身的发展历程来看，清代无疑是
一个全新的发展时期，无论是宏观上的地理空间变化，还是微观上的政
治、经济、文化的发展与演变都是如此。但是，放眼全国乃至世界，我

们就会发现，清代安徽城市的发展是有限的，其早期的现代转型并不充分，甚至表现出一定的局限性与滞后性。

（二）研究难点

第一，安徽地处中国东西接合部，由于独特的地理位置和地形特征，安徽城市的发展有很强的自身特色。加之清代历时长，晚清局势动荡不安，如何把握长时段的清代安徽城市的自身特质及发展轨迹，无疑是一大挑战。

第二，有关清代安徽城市的资料很分散，清代前中期的资料以清代安徽方志为主，辅之以各类清人笔记。晚清由于媒体的发展和报纸杂志的出现，当时安徽乃至全国的报纸杂志无疑也是重要的研究资料。如何掌握和运用这些分散的资料来完成本书的写作，也是难点之一。

第三，本书涉及很多相关学科的研究方法，比如研究清代安徽城市的城垣形制、城市建筑等会涉及建筑学与中国古代宇宙观的相关内容；研究清代安徽城市的分布、城市内部的空间布局会涉及城市地理学的相关理论。要想取得良好的研究成果，必须学习相关学科的知识。

第一章 清代安徽城市发展的基础

安徽位于华东腹地，地处黄淮海大平原南部，东接沿海省份，南与赣浙毗邻，巍峨的大别山蜿蜒西境，地当冲要。世世代代生息繁衍在这块土地上的各族人民，用自己的智慧和勤劳创造了灿烂的物质文明和精神财富，为发展伟大祖国的经济文化做出了重要的贡献。城市的历史是人类历史的一个组成部分。城市的产生、发展、衰落与城市所在的自然条件、经济基础、文化基础息息相关。安徽城市的发展也不例外。

第一节 安徽城市发展的自然条件

自然环境是城市形成的最基本的外部条件，为人们的社会活动提供了必不可少的场所、空间和自然物质基础。[1] 研究清代安徽城市，就应该首先考察清代安徽城市所处的地理环境。

一、地理位置与安徽城市的发展

地理位置是城市发展的先决条件。从某种程度上说，地理位置决定了一个城市的命运。具体来说，城市的纬度决定了该城市的气候、农业、人口规模；城市的区位位置决定了该城市的交通，城市的农村腹地对城市的反哺能力，周边地区地理、经济环境对该城市发展的支撑力。

---

[1] 史革新：《中国社会通史·晚清卷》，山西教育出版社，1996年版，第16页。

（一）纬度和气候对安徽城市发展的影响

一个城市的纬度决定了该城市的气候，气候是该城市区域内农业发展的重要决定因素，而农业的发展状况又会影响城市人口最终聚集的规模。从纬度上看，安徽地区大体位于北纬 29°41′～34°38′，东经 114°54′～119°37′，南北纬度相差 4°57′，东西经度相差 4°43′。最南端在休宁县桃村以南，最北端在砀山县周集以北，最西端在临泉县武场营以西，最东端在广德县境内山北以东。东西宽约 450 千米，南北长约 570 千米。清代安徽面积约为 16.2 万平方千米。[①] 北纬 32°刚好穿过安徽中部的六安、合肥、全椒一线，而中国适宜种植水稻的地区正好位于北纬 32°以南。[②] 这种地理位置决定了安徽北纬 32°以南的长江沿岸的平原地区盛产水稻，而北纬 32°以北的地区多产小麦等旱粮。适中的纬度位置使得安徽境内有丰富的农产品资源，而腹地农业的发展是城市兴起的必要因素，安徽城市兴起与发展的一个重要因素便具备了。

有研究者对全世界 20 万人口以上的城市作了统计，热带城市数量占城市总数的 7.6%，干燥带占 5%，温带占 72.6%，冷带占 14.8%，寒带占 0%。[③] 可见气候对城市分布的重要性。温带地区适合农业发展，适宜人类居住，所以全世界 20 万人口以上的城市大部分都在温带地区；热带地区气温过高，易产生洪涝灾害和传染病，人类生存环境较为恶劣，不易形成聚落和大规模的城市；城市是人口集中的地方，生产和生活需要充足的水源，而干燥地区不具备充足的水源，故大规模的城市较少；冷带气温较低，不适宜农作物的生长，也不适合人类居住；寒带地区如南极、北极属于极寒气候，人类根本无法居住，故全球 20 万人口以上的城市没有一个在寒带。

安徽的纬度位置决定了安徽的气候。安徽地区属季风气候区，大致以淮河为界，北部属暖温带半湿润季风气候区，南部属亚热带湿润季风

---

① 闵煜铭等：《安徽省地理》，安徽人民出版社，1991 年版，第 3 页。

② 谢国兴：《中国现代化的区域研究：安徽省（1860—1937）》，台湾师范大学历史研究所博士学位论文，1990 年，第 1～21 页。

③ 矶村英一：《城市问题百科全书》，王君健等译，黑龙江人民出版社，1988 年版。转引自马正林：《中国城市历史地理》，山东教育出版社，1998 年版，第 22 页。

气候区。气候的主要特点为：季风明显、四季分明、气候温和、雨量适中、夏雨集中、梅雨显著，表现出明显的过渡性特征。①安徽省的气温年平均值比较适中，由北向南，由山地到平原，多为14℃～17℃。淮北和大别山区气温偏低，在15℃以下，黄山山顶只有7.8℃。沿江和皖南气温较高，在16℃以上，其他地区都为15℃～16℃，南北相差2℃左右。但由于受季风影响，安徽夏季气温比其他同纬度地区高，冬季气温比其他同纬度地区低。安徽太阳辐射丰富，在一平方厘米的面积上，一年可以得到105～130千卡的热量，安徽北部光照充足，年日照时数超过2400小时，对小麦、棉花等旱地作物生长有利；皖南山区和皖西部分山地全年日照在2000小时以下，这里日照少，云雾多，湿度大，有利于林业、茶业的生产。②故皖西和皖南的山区多种植茶树等经济作物，皖北和沿江地区多种植水稻等粮食作物。

安徽省的平均降水量为750～1700毫米，受夏季风和地形的影响，地区差异明显。一般自北向南递减，山区降水多于平原、丘陵地带。1000毫米等降水量线大致位于天长—滁州—巢湖—肥西—六安—霍邱一线，此线以北降水量少于1000毫米，蒸发量较大，大部分属半湿润地区。淮北北部不足800毫米，如砀山平均降水量仅773毫米。此线以南均属湿润地区，皖西、皖南山区降水尤多。年降水量分配不均，夏半年多，冬半年少，这是季风气候降水的重要特征，也是季风气候的优点，即雨热同期，有利于农作物的生长。就地区而言，沿江西部和皖南山地降水分配较均匀，春夏两季各占35%左右；只有皖南南部春雨多于夏雨。淮北雨季较短，夏季降水占年降水量的50%以上，春季降水量占全年的20%～25%，此时气温升高较快，故常发生春旱。

安徽的气候对城市发展的影响巨大。从有利方面看，气温适中，雨量较为充沛，日照充足，适宜农作物种植和人类居住，因此有利于人口的聚集和城市的出现与发展；从不利方面看，安徽是易发生旱涝灾害的省份，对农业和城市发展不利。安徽省降水的年际变化较大，各地降水相对变率为14%～18%，小于华北地区而大于华南地区。年降水量的

---

① 闵煜铭等：《安徽省地理》，安徽人民出版社，1991年版，第58页。
② 《可爱的安徽》，安徽人民出版社，1987年版，第8～9页。

最多年与最少年之比相差三倍左右，这是安徽省多旱涝灾害的原因。①
在远古时期，安徽洪水横流，一片汪洋。相传大禹统率华夏、东夷各族
民众劈山疏导，弭平水患。② 此后一直到近代，安徽地区旱涝灾害仍然
频发。据统计，从 1471 年到 1949 年的 478 年间，安徽地区共出现 41
个大涝年，27 个大旱年，其中最严重的大涝年为 1586 年、1849 年和
1866 年，最严重的大旱年为 1589 年、1652 年、1679 年、1785 年和
1856 年。③ 旱灾会造成农业歉收、城市居民用水困难。农业是经济的基
础，是城市发展的生命线，一旦歉收，城市经济也会面临崩溃，城市居
民的温饱亦将成为问题。安徽自古旱灾频发，如宋绍圣三年（1096），
沿江、江南部分地区大旱，太平府"大旱，溪湖涸竭"④。明万历年间
天长三次遭遇大旱。明万历四十二年（1614），天长"春夏无雨，饥"，
万历四十四年（1616），天长"自四月至八月不雨，太菽枯死，蝗生，
民多逃亡"，万历四十五年（1617），"自二月至八月，不雨，蝗复生，
五月十三日，谣惊百姓奔乱信宿乃定"。⑤ 相比旱灾，洪涝灾害的破坏
性更大。凶猛的洪水淹没庄稼、农舍，冲垮城池和城内建筑，甚至夺去
人的性命。从古至今，安徽的洪灾不断，明嘉靖十六年（1537）夏，全
椒大水，"决圩堤，田尽没，民多溺死"，嘉靖三十七年（1558），全椒
"大水，街深数尺，可舟人，民没死甚众"。⑥ 北宋开宝六年（973），
"淮淝水溢，□民田舍甚众"，明正德五年（1510），英山"霪雨横流泛
滥，山石崩裂，田畴覆压，房屋漂流，人畜溺亡无数"。⑦ 可见，自古
至今，安徽是洪涝灾害的多发地区。

（二）区位位置与安徽城市的发展

就地理方位来说，安徽地处我国中东部，北部与山东省接壤，东部

---

① 闵煜铭等：《安徽省地理》，安徽人民出版社，1991 年版，第 69～70 页。
② 翁飞等：《安徽近代史》，安徽人民出版社，1990 年版，第 1 页。
③ 闵煜铭等：《安徽省地理》，安徽人民出版社，1991 年版，第 70 页。
④ 黄桂修，宋骧纂：《（康熙）太平府志》卷三《星野》，清康熙十二年（1673）刊本。
⑤ 张宗泰纂：《（嘉庆）备修天长县志稿》卷九下《灾异》，江苏古籍出版社，1998 年版。
⑥ 张其濬修：《（民国）全椒县志》卷一六《杂志·祥异》，江苏古籍出版社，1998 年版。
⑦ 李蔚、王峻修：《（同治）六安州志》卷五五《祥异》，江苏古籍出版社，1998 年版。

与江苏省毗连，南部与浙江、江西两省为邻，西部与河南、湖北交界。①

安徽的区位位置有自身的优势，其中最大的优势莫过于"襟江带淮"。光绪《重修安徽通志》云："南滨大江，北界清淮……淮服之屏蔽，江界之要冲。"② 淮河、长江横穿安徽而过。这两条河流将安徽和周围的省份紧紧连接在一起。尤其在古代，水运是主要的运输方式，安徽这种扼淮河、长江中下游的区位优势对城市发展所起的作用更大，故安徽的城市多位于长江、淮河两岸。新安江上游发源于安徽省休宁县，向东流经浙江入海。蜿蜒于皖南山区的新安江成为安徽、浙江两省的主要水运通道，故皖南城市多位于新安江沿岸。

安徽在古代曾分属不同的郡或省。在清初，安徽地区属于江南省，康熙六年（1667）设安徽省巡抚，驻安庆，安徽正式建省。③ 安徽建省除原江南省（含安徽、江苏、上海）区域过大、政务过多等原因外，与安徽地区所处的地理区位是分不开的。安徽境内北面、西面有大别山与湖广相隔，南有皖南山区作为屏障，中间则有长江、淮河穿省而过。经过几千年的发展，江淮大地俨然形成了一个整体的经济和地理区域，然而清代以前江淮地区在行政区划上四分五裂，严重阻碍了江淮地区经济的发展和政治的稳定。安徽建省后，作为一省建置的江淮大地经济、文化发展加快，到雍正至同治年间，安徽经济排名跃居全国9～12位，文化教育为7～8位，一时可谓"粮米之丰，人才云集，虽小，则湖广而不及也"④。

就地理位置而言，安徽显然次于江苏、山东、浙江等沿海省份。首先，大运河是古代中国南北运输的大动脉，在运河沿岸，山东的临清，江苏的扬州、苏州，以及浙江的杭州都获得了迅速发展。虽然京杭大运河也有一段经过安徽境内，但由于流程短，安徽境内的运河沿岸并未形成较大的城市。其次，长江虽然横穿安徽，但江面宽阔，水流湍急，在造船技术未达到一定水平之前，长江的航运价值是很难利用的。在宋代

---

① 翁飞等：《安徽近代史》，安徽人民出版社，1990 年版，第 1 页。
② 沈葆桢修：《重修安徽通志》卷一六《舆地志·形势》，光绪四年（1878）刻本。
③ 《可爱的安徽》（修订再版），安徽人民出版社，1988 年版，第 27 页。
④ http://www.tianya.cn/techforum/content/16/1/712655.shtml。

以前，安徽长江沿岸并未形成较大城市。如芜湖在宋以前城市规模很有限，而安庆到宋代才开始建城。最后，苏、鲁、浙三省临海，历史上随着造船技术的进步和海洋经济的兴起，这三个省的沿海贸易开始活跃，沿海地区的城市获得迅速发展，如浙江的宁波、杭州，山东的青岛，以及位于长江入海口的上海等。从城市的数量、规模来说，安徽远逊于东部沿海省份。北面的河南省居天下中，阃域中夏，锁天中区，控地四鄙，居南北要冲，安徽省在全国版图中的地理位置显然不及河南省。在中国古代城市的兴起与初步发展时期，河南的城市发展在全国都居领先位置，而安徽在同时期仅有淮河流域的城市发展稍具规模。

安徽的地理区位虽不及东部沿海省份，但相比于西部偏僻省份如四川、甘肃等则要优越得多，不再赘述。

二、地貌与安徽城市的发展

安徽省是个地形复杂多样的省份。大别山山脉雄踞于安徽省西部，黄山山脉逶迤于安徽东南，长江、淮河横贯境内，地貌类型多样，地貌区分有秩序，地形以低山丘陵为主。[①]

安徽境内的地貌可分为平原、丘陵台地[②]、丘陵山地三大类型，由此形成五大地理区域：淮河中游平原、江淮丘陵台地、皖西丘陵山地、沿江平原、皖南丘陵山地。平原地区是安徽城市比较密集的地区，清代安徽的政治中心安庆、经济中心芜湖都位于沿江平原，淮河流域的城市群分布于淮河中游平原。皖西丘陵山地、皖南丘陵山地由于地形复杂，交通不便，城市较少。

（一）淮河中游平原、沿江平原的城市分布

平原地区自然环境优越，地形平坦，交通方便，水源丰富，物产丰盈，能为城市的兴起和发展提供一切必要的条件。丰富的土地资源使城市有扩大规模的余地，物产丰盈更是城市发展必备的物质基础。[③]中国

---

① 《可爱的安徽》，安徽人民出版社，1987年版，第5页。
② 台地是指由平原向丘陵、低山过渡的一种地貌形态，四周有陡崖的、直立于邻近低地、顶面基本平坦似台状的地貌。参见 http://baike.baidu.com/view/129861.htm。
③ 马正林：《中国城市历史地理》，山东教育出版社，1998年版，第22页。

早期的城市无不位于平原上。《史记·货殖列传》《汉书·地理志·货殖传》中以"都会"相称的城市共有 13 处，即长安、洛阳、邯郸、燕（今北京）、临淄、吴（今苏州）、寿春（今寿县）、番禺（今广州）、宛（今南阳）、江陵（今湖北江陵）、合肥、睢阳（今河南商丘）、陶（今山东定陶西北）。长安位于关中平原的中央，洛阳、邯郸、燕、临淄、陶、睢阳、宛、寿春、合肥都在华北大平原上；江陵、吴位于长江中下游平原；只有番禺位于华南沿海平原。从安徽地貌单元图（如图 1-1 所示）可以看出，安徽的城市大多分布在平原地区，阜阳、寿州、亳州、蚌埠等皖北城市几乎都分布于淮河中游平原，而安徽的大城市如清代安徽省会安庆、清代安徽的经济中心芜湖，以及合肥、铜陵、贵池等都分布于沿江平原。安徽城市之所以多分布于平原地区，原因有四：

其一，地形平坦开阔，为城池的建设提供了足够的空间，如范蠡对越王勾践说："今大王欲立国树都，并敌国之境，不处平易之都，四达之地，将焉立霸王之业。"[①] 安徽最早的城市即出现于淮河中游平原。淮河中游平原为黄淮海平原的一部分，也是安徽最早开发的地区之一。平坦的地形上出现了诸如寿春、合肥等早期发达的城市。

其二，平原地区交通方便。城市一般都是政治、经济中心，而信息的传递、商品的流动、生活物资的供给无一不需要便捷的交通。平原地区地形平坦，无高山阻隔，且平原地区多河流，便捷的水运为货物和人员的流动提供了可能。淮河中游平原及沿江平原有两个共同点：地势平坦和河道密集。地势平坦为陆路运输减少了难度；河道密集为水运提供了方便，淮河中游平原上淮河干支流密布，沿江平原长江干支流纵横全区，而这些都是城市兴起的必要的交通条件。

其三，平原地区一般河道比较密集，为城市提供了充足的水源。城市人口集中，需要大量的用水，平原地区多河流，且引水方便。淮河及长江的干支流为淮河中游平原与沿江平原提供了足够的城市用水，为这两个地区的城市发展提供了必要的水源条件。

其四，平原地区农业发达，为城市发展提供了物质基础。古代的很多城市都位于农业发达地区的中心，这既能使城市得到最大限度的供

---

① 袁康、吴平辑录：《越绝书》卷八，上海古籍出版社，1985 年版。

养，又能够使城市成为地区农产品的集散地，促进商品经济的发展。安徽境内的淮河中游平原是安徽的主要农业区之一，多生产旱粮；沿江平原盛产水稻，为安徽的"鱼米之乡"。淮河中游平原与沿江平原丰富的农产品为这两个地区的城市提供了足够的口粮及工业原料，作为城市腹地的这两个平原带是安徽城市的摇篮。

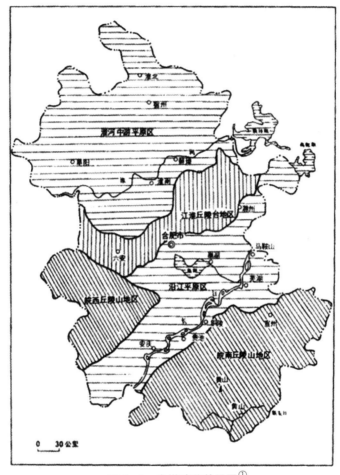

图1—1　安徽地貌单元图①

如果将淮河中游平原与沿江平原相比，沿江平原城市发展的条件又优于淮河中游平原。首先，虽然两地都有便利的水运条件，但沿江平原城市的水运条件显然优于淮河中游平原，尤其是长江沿岸的安庆、芜

① 参见闵煜铭等：《安徽省地理》，安徽人民出版社，1991年版，第46页。

湖,沿长江而上可达"九省通衢"的武汉,沿长江东下可至南京、上海等都会。所以沿江平原往往能形成像安庆、芜湖这样的政治、经济中心城市。淮河中游平原地区水运不及沿江平原地区便利,而洪灾的频度与破坏度却远超沿江平原地区,历史上黄河夺淮入海,更给淮河流域的安徽城市造成了巨大的破坏。

(二)江淮丘陵台地的城市分布

和平原地区相比,丘陵山区和丘陵台地的城市发展条件较差。

江淮丘陵台地位于淮河中游平原以南,地面主要由丘陵、台地和一部分镶嵌于其间的河谷平原组成。① 这部分台地虽然海拔高度不及皖西、皖南山区,但地形复杂多变,不利于城市的形成和发展。江淮丘陵台地东部是滁州、凤阳和定远的交界地带;中部为池河—大柏店间的江淮分水岭地区,容易发生旱灾;西部为大别山的山前地区,其地面由沉积台地、剥蚀台地、谷底等组成。② 江淮丘陵台地是安徽境内城市分布较为稀疏的地区,六安、滁州等城市就位于这里。

(三)皖西、皖南丘陵山区的城市分布

丘陵山区地形复杂,和平原地区相比,建设城市的条件稍差。但丘陵山区有自己发展城市的优势。丘陵山区大山之下的冲积扇,既有平原的广阔,又是水源丰富之地,且有大山之扼,防御功能强。《管子·乘马》说:"凡立国都,非于大山之下,必于广川之上。高毋近旱而水用足,下毋近水而沟防省。因天材,就地利,故城郭不必中规矩,道路不必中准绳。"③ 首先,古代的城市一般都具有重要的防御功能,丘陵山区的城市往往依山而建,易守难攻。安徽皖南地区的很多城市就是这样,凭借山川之险建成。徽州府城"西有浙岭之塞,南有江滩之险,北有黄山之扼,即山为城,因溪为隍"④。休宁县城"东有古城岩之固,

---

① 闵煜铭等:《安徽省地理》,安徽人民出版社,1991年版,第48页。
② 闵煜铭等:《安徽省地理》,安徽人民出版社,1991年版,第48~49页。
③ 梁运华校点:《管子》,辽宁教育出版社,1997年版,第11页。
④ 《道光徽州府志》卷二《舆地志·形胜》,江苏古籍出版社,1998年版。

西有黄竹岭之塞，南有白际山之险，北有石坼山之阨"①。其次，丘陵山区山高水远，在战乱年代往往能逃过战争的破坏，这也是丘陵地区建城的优势之一。皖南山区的城市在历次战争中受到的破坏比淮河中游平原、沿江平原地区的城市要小得多。不仅如此，在中国古代北方的几次战乱中，皖南山区还成为北方移民的聚集地。北方移民的南迁为安徽地区带来了先进的生产技术和劳动力，促进了皖南经济和城市的发展。清代皖南丘陵山区分布着不少安徽重要的城市，如徽州府城、歙县县城、休宁、婺源、祁门、黟县、绩溪县城，皖西丘陵山区城市较少，只有岳西等几个规模不大的城市。

第二节　清代安徽城市发展的经济、社会基础

区域经济是区域城市发展的重要基础。从原始社会到清代几千年的历史中，安徽经济、社会发展大致可分为五个阶段：第一阶段为先秦时期，安徽经济、社会与城市获得初步发展；第二阶段为秦汉时期，是安徽封建经济、社会的较快发展阶段；第三阶段为三国两晋南北朝时期，是安徽经济、社会与城市的发展不平衡阶段；第四阶段为隋唐时期，为安徽经济、社会与城市的繁荣阶段；第五阶段为宋、元、明时期，安徽经济、社会进一步发展。

一、先秦时期的安徽经济、社会与城市的初步发展

从夏朝至战国末年，安徽地区经历了原始社会解体和奴隶制社会产生、发展并向封建社会过渡的漫长过程。这一时期的经济发展主要集中于淮河流域。② 这一时期安徽地区的人类由不定居发展到定居，由从事渔猎、采集到主动种植庄稼、饲养家畜。随着经济和社会的发展，出现了社会分工和阶级分化，并逐渐出现了村庄、聚落和城市的雏形——城堡。

---

① 《道光徽州府志》卷二《舆地志·形胜》，江苏古籍出版社，1998年版。
② 程必定：《安徽近代经济史》，黄山书社，1989年版，第7页。

安徽历史悠久，远在 50 万年前江淮大地就有了原始人类的足迹。龙潭洞出土的"和县猿人"的生活年代早于北京猿人，相当于蓝田猿人。[①] 到目前为止，安徽境内还没有发现过旧石器时代的遗址[②]，但新石器时代遗址在安徽境内有多处，淮河流域有龙山文化、大汶口文化遗址，长江流域有青莲岗文化遗址。[③] 近几十年来，考古工作者已先后在安徽境内发现了 300 多处古文化遗址，采集到的标本有石镰、石刀、石砺、蚌镰等新石器时代的生产工具，还有许多牲畜遗骸和已经炭化的麦、稻颗粒。这些都说明在 5000 多年以前的新石器时代，安徽地区的先民已经能制造简单的生产工具，从事农、牧、渔业的生产。[④] 据文字资料记载，夏商时期，在安徽省境内的部落（部落联盟）和方国有涂山氏、淮夷、虎方、六。江淮之间有英、六、巢、桐及群舒（舒、舒庸、舒鸠、舒蓼）等。[⑤] 相传夏朝建国于今安徽境内。《左传·哀公七年》记载："禹会诸侯于涂山，执玉帛者万国。"涂山之会相传为夏朝建国的一次盛会。[⑥] 今巢湖市东部的放王岗有 7 大疑冢，传为夏朝末代昏君夏桀墓，巢湖市中心卧牛山烈士塔一带有桀王城遗址，这些都是巢湖乃至安徽历史悠久的见证。[⑦] 到了商朝，安徽的亳州相传为商朝的都城之一，汤死后葬于亳，亳县遂有汤陵之设。商朝的许多部落都居住在现在的安徽境内，如位于今六安市北的六、萧县境内的萧、亳县境内的焦、巢湖岸边的巢、亳县北部的危、蒙城境内的稽、金寨南部的英等。西周时期，安徽境内的封国由淮河流域扩展到皖中和江南，安徽境内的诸侯国主要有古州来（今凤台县）、胡子国（今阜阳市境内）、桐子国（今桐城县境）、沈子国（曾在今临泉县立国）、钟离国（今凤阳县境）及大量夏商贵族封国或遗留方国。[⑧]

春秋时期，安徽西北部属宋，西部属楚，东南部属吴。战国中期以

① 闵煜铭等：《安徽省地理》，安徽人民出版社，1991 年版，第 6 页。
② 李则纲：《安徽历史述要》（上册），安徽省地方志编纂委员会，1988 年版，第 9 页。
③ 闵煜铭等：《安徽省地理》，安徽人民出版社，1991 年版，第 6 页。
④ 翁飞等：《安徽近代史》，安徽人民出版社，1990 年版，第 5 页。
⑤ 闵煜铭等：《安徽省地理》，安徽人民出版社，1991 年版，第 6 页。
⑥ 《可爱的安徽》，安徽人民出版社，1987 年版，第 23 页。
⑦ 徐学林：《安徽城市》，中国城市经济社会出版社，1989 年版，第 410 页。
⑧ 《可爱的安徽》，安徽人民出版社，1987 年版，第 23~24 页。

后，全境属楚。这一时期，安徽境内兴修了几处著名的水利工程，如芍陂、鸿沟、胥溪等，其中芍陂由春秋时楚相孙叔敖主持修建，与都江堰、漳河渠、郑国渠并称我国古代四大水利工程。这些水利工程从侧面反映了春秋战国时期安徽水利灌溉技术的进步和农业的发展。[①]

楚王墓发掘的众多战国时期的铁制农具和重量仅次于司母戊大鼎的楚王酓肯鼎，蔡侯墓发掘的铜、铁、陶、骨、漆、玉制品等，都显示了当时的冶铸技术与手工艺技艺水平，说明安徽地区在这期间手工业已相当发达。[②] 鄂君启节的出土及大量郢爰、陈爰、铜爰、蚁鼻钱的发现，向人们展示了这一时期安徽境内淮河流域的"熙熙攘攘，皆为利往"的商业繁荣景象。[③] 当时寿春的贸易范围已远达湖北、湖南、江西等地，水路来往的船只多达150艘，陆路贸易的车辆也有50辆，可见贸易已经初具规模。[④] 春秋战国时期，合肥是吴国在江淮地区的城邑聚落，是区域的中心。[⑤]

先秦时期安徽地区的文化得到发展。《候人兮猗》被誉为"南音"之始，相传为禹妻涂山氏女所作。[⑥] 《诗经》是我国第一部诗歌总集，其中冠居十五国风之首的《周南》《召南》二章，被认为是周、召二公征"淮夷""徐戎"时采集当地民歌修饰而成。[⑦] 著名的政治家管仲出生在安徽的颍水流域，他的"九合诸侯，一匡天下"的思想在齐桓公称霸的过程中起到了巨大的作用。道家著作《庄子》就产生于淮河流域。[⑧]

原始社会后期，随着生产力的发展，社会分工、商品生产和交换关系逐渐扩大，私有制得到发展，权利和财富集中到少数部落首领、贵族、奴隶主手中。为了抵御外族入侵，镇压奴隶反抗，保护奴隶主、贵族的私有财产和人身安全，奴隶主贵族开始建造城郭沟池，从而推动了

---

① 翁飞等：《安徽近代史》，安徽人民出版社，1990年版，第7页。
② 翁飞等：《安徽近代史》，安徽人民出版社，1990年版，第7页。
③ 翁飞等：《安徽近代史》，安徽人民出版社，1990年版，第7页。
④ 程必定：《安徽近代经济史》，黄山书社，1989年版，第8页。
⑤ 徐学林：《安徽城市》，中国城市经济社会出版社，1989年版，第1~2页。
⑥ 《吕氏春秋·音初篇》，中华书局，2007年版。
⑦ 《诗经·小雅·鼓钟》，中华书局，2006年版。
⑧ 翁飞等：《安徽近代史》，安徽人民出版社，1990年版，第10页。

安徽早期城市的出现。① 随着农业、手工业和商业的进一步发展，安徽淮河流域的城镇也逐渐兴旺，城镇的功能和性质由单纯的军事和政治性的方国城堡，逐步发展为兼有物资集散、商业贸易地等多种功能的都邑。如亳州境内的乾溪和城父、凤阳境内的钟离、巢县的橐皋、寿县的寿春等。其中寿春曾为楚国的都城，亳州曾为商都。②

春秋战国时期是古代城市的重要发展时期。这一时期，城市数量增多，城市规模扩大，城市建设水平提高，城市的分布也更加广泛，安徽境内淮河流域的城市发展较快，规模较大，发展水平较高。③ 这一时期，淮河流域封建贵族的城堡星罗棋布，因为战争和商业的兴起，逐渐发展为都邑。著名的有乾溪和城父（均在今亳县境内），位于当时东南通往中原的要道，是连贯鲁南、豫东、皖北诸国的中心，所以楚国特别重视这两个地方。公元前536年（鲁昭公六年），楚灵王联络诸侯伐吴，亲至乾溪，后来在这里筑章华台，准备长住。公元前533年（鲁昭公九年），又把许国迁至城父，大肆经营。楚平王为了防备吴国，命太子建守在这里。楚昭王亲自看守城父，直到身死。后来楚国受到秦国的压迫，都城首先迁至河南的陈县，公元前253年（楚考烈王十年，秦昭王五十四年）又从陈县迁于巨阳（在今阜阳境内），足见这些地方的重要。吴楚多次战于巢、六、潜，攻守颇为激烈，足见这些城市在当时的地位。钟离（在今凤阳）是个古国，也是一个重要城市。公元前576年（鲁成公十五年），晋国、齐国、鲁国、宋国、卫国、郑国、邾国和吴国会于钟离，以谋楚国，可以想象钟离在当时的地位。向（在今怀远）也是当时的重要城镇之一。吴王夫差胜鲁败齐之后，为显示他的威武，会诸侯于橐皋，橐皋就是今天巢县的拓皋。寿春（今寿县）先是成为蔡国的都城（公元前493—前447），后又成为楚国的都城（公元前241—前224），这一时期的寿春是著名的工商业城市。④ 合肥在春秋时期已由聚落发展为城邑，并随着吴、楚势力的入侵，成为军事重镇和运输中转

---

① 何一民：《中国城市史纲》，四川大学出版社，1994年版，第4页。
② 程必定：《安徽近代经济史》，黄山书社，1989年版，第8页。
③ 何一民：《中国城市史纲》，四川大学出版社，1994年版，第15~16页。
④ 李则纲：《安徽历史述要》（上册），安徽省地方志编纂委员会，1988年版，第26~27页。

站。① 春秋时期，相城（位于今天淮北市的市中心）作为宋的都城长达300年，并在今临涣形成繁华的铚邑。②

二、秦汉时期安徽经济、社会与城市的进一步发展

在中国历史上，自秦统一天下到东汉末年（公元前221—公元220）共历时440年，是中国封建社会形成、发展及走向定型的时期。这一时期建立了封建郡县制度，统一了货币、度量衡和文字，大大促进了全国城市经济、商品贸易的发展。③

秦代将郡县制推向全国，共设了36郡，有八九百个县。《嘉庆大清一统志》记载秦代安徽地区分属九江郡、鄣郡、泗水郡、颍川郡。④ 而光绪《重修安徽通志》载："秦分天下为三十六郡，于此置鄣郡、泗水、九江、颍川、砀五郡。"⑤ 二者对秦代安徽建制沿革的记载有出入。《后汉书》中记载："颍川郡，秦置。洛阳东南五百里。十七城：阳翟、襄、襄城、昆阳、定陵、舞阳、郾、临颍、颍阳、颍阴、许、新汲、鄢陵、长社、阳城、父城、轮氏。"笔者查阅相关资料，发现这十七城几乎都位于今河南境内，所以笔者认为《嘉庆大清一统志》的记载更为可信。具体来说，安徽西北部属砀郡，东北部属泗水郡，东南部属鄣郡，西南部及中部属九江郡。⑥ 西汉时，本省地跨扬州、豫州、徐州，分属汝南、庐江（治舒县）、九江（治寿春）、沛（治相）、临淮、丹阳（治宛陵）6郡和梁、楚、六安（都六）3国，共领县73个。⑦

秦汉时期的安徽农业发展较快，特别是东汉末年庐州一带引入了牛耕耦犁，一改过去火耕水耨的落后生产方式，初步奠定了传统农业的基础。茶叶的种植和蚕桑的养殖都有所发展，舒州、寿州、宣州、歙州等地在汉代有种茶、饮茶的习惯，养蚕和丝织也风行于汉代的江淮之

① 徐学林：《安徽城市》，中国城市经济社会出版社，1989年版，第12页。
② 徐学林：《安徽城市》，中国城市经济社会出版社，1989年版，第216页。
③ 马正林：《中国城市历史地理》，山东教育出版社，1998年版，第35页。
④ 穆彰阿、潘锡恩等纂修：《嘉庆大清一统志》卷一〇八，《四部丛刊续编》本，第747页。
⑤ 沈葆桢修：《光绪重修安徽通志》卷一七《舆地志·建制沿革》，光绪四年（1878）刻本。
⑥ 闵煜铭等：《安徽省地理》，安徽人民出版社，1991年版，第6页。
⑦ 闵煜铭等：《安徽省地理》，安徽人民出版社，1991年版，第6页。

间。① 汉代很重视农田水利建设，"汝南、九江引淮"，"皆穿渠为溉田，各万余顷"②。东汉、三国时期，王景治理芍陂，江淮农业获益匪浅。沛郡太守郑浑修萧、相二县陂堰，"顷亩岁增"。扬州刺史刘馥修吴塘、茹陂，改善了安徽地区的农业灌溉条件。③ 魏晋南北朝时期，吴魏、吴晋争夺江淮，为了就近挽输，魏晋先后于淮河两岸大兴屯田，"自钟离而南，横石以西，尽沘水四百余里，五里置一营，营六十人，且佃且守。兼修广阳、百丈二渠，上引河流，下通淮颍。大治诸陂于淮南颍北，穿渠三百余，溉田二万顷"④。北方人民因战乱大批南迁（东汉末年和西晋后期曾发生过两次人口大迁徙），给安徽沿江地区及皖南地区带来了中原地区的先进生产技术和文化，促进了沿江及皖南地区的经济发展，安徽地区的经济开始出现由北向南的地域大推移。南北朝时期安徽江南的水稻亩产已达1.1石，比秦代提高了一倍左右。⑤ 汉代，安徽境内的丹阳郡（治宣城）是春秋以来有名的产铜地区，两汉中央政府先后在这里驻有铜官，负责开采和冶炼。⑥

公元前201年，刘邦下令"天下县邑城"，即在全国范围内对县级以上治所和相当于县级的封地修筑城池，从而掀起了汉代筑城的热潮。⑦ 西汉时期安徽县级以上城市超过了80个，这一时期安徽的郡县级城市建设都有所发展。⑧

西汉时期，随着江淮地区的进一步开发，合肥成为江淮地区的巨埠名镇，其是靠经淮河入瓦埠湖，经江淮水运进巢湖入长江这条水运线上的商贸事业发展起来的。⑨ 作为县城的合肥"受南北潮（河流），皮革、鲍（鱼）、木输会也"，这证明因交通便利，西汉初合肥已经成为淮河南北各地物产交流的汇集点，所以司马迁在《史记·货殖列传》里把合肥

① 程必定：《安徽近代经济史》，黄山书社，1989年版，第9页。
② 司马迁：《史记·河渠书》，北方文艺出版社，2007年版。
③ 陈寿撰，裴松之注，易行、孙嘉镇校订：《三国志·刘馥列传》，线装书局，2008年版。
④ 《晋书·食货志》，中华书局，1996年版。
⑤ 《隋书·地理志》，中华书局，1973年版。
⑥ 翁飞等：《安徽近代史》，安徽人民出版社，1990年版，第7页。
⑦ 何一民：《中国城市史纲》，四川大学出版社，1994年版，第40页。
⑧ 李则纲：《安徽历史述要》（上册），安徽省地方志编纂委员会，1988年版，第26~27页。
⑨ 徐学林：《安徽城市》，中国城市经济社会出版社，1989年版，第12~13页。

和寿县并称。① 东汉末年刘馥建造了合肥新城，并招来流徙人民，振兴生产，奖励耕织战守，兴建学校，加固城防，加快了合肥的发展。② 东汉时期淮南的经济发展显著，到东汉末年，淮南出现了世家和富户。③

三、三国两晋南北朝时期安徽经济社会与城市的不平衡发展

三国两晋南北朝时期是中国封建社会大动荡、大分裂时期，其间虽然出现过统一，但为时很短。在长达 400 年的时间里，战乱不止，城市的发展受到严重影响，而黄河流域由于位于当时主要的战乱区域，城市破坏尤其严重，北方的城市在这段时期走向衰落，随着南方封建经济的发展，南方的城市得到发展。④

就安徽而言，皖北地区也是当时主要战乱区域之一，因此皖北的城市在三国两晋南北朝时期遭受了战争的破坏。战乱使北方的许多农民、手工业者南迁，一部分迁移到皖南地区，带来了北方先进的生产技术和劳动力，促进了皖南经济、城市的发展。西晋时期安徽地区的城市有所增加。当时安徽地区分属徐州、豫州、扬州，共有 14 个郡国，即汝阴郡、淮南郡、临淮国、彭城国、谯国、丹阳郡、历阳郡、安丰郡、新安郡、汝阳郡、宣城郡、梁国、沛国、下邳国。值得一提的是，当时皖南的郡县有所增加，分属丹阳郡、宣城郡、新安郡、鄱阳郡、寻阳郡五郡。皖南郡县的增多，表明西晋时期皖南山区经济的发展和城市数量的增加。

东晋时期，原来生产落后的皖南地区的农业、纺织业、商业都得到了较快的发展，"徽商"的出现亦可追溯到东晋。⑤

南朝各代都定都建康，达官贵人多居住在芜湖、宣城，加快了安徽沿江和皖南地区经济的繁荣和城市商业的兴盛，皖南地区"人竞商贩，

---

① 李则纲：《安徽历史述要》（上册），安徽省地方志编纂委员会，1988 年版，第 26~27 页。

② 徐学林：《安徽城市》，中国城市经济社会出版社，1989 年版，第 13 页。

③ 《可爱的安徽》，安徽人民出版社，1987 年版，第 25 页。

④ 何一民：《中国城市史纲》，四川大学出版社，1994 年版，第 63 页。

⑤ 《可爱的安徽》，安徽人民出版社，1987 年版，第 25 页。

不为田业"①，宣城"川泽沃衍，有海陆之饶，珍异所聚，故商贾并凑"②。

四、隋唐时期安徽社会、经济与城市的繁荣

隋唐是中国历史上第二次大统一时期。这次统一建立在南北朝以来民族大融合和南北经济发展的基础上。统一事业的完成使中国封建经济文化出现了飞跃式的发展，中国进入封建时代的全盛期，城市的发展也进入一个新阶段。③

隋朝，今安徽分属 16 个郡，共辖 50 个县。唐代，今安徽分属河南道、淮南道和江南西道，置 15 州，其中州治在省境的有 12 州，即亳州（治谯）、颖州（治汝阴）、宿州（治符离）、滁州（治清流）、濠州（治钟离）、和州（治历阳）、庐州（治合肥）、寿州（治寿春）、舒州（治怀宁）、宣州（治宣城）、歙州（治歙县）、池州（治秋浦），共领县 55 个。④

隋唐到北宋中期，中国封建社会进入鼎盛，安徽的社会经济也迅速发展，其主要特点是，在农业发展的基础上，手工业、矿业和商业有了较大的发展。到了唐代，两淮地区是唐朝的腹地，中央政府在这里设置了不少屯田区。显庆年间（656—660），修复符离（今宿州符离集）的隋故牌堤，溉田 500 余顷；修复宣城东部的德政陂、南陵的大农陂、青弋江中的永丰陂等水利设施，促进了这些地区农业的发展。开元二十二年（734），朝廷命中书令张九龄为河南开稻田使，他在许、豫、陈、亳（今安徽亳州市）、寿（今寿县）等地方，"本开稻田，将利百姓。度其收获，甚役功庸，何如令地均耕，令人自种。先所置屯田，宜并定其地，量给逃还及贫下百姓"⑤。北宋大中祥符五年（1012），水稻亩产达 1.39 石。茶叶和蚕桑在皖南的发展较为显著，祁门一带从事茶叶种植和买卖者达十之七八，宣城则有"惜寸土以养蚕桑"之说。⑥ 唐代自贞

---

① 《隋书·食货志》，中华书局，1973 年版。

② 《隋书·地理志》，中华书局，1973 年版。

③ 何一民：《中国城市史纲》，四川大学出版社，1994 年版，第 92 页。

④ 闵煜铭等：《安徽省地理》，安徽人民出版社，1991 年版，第 7~8 页。

⑤ 《旧唐书》卷九《玄宗纪》，中华书局，1975 年版。

⑥ 程必定：《安徽近代经济史》，黄山书社，1989 年版，第 10 页。

观至天宝 120 多年间，社会安定，经济发展速度较快。安徽地区的采矿业尤为发达，滁州有两个铜矿，寿州出产生石斛和铜，舒州产铁，天长、虹县产铜，当涂产铜、铁，南陵产铜、铁、银，宁国产银，绩溪产银、铅，秋浦、青阳产银、铜，池州有铅矿，濠州产云母。[①] 我们今天在安徽发现的矿产，差不多唐朝都已经开采过，可见唐朝时的安徽采矿业之发达。采矿业的发展也促进了矿区所在城市的发展，唐时安徽地区的滁州、寿州、舒州、虹县、当涂、南陵、宁国、绩溪、秋浦、青阳、池州、濠州等城市依靠当地发达的采矿业获得较快的发展。手工业方面，在唐和北宋时期，安徽曾产出一大批被称为贡品和珍品的手工艺产品，如亳州的绢纱，宣州的火麻、红线毯，徽州的漆，寿州的黄瓷等，宣纸、宣笔、徽墨、歙砚亦作为文房四宝驰名天下。在唐代，有"天下以江淮为国命"之说。[②]

随着隋唐的统一和江淮沿江经济的繁荣，巢湖地区成为全国著名的"鱼米之乡"，作为巢湖连淮河通长江的商业运输线上的中转站，巢湖城也日益繁荣。经过唐宋两朝的经营，安徽经济更加繁荣，宋代史学家司马光曾在《送崔尉尧封之官巢县》中高度赞扬了巢县经济的繁荣："居人自丰乐，不与他乡比。"[③] 滁州古城的大规模建设首推唐朝，据清光绪《直隶滁州志》和相关资料记载，唐初曾筑双重城垣，内层为子城，周长仅 1 里 162 步，外有罗城，周长 3 里 320 步。唐永徽（650—655）年间，将城向东南扩张，使城周长达 9 里 18 步，呈"申"字形格局，有二东门名"化日""环漪"，北门名"拱极"，西门名"观德"，南门为"江淮保障"。唐滁州城军事设施十分完善，五门均设敌楼、兵马司，东门设水关，四周环以深池。开成元年（836）李德裕出任滁州刺史，在州署建东斋水阁，名"怀嵩楼"。[④] 滁州在宋朝进行了第二次较大规模的筑城。[⑤] 桐城在隋朝为同安郡郡治所在地，城有四门，"四门皆有楼，

---

①　《新唐书·地理志》，中华书局，2003 年版。

②　程必定：《安徽近代经济史》，黄山书社，1989 年版，第 10 页。

③　徐学林：《安徽城市》，中国城市经济社会出版社，1989 年版，第 417 页。

④　熊祖诒纂修：《（光绪）滁州志》卷三《营建志·城池》，江苏古籍出版社，1998 年版。

⑤　徐学林：《安徽城市》，中国城市经济社会出版社，1989 年版，第 391 页。

东宾阳，南阳和，西贞兑，北龙眠"①。徽州府城也于隋朝义宁元年建成。②唐贞观年间（627—649）右武侯大将军尉迟恭在合肥建金斗城，克服了旧城地势低洼、易受水淹的缺点，且又位于南淝河南岸，交通十分便利。经考证，唐金斗城故址相当于今市区南部。杜甫有诗云："稻米流脂粟米白，公私仓廪俱丰实。"描绘的就是唐代庐州经济繁荣的景象。唐代庐州的贡品中就有丝布、绸缎、绢、花纱、酒器、铁器等，足见当时的手工业也很发达。③

五、宋、元、明时期安徽社会、经济与城市的继续发展

北宋将全国分为二十三路。安徽分属江南东路、淮南东路、淮西西路、京西北路四路。又立府、州、军。当时的安徽跨有四府、十一州、六军。安庆府名和皖南徽州州名开始出现。这一时期徽州地区经济发展较快，富商巨贾往来其间，进一步推动了生产的发展。④北宋庆历七年（1407）欧阳修谪守滁州时，重修州城，着力经营邑郊公园琅琊山，开发丰乐泉，整修名胜古迹，使滁州成为江北著名的历史文化名城。⑤

随着南宋定都临安，中国又一次出现了大规模人口南移，客观上促进了包括安徽沿江地区、皖南地区在内的南方经济的发展。南宋定都临安后，安徽境内成为重要的农业区。绍兴二年（1132），减淮南营田岁租三分之二，三年复旧；三月，淮南营田使王实收集闲田三万顷，分给六军耕种。⑥沿江和江南一带广兴圩田，改进农耕技术，农业生产力有所发展。茶叶生产中出现了焙制法，安徽皖西、皖南的茶叶名茶济济，产量大增。南宋时全国有13个茶场，安徽就有5个，其中宁国年产茶一百万斤以上，徽州年产茶两百万斤以上。⑦南宋安徽地区的商业进一步发展，长江沿岸的无为，淮河沿岸的寿春，涡河沿岸的亳州，汴河沿岸的宿县、符离，沿江淮运河的天长等城市，都成为重要的地区商业中

① 沈葆桢修：《重修安徽通志》卷三五《舆地志·城池》，光绪四年（1878）刻本
② 沈葆桢修：《重修安徽通志》卷三五《舆地志·城池》，光绪四年（1878）刻本
③ 徐学林：《安徽城市》，中国城市经济社会出版社，1989年版，第15页、16页。
④ 《可爱的安徽》，安徽人民出版社，1987年版，第25页。
⑤ 徐学林：《安徽城市》，中国城市经济社会出版社，1989年版，第391页。
⑥ 徐松：《宋会要辑稿》，中华书局，1957年版。
⑦ 程必定：《安徽近代经济史》，黄山书社，1989年版，第11页。

心和货物集散地。①

元代，今安徽境内分属河南江北行省、江浙行省，其中，庐州、安丰、安庆、扬州、淮安五路与汝宁、归德二府属河南江北行省，太平、池州、广德、宁国、徽州五路属江浙行省。② 元朝统治稳定以后，采取多种方法促进经济发展。随着农业、手工业、交通运输业和商业的发展，元代安徽的城市均获得了较快发展。

明代在安徽境内设置安庆、徽州、宁国、池州、太平、庐州、凤阳七府以及滁州、和州、广德三州。③ 农民出身的朱元璋建立明朝后，特别关注家乡安徽地区的经济发展，屡次下诏减免赋税，几次移民淮、泗，鼓励垦荒，整顿吏治，革除暴政，兴修水利，安徽经济很快从元末战乱中恢复过来，并得到发展。④ 明代安徽的手工业有明显的进步，主要集中在沿江和皖南地区。芜湖是沿江手工业中心，手工业中的纺织、染印、冶炼和铁工制作非常出名。明代的芜湖也成为沿江地区的商业中心，芜湖米市闻名全国。在明初轻徭薄赋政策和相对安定的环境下，合肥地区的经济日趋繁荣。明代的庐州府已成为江淮地区、巢湖沿岸的农副产品和大别山区土特产品的集散地。清嘉庆《合肥县志》载："谷米之出入，竹林之栖泊，舟船经抵县桥，或至郡邑县署，百货骈集，千樯鳞次，两岸悉列货肆，商贾喧阗。"明代经济的繁荣使合肥县具备了修筑城池、加强防御的财力和物力。明初就有巢湖水师首领、开国功臣俞通海监修砖城，开凿西北濠。弘治中，庐州知府马金修葺庐州府城，周长 26 里，共开东"咸武""时雍"，南"南薰""德胜"，西"西平""水西"，北"拱辰"七门，并疏浚加宽护城河，使其成为当时著名的坚城壁垒和水深池宽的"铁打庐州"。⑤

今滁州老城奠定于明代。明初，因滁州向为军事重镇，政府加强了唐宋旧城的军事防御设施，重建城墙，将沙河扩为护城河。宿州城的突破性建设要数明洪武十年（1377），建成周长 6 里 30 步，高 2.4 丈，宽

---

① 翁飞等：《安徽近代史》，安徽人民出版社，1990 年版，第 9 页。
② 沈葆桢修：《（光绪）重修安徽通志》卷一七《舆地志·建制沿革》，光绪四年（1878）刻本。
③ 穆彰阿、潘锡恩等纂修：《嘉庆大清一统志》卷一〇八，《四部丛刊续编》本，第 739 页。
④ 翁飞等：《安徽近代史》，安徽人民出版社，1990 年版，第 9 页。
⑤ 徐学林：《安徽城市》，中国城市经济社会出版社，1989 年版，第 17 页。

2.5 丈，共开东西南北四门，东曰"望淮"，西曰"连汴"，南曰"阜财"，北曰"拱辰"，每门建戍楼等军事设备的石城。城下修浚长 8 里 188 步的护城河，使宿州成为城固池深，易守难攻的淮北名城，奠定了今宿州市环城马路内的老城区范围。① 作为明代开国皇帝朱元璋的故乡，凤阳城在明代发展迅猛。明初朱元璋以凤阳为中都进行大肆建设。全城选在背山向阳的平地上，方形，建有三重城郭，中心作为皇城。内城选在凤凰山之前，外城包罗四座山，形势险要开阔，基本上以中轴线为中心左右对称，古朴壮丽。各个城墙全部用石奠基，用砖砌券门洞，洪武门与承天门各有三个门洞。②

特别值得一提的是，始于南朝、成于唐宋的徽商，到了明成化年间一举而雄飞，享誉中国商界，迎来徽商发展史上的黄金期。③

① 徐学林：《安徽城市》，中国城市经济社会出版社，1989 年版，第 392 页、460 页。
② 张驭寰：《中国城池史》，百花文艺出版社，2002 年版，第 256～257 页。
③ 翁飞等：《安徽近代史》，安徽人民出版社，1990 年版，第 9 页。

第二章 清代安徽的城市体系、
规模、形态与营建维修

    清朝是中国历史上最后一个封建王朝。虽然明末清初的战乱对安徽乃至全国的城市破坏极大，但在清朝的政权稳定以后，城市获得较快的发展，城市人口增加，工商业较为繁荣。从整体上看，清代城市发展超过了历史上的任何时期。[①] 清代安徽的情况也是如此。随着安徽的建省，安庆确立为清代安徽的省会，各府、州、县城市治所亦逐一确定，清代安徽城市行政等级体系正式形成。受地域范围以及长期商业贸易的影响，清代安徽城市还形成了淮河流域城市体系、皖江城市体系、皖南城市体系三大地域城市体系。就清代安徽城市的规模而言，大城市较少，和全国发达省份比较，城市整体规模较小。清代安徽城市的形制由于受省内复杂多变的地形的影响，规则的矩形城市相对较少，不规则和圆形的城池在山地丘陵地区较为普遍。在整个清代，安徽城市城垣和城内建筑在屡遭自然灾害和战争的破坏后得到较好的营建和维修。

第一节 清代安徽的城市体系

    城市体系是指一个国家或一个地域范围内由一系列规模不等、职能各异的城镇所组成的，具有一定的时空地域结构，相互联系的城镇网络有机整体[②]，以便有效地按地域系统组织生产和进行行政管理，获取最

---

① 何一民：《中国城市史纲》，四川大学出版社，1994年版，第219页。
② 顾朝林：《中国城镇体系——历史现状展望》，商务印书馆，1996年版，第1页。

大经济效益和最佳社会效果。城市体系是衡量一个国家发达程度的重要标志，包括城市行政等级体系、地域体系等。

一、清代安徽城市行政等级体系的确立和发展

（一）清代安徽城市行政等级体系的确立

在明朝行政体系的基础上，清代对安徽的行政体系进行了一定的变动，最终形成清代安徽的城市行政等级体系。

明代以前，今安徽地区从未同辖于一个行政大区。朱元璋建立明朝，以京师（今南京）为中心，将周围广大地区的府、州、县划为直隶区（后称南直隶、南京），今安徽地区始一统于京师，结束了分治的历史。

安徽在清代建省有着政治、经济及军事方面的原因。

首先，从政治方面来看，清初，"南京着改为江南省，设官事宜照各省例行"①。江南省范围极广，管辖 41 个府、17 个州、96 个县，"东抵海，东南抵大海，南抵浙江界，西南抵江西界，西抵湖广界，西北抵河南界，北抵山东界，东北抵山东界"②，如有人依托江南省和中央政府抗衡，后果将不堪设想。自满人入关以后，江南省范围内的抗清斗争就很激烈，故江南省分治、安徽建省，能有效瓦解原江南省内的反清力量，巩固清朝的统治。

其次，从经济方面看，江南省是税赋重地。顺治十八年（1661），各省布政司田土总计 549 万余顷，江南布政司田土计 95 万余顷。该年江南省田赋银 460 万余两，米 274 万余石，麦 19000 余石，豆 23900 余石。③由此可见，江南省乃当时清朝的经济重地。作为清朝的税赋主要来源区域，江南省的面积过于广大，给各项赋税的征收带来很多不便，因此，安徽从江南省划分出来，单独建省，有利于赋税的征收和经济方面的管理。

最后，江南分治、安徽建省还有重要的军事因素。江南省东部为今

---

① 《清世祖实录》卷一八，中华书局，1985 年影印本，第 164 页。
② 《大清会典·康熙朝》卷一八《户部二》。
③ 《大清会典·康熙朝》卷二〇《户部四》。

江苏，西部为今安徽，二者在军事上的战略地位和战略任务不同。东部即今江苏地区濒临大海，其在军事上以防海寇、靖海氛为重点；而西部即今安徽地区地跨江淮，历来为南北必争之地。这样，江南分治、安徽建省有利于进一步明确各自的军事职责，抵御外来侵略，维护国家的统一。①

从政治、经济及军事上考虑，江南省分治、安徽单独建省势在必行。康熙十五年（1676），清政府为了加强对安徽的统治，把原来隶属江南的安徽地区，取安庆、徽州二府的头一个字，建成安徽省。设巡抚驻安庆，安庆成为省会。雍正元年（1723）又把安徽、江苏、江西统隶于驻南京的两江总督。安徽建省后，雍正二年（1724）把凤阳府的颍、亳、泗三州和庐州府的六安州升为直隶州，由中枢直接领导。雍正十三年（1735）升颍州为府，又降亳州为县，属于颍州。雍正十一年（1733）分寿州置凤台县。乾隆二十年（1755）并临淮入凤阳，乾隆四十二年（1777）划虹县入泗州。同治三年（1864）为加强对捻军根据地的镇压，割阜阳、蒙城、宿州一部分，增设涡阳县。因为淮河流域是历史上农民起义最多的地方之一，统治者对这里不放心，故于府县的设置多有变更。安徽全省区域在清代共分8府：安庆、庐州、凤阳、颍州、徽州、宁国、池州、太平；51个县（略）；5个直隶州：广德、滁州、和州、六安、泗州；4个散州：无为、寿州、宿州、亳州。②

清代安徽省的政区设置情况是：

安庆府，治怀宁县，辖怀宁、桐城、潜山、太湖、宿松、望江。

徽州府，治歙县，辖歙县、休宁、婺源、祁门、黟县、绩溪。

庐州府，治合肥，辖合肥、庐江、舒城、巢县、无为州。

凤阳府，治凤阳县，辖凤阳、怀远、定远、凤台、灵璧、宿州、寿州。

颍州府，治阜阳县，辖阜阳、颍上、霍邱、涡阳、太和、蒙城、亳州。

宁国府，治宣城县，辖宣城、宁国、泾县、太平、旌德、南陵。

① 汤业奇、施立业：《安徽通史·清代卷》（上），安徽人民出版社，2011年版，第45页。
② 李则纲：《安徽历史述要》（下册），安徽省地方志编纂委员会，1988年版，第349页。

池州府，治贵池县，辖贵池、青阳、铜陵、石埭、建德、东流。

太平府，治当涂县，辖当涂、芜湖、繁昌。

广德直隶州，辖建平（今郎溪）。

滁州直隶州，辖全椒、来安。

和州直隶州，辖含山。

六安直隶州，辖英山、霍山。

泗州直隶州，辖天长、五河、盱眙。[①]

表2-1 清代安徽各级城市一览表

省城	府（直隶州）	州（散州）、县	城市数量
安庆	安庆府	怀宁（附郭）、桐城、潜山、太湖、宿松、望江	6
	徽州府	歙县、休宁、婺源、祁门、黟县、绩溪	7
	庐州府	合肥（附郭）、庐江、舒城、巢县、无为州	5
	凤阳府	凤阳、怀远、定远、凤台、灵璧、宿州、寿州	8
	颍州府	阜阳（附郭）、颍上、霍邱、涡阳、太和、蒙城、亳州	7
	宁国府	宣城（附郭）、宁国、泾县、太平、旌德、南陵	6
	池州府	贵池（附郭）、青阳、铜陵、石埭、建德、东流	6
	太平府	当涂（附郭）、芜湖、繁昌	3
	广德	建平	2
	滁州	全椒、来安	3
	和州	含山	2
	六安	英山、霍山	3
	泗州	天长、五河、盱眙	4
总数			62

① 闵煜铭等：《安徽省地理》，安徽人民出版社，1991年版，第6～9页。

清代中后期，安徽城市各级行政体系基本稳定下来。

安庆府辖怀宁、桐城、潜山、太湖、宿松、望江6县，其中安庆府城与怀宁县城同城，故安庆府共有6座城池；徽州府辖歙县、休宁、婺源、祁门、黟县、绩溪6县，其中徽州府城与歙县县城为相连的两座城池，故徽州府共有7座城池；庐州府辖合肥、庐江、舒城、巢县、无为州5个县、散州，其中庐州府城与合肥县城同城，故庐州府共有5座城池；凤阳府辖凤阳、怀远、定远、凤台、灵璧、宿州、寿州7个县、散州，其中凤阳府城与凤阳县城为两座城池，故凤阳府有8座城池；颍州府辖阜阳、颍上、霍邱、涡阳、太和、蒙城、亳州7个县、散州，而颍州府城与阜阳县城同城，故颍州府有7座城池；宁国府辖宣城、宁国、泾县、太平、旌德、南陵6县，宁国府城与宣城县城同城，故宁国府有6座城池；池州府辖贵池、青阳、铜陵、石埭、建德、东流6县，其中池州府城与贵池县城同城，故池州府有6座城池；太平府辖当涂、芜湖、繁昌3县，其中太平府城与当涂县城同城，故太平府有3座城池；广德直隶州辖建平1县，共两座城池；滁州直隶州辖全椒、来安两县，共3座城池；和州直隶州辖含山1县，共两座城池；六安直隶州辖英山、霍山两县，共3座城池；泗州直隶州辖天长、五河、盱眙3县，共4座城池。

如上所述，清代安徽省共有城池62座。其中安庆既为安徽省城，又是安庆府治、怀宁县治所在地。清代安徽府级城市（含直隶州州城）为13个，分别是安庆（安庆府城）、徽州府城、庐州（合肥县城）、凤阳、颍州府城（阜阳县城）、宁国府城（宣城县城）、池州府城（贵池县城）、太平府城（当涂县城），以及广德、滁州、和州、六安、泗州等直隶州州城。清代安徽县级城市（含散州州城）有怀宁、桐城、潜山、太湖、宿松、望江、歙县、休宁、婺源、祁门、黟县、绩溪、合肥、庐江、舒城、巢县、无为州、凤阳、怀远、定远、凤台、灵璧、宿州、寿州、阜阳、颍上、霍邱、涡阳、太和、蒙城、亳州、宣城、宁国、泾县县城、太平、旌德、南陵、贵池、青阳、铜陵、石埭、建德、东流、当涂、芜湖、繁昌、建平、全椒、来安、含山、英山、霍山、天长、五河、盱眙，计55个。由于有6个县城是所属府城的附郭，其中怀宁县城是安庆的附郭，合肥县城为庐州府城的附郭，阜阳县城为颍州府城的附郭，宣城为宁国府城的附郭，贵池县城是池州府城的附郭。这样，清代安徽最终形成了以省会安庆为行政中心，其下依次为 13 个府城（包括安庆府城）与直隶州州城，55 个散州州城、县城（包括 6 个附郭县城）构成的城市行政等级体系。

（二）清代中前期安徽各行政等级城市的发展

在封建社会，政治因素是城市发展的首要动力，城市的行政等级在很大程度上决定了城市的发展。清代中前期，安徽城市行政等级分明，形成了以省城安庆为政治核心的省城、府城、县城的三级城市行政体系。在这些城市中，省会安庆行政级别最高。依靠行政中心的有利条件，清代中前期安庆的城市经济、建设等有了较大的发展；清代安徽各府级、县级城市分别为各自区域的政治、经济中心，城市建设也有相应的进步。值得注意的是，作为清代安徽城市第三行政等级——县级城市的芜湖，虽然行政级别不及安庆和各府城，但依托其有利的地理位置和优越的交通条件，发展为清代安徽经济最发达的城市。

1. 省会城市安庆的发展

古代城市大多建立在关津要道上，城市的诸多功能中，军事功能往往是建城的主要原因之一。安庆也是如此。安庆位于安徽西南部的皖河与长江交汇处，南面是万里长江，北面是大别山南缘丘陵，东离南京 300 千米，西距武汉 400 余千米。背山面水，东西兼顾，历史上的安庆就坐落在这个十分险要的位置。[①] 地方志记载安庆是"滨江重地也。上控洞庭、彭蠡，下扼石城、京口。分疆则锁钥南北，坐镇则呼吸东西，中流天堑，万里长城"[②]，足见安庆地理位置之重要。

安庆建城的历史可以上溯到东汉末年。曹操以朱光为庐江太守时，

---

① 朱庆葆：《传统城市的近代命运：清末民初安庆城市早期现代化研究》，黄山书社，1995 年版，第 1 页。

② 《（康熙）安庆府志》卷二七《碑记》，江苏古籍出版社，1998 年版。

就曾筑过土城，称作皖城①，在现在的潜山境内。后来，诸葛恪也在皖口筑过土城，在今天的老山口镇。南朝时，齐、梁、陈为抵御北朝的南侵，相继又在山口镇筑过城栅。

宋嘉定十年（1217），金兵进犯光州，宁宗任命黄干做安庆知府，负责军事要塞安庆的防卫。金兵攻破光州后，安庆形势告急，黄干请示朝廷，建城于盛唐湾宜城渡之阴，至此，安庆城初具规模。② 从此以后，安庆成了长江流域一个重要的军事要塞，"风帆上下，干戈日寻，实中江之巨防焉"③。

宋端平二年（1235），由于蒙古军队大举南侵，安庆府治由安庆城迁徙罗刹洲，后又徙杨槎洲。景定元年（1260），马光祖将府治移归安庆，并在安庆建怀宁县城，史称"县城附部"。此后，安庆府治和怀宁县治就共同设在安庆城，安庆城市由一个单一的军事要塞逐渐向区域政治中心过渡。马光祖在迁治的同时，又对安庆进行了大规模的扩建。修筑后的安庆城周长9余里，城高近7米，底宽2米有余，顶宽1米有余，并设有5个城门：东曰枞阳门，南曰盛唐门（后改为镇海门），东南曰康济门，西曰正观门（一叫八卦门），北曰集贤门。至此，安庆城发展到一个新的阶段。元至正十六年（1356），守帅余阙重修，将城墙增高到近9米，并在环城的西、北两面挖掘护城壕沟，引江水灌入。明洪武年间，指挥戈预重修壕沟，深至3余米。④ 明代，安庆城多次修补，但城市的格局整体变化不大。从宋代建城一直到清代之前，安庆由一个军事要塞转变为安庆府和怀宁县的政治中心，城市规模逐步扩大。近代以前，安庆城市变化最大的时期当属清代前中期，因为自清代始，

---

① 安庆市旧有"皖城"的别称。关于"皖城"的由来，说法不一。有人认为安庆是古皖国之地，"皖城"由此得名。持不同意见者认为春秋时安庆是桐国属地，并不属于皖国，仅与皖国毗邻而已。《怀宁县志》记载："（怀宁）西境属皖，自皖口以西距潜山治五（疑系一百零五之误）里。"皖口就是今天的山口镇，山口镇以西才是皖国故地，皖治就在今天的潜山。据杜佑《通典》记载，春秋时楚灵王在皖山（天柱山）的南面建城，即今天的潜山县城，这才是真正的皖城。见蒋放、董学明：《皖城探源》，政协安庆市文史资料研究委员会《安庆文史资料》编辑部编：《安庆文史资料》第17辑，安徽人民出版社，1987年版，第4页。

② 《（康熙）安庆府志》卷三《城池》，江苏古籍出版社，1998年版。

③ 《（康熙）安庆府志》卷首《序》，江苏古籍出版社，1998年版。

④ 朱庆葆：《传统城市的近代命运：清末民初安庆城市早期现代化研究》，黄山书社，1995年版，第7页。

安庆由县城、府城升为省会，其政治中心职能进一步加强了，从而进入了传统城市发展的兴盛时期。清朝统一中国以后，为了控制整个东南地区，"设制府为江宁，而以皖、吴为前后户，后分御史持节镇之。财赋则吴为重，扼塞则皖为要"①。清初，安庆地区属江南布政使司，统称江南省。顺治十八年（1661）分江南布政使司为左、右两个，安庆地区属江南左布政使司。康熙六年（1667），江南左布政使司改为安徽布政使司，此为安徽建省之始。乾隆二十五年（1760），安徽布政使亦由江宁移驻安庆。此后，安庆不仅是怀宁县治和安庆府治所在，也成了安徽的省会。民国时期废府设道，安庆仍是安徽省会和怀宁县治所在地，这种局面一直维持至抗日战争爆发。②

安庆市是在古宜城渡的基础上发展起来的。安庆市场形成较早，远在南宋时期，安庆已是安徽西南部的货物集散中心。潜山的毛笔，东至的柴炭，贵池的茶叶、桐油，多在此集散。在清代，随着安庆成为安徽省省会，安庆城内聚集了大量的政府官员和部队，拥有较大的消费市场，进一步促进了安庆经济的发展。③外地商人前来开设店铺的日益增多，浙江人开银楼，湖南醴陵人开伞店，旌德人开丝绒店，庐江人开手工织布机坊，徽商将皖南的蚕丝、茶叶、生漆、桐油、徽墨、歙砚等土特产品带入安庆市场。由于徽商人数众多，后来自成"徽帮"。城内外大小钱庄、当铺、绸缎庄、布店、纸坊、茶叶店、南货号等多为徽商开设，粮食、食盐、百货等大店也有徽人经营，比较有名的有恒大钱庄、惠通当铺、久大恒绸缎庄、大生祥南货店、胡开文笔墨庄、胡玉美酱园等。当年的四牌楼、司下坡、西正街等主要街道几为徽商独占。安庆在清代兴起了不少蜚声省内外的工商企业，如胡玉美酱园、刘麻子剪刀、余良卿膏药、墨子酥糖等。④

安庆地处长江之滨，水陆交通四通八达，过去省、府、县官僚衙门林立，官绅商贾云集，因此为之服务的酒楼、菜馆、茶社也遍设东西南

---

① 《（康熙）安庆府志》卷首《序》，江苏古籍出版社，1998年版。

② 朱庆葆：《传统城市的近代命运：清末民初安庆城市早期现代化研究》，黄山书社，1995年版，第8页。

③ 徐锦文：《安庆的牙行概况》，政协安庆市文史资料研究委员会、安庆市工商业联合会、中国民主建国会安庆市委员会：《安庆文史资料》总第14辑，安徽省出版局2009号，第1页。

④ 安徽省地方志编纂委员会：《安徽省志·商业志》，安徽人民出版社，1995年版，第218页。

北门内外，而且风味各异，竞相媲美。酒楼、菜馆的开设者分客班（即外地人）和本班（即本地人），客班大都是坚持京、苏、川、扬风味，本班后起者继承客班经营，以特色居多，也有地方风味小吃。茶社以本地人开设居多。①

清代安庆在文化教育方面也很发达，当时知名的书院有：①培原书院，系操江巡抚李日芃于1652年创办，设置于府学宫东边魁星楼和凤宪行台的废址上；②遂宁书院，清康熙年间由安徽学政张鹏翮创办，位于正观门外；③山谷书院，明嘉靖初，知府胡缵宗改建于佑圣观之西；④凤鸣书院，系怀宁县学宫的书院，设在任家坡丰备仓旧址，1902年改名为凤鸣高等学堂；⑤敬敷书院，最初由安徽巡抚叶九恩于1709年在培原书院旧址上建造，命名为修永书院，乾隆初年改名为敬敷书院，太平天国运动中毁去，1862年，曾国藩改旧都司衙门建为敬敷书院。②在这些书院中，最为著名的当数敬敷书院。出任敬敷书院山长的不乏清代诸多著名的学者，如桐城派的刘大櫆、姚鼐，其中姚鼐曾出任两任山长。③

清代，随着安庆成为安徽省的省会，安庆的城市建设获得了较多的政府资金投入，因此上了一个新的台阶，城内街衢纵横交错，沿街两旁建筑物密布。以南北为纵，东西为横，清代安庆城内有横街六：正观门至墨子巷、县署前至二郎巷、天宁寺至巡按署、三牌楼至天后宫、拐角头至黄家狮子、黄家山至多宝仓。城内直街四：县署右至北门大街、杨家拐至张家坊、大南门至卫山头、小南门至双莲寺。④

具体来说，清代安庆城内六条横街及附近的建筑物是：

1）正观门至墨子巷

街南：承德坊、县学新街、状元坊；

① 韩幼甫、罗作新：《解放前安庆酒楼、菜馆、茶社概况》，政协安庆市文史资料研究委员会、安庆市工商业联合会、中国民主建国会安庆市委员会：《安庆文史资料》总第14辑，安徽省出版局2009号，第47页。

② 杏村：《安庆书院略述》，安庆市政协文史资料委员会、《安庆文史资料》编辑部：《安庆文史资料》第28辑，编非正式出版字（2000）022号，第1～2页。

③ 杏村：《安庆书院略述》，安庆市政协文史资料委员会、《安庆文史资料》编辑部：《安庆文史资料》第28辑，编非正式出版字（2000）022号，第1～2页。

④ 朱之英修：《（民国）怀宁县志》卷三《乡区·街衢》，江苏古籍出版社，1998年版。

街北：县下坡口、司下坡口、县学。

2）县署前至二郎巷

正街：县署、布政使司署、考棚、府学、梓潼阁、清节堂、四牌楼、二郎巷。

街南：凤鸣楼、县下坡、司下坡、韦家巷、鸳鸯棚、墨子巷。

3）天宁寺至巡按署

正街：天宁寺、巡抚署、谕碑亭、巡按使署。

4）三牌楼至天后宫

正街：三牌楼、钱家牌楼、天后宫。

街南：高井头。

街北：薰风巷。

5）拐角头至黄家狮子

正街：拐角头、都阃府署、游击府署、守备署、协镇署、风节井、双莲寺、黄家狮子。

街南：朱紫巷、姚家口、吕八街口、状元街。

街北：平心桥、马家厂、系马桩。

6）黄家山至多宝仓

正街：黄家山、登云坡、多宝仓。

街南：黄家坡、任家坡、宣家坡。

街北：县学新街、杨家拐、蓄水池。

城内四条直街及附近的建筑物是：

1）县署右至北门大街

正街：郭家桥、大关帝庙、北门大街。

街东：杨家塘（通朱紫巷近圣街）、拐鱼头、龙神祠。

街西：苏家巷、登龙巷、洪家巷、义方里（通饮马塘）。

2）杨家拐至张家坊

正街：杨家拐、韦家巷、梓潼阁街、同安岭、萧家桥、姚家口、平心桥、张家拐。

街东：墨子巷（通四牌楼）、倒扒狮子、天宁寺、纯阳道院、府义学、旧卫署。

街西：县学、府学、第一中学校、近圣街、法政学校、三祖寺、育婴堂、孝子坊。

3）大南门至卫山头

正街：镇海门（大南门）、府城城隍、药王庙、四牌楼、三牌楼、吕八街、双井、卫山头。

街东：探花第、登云坡（通小南门）、二郎巷、钱家牌楼、菜市、柳林、安庆道署。

街西：南水关（通黄泥岗）、哈叭巷、胭脂巷（通右圣观后街）、四牌楼正街（通清节堂正街）、卫署东。

4）小南门至双莲寺

正街：康济门（小南门）、万亿仓、高井头、三步两桥、府狱、双莲寺。

街东：奎星阁、天后宫、司狱、天台里。

街西：潜山仓、小二郎巷、大二郎巷、钱家牌楼、水山警察厅、巡按使署。

正观门循城至大南门：承德坊、五档坡、常平仓、萧家山。

大南门循城至小南门：当街石坊一、海疆柱石、探花第、太湖仓、潜山仓。

小南门循城至枞阳门：文昌宫、警察署、火神庙。

枞阳门循城至北门：鹭鸶桥、栋树湾、府署、柳林、安庆署、育婴堂、孝子坊。[①]

从以上纵横交错、错落有序的城内街道和建筑物来看，清代安庆的城市建设具有相当的规模和条理性。安庆城内街道主要由六条横街和四条直街构成。城内的主要建筑物，如官衙、教育机构等大部分都位于这六横四纵的十条主街道两旁。除了这些主干道，安庆城内的小街巷、商店密布，人口众多。但安庆毕竟是作为军事要塞建城，作为政治中心而发展起来的，所以安庆的城市建设也体现了浓厚的军事性和政治性，这可从坚固的城墙和城内林立的官署看出来。

2. 清代安徽府级城市的发展

清代安徽府级（包括直隶州）城市共 13 个，其中包括省城安庆。

---

① 朱之英修：《（民国）怀宁县志》卷三《乡区·街衢》，江苏古籍出版社，1998 年版。

上文已将安庆作为清代安徽的第一级行政城市来叙述，所以清代安徽的第二级（府、直隶州级）行政城市有 12 个，分别是：徽州（徽州府城）、庐州（庐州府城）、凤阳（凤阳府城）、阜阳（颍州府城）、宣城（宁国府城）、贵池（池州府城）、当涂（太平府城）、广德（广德直隶州州城）、滁州（滁州直隶州州城）、和州（和州直隶州州城）、六安（六安直隶州州城）、泗州（泗州直隶州州城）。

府级城市介于省会与县级城市之间，在政治上具有上传下达的作用，既接受省会城市的领导，又有管理所辖县级城市之责；在经济上，一般府级城市是该地区的经济中心，府城市场是比所辖县城高一级的市场，而府所辖的广大地区是作为府城的农村腹地存在的。由于行政因素的推动，再加上地区经济中心的重要地位，清代安徽的府级城市发展较快，在这里以庐州府城、徽州府城、池州府城为代表进行说明。

1）庐州府城

庐州府城即合肥。清代合肥既是合肥县的县城，又是庐州府的府城。在太平天国运动期间，由于省会安庆被太平军占领，咸丰三年（1853）十二月十日，安徽巡抚江忠源在庐州府上任，此后合肥被短暂地作为安徽省省会，直到同治元年（1862）省会迁回安庆。① 光绪《续修庐州府志》载：

> 庐州府城始自扬州刺史刘馥单马造合肥，空城建立州治；唐文宗时庐州刺史路应求始加筑焉；宋乾道中淮西帅郭振又拓其北，跨金斗河为城；守臣王希吕等相继修葺。胡陟增置水关二。元末城圮，佥事马世德修之；明洪武初年俞通海凿西北濠，深二丈五尺；弘治中知府马金修其废缺，周四千七百有六丈，高二丈有奇，厚四丈有奇。……城门凡七：东二，曰威武，曰时雍；南二，曰南薰，曰德胜；西二，曰西平，曰水西；北一，曰拱辰。②

这段方志清晰地勾勒了合肥诞生、成长的过程，而弘治年间马金的修建基本奠定了后来清代合肥城的基础。在清代，合肥城还是经历了多次修葺，但基本没有超过弘治年间所奠定的空间范围。清代合肥城城墙

---

① 徐学林：《安徽城市》，中国城市经济社会出版社，1989 年版，第 7 页。
② 黄云修：《（光绪）续修庐州府志》卷九《城署志》，江苏古籍出版社，1998 年版。

的周长达 4706 丈，嘉庆《合肥县志》记载清代合肥城周长达 26 里①，这个空间面积在清代安徽省的城市中是最大的，当时省会安庆的周长只有 9 里。②

作为庐州府治所在地，再加上水陆交通比较发达，清代合肥是江淮地区的贸易中心，邻近地区有不少商人集中到合肥开办作坊，设肆营业。如印染业由湖北人经营，故俗称印染作坊为"汉坊"；糕点业由福建人经营；木材、瓷器由江西人经营；经营国药的全是南京人；泾县人则包办了合肥的缫丝业、绸布店等。在清代，合肥城内商贾云集，外地籍的商人占很大比重，他们在合肥组织的会馆比较多，主要有江西会馆、金陵会馆、两湖会馆、泾县会馆、旌德会馆、山陕会馆、福建会馆、徽州会馆八个。③

清代合肥城街巷纵横交错，主要街道有云路街、新街、土街、十字街等，巷有武定巷、木场巷、西仓巷、南五通巷、银杏巷、饭巷、飞骑巷、二郎巷、罗汉巷、白鹤巷、东仓巷、菱草巷、□神巷、天王巷、车马巷、粉子巷、教场巷、红门巷、孝女巷、姚太尉巷、庐江巷、观音巷、省仓巷、回龙巷、梁家池巷、鼓楼东巷、鼓楼西巷、五显庙巷、凤凰桥巷、永贞观巷。④ 城内官署、教育机构、宗教建筑等遍布街道两旁。

2）徽州府城

在徽州府所辖的府县级城市中，徽州是周长最长、面积最大的，其城墙周长达 10 里⑤，甚至超过了省会城市安庆（9 里）。城内小花街、十字街、上北街等街道纵横交错，徽州府署、尚书府、谯楼、府学、城隍庙、火神庙等建筑随处可见。⑥

清代徽州城经济较为兴盛，其中以手工业最为突出。徽商或以手工

---

① 左辅纂修：《（嘉庆）合肥县志》卷五《营建志》，江苏古籍出版社，1998 年版。

② 《（康熙）安庆府志》卷三《城池》，江苏古籍出版社，1998 年版。

③ 吴介五：《合肥的外籍同乡会会馆》，合肥市政协文史资料研究委员会：《合肥文史资料》第 1 辑，安徽省出版总社非出字（84）2027 号，1984 年版，第 182～183 页。

④ 黄云修：《（光绪）续修庐州府志》卷三《疆里志》，江苏古籍出版社，1998 年版。

⑤ 马步蟾纂修：《（道光）徽州府志》卷四《城池》，江苏古籍出版社，1998 年版。

⑥ 参见《徽州府治城垣图》，马步蟾纂修：《（道光）徽州府志》卷首图，江苏古籍出版社，1998 年版。

业起家，或以雄厚的资本投入传统手工业。众所周知的制墨业自不待言，印刷业也值得一提。清代徽商中有不少既是富商，又是学者文人，藏书刻书蔚然成风，或以藏书宏富、高标风雅招徕名人，或以刻书印书赢利发家。为了提高行业竞争力，他们标新立异，不惜工本发展印刷事业，使徽州一跃成为全国印刷中心之一。我国现存的清代印刷的中医古籍有不少是由当时的徽州出版的。此外，清代徽州的建筑、园林、砖雕、装饰等，也是为满足徽商豪华住宅等的需求，工匠精益求精而渐成特色的。[①]

3）池州府城

作为池州府的府城，贵池的地理位置相当重要。乾隆《池州府志》载："据上游与皖口交峙，扼滇黔蜀楚闽粤豫章之冲，固东南一重镇也。"[②]池州府城历史悠久，唐永泰三年（766）始筑城，设6门，即东九华门、南道远门、西秀山门、北迎恩门，东南、西南分别是流秀门和钟英门。明正德十二年（1517）修筑城墙，周长1428丈，城墙高2.5丈。到了清代，池州作为区域政治、经济中心，城内街道、建筑有所增加，石板街道排列整齐。[③]主要街巷有14条，分别是城内东部的九华街和儒林巷，城内南部的大中街、凤凰街和继武巷，城内西部的郭西街，城内北部的市陇街、三状元街、里仁街、舜井街，城内中部有市心街，城外还有通远街、坡上街和钉子街。[④]

清代，贵池是池州府的政治、经济中心，各县的农产品如丝、茶、棉花、麻、葛、姜、木板、木炭、漆等，行销府内外，贵池就是当时的各县农产品的集散中心。[⑤]

从整体上看，清代安徽府城介于省会安庆与各县城之间，既受省会城市的领导，又负有管理所辖各县之责。一般来说，清代安徽府城的规模、城市建设、城市经济、文化等要高于县城，但不排除个别县城的发

---

① 张秉伦：《明清时期徽商与徽州科技发展》，安徽大学徽学研究中心：《徽学 2000 年卷》，安徽大学出版社，2001 年版，第 15 页。

② 张士范纂修：《（乾隆）池州府志》，江苏古籍出版社，1998 年版，序。

③ 池州地区地方志编纂委员会：《池州地区志》，方志出版社，1996 年版，第 573 页。

④ 洪志：《清末贵池县城的街巷与牌坊》，政协贵池市文史资料委员会：《贵池文史资料》第五辑，皖非正式出版字（96）第 034 号，1996 年版，第 130~131 页。

⑤ 池州地区地方志编纂委员会：《池州地区志》，方志出版社，1996 年版，第 442 页。

展比府城好。因为安徽有不少县城历史悠久，在清代以前的行政级别甚高，有着长期的历史积淀和人文底蕴。

3. 清代安徽县城的发展

县城（包括散州州城）是清代安徽级别最低的城市。一府之内往往辖多个县或散州，清代安徽的县城（包括散州州城）有 47 个（既是县城，又是府城或省会的县城未列入）。清代的县城都具备一定的规模，城内街道错落有致。县城作为一县范围之内的政治、经济、文化中心，城内的官署、教育机构、市场、宗教等建筑比较集中。下面选取一部分清代安徽县城城内的街巷情况，列表（见表2—2）进行说明。

表2—2　清代安徽县城城内街巷一览表①

县城名	城内街巷
庐江	恺悌街、新街、十字街、丁字街、中和街、际云坊、平易坊、丹桂坊、凤台坊、紫芝坊、龙泽坊、遵道坊、迎晖坊、马政坊、绣溪坊、马厂巷、高家巷、粉子巷、梅家巷、河湾巷、毛家巷、朝墓巷、柳树巷、昌家巷、盛家巷、粮米巷、鱼市、难关市
望江	进士巷、麦公巷、朱氏巷
南陵	大南街、西街、新壁街、半壁街、前街、后街、横街、正街、十字街、东街、小南街、北街、丁字街、新街、八字街、香由巷、穆家巷、春谷书院巷、竹青巷、陶家巷、严家巷、姚家巷、叶家巷、方家巷、张家巷、沈家巷、苏家巷、孙家巷、繁昌巷
宿松	内街、东街、西街、南街、北街、十字街、便民街、小东门街、小西门街、高家巷、刘家巷、罗家巷、赵家巷、钦圣门巷、义学巷、洪家巷、贾家巷、郭家巷、馆驿巷、胡家巷、操家巷、欧家巷、尹家巷、吴家巷、杨家巷、书院巷、曹家巷、双花巷、蔡家巷、衙后巷、闵家巷、何家巷、石家巷、苏家巷、毕家巷、张家巷、金家巷、夏家巷、北坛巷

① 《（光绪）庐江县志》卷二《舆地·街镇》；《（乾隆）望江县志》卷二《地理·坊巷》；《（民国）南陵县志》卷三《舆地·街巷》；《（民国）宿松县志》卷三《地理志·城池·街巷》；《（康熙）桐城县志》卷之一《城池·街市》；《（光绪）亳州志》卷二《舆地志·坊保·附街巷》；《（嘉庆）怀远县志》卷七《营建志·街巷》；《（光绪）重修五河县志》卷三《疆域五·市集》；《民国全椒县志》卷一《舆地志》，江苏古籍出版社，1998年版；《（道光）来安县志》卷二《营建志·城池·街道》；《（道光）定远县志》卷三《舆地志·街巷》；《（道光）休宁县志》卷一《疆域·坊市》；《（嘉庆）旌德县志》卷二《建置·街衢》；杨虎修：《宁国县志》卷一《舆地志中·街巷》，民国二十五年（1936）；清恺等修：《嘉庆绩溪县志》卷一《坊市》，江苏古籍出版社，1998年版；《（嘉庆）太平县志》卷三《城池·街巷》；《（嘉庆）无为州志》卷三《舆地志·街巷》；《（道光）巢县志》卷四《舆地·巷井》。

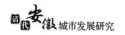

续表2-2

县城名	城内街巷
桐城	凤仪街、杨林街、世美街、治平街、牧爱街、太平街、丹桂街、佑文街、五圣街、仁和街、辅德街、仁厚街、里仁街
亳州	东门大街、西门大街、南门大街、北门大街、卫里巷、神路巷、署前街、察院巷、州东巷、州西巷、仓巷、州后巷、三皇庙巷、关武营、灵官庙街、雷祖庙街、任家庵街、卫后街、半截楼街、夏家巷、陈家胡同、老子庙街、辘轳湾、康家牌坊、高家巷口、清风巷口、方家胡同、曹家巷、大寺巷、丁家胡同、二郎庙街、火神庙西街、二郎庙西街、前局、后局、礼拜寺街、学巷口、观音堂、皮厂店北街、三义庙街、四眼井、皮厂店街、丁字街、砚瓦池、观音阁、白家巷、薛家巷、火星庙前街、文昌街、槐树庙街、李家巷、四眼井街、淌水沟、王家巷、崔家巷、礼贤街、书铺街、白布街、致和街、来凤街、大桥口、东顺城街、牛市、单家胡同、严家寨、杨柳庵街、鸡毛坑、水门关、炭厂、席市等
怀远	县前街、县西街、西门岗、官路、诚求街、城隍庙街、学巷、蟠桃街、学前街、朝阳门、县东街、县后街、伞巷、老西门、文昌街、佟家楼、板桥街、刘家拐、土街、新街、顺河街、东厂、西门街、顺城街、毕家拐、故衣街
五河	向明街、崇文街、振武街、肃宪街、惠绥门、爱育街、薰德门、永丰街、大忠街、后新街、北隅街、南新街、南濠街、北濠街、大兴街、诗礼街、文礼街、平政街、中市街、西市街、鱼市街、小市街、矛绣街、社学巷
全椒	城内大街、南门大街、大南门街、丁字街、后街、凤凰街、小桥湾街、西门街、富安里、半边河街、袁家湾街、东门大街、太平里、河湾街、学前新街
来安	东门大街、南门大街、西门大街、北门大街、十字街、小南门、后街、仓巷街、寺巷街、小西门、中街、儒学街、青龙街、观巷、严家巷、王家巷、搭阁巷、更巷
定远	东门街、东后街、学前街、东门外南新街、东门外北新街、西门街、曲阳街、南门街、南门后街、集贤街、南门外新街、北门街、十字街、仓后街、蝴蝶街、金华街、丁字街、池河街、儒林巷、金华巷、陈家巷、丁字巷、文明巷、贤关巷、苏家巷、曹家巷、隍庙巷、顺城巷、察院巷、董公巷、真吾观巷、红石井巷、元巷
芜湖	县南：安丰里、新市街、罗家巷、南门湾、陶家巷、儒林街、铜巷、官沟沿、施家巷、潘墩巷、南门大街、南城内城根夫子庙 县北：北门大街、铁石墩、官铺巷、同凤里、淳良里、熟皮巷、乳饼巷、爨庙巷、端家巷、财神巷、孤老巷、牛角庙 县东：东门大街、新巷、罗家闸、所巷、井巷、萧家巷、东寺街、正大巷、梧桐巷 县西：西门大街、剧子巷、鱼市街、冷铺巷、太平路街、河纯巷、方家巷、詹家巷、后家巷、索面巷、堂子巷、铁作巷、官井巷、财神巷、油坊巷、镫草巷、安寿巷、上水门巷、下水门巷

县城名	城内街巷
休宁	县前街、东街、西街、南街、北街、中街、后街、柳塘街、淳化里、厚田里、王家巷、鹤山巷、苏家巷、朱紫巷、柳塘巷、社坛巷、里仁巷、东村巷、高市巷、宣仁巷、美俗巷、旌孝巷、名儒巷、古楼巷、玉堂巷、龙池巷
旌德	南街、市心街、土街、毡场街、江夏街、道府街、里仁街、西街、裹巷、上市街、九思街、十字街、东巷、中市街、招贤街、集贤街、殿前街
宁国	东营街、西营街、南营街、西街、东门街、横街、九世墩
绩溪	东隅：东街口、东关亭、小东门、东作门、白石鼓 南隅：南街口、总督府、觉今园、程家巷、南门头 西隅：西街口、万家巷、西察院、新西街、项家桥、世科第、书锦里、中巷 北隅：官口巷、翰林第、舒家巷、任家巷、张家巷
太平	县前直街、县前横街、学前横街、县后街
无为	十字街、兔儿冈街、小十字街、九华街、一字城街、熙春街、东津街、五神寺街、鼓楼街、城隍庙街、后新街、前新街、皇华坊街、大安街、登云街、太平街、迎恩街、上草城街、下草城街、河街、察院巷、郭家巷、佘家巷、大井巷、状元祠巷、张拱巷、陶家巷、观音堂巷、阮家巷、董家巷、白家巷、新仓巷、魏家巷、毕家巷、官巷、陈家巷、俞家巷、庄家巷、关家巷、徐举人巷、田皮巷、都土地巷、儒学巷、陆家巷、燕家巷、支家巷、东津巷、竹巷
巢湖	县前街、十字街、新城街、西街、东河街、西河街、钟楼上街、钟楼下街、东街、北门街、城河上街、河南街、双女街、女儿街、炯炀街、陈公街、大埠陇街、东山口街、洪山巷、薛家巷、毛家巷、龙家巷、史家巷、张家巷、石家巷、金家巷、颜家冈巷、桑枣园巷、旧射□亭巷、迎神巷、东岳庙巷、小东门巷、紫薇观巷、郎家巷、所巷、钟家巷、俞金巷、五郎庙巷、溥泽巷、施家巷、软家巷、天王庙巷、罗家巷、陈家巷

  清代地方志对街巷的记载不一，就安徽而言，一部分清代方志专门用"街巷""街衢"或"坊巷"等一节来记载该城市的街巷情况，如上表中所列出的城市；一部分方志根本没有关于街巷的记载，仅仅在方志前面绘了《城厢图》，而这些图往往模糊不清，无法辨认出准确的街道位置和街道名称，这一部分城市未列入上表。在这里需要强调的是，有些城市方志中没有记载街巷，并不说明该城市没有街巷；同样，有些城市方志中对其街道的记载很简单，仅寥寥数字，也并不说明该城市街道一定就很少。这是由方志撰写者的主观意愿造成的。但是，就总体而

言，方志中所记载的街巷很多，说明了该城市城内街道密布，人口、城内建筑众多，城市规模较大，也较发达。其中清代亳州城街巷甚多，有"七十二条街、三十六条巷"之说。清乾隆三十九年（1774）亳州共有街巷116条，道光五年（1825）增加到182条。60年间亳州街巷增加了66条，这说明亳州在清代城市人口和建筑的增加。① 表2—2中所载的庐江、芜湖、无为、巢湖等城市同样街巷甚多，城市规模较大，城市也较发达。这些相对发达的县级城市一般具有以下几个特征：

第一，历史悠久。这些方志中记载的街巷较多的清代安徽县级城市往往有着长期的发展积淀。如无为州城，起源于宋朝，在明朝整个城池就具有了相当的规模，周长达9里36步，高1丈3尺，址宽7尺，上广4尺，东引华林河作为护城河，深1丈，宽5丈9尺。② 亳州城更是起源于春秋战国时期的谯城，以后又历经宋、元等朝代的修葺增补，始成清代的亳州城。③

第二，作为县城的农村腹地面积较大，人口众多，农业发达。这些县城的农村腹地面积较大，田地和人口都较多，足以解决县城人口的口粮问题。同时，发达的农业使得农产品和手工业品的交换日趋频繁，而县城自然会成为农产品和手工业品的交易中心，从而促进了县城商业的发展。商业的发展又会吸引众多农村人口集中到县城，促进了县城的街道建设和人口的增加。清代亳州境内民赋田地达4232顷18亩9分④，常额人丁23222丁。⑤ 无为州康熙元年（1662）的人丁为36285丁⑥，额田共10809顷15亩9分，地为1591顷90亩5分。⑦ 广阔的农村田地和大量的腹地人口都让清代安徽这些县城得到了较快的发展。

值得注意的是，清代芜湖虽然为县级城市，但基于其悠久的经济发展历史和便捷的水路交通，芜湖的经济发展超过安庆及各府级城市，成

① 梅开运：《略谈亳州老街道》，政协安徽省亳州市委员会、文史资料研究委员会：《亳州文史资料》第5辑，1992年版，第160页。
② 顾浩修：《（嘉庆）无为州志》卷三《舆地志·城池》。
③ 钟泰修：《（光绪）亳州志》卷三《营建志·城郭》，江苏古籍出版社，1998年版。
④ 钟泰修：《（光绪）亳州志》卷六《食货志·田赋》，江苏古籍出版社，1998年版。
⑤ 钟泰修：《（光绪）亳州志》卷六《食货志·户口》，江苏古籍出版社，1998年版。
⑥ 顾浩修：《（嘉庆）无为州志》卷七《食货志·户口》，江苏古籍出版社，1998年版。
⑦ 顾浩修：《（嘉庆）无为州志》卷七《食货志·民赋》，江苏古籍出版社，1998年版。

为清代安徽的经济中心。

二、清代安徽城市地域体系

城市的分布很大程度上受地理环境的影响，地理空间是城市兴起的基本条件。从某种程度上说，城市所在的地理空间会长期影响一个城市的发展。① 具体来说，对古代城市而言，腹地和交通等条件是影响一个城市发展的重要因素。所谓腹地，指的是处于某个城市吸引范围之内的农村地区。腹地的大小与城市规模成正比。② 就一个地域来说，城市体系构成应该是大城市、中等城市、小城市相结合，相互促进，因为一个地区的地理条件、物质资源不可能承受许多大城市，而只能大、中、小城市相结合，且中小城市较多。③

城市离不开水，除了城市居民生产、生活用水外，古代的交通很大程度上依托水路进行。安徽境内有三条江河穿过，从北向南依次是淮河、长江、新安江。经过时代的变迁，安徽形成了三个城市地域体系，由北往南分别是：淮河流域城市体系、皖江（长江的安徽段，一般称为皖江）城市体系、皖南城市体系。

（一）淮河流域城市体系

淮河流域为黄淮海大平原的一部分，是安徽境内最早开发的地区，诞生了安徽最早的城市。淮河流域农产品丰富，水运便利，距离河南等古代经济发达的中原地区很近。经过几千年的发展，清代安徽淮河流域的城市有合肥、阜阳、颍上、霍邱、凤台、寿县、长丰、涡阳、蒙城、临泉、太和、亳州、萧县、宿州、灵璧、五河、泗县、凤阳、定远、全椒、来安、天长等。在这个城市体系内，庐州府城合肥无疑是核心城市。

从地理位置来看，合肥为皖中区邑，居江河之要冲，扼公路之枢

① 马正林：《中国城市历史地理》，山东教育出版社，1998年版，第6页。

② 朱庆葆：《传统城市的近代命运：清末民初安庆城市近代化研究》，安徽教育出版社，2001年版，第2页。

③ 马正林：《中国城市历史地理》，山东教育出版社，1998年版，第12页。

纽，西通六安，西南达安庆，东南达巢芜，北接阜阳、亳州。①就合肥县的地域而言，从合肥县城出发，东面140里和含山接壤，东南90里界巢县，东130里界全椒，东北150里界定远，西北50里界寿县，西130里界六安，西南90里界舒城，南105里界庐江，西南160里至安庆，东南500里达南京。②

从政治方面来看，合肥在很早的时候便为皖北、皖中的政治中心。合肥在秦汉时期就建立了县治，元至元十四年（1277）升庐州为路，至正二十四年（1364）七月，朱元璋改庐州路为府。③此后，合肥一直为庐州府治所。新中国成立后，由于合肥重要的地理位置和悠久的历史，安徽省省会由安庆迁到合肥。

从交通区位来看，合肥东连吴越，西接江汉，南通樟豫，北望开归，为江淮两大河流水运相接的最近点，向有"江淮首郡，吴越要冲""江南之首，中原之喉"之称。④合肥附近有淮河右岸的支流沘河，北通淮河干支流沿岸各城市，淮河流域丰富的农产品大多以合肥为集散地；南濒属于长江水系的巢湖，由巢湖向南，合肥的水路交通可达长江干支流沿岸地区，因此，长江流域一部分地区的商品也经由合肥集散，合肥遂成为安徽境内长江以北最大的商品集散中心。

从经济方面看，合肥境内农业发达，盛产稻米、大麦、小麦。合肥还是连接皖南、皖北的经济纽带。皖北淮河流域的农产品经由淮河干支流抵沘河运达合肥；皖南、沿江地区的商品可经长江干支流入巢湖，经由南沘河抵达合肥。清嘉庆《合肥县志》载："谷米之出入，竹木之栖泊，舟船径抵县桥，或至郡邑署后，百货骈集，千樯鳞次，两岸悉列货肆，商贾喧阗。"⑤清代合肥俨然已经成为皖北、皖中、皖南的一个商品集散地和商业中心。

从城墙周长和人口规模来看，合肥亦为皖北的一个大都会。清代合肥周长达26里，为清代安徽第一大城。从人口来看，据民国三十年

① 李絜非：《合肥风土志》，载于《学风》，1935年第7期，第18页。
② 李絜非：《合肥风土志》，载于《学风》，1935年第7期，第2页。
③ 徐学林：《安徽城市》，中国城市经济社会出版社，1989年版，第4~6页。
④ 《合肥建制严格考》，《合肥史话》采编组：《合肥史话》，黄山书社，1985年版，第5页。
⑤ 左辅纂修：《（嘉庆）合肥县志》卷三五《集文》，江苏古籍出版社，1998年版。

(1941）的统计，合肥县城人口达 7.5 万，在当时安徽所有城市中位例第四（第一、二位分别是芜湖、安庆，第三位为津浦铁路开通后兴起的蚌埠）。虽然是民国时期的数据，对于研究清代特别是晚清的合肥也有一定的参考意义。①

清代安徽淮河流域城市体系内，一部分府级（含直隶州级）城市如颍州府的府城阜阳城、凤阳府的府城凤阳、六安州城、泗州城等，是位于这一地域城市体系内的二级城市。凤阳北扼淮河中游，为淮河流域水路交通要津，所辖的怀远、定远、凤台、灵璧、宿州、寿州等州县农业发达，这些辖县境内的农产品大多经由淮河干支流运到凤阳集散。由于凤阳商贸发达，清政府设凤阳关，以征收来往货物的赋税。凤阳关是清代著名的户部二十四关之一，又是清代安徽境内仅有的两户关之一（另一为芜湖关）。② 且凤阳作为明太祖朱元璋的家乡，在明政府的支持下已经获得了长足发展，这也为凤阳在清代成为凤阳府的地域中心城市、淮河流域二级城市打下了良好的基础。阜阳是皖北的重要城市，西临河南省，北接亳州，南濒淮河，与六安隔河相望。清代的颍州府为皖北重要的农业区，作为颍州府的府城，依托淮河有利的水运条件，阜阳成为颍州府的农产品集散地。同时，作为皖北的门户，皖北与河南省的省际贸易往来大多经由阜阳集散。清代阜阳遂成为淮河流域城市体系的二级城市之一。六安州城位于安徽西部、大别山北麓，俗称"皖西"，依山襟淮，承东接西，区位优越。东与合肥相连，南与安庆接壤，西与河南信阳毗邻，北接今淮南、阜阳。贯淮淠而望江海，连鄂豫而衔中原，是大别山沿淮地区的中心城市。③ 清代六安州辖英山、霍山二县，境内多山，山区物产丰富，其中以茶叶最为有名，其次为竹木、药草、棉花等。④ 清代六安不仅为六安州境内的商品集散地，还是省级贸易往来的重镇。雍正《六安州志》记载，清代六安州城"东门外关厢约二里许，省郡交会，行旅往来，货物流通。西门外关厢约三里许，英、霍二县通

---

① 参见谢国兴：《中国现代化的区域研究：安徽省（1860—1937）》，台湾师范大学历史研究所博士学位论文，1990 年，第 5～33 页。

② 廖声丰：《试论清代前期凤阳关的管理制度》，载于《淮南师范学院学报》，2004 年第 1 期。

③ http://lvyou. baidu. com/scene/view/e4c47454b0656bc57594bef2。

④ 李蔚、王峻修：《（同治）六安州志》卷四《风俗》，江苏古籍出版社，1998 年版。

衢。西门外关厢约三里许，通西山诸乡镇大路。北门外关厢约二里许，陆通濠梁，上达京师、山、陕各省，水通正阳关，西抵朱仙镇，东抵淮安。凡豫省客货由水路溯淠而至龙津渡，即于北关登陆，赴孔城南入于江。两淮引盐亦由洪泽湖溯泗入淠至龙津。而桐城、舒城诸邑皆于此运销焉。豫章、东粤客货，由孔城登陆而至北关，即于龙津渡过载顺流以往正阳，故北关尤为要途"①。作为皖西商贸重镇，六安自然成为清代安徽的淮河流域城市体系的二级城市。泗州城位于清代安徽省的东北部，黄淮海平原南端，东部与今江苏接壤。清代泗州辖天长、五河、盱眙（今属江苏）三县，泗州城为该区域经济、政治中心，亦为清代安徽淮河流域城市体系的二级城市之一。

清代安徽淮河流域城市体系内的县级城市是各县境内的经济、政治中心，为该体系的三级城市，这些三级城市分别是怀远、定远、凤台、灵璧、宿州、寿州、颍上、霍邱、涡阳、太和、蒙城、亳州、英山、霍山等。清代巢县、无为、舒城虽然为庐州府所辖，但三县境内多属长江流域，故不作为淮河流域城市体系。这些城市大多是各自区域内的商品集散中心和政治中心，为各自区域的中心城市，在淮河流域城市体系内为三级城市。这些三级城市与农村联系紧密，构成了清代安徽淮河流域农村市场的城市网络。虽然同为清代安徽淮河流域的三级城市，但这些城市的发展各有差异。比如亳州，在清代虽为县级城市，但基于其悠久的历史文化积淀，以及农村腹地农业的发达和便利的交通，其发展明显好于淮河流域城市体系的其他三级城市。亳州最早建于春秋战国时期，光绪《亳州志》载："亳州兼谯县城父之地，谯县之有城也，始于楚平王筑谯城。"② 亳州地理位置相当重要，为今江苏、山东、河南、安徽四省交界之处，其腹地农村物产丰盈，盛产麦、豆类等农作物，还出产木材、中药材等。③ 清代亳州出产的中药材全国闻名。亳州境内的农产品都集中于亳州销往州外、省外。作为多省的接壤之地，亳州也是清代安徽与山东、河南、江苏等地区商贸往来的窗口。清代的亳州虽为散州（县级州），是淮河流域城市体系的三级城市，但其以悠久的历史、险要

① 李懋仁纂修：《（雍正）六安州志》卷五《城池》，线装书局，2001年版。
② 钟泰修：《（光绪）亳州志》卷三《营建志·城郭》，江苏古籍出版社，1998年版。
③ 钟泰修：《（光绪）亳州志》卷六《食货志·物产》，江苏古籍出版社，1998年版。

的地理位置、便利的交通成为各三级城市中的佼佼者，地位仅次于阜阳、凤阳、六安等府城。

清代安徽淮河流域城市体系中，位于第四等级的应是散布在城市与农村之间大大小小的市镇。市镇是直接联系农村的商品集散地和市场，每个集镇都有一个公认的腹地区域，某些村庄中的居民定期或不定期地到该地进行商品交易。"传统时代后期，市场在中国大地上数量激增并分布广泛，以至于实际上每个农村家庭至少可以进入一个市场。市场无论是作为在村社中得不到的必要商品和劳务的来源，还是作为地方产品的出口，都被认为是不可缺少的。"① 市镇是商品经济发展的产物，也是乡村向都市方向转变的产物，南宋时开始兴起大批市镇，明代在此基础上出现了市镇空前繁荣的盛况，清代前期这种盛况还在持续。② 安徽的市镇自明代中后期开始数量逐渐增多，清代前中期，安徽各府县集镇的数量达到了顶峰。③

清代安徽淮河流域市镇多集中于淮河干支流的沿岸地区，以及靠近大别山区的地带。淮河流域干支流便利的水运为这些市镇的兴起和发展提供了条件，如霍邱县"邑中舟车之集，商贾所辏，以叶家集为最……三河尖为淮水所经，上通颍亳，下达江湖，稻米菽麦皆出于此"④。颍上八里垛镇"商贾帆樯相望，为淮津要"⑤，义门镇"临涡河，商贾凑集，为水路通衢"。⑥ 而大别山丰富的山区农产品资源多以靠近大别山地带的市镇作为商品集散地。如霍邱的河口集、三刘集都是附近山区山货、茶叶的集散地。⑦

从清代安徽淮河流域的城市体系来看，该体系内的一、二、三级城市和其行政等级大致平衡，如府级城市多为一、二级城市，县级城市都是三级城市。可见，一个地域城市体系内的城市地位与该城市的行政等

---

①　施坚雅：《中国农村的市场和社会结构》，史建云、徐秀丽译，中国社会科学出版社，1998年版，第5页。

②　樊树志：《明清江南市镇探微》，复旦大学出版社，1990年版，第7页。

③　陈敬宇：《清代安徽集镇经济发展研究》，安徽师范大学硕士学位论文，2007年。

④　《（同治）霍邱县志》卷二《营建志·市镇》，江苏古籍出版社，1998年版。

⑤　《（乾隆）江南通志》卷二八《舆地志·关津·颍上县》。

⑥　《（乾隆）江南通志》卷二八《舆地志·关津·亳州》。

⑦　陈敬宇：《清代安徽集镇经济发展研究》，安徽师范大学硕士学位论文，2007年，第22页。

级有紧密的联系,这也体现了政治因素在清代城市发展中的作用。不过,区域城市体系内的城市地位与城市行政级别也有不相符的地方,如合肥、阜阳、凤阳、六安虽然都为府城,但合肥凭借其悠久的历史、得天独厚的地理位置和交通条件,成为清代淮河流域城市体系内的一级城市。

从整体上看,清代安徽淮河流域城市体系属于金字塔型城市体系,呈现出明显的层级性特点。在这一体系中,合肥无疑位于金字塔的顶端,为清代安徽淮河流域城市体系的核心城市;凤阳、阜阳、六安、泗州位于这一城市体系的第二层级,怀远、定远、凤台、灵璧、宿州、寿州、颍上、霍邱、涡阳、太和、蒙城、亳州、英山、霍山等州县城市则为这一城市体系的第三层级,分布在淮河流域城市和乡村之间数量众多的市镇为这一金字塔型的城市层级的最底层,是城市体系的基础。

（二）皖江城市体系

长江的安徽段称皖江。长江横贯安徽,溯江而上可达"九省通衢"武汉,沿江而下直抵南京,再加上皖江两岸密布的支流,水运条件较好。沿江平原盛产水稻和其他农作物,可谓"鱼米之乡"。清代,安徽省的政治中心安庆、经济中心芜湖都位于皖江城市带,这里的城市有安庆、芜湖、铜陵、贵池、冬至、望江、宿松、太湖、潜山、桐城、庐江、巢县、无为、含山、和州、当涂、繁昌、南陵、青阳等。

在清代皖江城市体系中,安庆与芜湖为第一级城市。安庆是该体系乃至清代安徽全省的政治中心。利用省会城市优越的政治条件,清代安庆对省内其他城市均有一定的管辖和指导权。芜湖凭借优越的地理位置和发达的工商业,成为皖江城市体系乃至清代安徽全省的经济中心。安徽境内的商品多运至芜湖,再运销省外乃至国外,这种趋势在1877年芜湖开埠通商后尤为突出。

芜湖的地理位置非常险要。乾隆《太平府志》载:"长江来西南而趋东北,县治凭东北以控西南,东绕宣歙诸水,西汇大江长流,白马诸峰拱其南,赭塔神山拥其北,《舆地志》谓'吴头楚尾',《寰宇记》谓'江津之要'。宋杨灏诗曰:'山连吴楚周遭起,水合湖湘汹涌来。'"①

---

① 朱肇基修:《(乾隆)太平府志》卷二《地理志·形势》,江苏古籍出版社,1998年版。

在古代，芜湖是江东地区通过江淮之间北上中原的一个重要渡口。由芜湖渡江，经江北及两淮间诸水可北达中原广大地区，而由芜湖经青弋江、水阳江往东，通过一片沼泽地带，再越过今苏、皖一道比较低矮的丘陵地，既可由溧阳诸水东下太湖。据《汉书·地理志》的记载，在芜湖西南分出，东至阳羡（今江苏宜兴南）入海的"中江"，实际上就是指这条交通线，因此芜湖有"中江"的别称。① 凭借这些得天独厚的地理条件，芜湖很早就成为区域中心城市。

两宋时期芜湖已是沿江的名城。皖南山区的茶叶等农产品，巢湖流域、长江两岸丰富的粮食及其他农作物都在芜湖集散。两宋时期，著名的商业闹市"十里长街"已初步形成。现今尚存的笆斗街、仓前街、米市街、鱼市街、薪市街、花街、油坊巷、铁锁巷、南正街、西内街、兴隆街等，都是宋时商品交易的场所。米、柴、油、鱼、铜、铁等独成街市。明初的休养生息政策及资本主义萌芽的产生，促进了城市经济的繁荣发展。② 再加上明代定都南京，芜湖成为南京长江上的门户，地理位置愈发重要。随着腹地农村商业、手工业的进一步发展，芜湖的市场辐射能力进一步增强，到了清代，淮河流域的农产品，皖西、皖南山区的茶叶等农作物，长江沿岸平原的大米等粮食作物纷纷在芜湖集散，芜湖更是成为江淮地区首屈一指的经济中心城市。清代芜湖城内"市廛鳞次，百物翔集，文采布帛褆至而辐辏。"③

如下图所示，清代芜湖与当时安徽的安庆府、池州府、宁国府、徽州府、太平府、庐州府、六安州、和州、广德州等经济联系密切。芜湖通过青弋江、水阳江将徽州府、宣城、太平府连成一体；向北通过南淝河、巢湖、裕溪河紧密联系六安、庐州、巢湖、和州等城市。利用水路交通，芜湖的贸易圈已涵盖了安徽省境内的大部分地区、江苏境内的江宁府、镇江府和河南省的一部分地区，成为皖南山区、巢湖流域和长江沿岸的物资集散中心。④

---

① 鲍亦骐：《芜湖港史》，武汉出版社，1989年版，第7~8页。
② 安徽省地方志编纂委员会：《安徽省志·商业志》，安徽人民出版社，1995年版，第210页。
③ 余谊密修：《民国芜湖县志》卷五《地理志·市镇》，江苏古籍出版社，1998年版。
④ 张亮：《皖江流域城市结构、功能及其早期转型研究——以清代安庆、芜湖为例》，四川大学硕士学位论文，2007年，第23~24页。

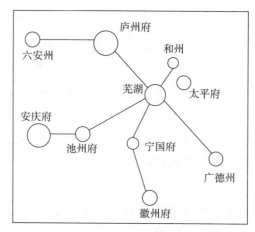

图 2—1 清代芜湖贸易圈①

安庆的地理位置相当重要，自古为沿江重镇，康熙《安庆府志》载："滨江重地也。上控洞庭、彭蠡，下扼石城、京口。分疆则锁钥南北，坐镇则呼吸东西，中流天堑，万里长城。"② 安庆段长江江面比较狭窄，天然形成一条沟通大江南北的要道，自古以来安庆就是长江的一个重要渡口，史称"宜城渡"，又叫盛唐湾。随着社会经济的发展，商旅往来频繁，在宜城渡口出现了商店、旅社、饭馆，逐渐发展成一个热闹的集镇。③

安庆建城更多的是因为军事防御。南宋嘉定十年（1217），黄干任安庆知府，正值金兵攻陷光山，安庆形势危急。为了守住安庆，黄干一面奏请朝廷，一面兴工筑城，约计一年，府城建成。后到了景定元年（1260），为了防御蒙古兵的进攻，马光祖在安庆筑怀宁县城，历史上称"县城附部"。④

在安庆城的兴起和发展过程中，虽然军事、政治因素起了很大的作用，但一个城市的发展离不开交通。安庆背山面水、濒临长江，这样，长江就成了安庆城主要的对外通道；而且，由于安庆位于长江下游之

---

① 张亮：《皖江流域城市结构、功能及其早期转型研究——以清代安庆、芜湖为例》，四川大学硕士学位论文，2007年，第25页。

② 《（康熙）安庆府志》卷二七《碑记》，江苏古籍出版社，1998年版。

③ 《安庆建制和建城经过》，王开玉、杨森：《安庆史话》，安徽人民出版社，1981年版，第1页。

④ 杏村：《安庆建城考》，政协安庆市文史资料研究委员会：《安庆文史资料》第17辑，1987年版，第3页。

首，上至九江、武昌，下达芜湖、南京、镇江、上海，其在长江航道中的位置非常重要。安庆城的形成、发展和长江黄金水道密不可分。①

作为安庆府的政治中心，安庆通过行政管理、田赋税收、教育方面的互动，将所辖的太湖、桐城、潜山、望江、宿松等县城划入以安庆为核心的行政城市层级网络，但这种城市层级网络大多是政治层面上的。由于安庆为安徽省的政治中心，城内驻有大量的政府机构、军队，日常消费巨大，所以安庆与腹地小城市经济上的联系大多为腹地小城市向安庆单向提供商品，没有形成良好的经济互动。

安庆的发展也受到自身自然条件的限制。安庆虽然为长江沿岸重镇，上通武汉，下达南京、上海，但其腹地多山区丘陵，陆路交通不便，对周围小城市的控制力较弱。安庆与腹地小城市的陆路交通线有5条：东面由集贤关经午公坝至枞阳镇，北面出城经十里铺、练潭、张家嘴达桐城，西北出正观门经高桥岭、高河铺至青草塥，向西经高河铺、青草塥、三里桥至潜山城，西南出安庆经潜山城至石牌。② 这五条陆路大多经过丘陵山地，道路狭窄，且弯曲不平，运载能力有限。就水路运输来看，安庆虽有长江之利，但附近长江支流不多，只有一条皖河。皖河连接长江与上游的太湖、潜山，但皖河流域多是山地丘陵，因而河水较浅、流程较短，水系不甚发达，航运不甚方便。③ 由于水路和陆路交通的不便，安庆对腹地农村、小城市的吸引力降低。这使得安庆在皖江城市体系中的控制力降低，一部分腹地农村和小城市反而将芜湖和九江作为自己的上一层级城市。事实上，安庆府所辖的县域内，仅有怀宁、太湖、潜山等县城为安庆城真正的腹地。就安庆周围各府而言，仅有池州府与安庆的经济联系较为密切。

清代皖江城市体系中，除了双核心城市芜湖、安庆，还有铜陵、贵池、巢湖等二级城市。虽然这三个城市中，贵池为池州府府城，铜陵、巢县仅为县城，但铜陵、巢县由于其便利的水路交通而发展很快，因此

---

①　朱庆葆：《传统城市的近代命运：清末民初安庆城市近代化研究》，安徽教育出版社，2001年版，第3页。

②　朱之英修：《（民国）怀宁县志》卷三《乡区》，江苏古籍出版社，1998年版。

③　朱庆葆：《传统城市的近代命运：清末民初安庆城市近代化研究》，安徽教育出版社，2001年版，第3页。

与府城贵池同为清代皖江城市体系中的二级城市。

道光《巢县志》载："大秀前拱金庭，后障诸山，朝护湖光滉漾，遥接大江，实淮西志要冲，庐郡之门户。"① 可见巢湖地理位置之重要。巢湖为皖中粮食、农副产品和其他商品的中转站。古天河内进巢县县城，上接巢湖，下通长江，使巢县成为水上要口。② 加上巢湖地区历来为粮食产区，从明代起，巢湖地区生产的粮食就通过便利的水运输送到江南等地出售，这种情况一直延续到清代。近代，随着新式轮船的引入，巢县的水路运输能力大幅度提高，其作为一个区域商品集散中心的地位更加巩固。巢县位于合肥与芜湖之间，皖北和皖南的商品贸易往往通过巢湖集散。所以，虽然巢县在清代只是县级城市，但其经济辐射能力基本和附近的府级城市持平，成为清代安徽皖江城市体系的二级城市。

贵池上引荆巴，下控吴越，北由济路，以达神京，唐代贵池已形成以秋浦为中心的水陆交通网络，到清代更是驿道通衢、水槽纵横。③ 池州府所辖各县多山，农副产品丰富。清代各县输出的农副产品有丝、茶、棉花、麻、葛、姜、木板、木炭、漆等，多经贵池转运府外销售，各县所需日用品多从安庆、芜湖等购进，集中到贵池，再销售到所辖各县。④ 贵池位于池州府各县城与安庆、芜湖之间，俨然成为清代安徽皖江城市体系的二级城市。

铜陵最早以产铜闻名。早在西汉时全国唯一的铜官就设置在今铜官山下。此后铜陵的铜大部分时间都得到了较好的开采和使用，铜陵也因此得到了较大的发展。但到了清代，云南的铜产逐渐重要，铜官山的铜矿开采被迫停止。加上清代重农抑商的政策，整个清代铜陵的铜矿一直没有得到开采。⑤

铜陵的商业从宋代起就具有相当的规模，市场主要在大通和铜陵县城关。相比而言，大通的地理位置较铜陵城关更为重要。大通因位于楚

---

① 舒梦龄纂修：《（道光）巢县志》卷二《舆地·形势》，江苏古籍出版社，1998 年版。
② 巢湖志编纂委员会：《巢湖志》，黄山书社，1989 年版，第 56 页。
③ 池州地区地方志编纂委员会：《池州地区志》，方志出版社，1996 年版，第 405 页。
④ 池州地区地方志编纂委员会：《池州地区志》，方志出版社，1996 年版，第 442 页。
⑤ 盛益武：《铜陵古代铜矿冶史初探》，铜陵市政协文史资料委员会：《铜陵文史资料》第 7 辑，1992 年版，第 101 页。

头吴尾水运线上的咽喉地，又是天然良港，是长江巨埠之一。当地有民谣曰："江南大通，靠山临江，上接两湖，下通苏杭。"明初先后设大通河泊所、巡检司、大通驿等商业、军事及交通机构，形成商业繁华、帆樯林立、市肆殷阗的工商贸易集镇。入清后，在这里设立榷运局，管理五省盐运和督销业务。①　至此大通发展为安徽有名的盐市。光绪二年（1876）签订的《中英烟台条约》规定大通为停储轮船的上下客货处，更促使了大通的商业繁荣。江南山区的竹木柴炭、沿江地区的大米和其他农副土特产品多经这里集散。清末，大通镇常住人口有 3 万之多，夹江中经常停泊着数百艘货运驳船、帆船，街市白日人流如潮，夜晚灯火通明，有大小商户 1000 多家，其中巨富商贾 100 多户，每户资本一般在 20 万元左右，多的达 30 万元。经营五洋杂货、京广百货、绸缎布匹、棉纱、石油、香烟、茶叶、药铺、米行以及茶楼酒肆、歌馆梨园等，成为安徽沿江仅次于安庆、芜湖的商埠。②

大通的发展原因除了得天独厚的自然条件，还有以下三点：

第一，当时交通落后，皖南地区的进出口物资完全依靠水运。如青阳、贵池、南陵、东流等地所需品和五洋京广杂货都得由大通进口，再运往各地。皖南山区的土特产品，如棉花、黄豆、桐油、生漆、茶叶、蚕丝、苎麻、牛皮、猪鬃等，也均由大通转运外地。故清代大通港的吞吐量相当于安庆、芜湖等大城市港口。

第二，大通地处交通要冲，清末成为安徽有名的盐市。庞大的官办盐务机构在和悦洲的设立，促进了大通航运业的发展。当时，停泊在和悦洲夹江内的过往盐船，每天计有 200～500 艘。

第三，青阳九华山为全国四大佛教名山之一，全国各地和印度、东南亚等地的香客，来去都得乘水路途径大通。香客的帆船成群结队，络绎不绝，对大通经济的发展也起了一定的作用。③

在清代，冬至、望江、宿松、太湖、潜山、桐城、庐江、无为、含

①　徐学林：《安徽城市》，中国城市经济社会出版社，1989 年版，第 263 页。

②　安徽省地方志编纂委员会：《安徽省志·商业志》，安徽人民出版社，1995 年版，第 234～235页。

③　《铜陵大通港航运史略》，政协铜陵市、县文史资料研究委员会：《铜陵文史资料选编》第 3辑，安徽省出版总社非字（86）第 2065 号，第 27～28 页。

山、和州、当涂、繁昌、南陵、青阳等城市为皖江城市体系中的三级城市。虽然其中不乏直隶州级城市和州城，但和州仅辖含山一县，加之位置、交通等条件一般，农村腹地有限，清代和州的发展和县级城市大致相近。这些城市是各自区域的政治、经济中心，为城乡联系的纽带。

就市镇而言，清代皖江城市体系内的市镇多位于长江干支流沿岸，如上文提到的铜陵县大通镇。皖江流域盛产稻米，米粮市场是该区域的重要商品市场。因此，清代皖江城市体系的市镇多集中在稻米生产和流通的中心位置。① 如芜湖县的鲁港镇在芜湖县城西南十五里，是清代芜湖县境内最大的市镇，"多客坊，为粮米聚贩之所，商旅骈集"②。清代无为境内的黄泥河镇和襄安镇也主要经营米粮贸易。其中黄泥河镇，在无为县城北三十五里，"当外河湍须水汇之冲，东往含山，北入巢境必经之地，米之出多由是，故成市集"③。桐城县的枞阳镇亦为一米粮贸易巨镇。④

从整体上看，皖江城市体系属于双核型城市体系。具体来说，芜湖为清代皖江城市体系乃至安徽全省的经济中心城市。尤其是 1877 年芜湖开埠通商后，这种经济核心的城市地位更是安徽其他城市难以撼动的。作为清代的省会，安庆为清代皖江城市体系乃至安徽全省的政治中心城市。贵池、巢县县城、铜陵县大通镇是清代皖江城市体系中的第二级城市，其他如冬至、望江、宿松、太湖、潜山、桐城、庐江、无为、含山、和州、当涂、繁昌、南陵、青阳等是第三级城市，分布在清代皖江省、府、县各级城市与乡村之间的大大小小的市镇则为最底层。这些市镇多位于长江干支流沿岸，是联系清代安徽城市与乡村的纽带。

（三）皖南城市体系

皖南多山，城市多位于山区，濒临新安江干支流，新安江是皖南城市商业发展的一条水路生命线。皖南地区多山，粮食产量有限，多生产经济作物，最著名的经济作物是茶叶。由于粮食产量有限，皖南人很早

---

① 陈敬宇：《清代安徽集镇经济发展研究》，安徽师范大学硕士学位论文，2007 年，第 22 页。
② 《芜湖县志》卷五《镇市》，江苏古籍出版社，1998 年版。
③ 《（民国）无为县小志》卷六，江苏古籍出版社，1998 年版。
④ 《（民国）桐城续修县志》卷一《舆地志·乡镇》，江苏古籍出版社，1998 年版。

就有外出经商的传统，于是出现了"雄飞中国商界的徽商"。正因为如此，皖南城市的商业较发达。清代安徽皖南城市体系包括徽州府的歙县、休宁、婺源、祁门、黟县、绩溪与宁国府的宣城、宁国、泾县、太平、旌德等。

皖南地区位于安徽省南部，在清代主要由徽州、宁国二府管辖。清代皖南的城市除了徽州府城（歙县附郭）和宁国府城（宣城附郭），还有徽州府管辖的休宁、婺源、祁门、黟县、绩溪，及宁国府所辖的宁国、泾县、太平、旌德、南陵等县城。和皖江城市体系、淮河流域城市体系不同的是，皖南城市体系中没有核心城市。从整体来看，清代皖南城市的规模比皖江、淮河流域的城市要小，更没有发展出芜湖、安庆等全省领先的大城市。究其原因，主要有两点：

第一，皖南地区多山，俗称"七山半水半分田，二分道路和庄园"。如徽州府境内黄山山脉自东北向西南横贯全境，天目山、九华山山脉间于其中。境内山峦重叠，沟壑纵横。整个地势大体上是西南和中部高，从南部和中部之间的绩溪、歙县、屯溪、休宁河谷盆地向南、向北有依次呈梯阶抬升的丘陵、低山和中山。中、低山地和丘陵分别占总面积的38％和52％。[①] 由于地形的限制，城市大多因地制宜，依山而建，空间的扩展余地有限。如徽州府城由于"西有浙岭之塞，南有江滩之险，北有黄山之扼"，只能"即山为城，因溪为隍"[②]。受限于西、北两面有山，南面临河，在建城时就注定了城市的拓展空间不大。

第二，皖南地区交通不便，城市对腹地的吸引力不足。就陆路而言，汉代黟县通丹阳郡（今宣城）的道路为皖南地区的主要商道；唐代徽州人口显著增加，经济得到初步开发，所产茶叶已行销全国，歙砚、漆器等产品也已面世。为便于商品流通，徽州先民新辟山道，使旧有的交通条件得到了改善。南宋定都临安，对徽州经济和交通的发展起到了较大的推进作用。境内著名的歙县昱岭关古道、绩溪逍遥岩栈道、黟县戊己桥等都建于这一时期。但由于这些道路艰险万分，运输能力十分有限。[③] 从水路来看，皖南山区的河流有新安江、阊江、青弋江，分别与

---

①　徽州地区交通志编纂委员会：《徽州地区交通志》，黄山书社，1996年版，第3页。
②　马步蟾纂修：《道光徽州府志》卷二《舆地志·形胜》，江苏古籍出版社，1998年版。
③　徽州地区交通志编纂委员会：《徽州地区交通志》，黄山书社，1996年版，第33页。

钱塘江、鄱阳湖、长江相通。虽然航运资源较为丰富，但皖南地区河流蜿蜒于群山之间，多急流险滩，有的河段根本就不宜航行。如黟县河流水浅流急，到渔亭以下才能通行木船，再经横江、新安江至杭州。①

第三，皖南靠近浙江和江西的一部分农村腹地被江、浙两省的城市吸引，影响了徽州城市的扩大和发展。如清代祁门的瓷土大量销往景德镇，祁门的木材和山货亦大量运销江西。②自南宋定都临安，皖南地区的一部分农产品通过水运直达杭州销售，一部分皖南农村地区成为杭州的腹地。到了清代，这种情况并没有多少转变，徽州山区的农作物和山货通过新安江水系运往杭州。近代，五口通商以后，宁波成为口岸城市，从此，皖南地区的农产品多通过宁波转销海外。而皖南靠近江西的地区的农产品多以九江为集散中心。腹地是城市的生命，它为城市人口提供最基本的食物及工业原料。由于交通不便，皖南城市都不具有对各自腹地的强大吸引力，这样一部分边境地区成为外省城市腹地就不足为奇了，这也从一定程度上阻碍了皖南城市的发展。除了省外城市的吸引，皖江城市体系中的芜湖对皖南农村腹地的吸附能力也不容小觑。清代，一部分皖南地区的山货和农产品通过青弋江与水阳江转运到芜湖，以芜湖为集散地。

由于以上原因，清代皖南城市较为分散，且没有形成大型的核心城市与鲜明的城市等级体系。相比之下，清代徽州府城算是皖南较大的城市，也是皖南的交通枢纽之一。但在当时水路交通条件较为落后的情况下，徽州府城的发展也很有限，根本不能和皖江城市体系的芜湖、安庆相提并论。

虽然清代皖南的城市发展不尽如人意，但这一时期皖南市镇的发展却非常迅速，形成了许多区域交通、商业中心。这些市镇中著名的有屯溪、兰溪、五城、河沥溪、胡乐镇、宁国墩镇等。

屯溪地处横江、率水与新安江汇合处，是徽州境内古港之一。南宋定都临安，修筑宫殿、御园需用的木材多取自徽州。屯溪三江合流，河面开阔，支流众多，皖南山区木材外运首经屯溪，食盐、布匹、南北杂

---

① 黟县地方志编纂委员会：《黟县志》，光明日报出版社，1989年版，第233页。
② 祁门县地方志编纂委员会办公室：《祁门县志》，安徽人民出版社，1990年版，第311页。

货等外来商品也由屯溪中转岩寺、万安、五城、渔亭及徽州其他集镇。① 明嘉靖以前，主要街市在黎阳、西镇一带。明嘉靖十五年（1536）镇海桥建成，使率水东西的屯溪和黎阳相连，从此过往方便，屯溪街市也日益繁荣，商船络绎，商铺林立。② 明万历年间（1573—1679），屯溪已成为休宁县商业中心。明天启年间（1621—1627），屯溪已是"一邑总市"。《清史稿·地理志》称屯溪为"茶务都会"，不仅徽州六邑，而且浙西、赣北的茶叶也多在此集散。屯溪港成为上至渔亭、上溪口，下至杭州、兰溪的货物集散中转港，日进出港船舶300余艘，年吞吐量3万吨。③ 清康熙三十二年（1693）《休宁县志》载："屯溪街，县东三十里，镇长四里，街宽二丈余，一边依山，一边傍扎，从西向东与率水、横江汇合后至新安江平行而下，纵贯全境，镇上商店鳞次栉比，南北相对，各行各业经营十分兴旺。"④ 屯溪港旧有4处埠头，最早是上街（老大桥）渔埠头，1985年出土碑文证实，清嘉庆五年（1800）前，此埠头已是徽州水运枢纽。⑤ 清道光、咸丰年间（1821—1861），徽州6县茶叶汇集屯溪精制绿茶外销，赢得"茶城"的美誉，引来各地商帮，带动了其他各业的发展。公济局光绪十五年（1889）征信录记载："屯溪及外地有136户茶户，外销茶从屯溪起运。茶行有五广丰、程饴新、孙怡泰、程广昌、程茂盛、汪晋丰、汪集兴七户；钱庄有万康、致祥、广茂、益和、晋康、厚康、德源七家。"光绪二十九年（1903），休宁县商会建于屯溪，其时大小商店400余家。南北杂货业务量大，品种繁多，山珍海味、南北杂货、糕点、糖、烛、锡箔、纸张、粮油无所不包。⑥ 清末，港口盛极一时，港内帆樯林立，船行如梭，停泊数常达千艘。仅运出茶叶，最高年份就达1万多船次。⑦

休宁的万安位于休宁县城4千米处，南临横江，交通便利。清代这里一直是重要的水运码头，来往商旅众多，被誉为休宁九大街市之首，

---

① 安徽省地方志编纂委员会：《安徽省志·商业志》，安徽人民出版社，1995年版，第238页。
② 安徽省地方志编纂委员会：《安徽省志·商业志》，安徽人民出版社，1995年版，第238页。
③ 徽州地区交通志编纂委员会：《徽州地区交通志》，黄山书社，1996年版，第175~176页。
④ 安徽省地方志编纂委员会：《安徽省志·商业志》，安徽人民出版社，1995年版，第238页。
⑤ 徽州地区交通志编纂委员会：《徽州地区交通志》，黄山书社，1996年版，第175~176页。
⑥ 安徽省地方志编纂委员会：《安徽省志·商业志》，安徽人民出版社，1995年版，第238页。
⑦ 徽州地区交通志编纂委员会：《徽州地区交通志》，黄山书社，1996年版，第175~176页。

有"小小休宁城，大大万安街"之说。[①]

宁国县的河沥溪为宁国首镇，水路交通便捷，商业发达，市井繁荣，是宁国与浙西及邻近诸县物资集散中心。河沥溪在清代人口不少于县城人口，有"大大河沥溪，小小宁国县"之说。[②] 清代各地商人在宁国县设立会馆 8 座，河沥溪与县城各有 4 个，可见河沥溪商业之兴盛。[③]

清代皖南地区的市镇有的历史悠久，历来为区域交通、商贸中心；有很大一部分市镇则是在清代兴起的。如宁国县在明代有 5 大市镇，清中叶发展到 13 个，清末最终发展到 16 个。[④] 清代皖南市镇的繁荣吸引了一部分农村腹地，使得清代皖南城市的规模更难以扩大。有的市镇在兴起后甚至取代了所在地县城的区域中心地位，如上文提到的宁国河沥溪、休宁的屯溪，可见皖南城市对农村腹地的吸附能力较弱。

值得一提的是，清代安徽市镇不只是皖南特有的现象，在淮河流域、皖江城市体系中，也不乏较大规模的市镇，但这两个城市体系中核心城市地位巩固，城市层级较为明显，大部分市镇还是作为最底层市场存在。

就皖南城市而言，我们很难看到真正的区域核心城市以及明显的城市层级，清代随着市镇的兴起，皖南市镇和城市之间的界限模糊。因此，说皖南城市体系大多是从地理概念着眼的。

第二节　清代安徽的城市规模与形态

清代安徽的城市规模与形态从表面上反映了城市的整体概况。就全国范围而言，清代安徽城市的整体规模偏小，大城市较少。从城池形态上看，清代中国北方城市多矩形城池，南方多不规则、圆形的城池，处于中国南北过渡地带的安徽，其清代城池形态兼具南方和北方的特点：

① 休宁县地方志编纂委员会：《休宁县志》，安徽教育出版社，1990 年版，第 53 页。
② 陈敬宇：《清代安徽集镇经济发展研究》，安徽师范大学硕士学位论文，2007 年，第 31 页。
③ 杨虎修：《(民国) 宁国县志》卷一《舆地志下·会馆》，民国二十五年（1936）刊本。
④ 陈敬宇：《清代安徽集镇经济发展研究》，安徽师范大学硕士学位论文，2007 年，第 31 页。

矩形城池相对于北方地区偏少，主要集中于淮河中游平原、沿江平原地带；皖南、皖西丘陵山地多为不规则、圆形的城池。

一、清代安徽城市规模

城市规模指城市大小。现代城市规模是按人口多少来确定的，然而在古代，很少有精确的人口统计数字，不可能用人口多少作为衡量城市规模的标准，只有用城的大小，即周长来衡量。[①]《周礼·考工记》载："匠人营国，方九里，旁三门。"郑玄注："国家谓城方，公之城盖方九里，侯伯七里，子男五里。"这是指在奴隶社会，奴隶主的地位越高，所辖城池的周长就越长，规模就越大，反之则越小。封建社会基本沿袭了这一标准，特别是从汉代起，城市的规模和分级趋于定型，即都城最大，省城、府州城、县城依次减小。这是因为政治级别较高的城市人口较多，政府机构众多，需要修建较大规模的城池。另外，城墙和城市的建设需要大量的资金，而城市的财力与城市的等级基本成正比，政治等级越低，财力就越有限，所以城市政治地位的高低与规模的大小基本吻合。[②]

现将清代安徽各城市的周长列表如下（见表2-3）：

表2-3　清代安徽城市周长[③]

（单位：里）

城市	周长	城市	周长	城市	周长	城市	周长	城市	周长	城市	周长
安庆	9	桐城	6	潜山	7	太湖	6	宿松	4	望江	3
徽州	10	休宁	9	婺源	5	祁门	5	绩溪	4	五河	4
黟县	4	宣城	9	泾县	5	南陵	5	宁国	3	旌德	4

---

①　马正林：《中国城市历史地理》，山东教育出版社，1998年版，第156页。

②　马正林：《中国城市历史地理》，山东教育出版社，1998年版，第154页。

③　嘉庆《重修一统志》卷一〇九至一二二、卷一二二至一三四。嘉庆《重修一统志》中记载庐州府城的周长为25里，而嘉庆《合肥县志》记载合肥城周长26里，这里以嘉庆《合肥县志》的记载为准。涡阳县是同治七年（1868）新设的县，嘉庆《大清一统志》中没有记载。根据光绪重修《安徽通志》记载，涡阳县城同治九年（1870）竣工，周长716丈5尺，合5里（光绪《重修安徽通志》卷三六，城池）；光绪《重修安徽通志》和嘉庆《大清一统志》对于盱眙的记载仅有"今惟北门尚存"，无周长记载。

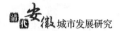

续表2—3

城市	周长	城市	周长	城市	周长	城市	周长	城市	周长	城市	周长
太平	5	贵池	7	青阳	4	铜陵	3	石埭	3	建德	5
东流	3	当涂	9	芜湖	4	繁昌	3	庐州	26	庐江	4
舒城	5	无为	9	巢县	12	凤阳	9	怀远	9	定远	5
凤台	9	宿州	6	寿州	9	灵璧	6	阜阳	5	颍上	3
霍邱	6	亳州	9	太和	5	蒙城	6	涡阳	5	滁州	9
全椒	2	来安	3	和州	11	含山	3	广德	8	建平	2
盱眙	不详	六安	5	英山	3	霍山	5	泗州	5	天长	5

表2—4 清代安徽城市规模①

城市规模（里）	省级城市	府级城市	县级城市
0～2	0	0	2
3～4	0	0	18
5～6	0	3	18
7～8	0	2	1
9～10	1	5	6
11～12	0	1	1
13～14	0	0	0
15～16	0	0	0
17～18	0	0	0
19～20	0	0	0
20以上	0	1	0
总共（个）	1	12	46

从表2—4来看，清代安徽城市周长3～6里的最多，有39个，占城市总数的66%，其中有36个为县级城市，占县级城市总数的78%。周长5～10里的有11个，其中有10个为府级城市，占府级城市总数的83%。周长13里以上的只有一个，即合肥，周长26里。周长3～10里

---

① 根据表2—3统计而成。

的有 54 个，占城市总数的 92％。由此可见清代安徽城市的周长多为 3～10 里，其中县级城市周长多为 3～6 里，府级城市周长多为 5～10 里。从总体上看，清代安徽府级城市的规模要大于县级城市。周长 13 里以上的城市只有一个，这说明清代安徽规模大的城市较少。

成一农对清代 1390 座城市的规模作了统计，其中包括 18 个省会城市，220 个府级城市（府、直隶州、直隶厅），1152 个县级城市（县、属州属厅）。结果见表 2－5：

表 2－5　清代全国城市规模[①]

城市规模（里）	省会城市	府级城市	县级城市
0～2	0	4	52
3～4	0	11	308
5～6	0	30	395
7～8	0	35	175
9～10	0	27	108
11～12	3	64	84
13～14	2	16	9
15～16	3	12	11
17～18	2	5	1
19～20	2	2	2
20 以上	6	14	7
总数（个）	18	220	1152

从表 2－5 可以看出，清代 18 个省城中，周长 10 里以上的最多，有 6 个，其余皆为 11～20 里，区间分布较为均匀。而安徽省城安庆周长 9 里，就全国范围而言，规模偏小。

在清代 220 个府城中，周长 11～12 里的最多，有 64 个，占总数的 29％；周长 5～6 里的有 30 个，占 14％；周长 7～8 里的有 35 个，占 16％；周长 9～10 里的有 27 个，占 12％。而清代安徽 12 个府城中（省

---

① 成一农：《清代的城市规模和行政等级》，载于《扬州大学学报（人文社会科学版）》，2007 年第 5 期。

城安庆未列入），周长 9～10 里的最多，有 5 个，占安徽府城总数的 42%；周长5～6里的有3个，占总数的25%；周长7～8里的有两个，占17%。比较两表不难发现，清代全国范围内府城周长为11～12里的所占比例最大，占29%，剩下的多为5～10里；而清代安徽府城周长为9～10里的比重最大，占42%，剩下的多为5～8里。可见，就全国范围而言，清代安徽府城的整体规模偏小。

在清代 1152 个县级城市中，周长 3～6 里的最多，达 703 个，占总数的 61%；周长 7～12 里的有 367 个，占总数的 32%；周长 0～2 里的有 52 个，占总数的 5%；周长 20 里以上的有 7 个，占总数的 6‰。清代安徽 46 个县城中，周长 3～6 里的最多，达 36 个，占总数的 78%；周长 7～12 里的有 8 个，占总数的 17%；周长 0～2 里的有 2 个，占总数的 4%，周长 20 里以上的没有。相较而言，清代全国和安徽的县城周长都以7～12里为最多，二者中0～2里的占比相当。可见清代安徽的县城城市整体规模和全国相当，但缺少规模大的县城。在安徽所有的省城、府城、县城中，周长最长的是庐州府城，达 26 里，其次就是周长 12 里的巢县县城和周长 11 里的和州州城。

和邻近省份山东相比，更能凸显清代安徽城市的整体情况。清代山东省会济南周长 12 里，就省会城市的规模而言，安庆的周长为 9 里，比济南小。清代山东 11 个府级城周长 9～10 里的有 4 个，占总数的 36%，周长 11～20 里的有 4 个，占总数的 36%，而清代安徽 12 个府级城市中周长 9～10 里的有 5 个，占总数的 42%，11～20 里的只有 1 个，占总数的 8%。比较而言，清代山东城市周长 11～20 里的府级城市要比安徽多，而周长 9～10 里的府城比安徽少。两省各有一个周长 20 里以上的府级城市。可见，清代山东府级城市的总体规模要大，尤其是周长 10 里以上的府城比安徽多。清代山东 95 个县级城市中，周长 3～6 里的有 69 个，占总数的 73%，和清代安徽府城的占比 78% 大致持平。清代山东县级城市周长 7～12 里的有 23 个，占总数的 24%，高于安徽（17%）。清代山东有 1 个县级城市周长超过了 20 里，而清代安徽没有县城周长超过 20 里。相较而言，清代安徽、山东两省的县级城市规模大致相近。

从整体上看，清代山东的城市规模要大于安徽，尤其周长 10 里以上（不包括 10 里）的城市，山东有 8 个，占清代山东各级城市总数的7％，而清代安徽各级城市中，周长 10 里以上（不包括 10 里）的有 3个，仅占总数的 5％。

值得一提的是，省会安庆不是清代安徽最大的城市。当时的庐州府城合肥周长 26 里，而安庆周长只有 9 里，不到庐州府城的一半。主要原因有两点。一是历史原因。合肥在东汉末年就已建城，为扬州治所，明清时一直为庐州府治，经过历代扩建，始有清代的规模。而安庆到了宋代才正式建城，建城后大部分时间作为安庆府城和怀宁县城所在地，在清代之前，其行政级别并不比合肥高。二是两个城市所在的地理环境不同。庐州府城合肥位于平原地区，地势开阔，建城的土地资源丰富。从扬州刺史刘馥建城，到唐代加瓮城，宋代郭振扩展了合肥城的北部，跨金斗河为城，至此合肥的城墙周长已达 26 里[1]，这一城市规模一直延续到清代。安庆南临长江干流，北面是大别山南麓丘陵，虽然地理位置非常重要，但这种面山背水的地势也使得安庆的城市规模在空间上的拓展余地不大。

由于种种原因，清代安徽省会安庆并非周长最长的城市，但这丝毫没有影响到其作为省会的地位。

首先，衡量一个城市规模的标准有很多，除城墙外，还有人口因素。在清代乃至更早的时候，各地方志中几乎没有对城市人口的记载，故衡量城市规模多以城墙周长作为标准。但根据民国十九年（1930）的一项统计，其时安庆城市人口达 13 万，而合肥只有 7.5 万。[2] 虽然是民国年间的数据，但对于清代安庆、合肥城市人口的对比依然有参考价值。清代安庆周长虽远不及合肥，但由于安庆是全省的政治中心，又是省、府、县三级治所所在地，城内聚集了大量的政府部门和军队，以及为各级政府官员服务的工作人员。与之相配套，安庆城内的消费性商业随着官僚和军队的聚集而迅速发展，各色商人云集。因此，虽然没有准确的数据记载，但清代安庆城的人口应远多于合肥。

其次，清代安庆城周长虽不及合肥，但随着其成为省会，城内人口

---

① 黄云修：《（光绪）续修庐州府志》卷九《城署志》，江苏古籍出版社，1998 年版。

② 谢国兴：《中国现代化的区域研究：安徽省（1860—1937）》，台湾师范大学历史研究所博士学位论文，1990 年，第 5~33 页。

迅速增加。原来周长 9 里的城墙所围成的空间已不能容纳日益增多的人口，所以清代安庆城市的街道和人口规模突破了原来城墙的范围，由城门向城墙外发展，形成了城外街衢。其中出正观门至大王庙为后街，出金保门左转由同安桥至小新桥为河街，出枞阳门至小巷口为前街。①

无独有偶，清代山东规模最大的城市不是省会济南，而是东平，东平周长 24 里，为州县城市。而且清代山东城市中，规模超过济南的城市有 4 个（3 个府级城市，1 个州县城市），而当时山东府级城市规模小于州县级的情况也很多。② 有学者认为清代不存在城市行政等级决定城市规模的现象，城市规模和城市行政等级之间的相关性并不强。③ 尤其是晚清随着商品经济的发展，在城市发展的动力因素中，经济动力、交通动力的影响越来越大，所以有些行政级别低的城市依靠便捷的水陆交通成为地区的商品集散中心，在规模上往往超过行政等级较高的城市。如大通只是铜陵县所辖的一个镇，但其人口、商业都超过了铜陵县城，休宁县的屯溪镇情况也是如此。

但是笔者认为，从总体上看，清代行政等级高的城市规模往往较大。从整体上看，清代安徽乃至全国的各级城市的周长（大小）皆和政治级别成正比。章生道在对宣统二年（1910）包括安徽在内的 11 个省的府城、县城抽样测量的城内平均面积进行研究后发现，这 11 个省府城的平均面积均大于县城的平均面积。虽然是晚清的数据，但大体适用于整个清代。安徽省被抽查的 4 个府城的平均面积是 138 公顷，9 个县城的平均面积是 109 公顷，说明府城的平均面积比县城的平均面积大。④ 在所列举的 18 个省中有 14 个省的省会是该省最大的城市。因此基本可以得出这样的结论：清代省城的平均面积一般比府城大，府城的平均面积比县城的平均面积要大。⑤ 从整体上看，清代安徽城市的规模和行政级别成正比。

---

① 朱之英修：《（民国）怀宁县志》卷三《乡区·街衢》，江苏古籍出版社，1998 年版。
② 杨发源：《清代山东城市发展研究》，四川大学博士学位论文，2009 年，第 50 页。
③ 成一农：《清代的城市规模和行政等级》，载于《扬州大学学报（人文社会科学版）》，2007 年第 5 期。
④ 施坚雅：《中华帝国晚期的城市》，叶光庭等译，中华书局，2000 年版，第 99～100 页。
⑤ 参见施坚雅：《中华帝国晚期的城市》，叶光庭等译，中华书局，2000 年版，第 98～99 页。

二、清代安徽城市形态

城市形态是城市集聚地产生、成长、形式、结构、功能和发展的综合反映。广义的城市形态研究包括社会形态和物质环境形态两个方面，狭义的城市形态主要是指城市具体的空间物质形态。这里要讨论的是狭义的城市形态，即探讨清代安徽城市城墙所围成的形状。

中国古代的城市几乎都建有城墙，城市的形态也就是城墙所围成的形状。在中国古代的各级城市中，方形的城市占有相当数量。[①] 这或许是受"天圆地方"宇宙观的影响，方形城池成为古代城市较普遍的形态[②]，且多为县城，因为县城的范围一般比较小，筑方形的城池也比较容易。[③] 张驭寰更是断言我国古代 70%以上的城池都是方形城池。[④] 章生道认为华北和西北的方形城池比中国其他地方要普遍得多（山西大同是最好的例子），在中部和南部地区，非方形的城墙则较为常见。[⑤]

全国各地城池形态各异，既有圆形、方形城池，也有很多形状不规则的城池，这主要是城址地形所限。[⑥]《管子·乘马》中说："凡立国都，非于大山下，必于广川之上。高毋近旱而水用足，下毋近水而沟防省，因天材，就地利。故城郭不必中规矩，道路不必中准绳。"意思是说修建城池，附近一般应有山脉和河流，其海拔高度必须考虑到城市用水及防洪问题。因此城市及城中道路的修建应该"因天才，就地利"，因地制宜，根据当地的地形，不应拘泥于某一特定的形状。

安徽省地形复杂多样，山脉和河流交错，城池也只能因山利水而建，正如光绪《重修安徽通志》所载："皖省屏蔽江淮，屹然保障所属各郡州邑，或陟在巘，或降在原，坚壁深渠，堑筑，或资地利。"[⑦] 这样一来清代安徽的城垣也就呈现很多不同的形状。如徽州地区地形复杂，"西有浙岭之塞，南有江滩之险，北有黄山之扼"，只有"即山为

---

① 马正林：《中国城市历史地理》，山东教育出版社，1998 年版，第 115 页。

② 顾朝林：《中国城市地理》，商务印书馆，1999 年版，第 531 页。

③ 马正林：《中国城市历史地理》，山东教育出版社，1998 年版，第 115 页。

④ 张驭寰：《中国城池史》，百花文艺出版社，2002 年版，第 293 页。

⑤ 施坚雅：《中华帝国晚期的城市》，叶光庭等译，中华书局，2000 年版，第 95~96 页。

⑥ 张驭寰：《中国城池史》，百花文艺出版社，2002 年版，第 308 页。

⑦ 沈葆桢修：《重修安徽通志》之《舆地志·城池一》，光绪四年（1878）刻本。

城，因溪为隍"。^① 其府城形制为不规则的矩形，多山，城墙在山间建起，依地形曲折而行，尤其以东城区最为曲折，有一部分山被围在城内，由于地形复杂，无直通城门的大道，城内道路也从山间穿过，布局较为凌乱。^② 官署等建筑则位于城内较为平坦的中南部，且尽量做到中轴对称（如图2－2所示）。

图2－2　清代徽州府城图^③

从整体来看，清代安徽平原地区的城池形态较规则，矩形较多；丘陵地区、山区、多河流的区域的城池形态则复杂多变。笔者翻阅清代安徽的方志，找到48幅较为清晰的城市平面图，并将具体情况列表如下（见表2－6）。

---

① 马步蟾纂修：《道光徽州府志》卷二《舆地志·形胜》，江苏古籍出版社，1998年版。
② 马步蟾纂修：《道光徽州府志》卷首图，江苏古籍出版社，1998年版。
③ 马步蟾纂修：《道光徽州府志》卷首图，江苏古籍出版社，1998年版。

表 2—6　清代安徽城市形态①

形制	城市（数量）	占比（%）
矩形	合肥、舒城、庐江、无为、巢县、霍山、霍邱、寿州、阜阳、亳州、砀山、泗州、五河、芜湖、太平府城（当涂县城）、泾县、旌德、祁门、黟县、绩溪	41.5
圆形	含山、桐城、望江、六安、英山、颍上、天长、繁昌、建平、铜陵、宁国府城（宣城县城）、南陵、宁国、太平县城、青阳、石埭、建德、东流	37.5
不规则	巢县、宿松、太湖、潜山、宿州、滁州、徽州府城、歙县、婺源、池州府城	21
总计	48	100

就全国范围而言，清代华北和西北地区多数城市呈矩形或近似矩形，在中原地区和南方非矩形的城市较为常见，在南方，"在各等级城市的规划中任何正统的倾向似乎都被普遍崎岖的地形所抵销"，故清代中国中部和南部地区有不少城市呈圆形。19 世纪 90 年代的 18 个省会城市中，有 11 个城市的形态呈近似矩形，5 个城市（南昌、贵阳、桂林、广州和福州，都在南方）的形态非矩形；完全呈矩形的只有西北地区的西安和太原。② 安徽位于中国南北接合部，其清代城池形态兼有南方、北方的特点。由表 2—6 可知，矩形城池占清代安徽城市总数的 41.5%，多位于皖北和沿江的平原地区；圆形城池占 37.5%，这是由于受地形影响，或出于经济的考虑（圆形城墙围入的单位面积所需的建筑材料比矩形城墙要少），一部分城市为圆形；形态不规则的城市占 21%，多位于地形复杂的河流纵横的丘陵山地。

---

① 《（光绪）霍山县志》；《（乾隆）望江县志》卷二《地理志》，第 307 页；《（民国）宿松县志》卷首，第 24 页；《（民国）太湖县志》卷首舆图，第 10 页；《（民国）潜山县志》卷首地图，第 12 页；《（同治）六安州志》卷一图考，第 34 页；《（同治）霍邱县志》卷一舆图，第 12 页；《（光绪）寿州志》卷首图，第 16 页；《（民国）阜阳县志》446 页《阜阳县城厢图》；《（光绪）亳州志》卷首图，第 20 页；《（同治）颍上县志》卷首舆图，第 9 页；《（光绪）宿州志》卷二图说，第 45 页；《（乾隆）砀山县志》第 13 页，卷首图；《（嘉庆）萧县志》卷首县城图，第 239 页；《（乾隆）泗州志》卷一图考第 381 页；《（光绪）重修五河县志》卷首图说，第 55 页；《（嘉庆）备修天长县志稿》卷首城厢图，第 6 页；《（光绪）滁州志》卷首州城图，第 234 页；《（道光）来安县志》卷首县城图，第 303 页；《（乾隆）太平府志》卷一图考；《（雍正）建平县志》卷一图考，第 363 页；《（乾隆）铜陵县志》卷首图，第 332 页；《（嘉庆）宁国府志》卷首图；《（道光）徽州府志》卷首图；《（乾隆）池州府志》卷首。
② 施坚雅：《中华帝国晚期的城市》，叶光庭等译，中华书局，2000 年版，第 95~97 页。

在清代山东，矩形城池占 65%，圆形城池占 9%，不规则的城池占
26%。[①] 就矩形城池数量而言，清代山东矩形城池所占比重接近张驭寰
所说的全国矩形城池的比重 70%，高于清代安徽矩形城池所占比例。
而清代山东圆形城池只占山东城市总数的 9%，大大小于安徽圆形城池
所占的比例。不规则城池在两省清代城池中所占的比重相当，这是由于
两省都有山区、河流，很多城池依山傍水而建。安徽的大部分不规则城
池如巢县、宿松、太湖、潜山、歙县、婺源、池州府城等都集中于江淮
丘陵和皖南、皖西山区。

就圆形城池而言，从清代方志中能找到的较清晰的图形来看，清代
安徽圆形城市较多，韩东洙研究了清代府城的城制后，也发现当时的圆
形城池多集中在广西、安徽两省。[②] 圆形城池虽然有违"天圆地方"的
宇宙观，但圆形城墙围入的单位面积所需的建筑材料少于矩形城墙。为
节省建筑材料和费用，加上地形的缘故，安徽的不少城池设计成了
圆形。

清代安徽桐城可算作圆形城池的代表。桐城在春秋时期为桐国，唐
代改设为桐城，延续至今。桐城地处大别山东麓，东南临长江，地势平
坦，呈正圆形（如图 2—3 所示）。就圆形城池而言，桐城是个典型。张
驭寰更是认为桐城古城呈正圆形，是全国唯一的一座圆形城池[③]，但事
实并非如此。

---

① 杨发源：《清代山东城市发展研究》，四川大学博士学位论文，2009 年，第 53 页。

② 韩东洙：《清代府城的城制与兴建活动之研究》，台湾大学建筑与城乡研究所硕士学位论文，
1994 年，第 46 页。

③ 张驭寰：《中国城池史》，百花文艺出版社，2002 年版，第 304 页，图片来源于廖大闻等修：
《（道光）续修桐城县志》之《舆图》，江苏古籍出版社，1998 年版。

图 2-3　桐城县城图[①]

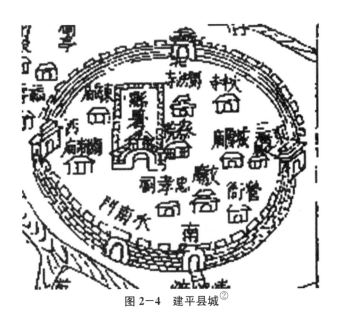

图 2-4　建平县城[②]

①　廖大闻等修：《道光续修桐城县志》之《舆图》，江苏古籍出版社，1998 年版。
②　韦廷璞纂修：《（雍正）建平县志》卷一《图考》，江苏古籍出版社，1998 年版。

图 2-5　青阳县城[①]

图 2-6　铜陵县城[②]

---

　　①　张士范纂修:《(乾隆) 池州府志》卷首, 江苏古籍出版社, 1998 年版。
　　②　张士范纂修:《(乾隆) 池州府志》卷首, 江苏古籍出版社, 1998 年版。

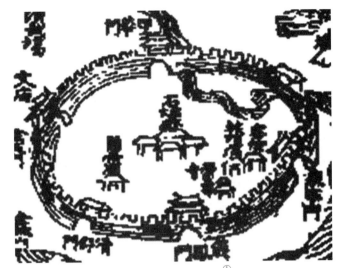

图 2-7　石埭县城[1]

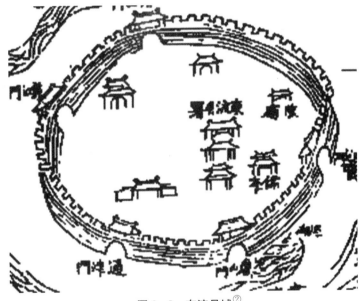

图 2-8　东流县城[2]

图 2-4、2-5、2-6、2-7、2-8 是清代安徽五个圆形的县城图，分别为建平、青阳、铜陵、石埭、东流，这五座城池在建制上与桐城相仿，可见张驭寰断言当时只有桐城一座圆形城池的说法是不妥的。从上

---

[1]　张士范纂修：《（乾隆）池州府志》卷首，江苏古籍出版社，1998 年版。
[2]　张士范纂修：《（乾隆）池州府志》卷首，江苏古籍出版社，1998 年版。

面几个清代安徽圆形城池来看，除了章生道所说的节约建筑材料的原因，建平县城、青阳县城、东流县城更像是受限于周围的山脉和河流。由此可见，圆形城池的成因大致有节省材料和地形限制两方面因素。

三、清代安徽城市的城门

古代城市具有重要的防御功能，因此，城墙的修建是必须的。城墙在一定程度上提高了城市的安全系数，但也妨碍了城市的交通。为了人们能正常进出城，城墙四周往往会开设若干城门。古代城市大多有护城河环绕，因此很多城市还有水门，如清代绩溪有大城门四个，分别为东玉翰门、西望翠门、南华阳门、北屏镇门，又立三个小门，即东宾旸门、西通济门、北府城门，还有两个水门，一个在东，一个在西北。①

（一）清代安徽城市城门数量

有学者认为，一般来说，城市在行政层级体系中的地位与城门（旱门）数目有直接的联系。在清代18个省会城市中，有13个城门数量超过4个，没有少于4个城门的省会城市。根据施坚雅的研究，在嘉庆二十五年（1820），恰好有4个城门的城市在除长江下游之外的各地区所有行政首府中占大多数，即使在长江下游，县级城治的大多数也正好有4个城门。②

表 2—7　清代安徽城市城门数量表（旱门）③

城门数量	城市名称	城市数量	占比（%）
2	潜山	1	2
3	宁国县城、蒙城、全椒	3	5
4	休宁、泾县、南陵、青阳、铜陵、建德、繁昌、巢县、凤阳府城、怀远、定远、寿州、宿州、灵璧、颍州府城、颍上、霍邱、亳州、太和、含山、建平、天长、五河	23	39

---

① 清恺等修：《（嘉庆）绩溪县志》卷二《建置志·城垣》，江苏古籍出版社，1998年版。
② 施坚雅：《中华帝国晚期的城市》，叶光庭等译，中华书局，2000年版，第105页。
③ 穆彰阿、潘锡恩等纂修：《（嘉庆）大清一统志·安徽统部》，上海古籍出版社，1995年版。

城门数量	城市名称	城市数量	占比（％）
5	安庆、望江、黟县、宣城、泾县、太平县城、石埭、东流、芜湖、泗州直隶州州城、六安直隶州、英山、霍山	13	24
6	桐城、太湖、宿松、太平府城、庐江、舒城、无为、滁州直隶州、来安、和州直隶州城、广德直隶州州城	11	17
7	绩溪、旌德、池州、庐州	4	8
8	歙县、婺源、祁门	3	5

注：蒙城"立南、西、北三门，其东涡水环绕，未立门"，所以蒙城有 3 个城门（《大清一统志·安徽统部·颍州府·城池》，第 297 页）；盱眙县城"旧有城，明永乐中圮，今北门尚存"（《大清一统志·安徽统部·泗州直隶州·城池》，第 400 页）；凤台县"新置县，与寿州共城治"（《大清一统志·安徽统部·凤阳府·城池》，第 251 页）。故盱眙、凤台未列入上表。

从表 2-7 来看，清代安徽有 4 个城门的城市有 23 座，占总数的 39％，比重最大。一般来说，有 4 个城门的城市中，4 个方位各有一门。4 个城门被纳入同五行和五方位（第五方位是中）有关的象征系统中，东西南北 4 个城门同春夏秋冬四季相联系。南门象征着暖和生，北门象征着冷和死。南门和南郊主民间盛典（主吉），北门和北郊则主军事活动（主凶）。[①] 有 5 个城门和 6 个城门的城市分别占 14％、17％，7个、8 个、2 个、3 个城门的城市较少。有三座城市的城门数量达到了 8个，分别是徽州府城、婺源、祁门。徽州府城是府级城市，而婺源和祁门都是县城，省会安庆只有 5 个城门，可以看出城市的行政等级与城门的数量不一定成正比，而是取决于城垣所在地的地形，以及防御、百姓生活是否方便等因素。

按照清代各省通志的记载，当时有城门数量记录的县城有 1284 个，具体情况见表 2-8：

---

① 施坚雅：《中华帝国晚期的城市》，叶光庭等译，中华书局，2000 年版，第 105 页。

表 2—8　清代全国县城城门数量表①

城门个数	2	3	4	5	6	7	8
城市数量	81	219	687	151	87	20	14
占比（%）	6.36	17.20	53.97	11.08	6.84	1.57	1.10

清代安徽城市以 4 个城门为最多，有 29 个，占总数的 39%，全国 1284 个县城中，4 个城门的县城有 687 个，占总数的 53.97%。相较而言，清代安徽城市和全国县城都是以 4 个城门为最多，而安徽的 4 个城门城市所占比例低于全国平均水平，其原因是安徽境内地形复杂，城池形状多样性强，矩形城池较少，而矩形城池中以 4 个城门最为常见。从表 2—7、2—8 可以看出，清代安徽有 5～8 个城门的城市所占比例高于全国平均水平。这是因为有不少城市依山傍水而建，城市形状也只能因地制宜，而呈现不规则形状，为了应对城内外的交通，便有了多个城门，如前文提到的徽州府城。

清代山东城市的城门数从 2 个到 6 个不等，4 个城门的城池有 75 个，占总数的 70%。和安徽 39% 的比重相比，清代山东 4 个城门的城市占绝大多数。② 这是由于清代山东的方形城池占 70%，而方形城市中以 4 个城门最为常见。清代山东 3 个城门的城池有 18 个，占总数的 17%，高于安徽。清代山东有 5～6 个城门的城池比重不超过 10%，大大低于安徽。清代安徽有 5～6 个城门的城市（方志明确记载城门数量的城市）占比分别为 24%、17%，高于山东。这还是由于清代山东多矩形城市，不规则形态城市相对较少，而多城门城市多为形状不规则的城市。

事实上，城市官员不停更换，城池由于自然灾害和战争的破坏需要不断修葺。在更换城市官员、修城完毕后，城门的数量和名称往往会发生变化。这一方面和战争、自然灾害有关，另一方面也取决于官员个人的好恶。如宁国城在现址上建城始于唐代，宋室南渡后，宁国城成为南宋都城临安的一道天然屏障，也因此得到多次修葺，有 4 个城门。明

---

① 马天卓：《清代县级城市研究》，四川大学博士学位论文，2011 年。根据第 237 页相关内容整理而成。

② 杨发源：《清代山东城市发展研究》，四川大学博士学位论文，2009 年，第 57 页。

代，明太祖下令筑塞北门，宁国城只剩下 3 个城门。明正德年间知县王时正重建 4 个城门、即东振武门、西接文门、南秀水门、北明山门，宁国城又恢复了 4 个城门。明嘉靖年间知县范镐又将 4 个城门变成 3 个城门，即东春秀门、西秋实门、南南亩门，并加筑北楼。清康熙十三年（1674），宁国城延续了 3 个城门，且名称有所变化，分别为东启明门、西中镇门、南景阳门。① 太湖县城在明崇祯九年（1636）以前为土城，周长 7 里，有 6 个城门，即东仁和门、西天晶门、南阜民门、北潇政门、东偏来春门、西偏德胜门。明崇祯九年（1636），知县杨卓然建砖城，为避东北水患，收缩城墙周长到 6 里，城门依旧为 6 个，但门的名称都有改动，东曰长泰门、东偏曰靖海门、西曰镇湖门、西偏曰永宁门、南曰汇江门、北曰驯龙门。从东门、东偏门分别命名为"长泰"与"靖海"来看，显然与此次修城前城东北爆发的水患有关。崇祯十七年（1644），知县李盛英重修 6 个城门，易名者四，为东宣盛门、西镇武门、南怀德门、北安定门。清乾隆二十八年（1763），太湖知县胡国滨重修城门，易门名二，东偏曰和令门，北曰皇华门。道光二十九年（1849），知县张宝熔重修城门，易门名三，东曰扬仁门，西曰振武门，西偏曰永绥门。②

（二）清代安徽城市城门名称

清代安徽城市城门的名称千差万别，但仔细探寻，还是有一定的规律性。

首先，城门的名称和城门的方位有关。东面为太阳升起的方向，故东门中多含"阳"字，如清代安徽安庆东门名"枞阳"，桐城东偏门名"向阳"，黟县县城东门与巢县县城东门皆名"朝阳"。南面为阳面，故南门中多含有"阳""昌""薰"（和暖、温和之意）等字。如清代安徽桐城南门与庐州城南门皆名"南薰"，宿松南门名"薰阜"，徽州府城南门名"紫阳"，祁门南门名"昌明"，黟县南门名"明昌"，绩溪县城南门名"华阳"，舒城南门与巢县县城南门皆名"迎薰"。

---

① 杨虎修：《宁国县志》卷一《舆地志中·城》，民国二十五年（1936）刊本。
② 沈葆桢修：《（光绪）重修安徽通志》卷三五《舆地志·城池》，光绪四年（1878）刻本。

其次，城门名称多取吉祥之意。如清代安徽安庆东南门名"康济"，桐城西门名"西成"，宿松西偏门名"永济"，望江东北门名"翔凤"，徽州府城西门名"庆丰"，北面二门分别名"通济""太平"，休宁县城东门名"万宁"，西门名"齐宁"，南门名"玉宁"，东南门名"钟秀"，婺源县城南门名"瑞虹"，北门名"璧月"，庐州府府城西门名"西平"等。

最后，城门的名称也有表达统治者行德政的意思。如清代安徽安庆南门名"盛唐"，北门名"集贤"，桐城西偏门名"宜民"，太湖县城南门名"阜民"，北门名"潇政"，西偏门名"德胜"，望江县城东门名"清诚"，西门名"嘉泽"，南门名"廉恭"，北门名"孝感"，此四门都有统治者行德政之意。①

（三）清代安徽城市通往城门的道路

城市中通往城门的道路受城内地形的影响呈多样化。在平原地区，城池内部道路多纵横有序，有直通城门的大道；在山地丘陵地区，受地形的限制，城内道路多因地制宜，弯曲而行，很少有笔直的大道，直通城门的大街也较少。

首先，在平原地区的清代安徽城市，其城内道路以南北向和东西向为主，纵横交错，有一定的规律性，并有直通各个城门的大道。如位于淮河中游平原的泗州城（如图2—9所示）有两条横街干道，其中北面的横街正好直接沟通泗州城的东西二门。这两条横街是泗州城内的主干道，纵街大道由横街衍生而来。在纵街中没有直接沟通南北城门或南北城墙的笔直的干道，多是从南北城门或城墙通往两条横街干道的纵街。其中三条纵街比较明显，分别是从北面两个城门通往两条横街的两条纵街，以及从南门通往两条横街的一条纵街。从图2—9中可以看出，泗州城的五个城门都有笔直的大街连通。

---

① 参见沈葆桢修：《重修安徽通志》卷三五《舆地志·城池一》、卷三六《舆地志·城池二》，光绪四年（1878）刻本。

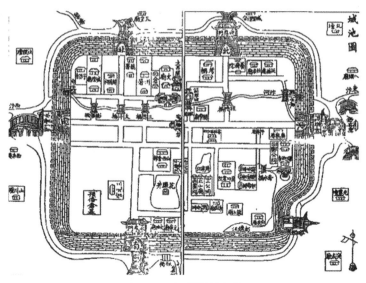

图 2—9 泗州城城图①

从霍邱县城图（如图 2—10 所示）来看，位于淮河中游平原的霍邱县城呈正方形，东西南北各有一门，城内两条大道分别是直通南北门、东西门的大街，二者呈十字交叉型。

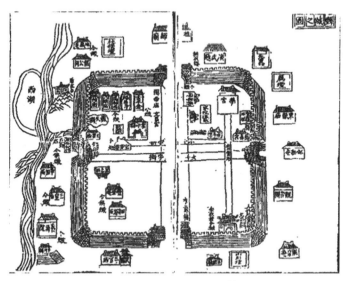

图 2—10 霍邱县城图②

---

① 方瑞兰修：《（光绪）泗虹合志》卷一《图考》，江苏古籍出版社，1998 年版。
② 陆鼎敦、王寅清纂修：《（同治）霍邱县志》卷一《舆地·图》，江苏古籍出版社，1998 年版。

　　其次，位于山地丘陵地区的清代安徽城市多呈不规则形或圆形，城墙内往往山脉河流相间，道路很少像平原地区的城市那样纵横有序。相较于平原地区的城市，清代安徽丘陵山区的城市内较少有直通城门的大道。如图 2—11 所示的休宁县城，其位于皖南丘陵山区，北、东、西三面大山环绕，南濒河流。城内依然是山丘起伏，很多建筑物都建在稍微平坦的山坡上。从这幅图中我们很难看到井然有序的道路。休宁城内的街道因地制宜而建，大多数在山丘间穿过，自然也就没有直通城门的大道了。

图 2—11　清代休宁县城图①

　　关于通往城门的道路，章生道认为清代大多数城市的规划"明白地显示出一种避免在两座城门之间形成毫无阻碍的直通的大道的倾向。这种选择无疑是既同防御的考虑有关，又同民间关于鬼只沿直线行走的迷信有关"②。那么清代安徽城市通往城门的道路有没有印证章生道的观点呢？上文中的泗州城城图与霍邱县城图从根本上推翻了章生道的说法。清代泗州城有五门，北二门，东、南、西各有一门，可以清楚地看到，每个门都有直通城门的街道，尤其是东西二门之间还有笔直的街道

---

①　何应松修：《（道光）休宁县志》卷首之图六《城郭图》，江苏古籍出版社，1998 年版。

②　施坚雅：《中华帝国晚期的城市》，叶光庭等译，中华书局，2000 年版，第 107 页。

相连。清代霍邱县城东、西、南、北各有一门，城内有主街道两条，呈十字交叉型，直接沟通东西、南北门。笔者查阅了清代安徽各地方志中的舆图，发现除了泗州、霍邱，还有不少城市有直通城门的大道。如宿松县城（如图 2—12 所示）有 6 个城门，都有直通的大街①；太湖县城（如图 2—13 所示）呈不规则形状，有直通北门的大道②；六安州城（如图 2—14 所示）有直通北门的大道③；阜阳县城（如图 2—15 所示）有直通东、西、南、北 4 个门的大街④。清代安徽城市的这种例子还有很多，不再赘述。无独有偶，清代山东也出现了类似的情况，不少城市都有连接两个城门的大道，并非像章生道所说的故意设计成折线道路。⑤

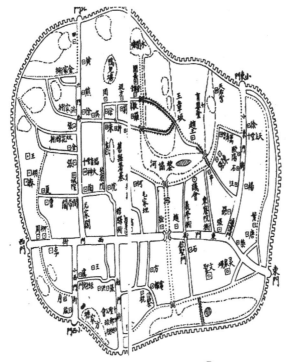

图 2—12　宿松县城图⑥

①　俞庆澜、刘昂修：《（民国）宿松县志》卷首，江苏古籍出版社，1998 年版。

②　高寿恒修：《（民国）太湖县志》卷首《舆图》，江苏古籍出版社，1998 年版。

③　李蔚、王峻修：《（同治）六安州志》卷一《图考》，江苏古籍出版社，1998 年版。

④　南岳峻、郭坚修：《民国阜阳县志》，《阜阳县城厢图》，江苏古籍出版社，1998 年版。

⑤　杨发源：《清代山东城市发展研究》，四川大学博士学位论文，2009 年，第 99 页。

⑥　俞庆澜、刘昂修：《（民国）宿松县志》卷首，江苏古籍出版社，1998 年版。

图 2—13 太湖县城图[①]

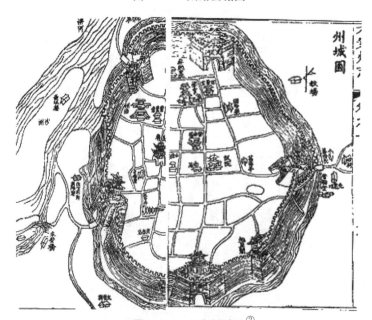

图 2—14 六安州城图[②]

---

① 高寿恒修:《(民国) 太湖县志》卷首《舆图》,江苏古籍出版社,1998 年版。
② 李蔚、王峻修:《(同治) 六安州志》卷一《图考》,江苏古籍出版社,1998 年版。

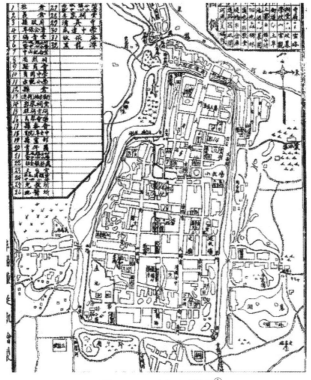

图 2-15　阜阳县城图①

　　由上面列举的清代安徽、山东城市的例子可以看出，章生道的说法并不准确。古代城市都建有较为完备的城墙及其他防御设施，城市防御的重点应该是御敌于城门之外。一旦敌人攻破城池，则折线道路所起的迷惑、延迟敌人进攻的意义已无足轻重。而且，街道故意设计成非直线，有碍市民的日常生活及商业的发展，也不利于城市的治安管理，因为一旦关上城门，相对于折线街道来说，直线街道更容易抓住罪犯。②

　　值得注意的是，清代安徽城池临河的一面城门较多，且河流之上多建有桥梁，方便人们过河。这一方面是出于防洪的考虑，因为位于低地区域的城市经常受到洪水的威胁。在发生严重洪水时，可以利用沙袋有效地堵住城门，城墙也能够阻挡淤泥侵入城内。③ 另一方面，水路交通

①　南岳峻、郭坚修：《民国阜阳县志》，江苏古籍出版社，1998 年版。
②　杨发源：《清代山东城市发展研究》，四川大学博士学位论文，2009 年，第 99～100 页。
③　施坚雅：《中华帝国晚期的城市》，叶光庭等译，中华书局，2000 年版，第 85 页。

在古代非常重要，而且航运几乎是运送大件货物的唯一方式。城市多沿河而建，临河的一面城门较多，河上建桥大大方便了城市的对外交通。如旌德县城（如图2—16所示）呈不规则矩形，濒临河流的东面城墙有3个城门，对应的河流上都有建有桥梁；祁门县城（如图2—17所示）东面临河，有4个城门，其中两个城门都建有对应的桥梁。

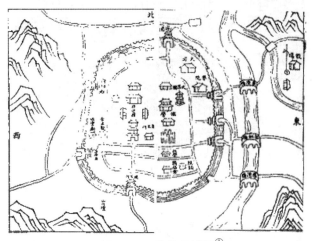

图2—16　旌德县城图①

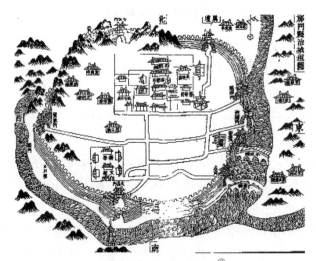

图2—17　祁门县城图②

---

① 鲁铨、钟英修：《（嘉庆）宁国府志》卷首图，江苏古籍出版社，1998年版。
② 马步蟾纂修：《（道光）徽州府志》卷首图，江苏古籍出版社，1998年版。

第三节　清代安徽城池的营建和维修

一、清代安徽城池的破坏

天灾人祸会造成城池的破坏。所谓天灾，即指损坏城池的自然原因；所谓人祸，则是损坏城池的人为因素。清代安徽的城池也是如此，在自然的侵蚀和战争的损毁下屡遭破坏。

（一）大自然对城池的破坏

破坏城池的自然因素很多，其中以地震和洪水对城池的破坏最为严重。

1. 地震

安徽地区由于位于南北两大板块的拼接之处，尤其是郯庐深大断裂带的传切，地震时有发生。[1] 而安徽邻省发生的大地震也会波及安徽，造成较大的破坏和损失。[2] 清代发生的地震对安徽城市的破坏如下（见表2—9）：

表2—9　清代较大的地震对安徽城市的破坏[3]

地震名称	造成的破坏
1644年2月8日凤阳5.5级地震	凤阳："是日大风霾，震屋扬沙，咫尺不见。""皇陵附近庐舍人民坍坏尤甚。"
1652年2月10日霍山5.5级地震	霍山："地震有声，自西南而东北，屋瓦皆坠。"

---

[1]　闵煜铭等：《安徽省地理》，安徽人民出版社，1991年版，第31页。

[2]　安徽省人民政府地震局：《安徽省志·地震志》，安徽人民出版社，1989年版，第58页。

[3]　根据安徽省人民政府地震局编著的《安徽省志·地震志》（安徽人民出版社，1989年版）第25～28页、58页相关内容整理而成。

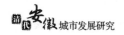
续表2—9

地震名称	造成的破坏
1652年3月23日霍山东北6级地震	霍山："床如倾仄，碗碟皆碎，州界石桥尽裂，庙中塑像有头仆地，似刀截者。" 颍上："地震，自西南起，红光偏邑，人畜皆惊，屋宇动摇，河内船只颠覆无数。" 舒城："地震，墙垣皆倒。" 桐城："地震有声，文庙坏。" 铜陵、贵池、安庆、东流、望江、阜阳、巢县、至德、石埭、潜山、太湖、当涂、绩溪、宿松、五河、全椒等城市均有一定程度的破坏
1668年7月25日山东莒县、郯城8.5级地震	萧县：民舍楼房崩倒者十之七八，压死男妇甚众 砀山：庐舍倾圮 临淮：倾塌城垣、民舍无数 宿县：倒坏民房，伤人无数 灵璧：城大圮，坏官民舍屋 蒙城：城倾，倒坏民房无数 泗县：城倾数十丈，庐舍悉皆崩坏 五河：城南楼关圣庙像俱颓，观音阁亦颓，民居倾圮者无数 霍邱：城垣庐舍震塌者甚多 合肥：垣颓屋倒，处处有之 滁县：城垛口多圮，民间房屋倾圮无数 无为：景福寺塔顶坠，民间庐舍倾倒者甚众 巢县：城墙崩倾者百余丈，居民墙屋倾覆者甚多 全椒：城垣倾圮四十余丈，县学正殿两宅圮 舒城：民舍倾颓无数 怀远：民房倾覆 和县：庐舍尽塌 当涂：城垣多倾倒者，房屋有倾倒者 安庆：墙屋有倾倒者 来安：邑治愈圮
1673年3月29日合肥5级地震	合肥："庐州地震，声如雷，屋舍倾倒。"
1743年6月30日泾县5级地震	泾县："地震，有声自西而东如雷，鼓楼裂。""有声如轰雷，人有惊仆者，南城塌数丈。" 繁昌："越卯时大震，檐瓦欲飞，有声自东来如雷鸣，渐流西北，室庐震荡，若舟驰流，忽然触岸。"
1829年11月18日五河5.5级地震	五河："地震有声，民居庐舍倾覆，毙人无数。"

地震名称	造成的破坏
1831 年 9 月 28 日 凤台东北 6.25 级地震	凤台：倒塌房屋三百余间，压毙大小男妇二十七名口 怀远：民房圮五百余间，压毙多人 霍邱：墙屋倾倒 太和：陷民庐舍 颍上：地震有声，屋宇有至倾覆者 寿县：民房墙垣，间有膨裂
1868 年 10 月 30 日 定远南 5.5 级地震	定远：屡震不已，南数十里最甚，老人仓墙屋多坍塌，压人死

由表 2—9 可以看出，整个清代，安徽发生的地震 5 级（含）以上的有 8 次，其中发生在 17 世纪的有 4 次，18 世纪的有 1 次，19 世纪的有 3 次。在这 8 次地震中，6 级以上的地震有两次，其中 1831 年 9 月 28 日凤台东北地震达 6.25 级，破坏最为严重。除了本省地震对城市的破坏，邻省的特大地震也破坏了清代安徽城市的建筑。如 1668 年 7 月 25 日山东莒县、郯城的 8.5 级地震，造成了萧县、砀山、临淮、宿县、灵璧、蒙城、泗县、五河、霍邱、合肥等城市房屋倒塌无数，市民死伤甚重，造成了巨大的破坏。

2. 水灾

安徽属季风气候，降水量季节分配不均匀，夏半年多，冬半年少，且降水的年际变化较大，年降水量的最多年与最少年之比相差三倍左右，因此安徽的旱涝灾害频繁发生，尤其是水灾。[1] 自安徽建省至 1840 年鸦片战争爆发，在这 172 年中，共出现一级大涝年 12 次，平均 14 年一遇，1840 年至 1911 年的 72 年中，共出现一级大涝年 9 次，平均 8 年一遇，表明水患日益频繁。[2] 洪涝灾害对城池的破坏很严重，下面将清代重大洪涝灾害对安徽城市的破坏列为下表（见表 2—10）：

---

① 安徽省地方志办公室：《安徽水灾备忘录》，黄山书社，1991 年版，第 70 页。

② 安徽省地方志办公室：《安徽水灾备忘录》，黄山书社，1991 年版，第 1～2 页。

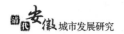

表 2-10　清代水灾对安徽城市的破坏①

顺治四年 （1647）	夏，江北大部分地区暴雨成灾，萧县六月暴雨长达三个月。蒙城六月皆大雨，坏城。阜阳水。亳县、无为、怀宁、望江、太湖大水
顺治六年 （1649）	夏，沿淮、江北暴雨成灾。萧县五月霪雨。泗县夏淮大溢，灌城，官民居十圮四五，田尽没。五河五月麦熟霪雨，狂风昼夜不息，垣屋俱坏，客水四至，一望如海，平民集木而居，风发堕水，溺无算。怀远大水，城市行舟，二麦淹。阜阳五月十八日，淮河水从西来，平地数丈，坏民庐舍、牛畜数千家。蒙城六月皆大雨，坏城。凤阳五月霪雨八昼夜，淮水冲临淮城，东北仅露垛，南西两隅如小舟，官廨、学舍、民居尽为漂没，四乡禾麦淹损十之八九。寿县大水。霍邱五月淮海水陡从西北来，平地数丈，坏庐舍，滨渭两岸殆尽
顺治八年 （1651）	夏，淮河以南大部分地区暴雨成灾。四月七日，望江大雷雨，茗山及横山俱起蛰蛟千百，田舍漂没。四月十日，桐城大雷雨，龙辟棂星中门。休宁大水，商山出蛟二十八条，漂没庐舍
顺治十五年 （1658）	秋，全省大部分地区大雨成灾。阜阳、石埭大水。萧县九月河水溢。五河、舒城、望江秋大水，城市行舟
康熙八年 （1669）	夏，全省大部分地区大雨成灾，沿淮降雨雹。萧县、铜陵大水。怀远大水入城。宁国西津大水蛟，泛西津桥并堤尽圮
康熙十九年 （1680）	夏秋，沿淮、沿江、江南部分地区大雨成灾。泗县夏淮大溢。五河、凤阳夏大雨经旬不止，城内水深二尺
康熙三十五年 （1696）	夏，淮北、沿淮、江南部分地区暴雨成灾。宿县自五月至七月霪雨，坏官民舍。灵璧六月霪雨，平地水深三尺。怀远六月大雨水，入城市。徽州府六县大水浸城
康熙四十四年 （1705）	夏，沿淮部分地区大水成灾。怀远六月大雨，水入城，舟行县署前，诸河汇为一，神庙、民居俱漂没，民携老幼登山居者半载
康熙四十七年 （1708）	夏，淮河以南大部分地区暴雨成灾。无为、庐江、巢县、宿松、太湖、潜山、太平、芜湖五月大水。泾县五月霪雨弥月，水入城，漂没田庐无算。宣城夏大水，诸圩尽溃，庐舍无存，舟行市中，居民离散
康熙四十八年 （1709）	自春至秋，沿淮、淮北大部分地区连阴雨。怀远正月大雨，自春至夏不止，二麦歉收，水入城市，舟行县署前，民无食，路有死人。宿县四月大雨水，暴涨，田庐漂没。颍上霪雨无麦，颍水入城东门，岁饥。太和夏秋皆大水，浸没田舍

----

① 根据安徽省地方志办公室《安徽水灾备忘录》（黄山书社，1991 年版）第 140～160 页的内容整理而成。

康熙四十九年 （1710）	夏，来安雨雹，江淮部分地区大雨成灾。舒城七月十三日蛟水泛涨，平地水深数尺。无为大水，七月二十日迅雷风雨，城中倒石坊三座，东城桥下，鸟死无算。巢县、铜陵大水
康熙五十七年 （1718）	夏，沿江、江南大部分地区暴雨成灾。六月二十五日黎明，南陵、歙县、休宁、绩溪、宣城、泾县、旌德诸山蛟并发，水势汹涌，圮桥梁、溺人畜，坏城垣道路，南陵尤甚，诸圩坍塌，房屋、食用等物漂没无存
康熙五十八年 （1719）	夏，沿淮、江淮部分地区大雨成灾。怀远五月阴雨，河水大涨，入城市，民居倾圮，颍上水灾。霍邱、含山大水。庐江五月大水，坏民居，舟行城中。合肥五月十一日，洪水入城，一日夜始退，坏塌屋舍
雍正四年 （1726）	夏，淮河以南大部分地区暴雨，少数县境出现大风并伴有冰雹。和县大水。郎溪水。五月二十六日雨至六月初十日，小圩破者无数。繁昌大水，圩岸尽崩，室庐飘荡，居民流亡
雍正五年 （1727）	夏，全省大部分地区暴雨成灾。蒙城水。颍上七月水灾。霍邱七月大水，诸山蛟水陡发，平地丈余，庐舍漂没，淹毙人民不可胜数计。铜陵大水，决诸圩，庐舍漂没，给赈免粮。当涂夏秋水
乾隆九年 （1744）	夏，江南大部分地区暴雨成灾。泾县七月庚辰大水，仓储俱没。旌德秋蛟起，将军殿、民庐多圮，漂没男妇二十一。绩溪七月蛟水陡发，漂没人口、田围、庐舍
乾隆十五年 （1750）	夏，沿江部分地区暴雨成灾，并伴有冰雹；秋，江北大部分地区大水成灾。四月二十三日，望江、东流大雨雹。繁昌六月大水，初连阴累日，十一日暮雨霡微势，从西北来，响夜如注，历丙卯辰三时，城内水深数尺，民露处，城崩，城啮西南隅长二三丈，全县儒学多倾倒，冲塌民房百五十余间，墙垣无算
乾隆十八年 （1753）	夏，太平等地山洪突发；淮北霪雨至秋，淮北泛滥。太平二十五日夜大雨，黄山暨邑诸山并发蛟，水骤涨，冲决庐舍、厝棺、田地较甚，于戊子、戊戌伤人一百四十口。泗县九月大水，虹城内水深二三尺，陷城垣十余丈，田庐坍没无算。五河九月大水，淮水溢，坏民舍。怀远自九月至十月雨，四十五日，涡淮水大涨，平地皆行舟，水到县署厅□
乾隆三十四年 （1769）	夏，合肥以南大部分地区大雨成灾。庐州俱大水，溃河堤无数。和县江水泛涨，入城中，淹没公私庐舍。铜陵、芜湖、庐江、巢县、潜山、太平、南陵、宣城、旌德、泾县大水
乾隆五十三年 （1788）	夏秋，淮河以南大部分地区暴雨成灾。舒城、巢县、贵池水。六安州、英山、怀宁、繁昌大水。和县七八月大水，过于三十四年。祁门五月大水，初六夜间烈风，雷雨大作，初七清晨雨止，东北诸乡蛟水齐发，城中洪水陡起，长三丈余，县署前水深二丈五尺余，学宫水深二丈八尺余，冲圮谯楼、仓廒、民田、庐舍、雉堞数处

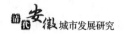

续表 2—10

嘉庆十三年 （1808）	夏，江淮、沿江大部分地区暴雨成灾，少数县境降雹。潜山五月十三日大水，堤决城溃，城内房舍殆尽，人畜淹死无算
道光十一年 （1831）	夏，全省大部分地区大雨成灾。凤阳、怀远、凤台、灵璧、泗州、盱眙、五河、合肥、舒城、寿县、巢县、望江、桐城、潜山、当涂、和县、含山、无为、庐江、宿松、祁门、芜湖、繁昌、贵池、铜陵、东流俱大水
道光十二年 （1832）	夏，沿淮、淮北大部分地区大雨成灾。寿州、宿州、灵璧、霍邱、亳州、天长水。萧县大雨四十日。颍上河溢，大水，庐舍漂没过半，岁饥。亳县霪雨伤稼，河溢漂没庐舍。霍邱大水，漂没人民无算
道光十三年 （1833）	夏，淮河以南大部分地区大雨成灾。寿县大水，饥馑载道。和县大水，田庐多被淹没。无为大水，江堤复溃，饥民载道。霍山、庐江、巢县、怀宁、桐城、望江、贵池、当涂、芜湖、繁昌俱大水
道光二十一年 （1841）	英山、霍山五月蛟发，坏田庐坟墓，溺居民数十人。桐城、望江、铜陵、东流、当涂、芜湖、繁昌、无为、凤台、五河俱大水，河溢颍上、亳州、太和、蒙城、由涡入淮。庐江大水，民饥，瘟疫遍行，至次年春乃止。潜山夏大水，城垣几被冲没
道光二十三年 （1843）	河溢阜阳、颍上、太和、蒙城、由涡入淮。太和夏黄河水复至，没民舍，县城东西北沙河水溢，围之。潜山大饥荒，米价昂贵，去岁死者已众，是年瘟疫流行，死者益多，哭声不绝于野。全椒、宿松、宁国大水
道光二十八年 （1848）	怀宁、桐城、宿松、望江、贵池、铜陵、东流、当涂、芜湖、繁昌、无为、凤台、宿州、灵璧、五河俱大水。太和大水至城郭，淹没田庐。庐江夏大水，江潮浸溢，水溢城市，民居倾圮，经冬不落。建德江水涨入城内，市口深七八尺，自南岭以南至尧渡沧栗树下，俱通舟，矮屋全没，楼房也淹过半
道光二十九年 （1849）	怀宁、桐城、宿松、望江、宣城、南陵、贵池、铜陵、东流、当涂、芜湖、繁昌、庐江、无为、和州、含山、五河俱大水，没田庐人畜，有入市深丈余者。六安自五月至七月雨不止，民舍毁坏。和县大水入城中，至百福寺初地，淹没公廨私庐无算，圩田罄尽，逾月始退出城，数百年来水患莫此为甚。宿松大水，淹没田舍无数，乘舟入市，岁大饥，是年水患之奇，为有清百数十年所仅见。潜山五月大水，凡田舍素为水所不及者，皆被淹没，数百年来，无此水也。广德霪雨自四月至六月不止，大水没入州城，田禾淹没，大饥，斗米钱六百。芜湖大水，圩尽破，平地水深丈余，人由南门城头上船，米价腾贵，民多饿死。全省大水灾，受灾三十六州县
道光三十年 （1850）	六安五月久雨，茅坪山崩，陷田庐数里，田舍复没为堰，周数里，深不可测，有游鱼成群，大可数十斤，取之不得。霍山五月二十九日大雨滂沱，山水暴涨，城内外水深数尺，六月初一积水未退，西南西山万蛟忽发，奔流激涡，水势更高二尺。全省水旱灾四十三州县

咸丰六年 （1856）	阜阳大水，毁官署民房数万间
同治五年 （1866）	池、太、凤、颍、滁、和、六、泗八府州及宣城、泾县、南陵、旌德、太平、庐江、舒城、无为、巢县俱大水。贵池蛟水冲没田庐，被灾极重。五河六月初三巳刻，沱河或现数龙，转瞬风雷暴作，大雨淋漓，入夜淮水陡涨三丈，民乘舟入街市，居民多赴城垣避水，屋宇漂没，冲毙人畜无算。凤阳大水泛滥，城隍庙西台可行船，倒屋。颍上秋初霪雨连旬，沙河水涨，禾稼俱空，岁饥
同治七年 （1868）	南陵五月蛟水陡发，圩堤尽破，民间房屋倾圮，人民淹死无算。祁门五月二十二日蛟洪陡发，水由城上扑入城内，水深丈余。颍上、宿松、贵池、芜湖、宣城、宁国、歙县大水
光绪八年 （1882）	全省大水灾。五月，蛟水起英、霍，由潜山漫溢太湖、宿松、望江、怀宁五邑，冲没田庐冢墓，淹毙人畜无算，赖赈以济。潜山五月大水，自初一起连日淋雨，至初五日早，大雨倾盆，蛟洪遂至，水头高数丈，城墙崩塌数处，城门漂至长江，各处堤坝无一完全，冲溃屋宇，淹死人民无算。合肥五月初五乡间出蛟，平地水深丈余，淹没田房人口无算。霍山五月初六大雨骤至，蛟水暴涨，溺人畜无数，禾稼尽淹，成灾。宣城：五月宁国诸山蛟发，平地水深丈余，坏庐舍，人畜多溺死。夏秋洪水，受其患者几及大半省，有百万以上之居民赖官方于芜湖郊外及省城附近之区域收容救济
光绪三十二年 （1906）	皖北水灾。自夏至秋，雨潦为害，受灾之处，皖北则凤属之寿州、怀远、凤台、灵璧，颍属之宿州、颍上、涡阳，泗州并所属之五河。灵璧四月十二至八月十五间，霪雨及客水，水浸固镇高地。泗州四月十二日下雨，时阴时晴延有四个月之久。城内天主堂门口水平腿肚，泗城西北角墙冲倒一段，西门五孔大桥全被冲毁，遍地行船，灾情严重
宣统二年 （1910）	全省特大水灾。蒙城大水为灾，人民逃亡无算，六月二十七、八、九日昼夜大风雨，平地水深数尺，深者丈余，坏城郭房舍，漂人物牲畜，禾麦尽无，饥民近三十万。宿州六月二十六日傍晚起大雨至二十八日晨，雨来极猛，水冲开秦家坝（隋堤）水浸西关吊桥约二尺，灵璧六月八日以前受灾，经一天一夜大雨，浍河上游猛来大水，漫固镇，东岳庙大殿深五寸，电话杆上挂水草。南陵五月洪水泛滥，东北乡圩破，大荒，又北门城垣崩十余丈
宣统三年 （1911）	安徽沿江各属，江潮暴涨，全省特大水灾。此次被灾之区，凤阳府属则宿州、灵璧、怀远为重，凤阳、凤台次之；颍州府属则蒙城、涡阳为重，亳州次之，霍邱、阜阳、颍上又次之；泗州属则五河

　　从表2-10可以看出，清代历任皇帝在位期间，安徽都发生了相当规模的洪灾，这些洪灾都在不同程度上对城市造成了破坏和影响。清代没有现在发达的天气预报系统，更没有及时的洪灾预警，突发的洪涝灾

害往往会造成重大的生命财产损失。更有甚者，巨大的洪水能冲垮城墙，让城市变成一片汪洋，使得受灾城市在洪水后一片萧条，多年不能恢复元气。

（二）战争对城市的破坏

一般来说，城市都是区域的交通枢纽和政治、经济中心，具有重要的战略地位，所以城市往往是交战双方争夺的焦点，易在战争中遭到严重的破坏。随着火炮的改进，尤其是近代新式武器在战争中的广泛使用，战争对城市的破坏尤为严重。清代发生在今安徽地区的大规模战争有两次，一次是明末清初的战乱，另一次是咸丰、同治年间的太平天国运动。这两次战争对清代安徽城市的破坏相当严重，特别是太平天国运动期间，安徽地区战火不断，很多关系全局的大规模战役都发生在这里，对很多城市的破坏是毁灭性的。

1. 战争对清代安徽城市建筑的直接破坏

1）明末清初的战争对城市建筑的破坏

明末的各种战乱对当时的安徽城池造成了直接的破坏。明末清初，怀远"新城在淮北，崇祯末年，流寇所在屠掠"①。五河县城内县署"崇祯十年，署为流寇所毁"。"顺治十年，知县丁浴初重修，即前旧署改为西南向。"② 定远县城城池"崇祯八年，流贼陷郡"③。铜陵县城"明末左良玉兵东下，尽夷城堞"④。萧县县城"崇祯八年被流寇残毁"⑤。

2）太平天国运动对城市的破坏

（1）对城垣的破坏

咸丰、同治年间，安徽地区成为太平军与清军作战的重要战场，太平军占领了省会安庆等城市，清军与太平军频繁爆发规模甚大的战争，

① 孙瀠修：《（嘉庆）怀远县志》卷七《营建志》，江苏古籍出版社，1998 年版。
② 赖同晏、孙玉铭修：《（光绪）重修五河县志》卷四《建置志·公署》，江苏古籍出版社，1998 年版。
③ 杨慧修：《（道光）定远县志》卷三《舆地·城池》，江苏古籍出版社，1998 年版。
④ 朱成阿等修：《（乾隆）铜陵县志》卷二《城池》，江苏古籍出版社，1998 年版。
⑤ 潘镕修：《（嘉庆）萧县志》卷二《城池》，江苏古籍出版社，1998 年版。

严重破坏了城垣，相关史籍对此有较多记载，仅引数段如下：

无为："城屡陷屡复，残缺较甚。"①

和州城："咸丰间六门城楼墙堞皆毁于贼。"②

桐城："咸丰八年，西城楼毁于兵。"

潜山："咸丰间，粤贼踞城，毁西南隅。"

祁门："咸丰间，西北城为寇所毁。"③

（2）对城内建筑的破坏

战争不仅对城垣造成了破坏，城内建筑也难以幸免。如下文所述：

安庆：巡抚部院署"咸丰初年，兵焚"；布政使司署"咸丰年毁"；怀宁县知县署"咸丰三年，毁"。

桐城：桐城县知县署"咸丰初，兵毁"；育婴堂"兵毁"。

潜山：潜山县知县署"咸丰间，兵毁"；典史署"俱毁"。

太湖：太湖县知县署"咸丰四年，毁"。

望江：望江县知县署"咸丰四年，兵毁"。

徽州府城：知州署"咸丰中，毁于兵"。

婺源：婺源县知县署"咸丰初，兵毁"；徽州府右军守备署"咸丰八年，兵毁"。

祁门：祁门县知县署"咸丰初，兵毁"。

黟县：黟县知县署"咸丰初，兵毁"。

绩溪：绩溪县知县署"咸丰初，大堂兵毁"。

宁国：宁国县知县署"咸丰间，兵毁"；教谕署、训导署"俱兵毁"；典史署"兵毁"。

池州府城：教谕署、训导署、县臣署、典史署"俱兵毁"。

东流：预备仓、马田仓、漕运仓、常平仓"俱兵毁"；养济院"兵毁"。

太平府城：提督安徽学院署"咸丰间，兵毁"；知府署"咸丰间，兵毁"；江防同知署、督粮通判署、教授署、训导署、经历署

①　黄云修：《（光绪）续修庐州府志》卷九《城署志》，江苏古籍出版社，1998年版。

②　朱大绅修：《（光绪）直隶和州志》卷四《舆地志·城池》，江苏古籍出版社，1998年版。

③　沈葆桢修：《重修安徽通志》之《舆地志·城池一、二》，光绪四年（1878）刻本。

"俱兵毁";当涂县知县署"咸丰初,兵毁"。

芜湖:督理徽宁池太广道署"兵毁";育婴堂"俱兵毁"。

庐州府城:教谕署、训导署、县臣署、典史署"俱兵毁"。

庐江:庐江知县署、教谕署、典史署、狱、预备仓"俱兵毁,未修"。

舒城:舒城县知县署"咸丰三年,兵毁";教谕署、训导署"兵毁"。

巢县:养济院"咸丰间,兵毁"。

灵璧:"固镇巡检署在固镇驿北,咸丰间,兵毁"。

颍州府城:知府署"咸丰六年,大堂被灾";"经历署在府署东,咸丰六年毁"。

蒙城:蒙城知县署"咸丰间,兵毁";"典史署在县署西,咸丰间,兵毁";"狱在县署西,咸丰间,兵毁"。

和州:和州知州署"咸丰初,兵毁";"吏目署在州署西南,兵毁";养济院"咸丰间,兵毁"。

含山:含山县知县署"咸丰四年,兵毁";教谕署、训导署"俱兵毁"。

六安:"吏目署在州署东北,咸丰间,兵毁"。

霍山:霍山县知县署"咸丰间,兵毁";养济院"在开运寺西,咸丰间,兵毁"。①

合肥:合肥县署"咸丰三年毁于寇";典史署"咸丰三年毁于寇"。②

舒城:县署"咸丰三年毁于贼,荡然无存";"城守把总署在城隍庙前,咸丰中毁于贼"。③

由上述文字可知,明末清初的战争与太平天国运动对安徽城池和城内建筑造成了巨大的破坏。在城池的攻坚战中,很多城垣被毁。在进城后,太平军与清军往往会展开短兵相接的残酷巷战,导致很多建筑

① 沈葆桢修:《重修安徽通志》之《舆地志·公署》,光绪四年(1878)刻本。
② 黄云修:《(光绪)续修庐州府志》卷九《城署志》,江苏古籍出版社,1998年版。
③ 黄云修:《(光绪)续修庐州府志》卷九《城署志》,江苏古籍出版社,1998年版。

被毁。

2. 战争对清代安徽城市经济的影响

1）明末清初的战争对城市经济的破坏

战争除了破坏城市建筑、屠杀城市人口，对城市经济也是毁灭性的打击。战争过后，往往尸横遍野，城市经济处于全面崩溃状态。亳州"崇祯八年正月十七日，流贼李自成破北关，杀掳男妇万余，焚掠一空……十一年袁营流贼一条龙、万小仙寇境内，不时焚掠，人畜俱如城庵观杂处。十三年秋矿贼袁老山入寇，连营五十里，焚掠殆尽……十五年四月十五日，李自成破亳州，杀掠无算……贼时中……大杀掠，鸡犬无所遗，村落一空，闯、曹之残虐不如也"①。凤阳无城，"官军皆溃，无迎敌者"，起义军"屠士民数万，大行杀戮……燔公私庐舍二万二千六百五十余间，光烛万里……纵掠三日"②。

有一种例外的情况。明末，一部分安徽城市面临战争的威胁，地方官主动加固、加高城墙，修建敌台，深挖护城河，城池建设反倒得到了发展。如全椒县城"崇祯九年有流寇，县令方永昌增修城垣，于城外建敌台十二座，分别位于市石桥门口、钮家巷口、州门楼东、州门楼西、东门、东门街口、南门、五通巷、宝林桥、小南门、西门、古儒学巷"③。来安县城为抵抗流寇，崇祯十二年（1639），"知县吴志高浚隍，广五丈，深三丈"④。崇祯八年（1635），定远县城"流贼陷郡，知县卢春惠及署印陈鹏举递加城陴三尺，十七年知县李彬砌砖垛、建炮台"⑤。顺治十四年（1657），旌德县城"知县王融捐俸修建迎和、义济两门"⑥。

2）太平天国的城市经济政策对安徽城市经济的影响

在中国，城（城堡）早于市（市场）而产生，早期的市在城外，城的功能是军事据点和行政中心。后来随着商品交换的发展，市逐渐进入

---

① 任寿世等修，刘开等纂：《（道光）亳州志》卷二六《武备·兵事》，道光五年（1825）刻本。
② 彭孙贻：《流寇志》卷二，浙江人民出版社，1983年版。
③ 张其濬修：《（民国）全椒县志》卷一《舆地志·城池》，江苏古籍出版社，1998年版。
④ 符鸿、刘廷槐修：《（道光）来安县志》卷二《营建志·城池》，江苏古籍出版社，1998年版。
⑤ 杨慧修：《（道光）定远县志》卷三《舆地·城池》，江苏古籍出版社，1998年版。
⑥ 陈柄德修：《（嘉庆）旌德县志》卷二《建置·城池》，江苏古籍出版社，1998年版。

城中，城市中开始出现集中交易的市场和商店。中国城市发展的总体趋势是：城与市逐步融为一体；先市后城或有市无城的新兴城市增多，市在城市中的作用越来越重要。太平天国政权对待城市工商业的政策是：私人的店铺，属生产作坊性质的，转为百工衙，诸匠营管辖；属于商业性质的，几乎都先停业，再由太平天国设立新的买卖机构，即公营商店。不允许在城内自由经商，城中商业由太平天国经营，在城垣外设立太平天国官员管理的买卖街，作为私人之间、国家和私人之间交易的场所，这样就将城与市在空间上严格区分开来。太平天国用军事强制的办法，把城与市从空间上隔离，使城市的格局与职能回归到它的最初状态，与城市发展的进程相悖，这是一种倒退。在战争时期，商业特别是交战区的商业不可能不受到影响。太平天国废除城市中私人商业的政策，不仅使批发商业和长距离贩运商业失去了根基，无法运行，而且使城市中的一般商业也衰落到了极限。[①] 太平天国运动期间，安庆长期被太平军占领，原本发达的城内消费性商业不复存在，繁华的省城变成了一座纯粹的军营。安徽黟县历来靠从外地运来的粮食为生，太平军于咸丰四年（1854）五月进驻县城，一个月后因无粮运来，"米每石（涨价）至八千之多，又无办处，百姓慌张无食"[②]。

战争还会造成城市市民的大量伤亡，导致城市和农村腹地人口锐减。清代安徽境内的战争还造成了城市和农村腹地人员的大量伤亡。人是城市的主体，更是城市经济的主体，人口锐减使得清代安徽城市在遭遇战争的洗劫后长时间不能恢复元气。

在镇压太平天国运动中，安庆被清军攻陷后，1.6万余名太平军将士全部被处死，全椒县"数十里无人烟，耕种者百人内三四人而已"[③]。这样大规模的人员损失，导致战后安庆和全椒的城市发展遇到极大的困难。

---

① 参见赵德馨：《论太平天国的城市政策》，王承仁主编：《太平天国研究论文集》，武汉大学出版社，1994年版，第88~103页。

② 佚名：《徽难全志》，南京大学历史系太平天国史研究室编：《江浙豫皖太平天国史料选编》，江苏人民出版社，1983年版，第295页。

③ 张爱民：《近代安徽人口的变迁》，载于《安徽师范大学学报》，1996年第3期。

二、清代安徽城市的营建和维修

（一）清初安徽城市的恢复与初步发展

安徽在清初隶属江南省（包括今天的江苏、安徽两省）。清顺治十八年（1661）确定安徽省的建制。康熙六年（1667）设安徽省巡抚，驻安庆府，安徽省正式成立。安徽二字是分别取安庆府和徽州府的首字而成。此后安徽境内辖八府（安庆、徽州、宁国、池州、太平、庐州、凤阳、颍州）、五州（广德、六安、滁州、和州、泗州）、五十五县（包括四个相当于县的散州），这样就完成了省、府、县三级统治机构的建立。[①]

面对凋敝的社会经济状况，康熙、雍正、乾隆三朝统治者先后采取了一系列措施，如招民垦荒、更名地、治理河道、蠲免钱粮、地丁合一等，使社会经济逐渐恢复和发展。清初发展经济的具体措施有以下三点：

1. 召集流民，奖励垦殖

在顺治朝的 18 年间，9 次颁布召集户口的法令，规定地方每三年要逐里逐甲编审户口上报，鼓励地方官招抚流民，奖励垦殖。[②] 政府鼓励垦荒屯田，规定凡无主荒地，分给流民及官兵耕种，如力不能垦，官府给牛具籽种或酌量发给屯田资金，次年收获之后，只纳半税，三年以后才纳全税。[③] 这些措施促使清初安徽的大片荒地得到开垦，耕地面积不断增加。安徽刚建省时全省耕地面积为 3300 万亩，嘉庆十七年（1812）增加到 4144 万亩，增加了 1/4。[④]

2. 轻徭薄赋，稳定税收

清初赋税废除了明末的"三饷"（辽、剿、练饷）和杂派，按明万历时田赋原额进行征收，主要有地税和丁银。地系地亩，丁系人丁，赋

---

① 《可爱的安徽》（修订再版），安徽人民出版社，1988 年版，第 27 页。
② 翁飞等：《安徽近代史》，安徽人民出版社，1990 年版，第 16 页。
③ 《清圣祖实录》卷二五，台北华文书局，1969 年影印本。
④ 翁飞等：《安徽近代史》，安徽人民出版社，1990 年版，第 16 页。

出于地，役出于丁。凡 16 岁以上至 60 岁的男子均要缴纳丁银。丁银是劳动人民身上的一项沉重负担，很多百姓采取隐匿人口、逃亡的方式拒缴丁银。[①] 为稳定税收，康熙五十一年（1722）规定将康熙五十年的丁口数设定为常额，以后所生人丁不再征收钱粮。编审户口之时只以实际丁口数造册上报。[②] 此后，安徽即以康熙五十年人丁 138 万为固定数征收丁银。[③] 康熙五十五年（1716），清政府开始在个别地区实行"摊丁入亩"的政策，并于雍正年间在全国推行，无地的农民和城市居民不再缴纳丁粮，有地者缴纳丁粮后不再服徭役。至此，我国几千年来的人丁税基本废除，削弱了封建国家对农民的人身束缚，促进了生产力的发展。工商业者不纳丁税，不服徭役，促进了城市工商业的发展。[④]

3. 恢复奴仆人身自由，维护社会安定

经过明末清初的阶级斗争，大批佃农、雇农、奴仆在斗争中获得了自由。清政府不得不承认佃户为"良民"。乾隆时，不少雇工已经不立文契，与雇主不再有主仆关系。徽州地区的地主、官僚、商人家中一般都有较多的奴婢，称为"世仆""伴当""奴""家丁"等。徽商从事商业活动时，使用奴仆也很普遍。雍正五年（1727）四月，清政府宣布"世仆""伴当"等获得法律上的人身自由，均可以编入保甲，改入民籍。这一措施缓和了阶级矛盾，对清初的社会安定和生产恢复起了积极的作用。[⑤]

由于清初统治者的上述措施，清初安徽城市经济得到了较快的恢复和发展。

首先，随着农业的恢复和发展，耕地面积扩大，粮食作物与经济作物产量提高，品种增加。玉米、红薯在清朝中期开始在淮河流域种植。乾隆五年（1740），两江总督郝玉麟从福建带来玉米种子，由安徽巡抚陈大受教民试种，并在各县推广。明末清初，烟草开始在安徽的定远、凤阳一带逐步推广。棉花在利辛等地种植，面积扩大，品种增多，出现

---

① 翁飞等：《安徽近代史》，安徽人民出版社，1990 年版，第 17 页。
② 《清圣祖实录》卷二五，台北华文书局，1969 年影印本。
③ 翁飞等：《安徽近代史》，安徽人民出版社，1990 年版，第 17 页。
④ 《清圣祖实录》卷二五，台北华文书局，1969 年影印本。
⑤ 翁飞等：《安徽近代史》，安徽人民出版社，1990 年版，第 18 页。

了五色棉。长江流域的水稻、皖南地区的茶叶等经济作物的产量都有一定程度的增加。[①]

其次，随着农业的恢复和发展，城市手工业生产进入了一个新的发展阶段。从清初开始，安徽的手工业如冶铁、纺织、浆染、舒席等均有了新的发展。芜湖为安徽手工业中心，其浆染业在清代居全国之首，冶铁业也十分兴盛。

最后，随着清初经济的发展，安徽城市人口有所增加。由于清代很少有关于城市人口的统计，所以这里只能以县、市区域人口为例说明。顺治五年（1648）庐江县有人丁 11439 丁，康熙二十一年（1682）增加到 14150 丁，康熙五十年（1722）增加到 23338 丁。[②]

（二）清代安徽城市的营建和维修

随着经济的恢复和发展，清代各地城市开始了营建和维修，尤其是在康熙、雍正、乾隆三朝，由于国力强盛，全国各地城市的营建和维修掀起了高潮，安徽亦是如此。

在清代，全国工程建设事务由工部统一管理，包括各地的城市建设和维修。具体到地方城池的修葺，则由驻守城市的地方政府负责，主要责任人即为各级地方官员，尤其是城市的最高行政长官。清代对于各地城池的维修有一套较为完整的规定，其中驻守城市的官员首当其责，尤其是级别最高的官员。清政府对维修城池懈怠的官员会严肃处理，轻则罚俸若干年，重则降级、罢官乃至治罪。

顺治年间鼓励地方官修葺城垣，并酌情嘉奖，但禁止强制百姓修筑城楼雉堞。康熙十六年（1677）复禁止有司派罚百姓修筑城楼垛口。康熙年间对地方官修建城池的规定非常苛刻，凡捐修城垣、谯楼、雉堞、房屋等项，督抚须"亲身察验保题，若三年内损坏者，监工员及该督抚降级、赔修"。"城市不预先修理以致倾圮者，罚俸六月"，各省倒坏城垣，督抚应尽快修葺，如"漫不修理，将该督抚交部议处"。乾隆年间规定，如果城垣有小坍塌，地方官可以于农闲时修补，如坍塌过多，需

---

① 翁飞等：《安徽近代史》，安徽人民出版社，1990 年版，第 18～19 页。
② 钱鎔修：《（光绪）庐江县志》卷三《赋役·户口》，江苏古籍出版社，1998 年版。

费浩繁，督抚应上报。乾隆十三年（1748），朝廷令各省督抚将所属城垣周长、高厚、坍塌长阔厚逐一造册报明，以备稽查，对小坍塌之处，责令地方官吏及时修补，如维修不及时，导致年久城垣倾圮，应严肃处理。乾隆年间还特别规定新旧官员更迭时，应针对城垣的建设情况做好交接手续，如交接不明，由新任官员赔修。[①]

1. 清代安徽城市城垣的维修

在政府非常重视城垣修缮的大背景下，清代安徽城市的地方官员自然也很重视所在城市城垣的修葺。现将清代安徽修筑城池情况列为下表（见表2—11）：

表 2—11　清代安徽城市城垣修缮情况[②]

城市	修缮情况
安庆	顺治二年重建五城楼；顺治七年夏雨城圮，修补复故；顺治十七年重修女墙，合旧垛四为一，计七百五十八垛，设立窝铺十六所，敌台四，炮台十六。康熙四十九年城圮，修筑。乾隆二十一年补筑。嘉庆十三年修筑。同治元年，江督曾国藩驻师在此，于正观门外添筑外郭，自集贤门池南直抵江岸，门二，曰金保，曰玉虹
桐城	康熙九年秋雨城圮，修葺。雍正十年重修。乾隆二十八年、道光二十二年、道光二十四年知县先后重修。咸丰八年西城楼毁于兵，同治九年重修
潜山	顺治六年改筑土城，惟东北仍旧城基，西南收缩，由高营坝至同安桥，与东北旧址接，建四门。康熙五年复修城之东北接与西南旧址。康熙五十八年改筑西南门。乾隆二十八年修。道光二十一年水圮，修。咸丰间，粤贼踞城，毁西南隅收缩之，咸丰十年修，增高四尺，添筑碉楼、炮台，深浚城濠
太湖	顺治二年修补残关。顺治五年重修。康熙五年雨圮北城，修；康熙十一年雨圮西城，修；康熙十三年建东、北两城楼；康熙十九年修东西两门。乾隆二十四年大水城圮，补葺；乾隆二十八年重修，易门名二：东偏曰和令，北曰皇华。嘉庆十八年重修城楼。道光二十九年重修，易门名三：东曰扬仁，西曰振武，西偏曰永绥。咸丰十一年，鄂抚胡林翼驻师于此，添碉楼六座。同治九年重修

---

①　允祹纂修：《钦定大清会典则例》第一二七卷《工部·城垣》。
②　沈葆桢修：《（光绪）重修安徽通志·城垣》，光绪四年（1878）刻本。

城市	修缮情况
宿松	顺治五年重修；康熙十一年造悬楼二十座，康熙二十二年复造大小东门、北门城楼及城垛一千四百二十有奇，康熙五十五年于西南隅建化龙门，康熙五十八年修葺；乾隆二十八年重修，乾隆三十年因水圮，重修西南十余丈；嘉庆二十三年修南门城楼；道光八年重修北门城楼；咸丰二年重修；同治七年小东门城圮，合邑人集资重修
望江	顺治六年重修城楼；康熙五十三年闭南门，改建东南门；咸丰十年修葺
徽州	康熙二十二年重修；乾隆二十八年请修
歙县	乾隆二十八年请修
休宁	顺治十二年夏雨城坏复筑，顺治十三年大雪，城复坏，张令修葺；康熙二十一年、康熙二十九年、乾隆十年、嘉庆十八年、道光三年、同治五年、同治七年相继修筑
婺源	道光十七年重修；咸丰十一年邑人捐修女墙加高五尺
祁门	乾隆二十八年请修，乾隆五十四年修筑；咸丰十年，曾国藩建北门二碉、西门一碉
黟县	清初相继修葺；乾隆二十八年复修；同治中添造堆房
绩溪	康熙十一年修葺；乾隆十二年复修，乾隆五十七年知县李凤旦捐修
宁国府城	顺治七年重修，顺治九年移址向内；康熙七年城东南隅圮，复叠以石，康熙十九年于东南城上置月台；乾隆十年复加修整；嘉庆元年重修东南月台，城高二丈五尺，厚三丈，周九里一十三步
泾县	顺治十六年筑西门护城；乾隆二年重建四城谯楼，乾隆二十九年奉文修葺；嘉庆五年河水冲损西南城，知县杨荣先详请捐修，工未竣而止；道光八年、道光二十九年相继修葺
南陵	康熙五十三年重修；乾隆二十九年详请拆修；道光中登修
宁国县城	康熙十三年重修；雍正七年重修；道光十六年、道光十九年相继修筑
旌德	顺治十四年知县王融修迎和、义济两门；康熙八年、雍正八年相继重修；乾隆二十八年详请捐修；道光十五年倡修；同治五年倡修义济门城楼
太平	乾隆二十九年重修
池州府城	康熙十年重建通远门大观楼；乾隆二十九年奉文修造；道光二十二年捐修
青阳	乾隆二十九年奉文饬修；道光元年重修
铜陵	顺治二年相继修葺；康熙十五年塞义凤门，康熙四十三年重加修筑，更临津门曰济川，涌洲门曰涌泉；乾隆二十八年、乾隆二十九年详请修造，周四里，垣七百丈，高二丈二尺，厚一丈三尺
石埭	乾隆二十九年重修

续表 2-11

城市	修缮情况
建德	乾隆二十九年重修,高一丈,厚七尺二寸,周三里一分;道光二十三年倡修,加高三尺
东流	顺治六年修复全城;雍正七年、乾隆二十三年、乾隆二十九年、乾隆三十一年、乾隆五十六年相继修葺;嘉庆十六年详请重修,周四里,垣七百三十六丈有奇;咸丰二年增筑瞻极门、丽山门外炮台各一座
太平府城	康熙十一年修西南城隅、康熙十五年增修;乾隆二十八年请修;咸丰二年议捐重修
芜湖	顺治十五年倡捐重修;乾隆十年葺修;同治三年葺修
繁昌	康熙十三年补葺;乾隆二十五年水坏聚奎门,修;嘉庆二十二年、道光二十二年重修
庐州府城	雍正元年、乾隆二十八年相继与修;嘉庆五年重葺;道光二十四年复修
庐江	顺治七年重修、顺治十二年筑南门滚坝;雍正八年修葺;乾隆二十七年、乾隆六十年、道光中、同治八年先后重修
舒城	顺治三年修治;雍正七年重修;乾隆五十八年修筑;道光二十八年重修
无为	顺治六年修;雍正九年修;乾隆三十五年修六门城堞;嘉庆二年重修;咸丰三年、咸丰六年相继补葺
巢县	康熙七年补葺;雍正七年重修;乾隆二十八年、嘉庆八年相继修葺;咸丰五年因御寇加高城垣三尺许
凤阳	乾隆十九年请建城楼;同治五年重修
怀远	咸丰间筑石垣
定远	顺治十六年重修四楼;康熙五十年、雍正三年、乾隆二十八年、嘉庆十五年、同治元年相继重修
寿州	顺治六年大水城圮,重修;乾隆二十年、乾隆二十八年、乾隆三十三年、乾隆五十四年、嘉庆十二年、嘉庆十六年、道光十七年、咸丰三年、同治四年、同治五年修葺
凤台	乾隆二十年重修,乾隆五十八年请修;同治三年移治下蔡,同治五年筑石城数十丈
宿州	康熙十一年修;乾隆二年修;嘉庆八年重修,嘉庆十九年请修;咸丰三年添筑城东北角炮台
灵璧	乾隆十八年奉文重修石垣,高一丈六尺有奇,砖堞高五尺有奇,土趾厚二丈五尺有奇,顶高八尺,周一千一百八十丈;咸丰六年修

城市	修缮情况
颍州府城	顺治三年修；乾隆十三年、乾隆十五年相继修城，乾隆二十七年、乾隆五十年修城；嘉庆二十三年、道光五年、道光七年修；咸丰八年修濠并建石闸
颍上	顺治八年修，城圮于水，修二百余丈，顺治十二年修；雍正五年补葺东北二门；道光十年、道光二十二年、咸丰九年相继修葺；同治三年创建月城，同治四年、同治六年修
霍邱	康熙七年修葺；乾隆二十九年请修，并城西护城坡岸，乾隆四十九年重修护城坡；嘉庆二年、道光十年修城及坡岸；咸丰十一年、同治五年节次补葺，同治六年增筑土圩
亳州	乾隆二十六年重修；嘉庆十五年重修，嘉庆十八年复请修筑；道光二年重修，城周九里有奇，高一丈五尺，基阔九尺，隍池距城半里，深一丈；咸丰七年倡建围墙，长一千三百六十丈有奇，高一丈七尺，同治三年竣工
涡阳	县系新设。同治七年拨银三万两建城，九年工竣。周七百六十丈五尺，高一丈七尺
太和	顺治十三年建东门楼，顺治十六年建西门楼；嘉庆二十四年重修；道光八年、咸丰二年、咸丰四年、同治八年相继濬
蒙城	顺治八年、顺治十二年、康熙七年续修；乾隆十四年复加修濬，乾隆二十五年、乾隆三十四年、嘉庆四年、咸丰二年相继重修。咸丰五年，贼毁，咸丰六年重筑，高一丈八尺，长六百八十三丈有奇，城濠深丈四尺，广三丈，咸丰十年补葺；同治三年、同治五年修葺东南两门
滁州	顺治十五年、康熙七年、康熙九年相继修葺；道光间重修；咸丰六年濬护城河
全椒	康熙七年、康熙九年、乾隆四十一年、嘉庆元年、嘉庆三年、嘉庆九年、嘉庆十八年、嘉庆二十二年、道光二年、同治四年先后修葺；同治六年修南门城楼
来安	康熙十六年、康熙二十三年、乾隆二十二年相继修葺；道光间重修
和州	顺治二年修濬，增设敌楼、浮桥；康熙二十二年更门名；乾隆二十八年、乾隆三十四年、嘉庆四年相继修葺；同治六年修南北二门，并建罗城
含山	顺治四年、康熙二年相继增修；乾隆二十三年修葺；道光二十二年捐修；咸丰三年捐修，旋经兵毁城垣，同治五年请修，筑东西南三面土城
广德	康熙二年重修；乾隆三十九年、乾隆五十六年先后修葺
建平	康熙四年、康熙三十七年俱修葺；雍正六年改建雉堞
六安	顺治间、康熙十六年、康熙四十七年、雍正六年、乾隆十三年、乾隆三十年、嘉庆元年、道光二年、道光十九年、道光二十九年、道光三十年、咸丰八年、咸丰十年、咸丰十一年、同治二年、同治五年先后修葺

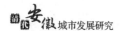

续表 2—11

城市	修缮情况
英山	乾隆十四年筑西北垣六十余丈，葺四门城楼；道光二十二年添设垛口
霍山	顺治中修水关；康熙间开小南门，名曰文明；雍正五年、乾隆十二年皆续修；乾隆二十八年、道光十八年相继修葺；咸丰十年移建土城于楼于六万砦，其旧城仅存基址
泗州	康熙十二年修城及堤；嘉庆八年、道光十三年相继修筑
天长	雍正七年重修；咸丰元年濬濠，咸丰七年补葺城东北隅
五河	顺治九年、康熙二十二年、乾隆十九年、同治五年修葺

从表 2—11 可以看出，清代安徽各地城池进行了较为频繁的营建和维修。顺治年间，经战争破坏，再加上自然灾害，很多城池亟待重建，故修城频繁，安徽也不例外。安庆在顺治二年（1645）重修毁于战火的五城楼，顺治七年（1650）、顺治十七年（1660）又两次修葺。在顺治年间，安徽对城池的维修和营建达 33 次之多。"康乾盛世"时，国家财力已逐渐充裕，再加上统治者励精图治，全国各地的城垣建设掀起高潮。康熙、乾隆年间，安徽营建和维修城池分别达 50 次、71 次之多。

清代安徽筑城的另一个高潮出现在咸丰、同治年间。究其原因，是这段时期恰逢太平天国运动（1851—1864），而安徽正是太平天国运动的主战场之一，当时很多关系全局的大规模的惨烈战役都发生在这里，给安徽城市造成了巨大破坏。所以在战争期间及战争结束后的咸丰、同治年间，很多城市进行了修葺和重建。

2. 清代安徽城市内部建筑的维修和营建

1）官署的维修

清政府很早就注意到城市内部各级衙门建筑对于吏治的重要性。《钦定大清会典则例》载："各省州县与民最亲，凡大小案件无不始终于州县衙门"，但是"乃闻近年以来多有六房倾圮，不加修葺，胥吏栖身无所，往来挟其卷牍，收藏于家，每遇急需检阅，抽换之弊不可枚举。前后印官虽心知其弊而因循苟且，或修理无资，遂沿习而不知整理。此亦有关吏治之一端也"，令"各省督抚通行所属州县，验明六房屋宇，或有未备者，各于旧基如式建造，将一应案牍慎密收藏，并分别号件登记总簿，以备稽考"。关于维修的经费也有相关规定："其修造之费着该督抚藩司于本省公用银内确估给发"；"各省文武衙门，如有小渗漏坍塌，该官弁随时维修，如实系年久倾圮必须拆卸大修需费浩繁者，亦照城垣之例，该官弁详明督抚委官勘估取具，并无浮开印结，该督抚确核议复兴修"。另外还规定在修葺过程中严禁扰民："严禁征发兵民修建官署，地方有司遇有修理衙署及一应官事，所用工料器物，务照时价给发，铺户工役买备，其设立总甲出票，官买派工伺候之处，严行禁止，倘有不肖官员肆行科敛扰累小民者，该管上司即指名题参从重治罪。如该上司隐匿徇庇，或别经发觉，或被旁人首告，或被科道纠参将该管上司一并交部议处。"①

如前文所述，清代安徽自然灾害频繁，战事频发，城市破坏严重。尤其是太平天国运动中，作为主战场之一的安徽省诸多城市内部建筑遭到严重损毁。清代，中国城市的大型建筑主要是各级官府的衙门。在战争及各种自然灾害的打击下，清代安徽城市的内部建筑尤其是各级官府机构损毁情况较严重。当时作为省会、府城、县城的安庆，巡抚部院署、布政使司署、按察使司署、怀宁县知县署、训导署等各级行政机构均毁于咸丰年间；作为徽州府城的歙县，徽州知府署"咸丰中毁于兵"，徽州营左军守备署"今毁"。据光绪《重修安徽通志》记载，在太平天国运动中，大多数县城中的知县署都遭遇了"兵毁"，有的县城几乎一整套官僚机构都成为太平军打击的重点。如黟县知县署"咸丰初兵毁"，教谕署、训导署、典史署俱兵废；桐城县知县署、教谕署、训导署、县丞署、典史署亦"俱毁于兵"②。

从修缮情况来看，"安徽分省以来，垣署每有修缮，兵焚后踵葺"。省会安庆等重要城市的城内官署修缮较好。作为当时的省会，又是安庆府、怀宁县治所在地，安庆的城市建筑在遭到战争等的破坏后尚能得到及时修缮。如康熙元年（1662）巡抚李日芃重建巡抚部院署；咸丰初巡抚部院署毁于兵，同治六年（1867）巡抚吴坤重建；布政使司署咸丰年间毁于兵，同治七年（1868）布政使吴坤修重建；按察使司署咸丰初兵

---

①　允裪纂修：《钦定大清会典则例·官廨》，台湾商务印书馆，1986 年版。
②　沈葆桢修：《重修安徽通志》卷三七《舆地志·公署》，光绪四年（1878）刻本。

毁，同治六年（1867）按察使吴坤修重建。怀宁县知县署也得到"相继修葺"，咸丰三年（1853）兵毁后，又于同治十年（1871）重建。

其他府城由于资金来源、受官府重视程度远不及省会安庆，建筑修缮情况相对较差，有些县城的建筑遭到破坏后则不做修葺。如潜山县城知县署、教谕署、县丞署、典史署在战争中俱毁，未重建，知县在训导署"拓屋治事"；潜山营游击署、中军守备署兵毁未修。太湖的知县署、训导署、教谕署虽有重建，而典史署、狱兵毁未重建；养济院康熙十九年（1680）捐修，久废。[①] 官府建筑在遭到破坏后不予重建或修缮不及时，会大大影响行政效率。

2）交通、教育等设施的维修

由于战争和自然灾害，清代安徽城市破坏严重，许多城市的道路、桥梁等设施遭到破坏，教育设施也损毁无数。在清代，安徽城市的交通、教育设施都得到了一定的维修。

清初，亳州北门外永青桥乃出城之要道，康熙三十年（1691）"知州朱之□命行僧如意募化九年修成，更名普济桥；康熙五十九年孝子李长贵倡修"[②]。"玉溪渡，黄池镇南北两岸，旧与当涂分造浮桥，久废，国朝知县袁朝选仍设。"[③] 康熙十八年（1679），知县胡永昌捐修宿松县城内自坊门至谯楼的街道，该县城内四条正街由知县朱卷在康熙二十二年（1683）重修。[④]

顺治十一年（1654），桐城县城内圣庙正殿梁坏，知县石朗重修，康熙八年（1669），知县胡必选捐资修建，"一时称巍观焉"[⑤]。顺治七年（1650），池州知府梁应元重修学宫，康熙八年（1669），本学教授朱玉葺之；康熙十二年（1673），知府朴怀玉修建明伦堂、仪门；康熙十七年（1678），知府喻成龙皆次第修举，不遗余力。[⑥] 休宁县的海阳书

① 沈葆桢修：《重修安徽通志》卷三七《舆地志·公署》，光绪四年（1878）刻本。
② 钟泰修：《（光绪）亳州志》卷三《营建志·关津》，江苏古籍出版社，1998年版。
③ 袁朝主修，詹宇、梅文鼎等纂：《（康熙）宣城县志》卷一《山川》，江苏古籍出版社，1998年版。
④ 《（道光）宿松县志》卷三《舆地志·城池》，道光八年（1828）刻本。
⑤ 胡必选原本：《（康熙）桐城县志》卷一《学校》，江苏古籍出版社，1998年版。
⑥ 陆延龄修：《（光绪）贵池县志》卷一〇《学校志·学宫》，江苏古籍出版社，1998年版。

院，康熙年间知县廖腾煃重修。[①]

3）宗教建筑的营建和维修

在清代的诸多城市建筑中，宗教建筑地位较为重要，安徽城市也是如此，其宗教建筑在屡遭自然和战争的破坏后，往往会得到较为妥善的营建和维修。以清代全椒县县城内宗教建筑的营建和维修为例：

山川坛：清顺治年间县令白惺涵建。

先农坛：在县城东门外，清雍正四年（1726）建。

关岳庙：位于县署西，明万历三十一年（1603）全椒县县令刘是续修，咸丰年间在太平军攻打全椒县城期间"颇具灵异"，督臣袁甲三奏请颁护国昭灵匾额；光绪三十二年（1906）县令王培壁重修。

城隍庙：在县治西数十步，明成化年间县令张碧重修，继任徐华祷雨于神，获应。万历年间县令徐阶、邑人金柱续修。清顺治年间县令白惺涵又修两廊等处。咸丰兵毁，同治年间邑人重建，光绪初更新两廊，增建剧台及后楼寝室斋厨，以次毕备。

文昌宫：在学宫东，咸丰八年（1858）毁于兵燹，同治初年邑人于城内三元宫改立文昌帝君像，署曰文昌宫。

都天宫：在城内白鹤观遗址旁，清同治年间建。

东岳庙：在城内西隅，清同治年间建。

刘猛将军庙：旧卫八蜡神庙，在东门太平桥下，雍正七年（1729）建，祀八蜡神并祀刘猛将军。

龙神庙：在城内西隅，清光绪初县令朱根仁建，并祀刘猛将军及风云雷雨之神。

火星庙：名离明宫，在东门襄河旁，清康熙五十六年建。光绪十八年（1892）毁于火，二十二年（1896）邑人王澎、张炳炀、朱忠琦募捐重建。

大王庙：在东门河边，清康熙十四年县令蓝学镒倡建。咸丰年间毁于兵燹，同治七年（1868）各船户捐建草屋三间，光绪末改建瓦屋二重。

---

① 何应松修：《（道光）休宁县志》卷三《学校·书院》，江苏古籍出版社，1998年版。

李公祠：在东门外新街，祀李成虎，清咸丰六年（1856）建。①

上文共提及清代全椒县城内或城门附近的 12 个祠庙，这 12 个祠庙在清代都经历过营建或维修。它们供奉不同的神，其中关岳庙在太平军攻打全椒县城期间"颇具灵异"，城隍庙在明代的一次求雨仪式后"获应"，该方志中虽然只提到这两个祠庙有"灵异"事件，但不排除其他祠庙有类似的情况，所以在当时的县城官员和市民看来，这些祠庙都是神圣且重要的，理应得到相应的维修和营建。

从营建和维修情况来看，有清代全椒县地方官员主持修缮的，如关岳庙在光绪三十二年（1906）由县令王培壁重修，在顺治年间，全椒县县令白惺涵修葺了关岳庙的两廊等处；龙神庙为清光绪初县令朱根仁建。也有全椒县城有名望的士绅募修或倡修的，如文昌宫在咸丰年间毁于兵燹，同治初年邑人（清代全椒城内有名望的士绅）于城内三元宫改立文昌帝君像，改为文昌宫；城隍庙在咸丰年间兵毁，同治年间邑人重建；火星庙建于康熙五十六年（1717），光绪十八年（1892）毁于火，光绪二十二年（1896）邑人王澎、张炳炀、朱忠琦募捐重建。

第四节　影响清代安徽城市发展的因素

城市的发展往往是多种因素共同作用的结果。考察清代安徽城市发展的影响因素，必须将之放到当时中国的大背景下。中国是世界城市的发源地之一，从古至今，中国城市的发展经历了一个漫长曲折的过程。就中国城市发展的因素而言，行政力量是古代城市发展的核心因素，"一个城市的发展规模和发展速度与其行政地位的高低成正比"②，因此，中国古代的城市大部分是各级行政中心。到了近代，随着西方列强用武力打开中国的大门，"中国城市在内外因素的作用下发生了种种变化，首先是城市发展的动力机制发生了变化"③。鸦片战争后，随着一

---

① 张其濬修：《民国全椒县志》卷一《舆地志·坛庙·祠宇》，江苏古籍出版社，1998 年版。
② 何一民：《近代中国城市发展与社会变迁》，科学出版社，2004 年版，第 47 页。
③ 何一民：《近代中国城市早期现代化的特点与外力的影响》，载于《西南民族大学学报（人文社会科学版）》，2000 年第 1 期。

批沿海、沿江通商口岸的先后开放，西方的工业品通过这些口岸城市倾销到中国市场，中国的农产品、工业原料等也经由口岸城市出口到国外，这在客观上促进了通商口岸城市经济的发展、规模的扩大和市政建设的进步，经济因素已成为这些沿海、沿江口岸城市发展的重要因素。行政力量对于晚清中国城市的影响依然不可忽视，如广大的内陆传统型城市受近代西方资本主义的冲击较小，对这些城市来说行政力量还是重要的推动力。

清代中前期，安徽的城市基本都是各级行政中心，行政力量是城市发展的核心因素。清末，随着西方列强的入侵，安徽城市发展的影响因素也发生了相应的变化，呈现出多元化的趋势。安徽位于中国东西部的交接地带，与近代东部沿海、沿江率先开放的城市相隔较近，再加上长江沿岸城市芜湖在光绪三年（1877）开埠通商，使经济因素成为近代安徽城市发展的重要推动力，这种变化以芜湖最具代表性；行政力量在近代对安徽城市的影响并没有消失，除芜湖等少数城市外，以省会安庆为代表的大部分城市还是传统的政治中心，行政力量依旧是其发展的重要推动力。西方传入的新式交通工具也在清末进入安徽地区，一定程度上促进了城市的发展。

一、行政力量是清代安徽城市发展的重要推动力

在清代中前期，行政力量是推动安徽城市发展的最重要的因素。安徽的城市基本都是省、府、县各级治所所在地，城市规模和发达程度基本和其行政级别成正比。清末，随着西方列强的入侵，影响城市发展的因素有所变化，但由于安徽地处内陆，除芜湖外的大部分城市依旧困在传统的城市发展模式里，行政力量仍然是影响城市发展的重要因素。

以安庆为例。由于"金陵咽喉，江介扼要"[1]的险要地理位置，安庆一开始被作为军事要塞。南宋景定元年（1260），马光祖在安庆建怀宁县城，此后安庆府治和怀宁县治就共同设在安庆城，安庆开始成为皖西南的区域政治中心，城市建设也得以展开。[2]随着安徽在清代的建

---

[1]　《（康熙）安庆府志》卷首《序》，江苏古籍出版社，1998年版。

[2]　杏村：《安庆建城考》，政协安庆市委文史资料研究委员会《安庆文史资料》编辑部编：《安庆文史资料》第17辑，安徽人民出版社，1987年版，第3页。

省，乾隆二十五年（1760），安庆正式成为安徽的省会。① 截至近代，安庆不但是府、县行署所在地，而且大部分时间还是安徽省省会。依靠优越的政治地位，安庆在城市建设方面获得了较安徽其他城市更多的资金投入，就城内官署的数量和质量来说，亦远胜同时期的其他城市。作为省、府、县三级行署所在地，安庆城内官办机构繁多，聚集了大量的官员、士绅、军队以及为之服务的人员，定居与不定居的人口大量增加，形成了一个巨大的消费市场，促进了消费型产业的发展。民国初，安庆城已有商店 1100 多家。② 作为省会，近代安徽的各项改革几乎都率先在安庆进行，19 世纪 60 年代曾国藩创办的中国近代第一所军工企业——安庆内军械所就诞生在这里。后来清政府推行的"新政"以及民国年间发生在安徽的各项改革也大多从安庆开始，这些都在某种程度上推动了安庆城市的发展。作为各级治所所在地的清代安徽城市自然成为各自区域的文化和教育中心，省会安庆更是当时安徽文化教育最发达的城市。尤其在清末的教育改革中，安庆建立的新式高等学堂有求是学堂、省立法政学堂、法政讲习所、私立专门法政学堂、省立师范学堂、省立理化专修科、私立高等农业学堂等，为安徽培养了一大批新式人才③，清代著名的桐城学派也出现在安庆，可见安庆教育文化之繁盛。

芜湖是清代安徽的经济中心。芜湖经济的发展主要凭借其优越的地理位置和水路交通条件，但政治因素在其发展过程中所起的作用依然不能忽视。即使在晚清，芜湖开埠通商后迅速崛起，行政力量对于近代芜湖的发展也有一定的推动作用。作为府、县、道等治所所在地，芜湖的发展离不开行政力量的推动。从某种意义上说，芜湖在近代的开埠通商及对外贸易的扩大是被动的，这种被动的转变一开始是政府行为，芜湖各级政府不得不适应形势的变化，在芜湖近代的各种经济活动与市政建设中起到了一定的组织作用。④

---

① 朱庆葆：《传统城市的近代命运：清末民初安庆城市早期现代化研究》，安徽教育出版社，2002 年版，第 8 页。

② 安庆市地方志编纂委员会：《安庆地区志》，黄山书社，1995 年版，第 739 页。

③ 安庆市政协文史资料委员会《安庆文史资料》编辑部编：《安庆文史资料·第二十八辑·教育史料专辑》，2000 年，编非正式出版字（2000）第 022 号，第 3~4 页。

④ 章征科：《从旧埠到新城：20 世纪芜湖城市发展研究》，安徽人民出版社，2005 年版，第 59 页。

清代安徽其他府县城市同样如此。作为区域政治中心和各级政府驻地，行政力量是这些府县城市发展的重要因素。

行政力量是一把双刃剑，在促进清代安徽城市发展的同时，也有一定的负面效应。在清末安徽城市的近代化转型过程中，政府的管理方式与管理理念没有完全跟上城市近代化的步伐，有的官方行为甚至阻碍了城市新式经济的增长。如芜湖近代的益新面粉公司从西方引进机器进行生产，生产效率远高于旧式作坊，而当时芜湖的地方官担心机器的高生产效率会"攘夺本地人力砻坊生计"，对益新面粉公司采取限制措施，规定每日做米不得超过 500 担，做面不得超过 60 担。① 像安庆这类传统行政中心城市受行政力量的负面影响更大，其工业生产只为满足本城消费，得不到进一步发展。正如费尔南·布罗代尔所说："中国的资本主义只有在逃脱国内的监督和约束时，才能完全施展其才能。"②

在安徽城市的近代化转型中，虽然行政力量有时会成为城市经济发展的阻力，但由于安徽在近代受西方资本主义影响的程度不能和东部沿海省份相比，除芜湖外，大部分城市还是传统的政治中心城市，行政力量依然是重要的推动力。

二、经济动力成为推动清代尤其是晚清安徽城市发展的重要因素

在清代前中期，经济因素是推动安徽城市发展的另一重要因素，清末，随着西方列强的入侵，经济因素所起的作用更加重要。

以芜湖为例。在清代前中期，依靠优越的地理位置和交通条件，芜湖已经成为安徽省商品经济最为活跃的城市，是当时全省的经济中心。皖北的农产品、皖南的茶叶以及沿江平原地带的米粮都以芜湖为集散地，销售到省内外。芜湖能在明清时期崛起，经济动力是重要因素。

1840 年鸦片战争后，中国进入了半殖民地半封建社会。在西方列强的武力威胁下，中国被迫开放了很多沿海、沿江通商口岸，其中九

---

① 汪敬虞：《中国近代工业史资料·第二辑·1895—1919 年》（上册），科学出版社，1957 年版，第 707 页。

② 费尔南·布罗代尔：《15—18 世纪的物质文明、经济和资本主义》第二卷，顾良、施康强译，生活·读书·新知三联书店，1992 年版，第 647 页。

江、上海等口岸城市由于距离安徽较近，成为近代安徽对外开放的窗口。而近代安徽大门的真正打开是从 1877 年芜湖开埠通商①开始的，自此芜湖成为近代西方列强侵略安徽地区的桥头堡，外国的商品一部分通过芜湖倾销到安徽各地，安徽的农产品、工业原料等也经由芜湖出口到国外，芜湖的商业贸易更加繁荣，出现了前所未有的商机；随着商业的发展，芜湖开始学习外国的先进技术，创办近代的新式工业；经济的发展又促进了芜湖城市人口的增加、城市面积的扩大和市政建设的发展。

开埠之前，芜湖是一个传统的商业城市，虽然商业繁荣，但城市的整体发展不能与当时的省会安庆相比。1877 年芜湖开埠通商后，外国商人纷纷来芜湖开设商行，其中有英国的太古、怡和、亚细亚洋行，美国的美孚洋行，日本的三井、三菱、铃木洋行等，这些洋行将鸦片、洋布、煤油等洋货倾销到安徽地区，同时低价收购安徽的农产品和工业原料，运往国外。② 刚开埠时，芜湖进出口贸易额仅有 158 万海关两，1899 年已达 2028 万海关两。③ 开埠之初，芜湖只有商号 121 家，1901 年已增加到 722 家。④ 1934 年的一项统计资料表明，芜湖当时的商号已有 1633 家，资本总额达 11586970 元，营业总额达 70250865 元，职工人数 13913 人。⑤ 1920 年，芜湖的商业资本占整个手工业、近代工业和商业资本的 86％，从事商业的有 3000 余户、5 万余人，在长江流域仅次于上海、武汉，居第三位。⑥ 芜湖在开埠通商后，逐渐成为全国四大米市之首，1932 年，芜湖米业贸易的营业额达 5282000 元，约占当年芜湖商业营业总额的 58％。

随着商业的发展，芜湖开始学习外国的先进技术，创办近代的新式工业。从表 2—12 来看，1897—1907 年安徽资本 10 万元以上、采用机器生产的企业共有 5 家，其中有 3 家在芜湖。当时芜湖的益新面粉公司不

---

① 鲍亦骐：《芜湖港史》，武汉出版社，1989 年版，第 31 页。
② 王鹤鸣、施立业：《安徽近代经济轨迹》，安徽人民出版社，1991 年版，第 251～252 页。
③ 安徽省地方志编纂委员会：《安徽省志·商业志》，安徽人民出版社，1995 年版，第 211 页。
④ 章征科：《从旧埠到新城：20 世纪芜湖城市发展研究》，安徽人民出版社，2005 年版，第 18 页。
⑤ 《安徽实业概况》，载于《实业统计》，1935 年第 3 卷第 6 期，第 114 页。
⑥ 谢国权：《近代芜湖米市与芜湖城市的发展》，载于《中国社会经济史研究》，1999 年第 3 期。

仅是安徽最早使用机器制作面粉的工厂，而且是国内最早采用机器制作面粉的工厂之一，其生产的"飞鹰"牌面粉被誉为全国头牌面粉。①

表2-12 1897—1907年安徽资本10万元以上的工厂企业表②

单位：万元

企业名称	所在地	资本额
裕源织麻公司	芜湖	42
裕兴榨油厂	阜阳	28
益新面粉公司	芜湖	21
明远电灯厂	芜湖	16.8
丰盈榨油厂	安庆	14

在清末，经济的发展已经成为中国城市发展最重要的推动力。就安徽城市而言，经济动力是否充足决定了城市的兴衰。正因为如此，清末安徽城市中芜湖的发展较快。需要强调的有三点。第一，清末安徽城市发展的影响因素的转变是由西方列强的入侵引起的，西方列强以侵略为目的，给城市的发展造成了很多负面影响，使很多民族产业遭受了严重的冲击。芜湖的炼钢业素来发达，咸丰年间，芜湖有14家炼钢作坊。在1877年开埠通商后，西方列强的钢铁开始倾销到芜湖，本地的炼钢业"渐就消灭"③。第二，在清末安徽城市中，芜湖的经济最为发达，但芜湖的发展又远远落后于上海、广州等较早开放的东部沿海城市。无论从开放的时间、开放的程度，还是从交通条件来说，芜湖都远不及东部沿海城市。第三，就大多数国家而言，城市的发展一开始依靠贸易的扩大，但城市的进一步发展必须由依靠商业转移到以工业化为主要动力。安徽城市近代工业的发展较为滞后，在当时，芜湖的近代工业算是最发达的，但其经济支柱终究还是商业，和东部沿海城市相比其工业落后很多。如1933年上海工业总产值11亿元以上，超过当时全国工业总

---

① 王鹤鸣：《芜湖海关》，黄山书社，1994年版，第70页。

② 王鹤鸣、施立业：《安徽近代经济轨迹》，安徽人民出版社，1991年版，第326～327页。

③ 余谊密等修，鲍实等纂：《芜湖县志》卷三五《实业志·商业》，江苏古籍出版社，1998年版。

产值的一半。① 而芜湖 1935 年的工业总产值只有 347 万元。② 由于过分依赖商业，随着近代芜湖米市与海关地位的下降，芜湖在 20 世纪的发展速度有所减缓。第四，城市经济的发展是以腹地农村的发展为前提的，近代安徽农业生产较落后，不能提供城市发展所需的足够的粮食及工业原料，再加上天灾人祸，粮食产量有限，导致农民极其贫困。民国时期，据当时土地委员会对安徽 12 个县的调查，有 40.69％的农户入不敷出。③ 农民的贫困和购买力低下，导致城市的工商业产品难以扩大市场，这些都影响了近代安徽城市的发展。

三、交通因素在清代安徽城市发展中的作用

"城市的发展需要各种资源要素的聚集，便利的交通条件对于城市而言显得尤为重要。"④ 便捷的交通是城市的命脉，人口的流动、商品的流通以及工业原料的运进和产品的运出都依靠交通。在鸦片战争前，水路交通是运送大宗货物的主要途径，城市也主要集中在水运便利的地方。清末，西方势力渗透到安徽地区，新式交通方式也随之而来。交通的发展增强了近代安徽城市之间、城乡之间以及与外省城市之间的经济联系和信息交流，提高了城市的辐射能力和吸附能力，一定程度上促进了城市的发展。

清代前中期，交通是影响安徽城市发展的重要因素之一。由于水路是当时货物的主要运输方式，安徽城市多临水而建，并形成了三大地域城市体系：淮河流域城市体系、皖江城市体系、皖南城市体系。清代前中期的安徽主要城市如芜湖、安庆、合肥等，无一不是水运便利的城市。芜湖位于长江沿岸，附近水道纵横，水路交通四通八达，皖南、皖北的商品皆可通过水路在芜湖集散，芜湖遂成为安徽的经济中心城市；省会安庆同样位于长江沿岸，西望武汉，东扼南京，为长江沿岸的重镇；合肥的水路运输非常便捷，向北可通达皖北，向南可通巢湖抵达长

① 何一民：《中国传统工商业城市在近代的衰落——以苏州、杭州、扬州为例》，载于《西南民族大学学报（人文社会科学版）》，2007 年第 4 期。
② 《安徽省芜屯公路沿线经济概况》，载于《安徽政务月刊》，1935 年第 6 期，第 43～44 页。
③ 土地委员会：《全国土地调查报告纲要》，1937 年，第 50 页。
④ 吴珂：《近代内陆政治型城市发展动力机制研究——以西安为中心的考察》，载于《西南民族大学学报（人文社科版）》，2009 年第 11 期。

江沿岸各城市，是淮河流域的中心城市。

在清末，安徽城市交通方式的改进主要体现在新式轮船业的兴起。新式轮船以蒸汽机为动力，较旧式帆船而言，新式轮船速度快，运载量大。（安徽境内开通的第一条铁路为1911年通车的津浦铁路，津浦铁路的通车使得其沿线城市蚌埠迅速崛起。在民国时期，安徽境内形成了安庆、芜湖、蚌埠三城并立的局面。由于多为民国时期的内容，在此不赘述。）

由于地理位置的优越和经济的发展，在清代安徽各城市中，芜湖的轮船运输业发展最快。1873年1月17日，中国轮船招商局成立，不久便在芜湖开始了经营活动。"招商轮船航行各埠，悉自沪始。驶行长江者曰江轮，驶行海洋者曰海轮。停泊口岸，大小不一，惟商务殷阗之所，设货栈焉。以故上海设总栈，而苏之镇江、南京，皖之芜湖，赣之九江，鄂之汉口，浙之宁波、温州，闽之福州、汕头，粤之广州、香港，鲁之烟台，奉之营口，直之塘沽、天津，皆设行栈。"① 此后，轮船招商局上、下水班轮每周只在芜湖港停靠一次，业务量、客运量较小。② 芜湖轮船运输业的真正兴起是在1898年戊戌变法后。在戊戌变法中，清政府颁布了一些有利于资本主义发展的法令，促使芜湖船商开始创办私人轮船运输公司（见表2—13）。③

---

① 《清史稿》卷一五〇，中华书局，1976年版，第4458页。
② 鲍亦骐：《芜湖港史》，武汉出版社，1989年版，第49页。
③ 鲍亦骐：《芜湖港史》，武汉出版社，1989年版，第51页。

表2-13　清末芜湖轮船公司①

轮船公司	船名	吨位	航线
泰昌小轮公司	升福	18.64	芜湖至宁国、东坝
	升大	46.21	芜湖至九江、南京、镇江
	升泰	33.79	芜湖至安庆、九江、南京、镇江
	新南陵	11.22	芜湖至南陵、宁国、东坝、郎溪
	昌明	11.42	芜湖至南陵、宁国、东坝、郎溪
	升顺	37.6	芜湖至九江、南京、镇江
	新升财	13	芜湖至宁国、东坝、郎溪
利济轮船局	丰乐河	16.44	芜湖至庐州、安庆
	浮槎	3.85	芜湖至庐州、宁国
	逍遥津	35.67	芜湖至庐州、安庆
	筝笛浦	19.84	芜湖至庐州
	濡须坞	9	芜湖至宁国、庐州
源兴公司	快顺	9.6	芜湖至宁国
源丰公司	升和	30.17	芜湖至九江
泰丰公司	福康	21	芜湖至庐州

表2-13列举了一部分清末芜湖轮船公司的名称、吨位、船名、航线等情况。可以看到，清末芜湖的私人轮船公司较多，其中较大的是泰昌小轮公司、利济轮船局两家。泰昌小轮公司实力最为雄厚，拥有轮船7艘，其余的轮船公司规模较小，如源兴公司、源丰公司、泰丰公司仅各有1艘轮船，还有诸多小轮公司，由于其船舶吨位不详，未列入表中。从整体来看，在清末的安徽城市中，芜湖新式轮船运输业发展最快，这也加快了芜湖与其他城市之间的商品和人员流动，促进了芜湖经济的发展。

近代安庆的新式交通也有所发展。如前所述，1902年9月5日，中英《续议通商行船条约》曾将安庆列为通商口岸，虽然由于裁厘加税交涉未果，安庆仅仅作为轮船停泊、上下客商货物的港口，但其轮船运

① 鲍亦骐：《芜湖港史》，武汉出版社，1989年版，第56页。

输业因此有了较快的发展。1919 年，彭显清、邹熙培在安庆成立三北轮船分公司，并在小南门辟建码头，置有千吨级钢质趸船 1 艘，经营长江、沿海和内河客货运输业务。① 新式轮船运输业的发展对清末安庆的发展有一定的推动作用。

清末安徽城市引入了西方的新式运输方式，其中以轮船为主，一定程度上加快了安徽城市之间的运输速度，有利于商品和人员的流动。但从整体上看，这种新的运输方式主要出现在安庆、芜湖等大城市，大部分中小城市交通方式变革不大，影响较小。

除了以上所说的影响清代安徽城市发展的政治、经济、交通等因素，战争和自然灾害一定程度上也制约了安徽城市的发展，前已述及，此不赘言。

---

① 安庆市地方志编纂委员会：《安庆地区志》，黄山书社，1995 年版，第 662 页、674 页。

第三章　清代安徽城市的管理

马克思说："随着城市的出现，也就需要有行政机关、警察等等。一句话，就是需要有公共的政治机构，也就是说需要一般政治。"① 中国古代城市往往都具有很重要的政治、军事功能，城市的地方行政管理机构和军事管理机构一般来说是合一的，其主要职能是征收田赋税务，维持统治阶级的统治秩序和社会治安。中央政府的行政编制最低往往只到县一级，行政人员编制较少，而且，有限的城市官员的主要职责是维持城市的正常运转，与市民生活有关的市政设施及各种公益事业的管理效率低下。在这种情况下，城市中就出现了自下而上的民间自治组织。

第一节　清代安徽城市的治安管理

作为一个少数民族建立的政权，清政府能够成功地建立长期而稳定的封建统治秩序，主要原因之一是得益于一套完整的治安机构和制度，对民众采取宽严相济的控制手段。康熙帝继位后，拉拢上层汉人，争取知识分子，减轻社会负担，提出了"宽严相济，经权互用"的主张。② 康熙五十六年（1717）颁发的一道谕令说："共四海之利为利，一天下之心为心。体群臣，子庶民。保邦于未安，制治于未乱。夙夜孜孜，寝寐不遑。宽严相济，经权互用，以图国家久远之际而已。"③ 从宽的方面看，康熙帝执政后采取了很多措施来减轻老百姓的负担，如"滋生人

---

① 《马克思恩格斯全集》（第 3 卷），人民出版社，1995 年版，第 57 页。
② 朱绍侯主编：《中国古代治安制度史》，河南大学出版社，1994 年版，第 682 页、686 页。
③ 《清圣祖圣训》卷八《圣治》，台湾商务印书馆，1983 年版。

丁，永不加赋"等，不但有利于生产发展，而且有利于社会的稳定及治安管理；从严的方面看，康熙朝对各种扰乱社会秩序的力量时刻严加防范，把不安定的社会因素消灭在萌芽状态。"与其诛于既为盗之后，不若弭于未盗之先。"① 康熙帝多次训谕文武官员要协力保持地方安定，严禁结党。② 其后的几任皇帝基本延续了康熙帝"宽严相济"的治安管理思想。

清政府还制定法律对治安管理作了详细的规定。《大清律例》的主要宗旨是"诘奸除暴，惩贪黜邪，以端风俗，以肃官方"。清律分为名律、吏律、户律、礼律、兵律、刑律、工律七篇，共四十七卷，三十门。律文共 436 条，其中刑律重点涉及社会治安问题，具体而言，涉及贼盗的有 28 条，涉及人命的有 20 条，涉及斗殴的有 22 条，涉及诉讼的有 12 条，涉及受赃的有 13 条，涉及诈伪的有 11 条，涉及犯奸的有 10 条，涉及杂犯的有 11 条，涉及捕亡的有 8 条，涉及断狱的有 29 条。③

除了在政策和法律方面加强城市治安管理，清代还设有城市治安管理机构和人员。在清代，尤其是前中期，"城市的管理机构其实就是一个地方的最高行政机构，而城市管理的官吏与一地的行政官吏是同一套人马；城市管理的机制，大多数情况下同时也是该行政区划的行政管理机制"④。清代省以下设有府与州、县两级行政实体。省与府之间还设有道，作为中介组织，起着上传下达和巡察之责。县之下有保甲，是基层组织。⑤ 事实上，在清代前中期，城市的治安管理主要由地方官员、军队及保甲等基层组织来完成。清末，随着各地警政的建立，警察开始在城市的治安管理中发挥作用。但由于多种原因，清末城市警政建设很不完善，治安管理往往不能落到实处。

清代安徽城市的治安管理情况也是如此。在清代前中期，安徽各城市的治安管理主要由驻扎在城市的地方官员、军队及保甲等基层组织来

---

① 《清圣祖圣训》卷五十四《弭盗》，台湾商务印书馆，1983 年版。
② 朱绍侯主编：《中国古代治安制度史》，河南大学出版社，1994 年版，第 687 页。
③ 朱绍侯主编：《中国古代治安制度史》，河南大学出版社，1994 年版，第 692 页。
④ 任重：《魏晋南北朝城市管理研究》，中国社会科学出版社，2003 年版，引言第 7 页。
⑤ 黄崇岳：《中国历朝行政管理》，中国人民大学出版社，1998 年版，第 812 页。

完成；清末，安徽各城市相继成立了警察组织，警察开始在治安管理中发挥一定的作用。

一、清代安徽城市的地方官员与城市治安管理

清代，省是地方最高的行政区，省级官员有总督、巡抚、布政使、按察使、学政等。清代安徽设有巡抚、布政使、按察使、学政等省级官员，驻省会安庆。清末官制改革，巡抚、布政使名称未变，按察使改称提法使，学政改为提学使，另设劝业道、巡警道，分掌民政和财政（布政使）、教育（提学使）、实业（劝业道）、警察（为民政之一部分）等，可算是逐步形成的民、财、建、教各厅之雏形。[①]

清代的城市没有现今城市完善的管理机构，最高行政长官要负责民政、财政、司法、军事、文化、教育等多方面的事务，而城市治安管理也是地方长官的重要职责之一，清代安徽的情况也是如此。下面分述清代安徽各级城市政府官员的治安管理职责。

（一）巡抚的治安管理职责

在安徽建省以前，顺治初设凤庐巡抚，以操江管巡抚事，驻江南淮安府；顺治六年（1649）裁，以漕运总督兼管；顺治十六年（1659）复置凤庐巡抚，康熙三年（1664）裁。康熙元年（1662）设安徽巡抚，嘉庆八年（1803）议定安徽巡抚兼提督，节制全省营伍。[②] 清代巡抚为从二品官，安徽未设总督一职，以巡抚统辖之。安徽巡抚掌管安徽一省之内的宣布德意，抚安齐民，修明政刑，兴革利弊，考核群吏，标下有参将、游击等官。[③] 巡抚对安徽一省之内的政治、经济、刑罚、人事升迁、军事等都有管理职责。就城市而言，巡抚更多的是管理所驻的省会安庆，其他府县城市由各级官员直接管理，巡抚统辖之。

清代安徽未设总督，所以安徽巡抚主要负责地方治安。巡抚驻省会安庆，对安庆市的治安负总责，凡是发生贼盗、人命、邪教、聚众滋

---

① 谢国兴：《中国现代化的区域研究：安徽省（1860—1937）》，台湾师范大学历史研究所博士学位论文，1990年，第3~7页。

② 沈葆桢修：《重修安徽通志》卷一一二《职官志》，光绪四年（1878）刻本。

③ 赵尔巽等撰：《清史稿》卷一一六《职官志·外官》，中华书局，1977年版，第3336页。

事、诬拿、滥刑、越狱、潜逃等大案要案，巡抚必须随时稽查，督饬下属缉拿、禁止。如下属不能认真履行职责，不能随时查禁消弭各种有害社会治安的因素，巡抚有权参题。若发现巡抚徇隐不参，将给予其相当的处分。巡抚还必须防止衙役、家丁、幕友扰害乡民和贪赃枉法。如有徇私包庇，一经查实，亦给予相当的处分。在司法方面，安徽各州县的诉讼案件按月造册，送呈府、道、司院查考，并要把要案情况申报巡抚，一般徒刑案件由巡抚批准；涉及大案、要案，人犯应解按院复审，并经巡抚复核，然后咨照刑部复核。①

（二）布政使、按察使的治安管理职责

顺治二年（1645）设江宁左、右布政使，驻江宁府，安徽境内州县隶属左布政；康熙六年（1667）改左布政使为安徽布政使司，仍驻江宁，乾隆二十五年（1760）移驻安庆。② 布政使，从二品官，一般称"藩司"或"藩台"。《清史稿》载："掌宣化承流，帅府、州、县官，廉其录职能否，上下其考，报督、抚上达吏部。"③ 安徽布政使掌管全省的吏治钱漕诸政，但在乾隆以后，随着巡抚与总督权力的集中，巡抚成为封疆大吏，凌驾于布政使之上，布政使的权力有所减小。④ 布政使驻省城安庆，受巡抚统辖。布政使的治安管理职责是督办保甲、防盗、防窃等事务，并禁止邪教、赌博和吸食鸦片等社会不良习气。对于安徽省的重大刑事案件，布政使参与审判，若与巡抚意见相左，可以单独上奏。布政使的下属为参政、参议、经历、都事等，辅助处理安徽省刑名案件。⑤

按察使，正三品官。"其属：经历司经历，正七品。知事，正八品。照磨所照磨，正九品。司狱司司狱，从九品。各一人。按察使掌握振扬风纪，澄清吏治，所至录囚徒，勘辞状，大者会藩司议，以听于部院。兼领阖省驿传。""知事掌勘察刑名。司狱掌检查系囚。经历、照磨所司

① 朱绍侯主编：《中国古代治安制度史》，河南大学出版社，1994 年版，第 715~716 页。
② 沈葆桢修：《重修安徽通志》卷一一二《职官志》，光绪四年（1878）刻本。
③ 赵尔巽等撰：《清史稿》卷一一六《职官志·外官》，中华书局，1977 年版，第 3348 页。
④ 安徽省地方志编委会编：《安徽省志·总述》，方志出版社，1999 年版，第 65 页。
⑤ 朱绍侯主编：《中国古代治安制度史》，河南大学出版社，1994 年版，第 718 页。

视藩署。"① 顺治三年（1646）设江宁按察使一人；康熙三年（1664）江南分设两按察使，一驻江宁，一驻安庆（初驻泗州，康熙五年移驻安庆），辖安徽五府三州，康熙五年（1666）改为安徽提刑按察使司，辖全省州县。② 按察使一般又称"臬司"。③ 清代安徽设按察使，衙门也在省会安庆。按察使受巡抚指挥，掌管安徽省的司法和治安。安徽省凡是发生杀人、盗窃、传播邪教、聚众滋事、勒索、滥拿、越狱、潜逃等案件，均由按察使随时查问，并督饬下属缉拿人犯，下令禁止。若下属不能遵行，可报告巡抚题参。安徽各州县徒罪以下案犯，由州县地方官员自己处理，但必须经府道审核，报按察使备案；若徒罪案件，应由按察使核实，转咨巡抚批详；若涉及军流、人命大案要案，应由按察使亲自审判，呈巡抚审核，然后咨报刑部；若是死罪人犯，应由按察使亲自审结，由布政使核实，再解巡抚亲审，最后咨报刑部复核。④

（三）知府的治安管理职责

知府，"初制正四品，乾隆十八年改从四品"⑤。知府为一府的最高行政长官，掌管一府之内（包括其所属州县之内）所有的行政、司法、财政、民事等诸多事务，并上报按察使、布政使。概括来说就是"上承藩司，下接州县。藩司之檄行州县者，必由知府转详，是知府为上下枢纽，钱谷刑名皆于此汇合。且所属州县又常有不必闻诸藩司之细事，皆凭知府批结"⑥。清代安徽设有 8 府，即安庆府、徽州府、庐州府、凤阳府、颍州府、宁国府、池州府、太平府，共有知府 8 员，管理各自府属范围内的政治、经济、军事、文化等事务。

知府的职责主要是综合地方行政，同时承担一府之内的主要治安管理职责，凡所属州县（厅）发生盗窃、杀人、叛乱、传播邪教、聚众滋事、诱拐妇女儿童、需索诬拿、滥刑、越狱、兴贩硝磺、贩卖毒品、私

① 赵尔巽等撰：《清史稿》卷一一六《职官·外官》，中华书局，1977 年版，第 3348 页。
② 沈葆桢修：《重修安徽通志》卷一二《职官志》，光绪四年（1878）刻本。
③ 安徽省地方志编委会编：《安徽省志·总述》，方志出版社，1999 年版，第 65 页。
④ 朱绍侯主编：《中国古代治安制度史》，河南大学出版社，1994 年版，第 716～717 页。
⑤ 赵尔巽等撰：《清史稿》卷一一六《职官志·外官》，中华书局，1977 年版，第 3356 页。
⑥ 《宫中档案雍正朝奏折》第 17 辑，163～164 页。转引自郭松义、李新达、李尚英：《清朝典章制度》，吉林文史出版社，2001 年版，第 194 页。

制火炮兵器、违禁出海越关、私自进入少数民族地区等案件，知府应随时督饬下属缉拿人犯，下令禁止。若下属不能遵行，应揭报巡抚，由巡抚题参。在司法审判方面，知府可以亲审所辖区域内大小案件，并有权受理各州县已办理而不服上诉的案件。对于本府辖区内的大案要案，各府知府应亲自提审，并呈报司道、巡抚复核。对于死刑案件，应将案犯在审判之后解送道司衙门，再转交巡抚亲审，最后由巡抚呈报刑部。在办案过程中，知府若不秉公执法，或原来州县处理不当而知府不能查出，一经上司查明，要受相应的处分。①

知府的佐贰官有同知、通判等。同知官阶正五品，主要职责是协助知府抚民抚番、捕盗、清军等。同知和知府可以同城，也可以分防。同城的同知是知府的佐贰官，分防的同知俗称分府，地位与州县相当，有一定的实权。无论同城还是分防，同知均担负较重的治安司法责任，因此同知往往会加上捕盗、理事等衔。捕盗同知应督促本府所属州县各巡捕官缉拿各种罪犯，不能在限期内破案，则受疏防处分。通判也是知府的佐贰官，官阶正六品，与同知一样，或与知府同府，或分防，治安管理职责与同知类似②，不再赘述。

（四）直隶州知州的治安管理职责

清代辖县，并直属省管辖的州为直隶州，与府同级，直隶州知州为正五品官。清代安徽设5个直隶州，即广德直隶州、滁州直隶州、和州直隶州、六安直隶州、泗州直隶州，共有知州5员。知州的佐贰官有州同、州判等，配合知州管理一州事务。③清代安徽直隶州州同3人（因事增减，无定员），为和州州同、六安州同、泗州（驻双沟）州同；州判2人，为广德州州判、泗州州判。④知州与知府地位相当，上面直接隶属布、按二司，下面辖县，只是所辖县的数量一般比府少。知州处理本州一切庶政，在治安管理方面，有捕盗安民、整顿社会秩序、听讼断狱之权。佐贰官州同、州判的职责是协助知州处理本州事物，办理治安

---

① 朱绍侯主编：《中国古代治安制度史》，河南大学出版社，1994年版，第718页。
② 朱绍侯主编：《中国古代治安制度史》，河南大学出版社，1994年版，第718页。
③ 沈葆桢修：《重修安徽通志》卷一一二《职官志》，光绪四年（1878）刻本。
④ 沈葆桢修：《重修安徽通志》卷一一二《职官志》，光绪四年（1878）刻本。

事宜。若本州失事重大，知州与州同、州判分别以专汛印和捕盗官身份被题参。①

（五）散州知州的治安管理职责

散州，与县同级。散州知州，从五品。安徽县级知州4人，分别是无为州知州，属庐州府，驻无为州城；寿州知州与宿州知州，属凤阳府，分驻寿州城与宿州城；亳州知州，属颍州府，驻亳州城。② 散州知州的佐贰官有州同，从六品；州判，从七品。无定员。③ 州同3人（因事增减，无定员），无为州、寿州、亳州（驻丁固寺集）各1人。州判1人，为宿州（乾隆十八年设）州判。④《清史稿》载："知州掌一州治理。属州视县，直隶州视府。（唯无附郭县）。州同、州判，分掌粮务、水利、防海、管河诸职。"⑤ 以知州为核心的散州级行政机构自然驻州城，成为管理机构，州城内的赋税、水利、治安等诸多事务都归其掌管。

散州知州的主要治安管理职责是推行保甲、查禁匪盗、防止各种犯罪、放告受词、批审解纷、签差传提、派员缉捕，检点刑狱、决配流徒，发解人犯等。散州知州的佐贰官州同、州判在治安管理方面也负有相应的责任，州同负有缉捕职责，偶尔也代知州审理罪犯。州判也有一定的治安司法责任。⑥

（六）知县的治安管理职责

县是清代基层地方政权，当时全国有1200～1300个县。县的最高行政长官为知县，正七品。清代安徽有55个县（包括府城附郭县），每县1名知县，共55名知县。知县的佐贰官有县丞、主簿、典史等。县丞官阶正八品，怀宁、桐城、潜山、宿松、歙县、休宁、婺源、宣城（乾隆五十四年移驻查村）、南陵、贵池（乾隆三十八年移驻碧潭村）、

① 朱绍侯主编：《中国古代治安制度史》，河南大学出版社，1994年版，第719页。
② 沈葆桢修：《重修安徽通志》卷一一二《职官志》，光绪四年（1878）刻本。
③ 赵尔巽等撰：《清史稿》卷一一六《职官志·外官》，中华书局，1977年版，第3357页。
④ 沈葆桢修：《重修安徽通志》卷一一二《职官志》，光绪四年（1878）刻本。
⑤ 赵尔丰等撰：《清史稿》卷一一六《职官志·外官》，中华书局，1977年版，第3357页。
⑥ 朱绍侯主编：《中国古代治安制度史》，河南大学出版社，1994年版，第719页。

当涂、凤阳、阜阳（乾隆三十年移驻溪河集）各 1 人，共 13 人。主簿官阶正九品，宣城（顺治七年设）、凤阳（乾隆十九年移驻蚌埠集）、怀远（驻龙亢镇）、定远各 1 人，共 4 人。典史 1 人，未入流。[①]

　　知县官阶正七品，总理一县民政，举凡点充乡职、推行保甲、查缉罪犯、放告受词、签差传提、缉捕督促、刑狱检点等一些与治安管理有关的事宜，均是其职责。在司法审判方面，知县可以处理笞杖以下的轻罪人犯，填注循环簿册以备上司查核。一般徒罪由其初审，尔后将案卷送上司复核。涉及人命和军流案件，初审之后，应将案卷人犯一并解送府、道再审。死罪人犯，在初审之后，转报府、道、巡抚处理。若审判出现严重错误，上司有权改正，并将追究知县责任。知县处于各级官府的底层，与老百姓直接接触，职权较重，清代律例对其考察十分严格。在治安司法方面稍有闪失，便有种种处分。即使错误在其下属，也由知县负责，而受失察、纵容之处分。知县的佐贰官是县丞与主簿。县丞辅佐知县管理一县钱粮、户税、巡捕等事。辖区内发生赌博、酗酒、盗窃、私贩鸦片等案，县丞有权派人拿捕讯问。但若是户婚、田土之类的纠纷，则应由知县提审。主簿的治安职责与县丞相似[②]，此处不再赘述。

（七）巡检司的治安管理职责

　　清代县以下设有巡检司。巡检是知县或知府的属官，介于县衙和村落之间，担负重要的管理职能。[③]《清史稿》载："巡检司巡检，从九品。掌捕盗贼，诘奸宄。凡州县关津险要则置。隶州厅者，专司河防。"[④] 清代巡检司的设置较为广泛，当时全国的巡检司共有千余人，主要职责是缉捕盗贼、盘查伪奸。巡检司一般不设在县城，而是设在关津要冲和离州县治所较远的繁华市镇。巡检司的职责虽以缉盗诘奸为主，但不同于驻防地方的绿营"营汛"。后者属于军队，而巡检是知县

---

　　① 沈葆桢修：《重修安徽通志》卷一一二《职官志》，光绪四年（1878）刻本。

　　② 朱绍侯主编：《中国古代治安制度史》，河南大学出版社，1994 年版，第 720 页。

　　③ 霍跃夫：《晚清县以下基层行政官署与乡村社会控制》，载于《中山大学学报（社会科学版）》，1995 年第 4 期。

　　④ 赵尔巽等撰：《清史稿》卷一一六《职官志·外官》，中华书局，1977 年版，第 3359 页。

和知州的属官，仍是行政官员，其所依赖的缉盗武装是本地的"弓兵"，属于民兵，各巡检司拥有弓兵少则数十名，多则上百名。[①]

清代安徽巡检司有巡检65人，其中州属12人，县属53人，因事增减，无定员。巡检司设立的地点如下：怀宁县之长枫、三桥；桐城县六百丈、练谭、北峡关、马踏；潜山县天堂寨；太湖县后部、白沙；宿松县小孤；望江县华阳；歙县黄山、街口；休宁县汰厦；婺源县项村；祁门县大洪、绩溪县濠寨；宣城县水阳；宁国县岳山、胡乐；泾县茹麻；太平县洪潭；旌德县三溪；贵池县李阳；铜陵县大通；建德县永丰；东流县吉阳；当涂县采石、大信；芜湖县河口；繁昌县荻港、三山；合肥县梁园、官亭、青阳；舒城县晓天；无为州黄雒、奥龙、土桥、泥汊；巢县囊皋；凤阳县临淮乡；怀远县洛河；定远县池河；寿州正阳；凤台县阚疃；宿州时村；灵璧县固镇；阜阳县沈丘；霍邱县开顺、三河尖；涡阳县义门；太和县洪山；广德州杭村、广安；建平县梅渚；滁州大枪岭；和州牛屯、裕溪；含山县运漕；六安州和尚滩、马头；英山县七引；霍山县上土；天长县城门乡。[②]

二、清代安徽城市的驻军与治安管理

（一）城市驻军

在清代乃至历史上的任何时期，城市内部都有军队驻扎。一方面，城市的地理位置一般都很重要，一旦爆发战争，城市就会成为战争双方争夺的焦点。那时的城市都有城墙，遇有战争，城内的驻军即成为守城的将士。另一方面，城市内部的社会治安，包括缉捕盗贼等也需要军队的参与。因此，城市驻军成为必然。清代安徽的城市也是如此，每一座城市都有若干将士把守，守城军队的数量一般和城市的行政等级成正比。另外，一些关津要冲或商贾集中的市镇也会有少量军队驻守。

绿营是清朝的正规军，为明朝旧部改编而成，分驻于全国各地，负责各地的守卫、治安维护，有时也要承担地方的各项差役。凡察奸、缉

---

① 霍跃夫：《晚清县以下基层行政官署与乡村社会控制》，载于《中山大学学报（社会科学版）》，1995年第4期。

② 冯煦主修，陈师礼纂：《皖政辑要》，黄山书社，2005年版，第64～65页。

捕、缉私、守护、承催等事，均归其执掌，职权相当广泛。① "绿营实际上包括了军队、警察、差役、河夫等等庞杂的性质。"② 鸦片战争之前，绿营是清朝赖以维护封建统治的一支重要地方力量。就各省来讲，绿营兵重点驻扎在各省城镇、府州县衙门所在地，以及交通要道和关津附近，主要任务是保护地方安全，保障交通运输的畅通，把守仓库、监狱，巡逻道路，预防各种犯罪，镇压各种规模的叛乱和造反行为。③

就清代安徽而言，城市驻军主要是绿营。顺治二年（1645），清军占领安徽后，即把招降和归附的明军改编为绿营，镇守地方。绿营初无定额，视战争需要，时多时少，康熙二十五年（1686）兵额才得以稳定。乾隆朝中期，兵额有所增加，后时增时减。嘉庆十七年（1812），安徽有绿营兵 8738 人。鸦片战争之前，绿营是清朝安徽地区赖以维护封建统治的一支重要的地方力量。④

据光绪九年（1883）统计，安徽全省共有绿营 2 镇：寿春镇，皖南镇；1 协：安庆协；20 营：抚标左营、抚标右营、安庆协左营、安庆协右营、游兵营、潜山营、寿春镇标中营、寿春镇标右营、六安营、颍州营、泗州营、庐州营、亳州营、龙山营、皖南镇标中营、皖南镇标右营、徽州营、池州营、芜采营、广德营，兵额共 2390 名。光绪二十九年（1903），经政务处议准，安徽将绿营改为巡警军，共 2 镇：寿春镇、皖南镇；1 协：安庆协；21 营：抚标左营、抚标右营、安庆协左营、安庆协右营、游兵营、潜山营、皖南镇标左营、皖南镇标右营、徽州营、芜采营、广德营、寿春镇标中营、寿春镇标左营、寿春镇标右营、六安营、庐州营、颍州营、亳州营、督标泗州营（隶属江南提督，由寿春镇兼辖）、龙山营、宿州营，兵额共 2410 人。⑤ 此外，安徽境内设有长江水师六营，受长江水师提督（驻太平府）节制，民国以后改组为长江水上警察厅；光绪九年（1883）设长江水师 5 营，光绪二十六年（1900）

① 韩延龙主编：《中国近代警察制度》，中国人民公安大学出版社，1993 年版，第 121 页。

② 罗尔纲：《绿营兵志》，中华书局，1984 年版，第 6 页。

③ 朱绍侯主编：《中国古代治安制度史》，河南大学出版社，1994 年版，第 740 页。

④ 安徽省地方志编纂委员会：《安徽省志·军事志》，安徽人民出版社，1995 年版，第 365 页。

⑤ 安徽省地方志编纂委员会：《安徽省志·军事志》，安徽人民出版社，1995 年版，第 365～366 页。

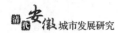

裁剩 3 营。^① 下面将清代安徽的驻城营汛列为表 3—1：

表 3—1　清代安徽驻城营汛表②

镇名	营、协名	分汛地
抚标	左营，驻安庆	无汛地
	右营，驻安庆	无汛地
安庆协	左营，驻安庆	怀宁县汛
	右营，驻安庆	望江县汛
		铜陵县汛
	游兵营，驻和州	和州汛
		含山县汛
		铜陵县汛
	潜山营，驻潜山	宿松县汛
		望江县汛
		桐城县汛
		桐城县枞阳汛
		太湖县汛
		潜山县汛
皖南镇	左营，驻宁国府城	宣城县汛
		南陵县汛
		泾县汛
	右营，驻旌德县	旌德县汛
		宁国县汛
		太平县汛

① 谢国兴：《中国现代化的区域研究：安徽省（1860—1937）》，台湾师范大学历史研究所博士学位论文，1990 年，第 3~2 页。

② 沈葆桢修：《（光绪）重修安徽通志》卷九五至九七《武备志·兵制·绿营》，卷九八《武备志·兵制·长江水师》，光绪四年（1878）刻本。

镇名	营、协名	分汛地
皖南镇	徽州营，驻徽州府	休宁县汛
		婺源县汛
		歙县汛
		祁门县汛
		黟县汛
		绩溪县汛
	池州营，驻池州府	青阳县汛
		铜陵县汛
		建德县汛
		东流县汛
		贵池县汛
		石埭县汛
	芜采营，驻芜湖县	当涂县汛
		芜湖县汛
		繁昌县汛
	广德营，驻广德州	建平县汛
		广德州汛
寿春镇	中营，驻寿州	寿州汛
		霍邱县汛
		凤台县汛
		定远县汛
		颍上县汛
		霍邱县汛
	右营，驻凤阳府	寿州汛
		怀远县汛
		凤阳县汛
		五河县汛

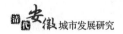

续表 3-1

镇名	营、协名	分汛地
寿春镇	六安营，驻六安州	六安州汛
		霍山县汛
		舒城县汛
		英山县汛
		庐江县汛
	庐州营，驻庐州	无为州汛
		合肥县汛
		巢县汛
	颍州营，驻颍州	蒙城县汛
		阜阳县汛
	亳州营，驻亳州	和县汛
		亳州汛
		太和县汛
		涡阳县汛
	龙山营，驻涡阳县龙山	涡阳县汛
		阜阳县汛
	泗州营	盱眙县汛
		泗州汛
		天长县汛
	宿州营，驻宿州	宿州汛
		灵璧县汛
	滁州营	滁州汛
		全椒汛

镇名	营、协名	分汛地
长江水师提督	中营，驻太平府	太平府城河
		采石矶上汛
	提标水师右营，驻和州	裕溪口汛
		桐城汛
		裕溪河汛
		含山清溪河汛
	提标芜湖营，驻芜湖	芜湖县南门浮桥汛
		芜湖河口汛
		弋矶汛
		鲁港汛
		清水河汛
		方村汛
	提标大通营，驻铜陵县大通镇	大通镇汛
	安庆营，驻安庆	怀宁县新河口汛
		东流县汛
		桐城县枞阳镇汛
		怀宁县铁泥洲汛
		望江县吉阳河北岸汛
		贵池县蠡阳河汛
	华阳营，驻望江华阳	

从表3-1可以看出，清代安徽驻军多驻扎在大大小小的城市以及繁华市镇、交通要道和关津附近。城市（镇）的级别和驻军的级别、数量大致成正比，如省会安庆驻扎着安庆协的左、右营与抚标左、右营，可谓驻军级别最高、军队人数最多的城市。一些战略位置非常重要的次级城市常常有营级驻军，如和州州城与潜山县城就分别驻扎着安庆协的游兵营和潜山营。一般的城市和市镇、关津要道往往驻扎着汛级军队，如怀宁、望江、铜陵、含山、宿松、桐城等县城，以及桐城县的枞阳镇等。

然而，乾嘉以后，由于绿营本身的腐化和上层统治机构的瘫痪，绿营逐渐衰落，特别是在太平天国运动的打击下，绿营名存实亡。此后，清政府虽曾几度试图重建绿营旧制，但终究未能成功。① 团练是嘉庆年间出现的。太平天国运动时期，清廷命令各省举办团练助剿。曾国藩、李鸿章等人先后组建湘军、淮军，招募团丁为官勇，订营哨之制，粮饷取自公家，变乡团为勇营。太平天国运动后，清廷对湘军、淮军等武装力量心存戒备，一部分勇营被遣散，但鉴于国家经制兵——八旗、绿营彻底腐朽，不能不任用湘军、淮军，遂决定将湘军、淮军和各省勇营由临时编制改为国家常备军，称为"防军"，又从绿营中衍化出练军，亦仿勇营建制。自同治朝起至光绪朝中日甲午战争结束之前，防军和练军成为主要武装力量，取代绿营担负起地方的治安任务。② 光绪二十四年（1898），安徽练军、防军员额增至 11290 人。③

后来随着练军、防军战斗力的下降，在编练新军之际，清政府挑选练军、防军之精锐，改编为巡防队，以弹压地方，清乡守土。光绪三十三年（1907）六月，安徽巡防队根据清廷陆军部制定的巡防队新章编练而成。巡防队编制依旧以营为单位，分为步队和马队两种。步队全营额定官兵夫 301 人，分左、中、右哨，每哨 8 棚，每棚正兵 9 名。马队全营额定一般官兵夫 83 人，分左、右两哨，每哨 4 队，每队马勇 9 名。全省共编步队 17 营、步小队 1 队、亲军队 1 队、马队 3 队、侦查队 1 队、炮台两路，员额共 4725 人，分中、南、北 3 路。中路为安庐滁和一带，此地当南北之冲，控长江之险，上通九江，下接江宁，绵延千里，是以编 5 营，分驻省城、大通、铜陵、青阳、繁昌、庐州、含山、无为等地，并设有两路炮台，扼守险要，驻省城者，以备居中策应。南路为徽宁一带，此为崇山峻岭，界连浙赣，尤以芜湖为通商大埠，防守宜严，是以编 4 营，分驻芜湖、宣城、广德、祁门、屯溪等地，扼守要隘，控浙赣门户。北路为颍凤一带，此系广阔地域，民风强悍，是以编 10 营（步队 8 营，马队 2 营），分驻凤阳、灵璧、寿州、定远、怀远、

---

① 韩延龙主编：《中国近代警察制度》，中国人民公安大学出版社，1993 年版，第 121 页。
② 参见安徽省地方志编纂委员会：《安徽省志·军事志》，安徽人民出版社，1995 年版，第 369～370 页；韩延龙主编：《中国近代警察制度》，中国人民公安大学出版社，1993 年版，第 121 页。
③ 赵尔巽等撰：《清史稿》卷一三二《兵三·防军》，中华书局，1977 年版，第 3931 页。

盱眙、天长、亳州、颖州、霍邱、太和、界首、蒙城、濉溪等地。北路分左、右两翼，左顾凤泗，右镇颖亳，各分地界，以专责成。中、南路直隶营务处，不设统领。北路因营数较多，设统领 1 名，以加强管辖。南、北镇道均兼营务处，各路皆归其节制调遣。全省巡防队在辛亥革命中消亡解体。[①]

（二）治安管理

我国古代的城市一般都位于交通要道，是兵家必争之地，具有一定的军事防御功能，这一点从每建城必修城墙就可以看出。驻扎在各级大大小小城市中的军队主要负责维护封建统治秩序，守护城池。具体来说，清代安徽城市驻军参与的治安管理主要包括守卫城池，防御外敌入侵，维护城市社会的稳定、繁荣与市民的生命财产安全。

1. 守卫城池

清代城市都驻有重兵，是守卫城池的主要力量。城市的地方官员也担负着重要的城池守卫职责，清代制定了严厉的法律，对城池失守的地方文武官员予以严惩，乾隆三十九年（1774）规定："守土州县不能保御城池，与武职均照守边将帅失陷城寨律，拟斩监候。"[②] 这足以说明清政府对失守城池的地方文武官员惩罚之重。

清代安徽也是如此，每一城池都驻有重兵。由于城池的安危关系到官员的身家性命和政治前途，每一城池的驻军官员及地方官员对城池的守卫都极其重视，他们采取种种措施来加强城池的防御能力，提高城池的安全性。

1）城门稽查

古代的城市一般都建有城墙，城门便成为人们进城、出城的必经之处。为防止奸盗之人作乱，城门有专人看守，任何人不得随便出入。清代安徽城市还实行管匙制度，委派专人负责保管开启城门的钥匙。"门必设锁，所以慎出入而防奸盗。"[③] 清代对城门的关闭有相关的法律规

---

① 安徽省地方志编纂委员会：《安徽省志·军事志》，安徽人民出版社，1995 年版，第 369～370 页。

② 《清朝文献通考》卷二〇一，浙江古籍出版社，2000 年影印本。

③ 沈之奇著，怀效锋、李俊点校：《大清律例注》，法律出版社，2000 年版，第 558～559 页。

定："凡各地城门应闭而误不下锁者，杖八十；非时擅开闭者，杖一百。""各衙门亲戚书吏人等，游船演戏，夜半方归，擅叫禁门者，照越府、州、县城律，杖一百。"① 对于偷窃城门锁的，"盗府、州、县、镇城关门锁，皆杖一百，徒三年"②。

清代安徽城市的城门稽查者一般为政府部门的衙役、驻防部队、民壮组织等。城门稽查的范围很广，有如下几个方面。第一，城门稽查的核心任务是防止奸邪之徒进入或逃离城市。城门稽查者要在相应的时间内时刻盘查过往行人，保证城池的安全。第二，城门稽查者要严查出入城门者是否携带鸦片等毒品。第三，清代实行武器管制，城门稽查者要严禁老百姓携带武器进出城门，一旦查获携带武器者，即扭送衙门审讯。第四，在特殊时期，如教匪起事或因自然灾害造成的流民潮时期，城市地方官员会更改平常的定时开启、关闭城门的时间，并适时调整城门稽查的内容。③

2）固守城池

城池的安危直接关系到文武官员的身家性命和政治前途，所以有外敌攻打城池的时候，文武官员一般都会竭力守城。太平天国运动期间，安徽的诸多城市上演了一幕幕守城、攻城的血腥战役，诸多守城或攻城的官员浴血奋战，宁死不屈。这固然和他们对清政府的忠诚有关，不过也与当时对失守城池的官员的严厉处罚有很大的关系。嘉庆元年（1796），四川、湖北白莲教起义风起云涌，并迅速席卷安徽宿松，驻宿松县城府标右营游击侯斌率领部队镇压白莲教起义，维护了宿松县城的统治秩序。④ 咸丰五年（1855）二月，太平军攻打徽州府城，"兵备道徐荣战死，府城陷。歙县知县廉骥元死之"。咸丰"六年正月，太平军犯祁门，周天受自崇觉寺调防徽州。三月，太平军由乐平犯徽州，张芾击走之"。"九月，太平军围攻徽州，张芾合诸路兵战却之。"⑤ 同治

---

① 田涛、郑秦点校：《中华传世法典：大清律例》，法律出版社，1998 年版，第 305 页。
② 田涛、郑秦点校：《中华传世法典：大清律例》，法律出版社，1998 年版，第 371 页。
③ 参见杨发源：《清代地方城市治安管理研究》，四川大学硕士学位论文，2006 年，第 21～22 页。
④ 俞庆澜、刘昂修：《（民国）宿松县志》卷二七《武备志·兵事》，江苏古籍出版社，1998 年版。
⑤ 石国柱、楼文钊修：《民国歙县志》卷三《武备志·兵事》，江苏古籍出版社，1998 年版。

《六安州志》记载，咸丰四年（1854），六安被太平军占领，霍山县城团练同太平军展开激烈的战斗。[1]

在与太平军的作战中，安徽境内城市驻地官兵奋力守城，有奋战而亡的，有守住城池、击走太平军的，守城军队对城池守护的重视可见一斑。

2. 维护社会稳定

城市驻军除了固守城池，还要参与城内的日常治安管理。清政府规定，如果省城附近发生盗窃案件，身为专汛官的千总、把总、外委、守备不能在限期内捕获半数以上的盗犯者，应罚俸一年，并继续捕盗；属于兼辖和统辖官的副将、参将、游击、都司等，应罚俸六个月，限一年内将盗贼缉拿归案。对于发生在府、州、县城内的盗窃案，康熙七年（1668）规定，失盗后一个月内能获盗过半，武职专汛官、兼辖官等均停止升职，并限一年内缉拿余盗。如果一个月内未抓获一半以上的盗贼，相关的城市驻军官员罚俸一年。乾隆二十五年（1760）规定，如果城内官署、仓库被盗，或监狱被劫，相关的武职专汛官、协缉官、兼辖官、统辖官以及总兵、提督等，无论获盗过半与否，都将受到革职留任、降级留任、罚俸等处罚。[2]

在这种情况下，安徽各级城市驻军积极参与城市内部的治安管理。同治《六安州志》记载，咸丰三年（1853），太平军占据安庆，霍山知县胡嘉霖招募壮勇五百名、义勇五百名修筑城隍，严查保甲，搜捕土匪[3]；顺治三年（1646）冬，"流贼尚出没舒庐间"，有一部分盗贼已经先期入庐江县城作为内应，恰好被县城内一市民看见，"鸣锣大呼"，城内驻守的部队立刻响应，捉拿盗贼，最后"贼知有备"，乃"由冷水关遁"。光绪二十年（1894），有一股过路游匪五百余人诈称官兵，进入庐江县城打劫，城内驻守部队最终追回财物，并生擒游匪十一人。[4] 道光十二年（1832），岁大饥，盗贼充斥五河县城，龙山营游击带兵"剿捕

① 李蔚、王峻修：《（同治）六安州志》卷一六《兵事·霍山》，江苏古籍出版社，1998年版。
② 朱绍侯主编：《中国古代治安制度史》，河南大学出版社，1994年版，第758～759页。
③ 李蔚、王峻修：《（同治）六安州志》卷一六《兵事·霍山》，江苏古籍出版社，1998年版。
④ 钱鏴修：《（光绪）庐江县志》卷五《武备·兵事》，江苏古籍出版社，1998年版。

擒斩盗魁"。①

三、清代安徽城市公共场所的治安管理

城市是人口集中之地，除了常住人口，由于商品经济的发展，外来流动人口不断增加，加大了清代城市治安管理的难度。

（一）相应的法律规定

清代对城市公共场所的治安管理有相应的法律规定，这些规定自然适用于清代安徽城市的公共场所。

对于在公共场所抢劫或盗窃的，《大清律例》规定：

> 凡强盗已行而不得财者，皆杖一百，流三千里。但得财者，不分首从（首犯从犯），皆斩。
>
> 若窃盗临时有拒捕及杀伤人者（不论有无抢得财物），皆斩。
>
> 因盗而奸者，罪亦如是（斩）。
>
> 强盗杀人，放火烧人房屋，奸污人妻女，打劫牢狱仓库，及干系城池、衙门并积至百人以上，不分曾否得财，俱照得财律，斩。②

对于在公共场所斗殴的，《大清例律》规定：

> 凶徒因事忿争，执持刀枪、弓箭、铜铁筒、剑、鞭、斧、扒头、流星、骨朵、麦穗、秤锤凶器，但伤人及误伤旁人，举凡剜瞎人眼睛，折跌人肢体，全抉人耳鼻口唇，断人舌，毁败人阴阳者，但发边卫充军。若聚众执持凶器伤人，及围绕抢检家财，弃毁器物，奸淫妇女，除实犯死罪外，徒罪以上不分首从，发边远充军。虽执持凶器而未伤人者，杖一百。执凶器自伤者，亦杖一百。③

---

① 赖同晏、孙玉铭修：《（光绪）重修五河县志》卷七《武备二·兵事》，江苏古籍出版社，1998年版。

② 田涛、郑秦点校：《中华传世法典：大清律例》卷二二《刑律·贼盗上》，北京：法律出版社，1998年版，第 377 页、378 页。

③ 田涛、郑秦点校：《中华传世法典：大清律例》卷二七《刑律·斗殴上》，北京：法律出版社，1998年版，第 445 页。

清政府还禁止"歃血订盟"等结党行为，以防止危害公共安全和封建统治秩序。对于在公共场所散布谣言，传播淫秽歌曲或散布有伤风化、不利于封建统治言论的，也一律治罪。①

为了整治公共场所的社会风气，《大清律例》还规定了对在公共场合骂人的相应惩罚。"凡骂人者，笞一十。互相骂者，各笞一十。"② 合肥县城还贴出了《禁妇女骂街示》，认为妇女应该"静柔""淑慎自持"，而合肥县城的不少女子一遇邻里纠纷，男子尚未出头，女子便开始骂街，以致对骂而发生争斗。告示中还形象地描述了妇女骂街的场面："晓夜喧嚣""声澈闾巷""唤子声乍低而乍扬，俨然画地指天，身一俯而一仰，绕人户而又出忽东诟而复西，秽语毕宣，丑态尽露"。告示最后规定，如再有妇女骂街者，将严惩其丈夫，没有丈夫的，就惩罚骂街女子本人。③

（二）具体实施

清代安徽城市对于酒肆、烟馆、茶房等公共场所实行不定期抽查，并限制一些公共场所的营业时间，尤其是晚上的营业时间，以减少治安安全隐患。④"城内茶坊、酒肆、烟间不一而足，宜预先出示限，以每晚至几点一律关闭。届时，可先查其已关与否，再隔一二点钟，则抽查其人数多少。"⑤

为了进一步加强城市公共场所的治安管理，各地方官员加强了对客栈、寺庙、船埠等商旅投宿处所的稽查和控制。要求客栈的店主、寺庙的住持、船埠的埠头各设簿册，记录住宿的商人、旅客人数、姓名、行李、牲口、车辆、做何事，往来何处，以备官方查核，便利城市地方政府掌握人口动态，查缉罪犯。《大清律例》规定，每一客店置办店簿一本，详细记录客商姓名、人数、起程月日。"如有客商病死，所遗财物别无家人亲属者，官为见数，移招召其父兄子弟或已故之人嫡妻识认给

---

① 田涛、郑秦点校：《中华传世法典：大清律例》，法律出版社，1998年版，第368页。
② 田涛、郑秦点校：《中华传世法典：大清律例》，法律出版社，1998年版，第469页。
③ 左辅纂修：《嘉庆合肥县志》卷三五《集文》，江苏古籍出版社，1998年版。
④ 参见杨发源：《清代地方城市治安管理研究》，四川大学硕士学位论文，2006年，第26页。
⑤ 葛士清：《保甲论》，《清朝经世文正续编》卷六八，广陵书社，2011年版。

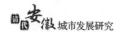

还，一年后，无识认者，入官。"①

城镇中的行主（即城镇集市上的经纪人）对商人的姓名、籍贯、路引字号、货物数目等了如指掌，因此行主被要求将客商的姓名、籍贯、路引字号、货物数目等记录在册，每月送官府查核。如在行主所负责的区域内发生盗窃案件，该行主必须迅速报官、作证。盗案估脏也通常由行主承担，因为他们熟知物价。若估价不实，应受处分。②

清代安徽城市的官员对于城市街道的日常秩序等烦琐事项也要过问。合肥县曾张贴《禁小儿嬉游街市示》，告知市民，从告示贴出之日起，禁止儿童在街头嬉戏打闹，否则将追究其父兄的责任。告示中还循循善诱地说明禁止小儿街头嬉游的原因：人的成功或失败，基础很重要，如果年幼时过于放纵，成年后将无可挽回。"冒法匪徒皆昔年嬉戏街市之小儿也。"如若任小儿在街市嬉戏，会染上各种恶习，成年后"必为家庭之逆子，里党之乱民"，因此自告示公布之日起，"务须严束子弟各令学习正务，毋许任其街市嬉游，增长恶习"。③

四、清代安徽城市的基层社会组织与治安管理

清代以前，中国社会的各级政府行政人员编制有限，地方的社会治安往往是官民合治。城市是人口集中地，维护社会治安的任务繁重，官方在进行社会治安管理的同时，往往更依赖城市民间组织的参与。如在唐代，坊正是城市的基层社会组织之一，其职责主要是"掌坊门管钥，督察奸非"，管理坊内的社会治安。④清代安徽城市参与社会治安管理的基层组织主要有保甲与宗族。

（一）保甲与治安管理

保甲制度最早可追溯到秦朝的甲伍连坐之法。其后，经历朝历代的沿革损易，至宋、明两代始有明确的保甲之名。⑤清政府在清初下令编

---

① 田涛、郑秦点校：《中华传世法典：大清律例》，法律出版社，1998 年版，第 267 页。
② 朱绍侯主编：《中国古代治安制度史》，河南大学出版社，1994 年版，第 726~727 页。
③ 左辅纂修：《嘉庆合肥县志》卷三五《集文》，江苏古籍出版社，1998 年版。
④ 杜佑撰、王文锦等点校：《通典》卷三，中华书局，1988 年版。
⑤ 王开玺：《嘉道年间的京城保甲制度与社会治安》，载于《历史档案》，2002 年第 2 期。

练保甲，规定："凡州县乡城，每十户立一牌头，十牌立一甲长，十甲立一保正，每户给印牌四，书姓名、丁数，出则记其所往，入则稽其所来。其客店亦令各立一簿，将每夜宿客姓名、所带行李、牲口及作何生理、往来何处逐一登记明白。至于寺观亦分给印牌，上书僧道人数、姓名、稽察出入。如有奉行不力或徒委吏胥需索扰害者，参劾照例议处。"① 保甲的主要职责是维护地方治安，兼管催办钱粮赋税、施行封建教化，参与基层司法和办理社会救济等。② "凡甲内有盗窝、邪教、赌博、赌具、窝逃、奸拐、私铸、私销、私监、口口贩卖硝矿并私立名色、敛财聚会等事及面生可疑、行迹诡秘之徒，责令专司查报户口，迁移登耗，责令随时报明，于门牌内改换填给。"③

顺治、康熙年间清政府就开始在各地实施保甲制度，但直到雍正、乾隆年间安徽才广泛推行。清代的保甲制度较前代更为严密，不但一般土著民户一律编为保甲，流动人口，从矿厂丁户、盐场壮丁、客商流民，直到来往过客，都在保甲编查之列。④

《嘉庆合肥县志》与《民国南陵县志》的《艺文志》中均有《编甲条例》，内容大致相同，基本反映了清代安徽各地的保甲制度。《嘉庆合肥县志》中《编甲条例》的主要内容是：

> 按各条街巷之横直长短，单面街挨编，合面街对编，自第一家至十家为一牌，内择一家以统九家，谓之牌头。自第一牌至第十牌共一百家，为一甲，于甲中择一牌头，督率十牌之牌首，谓之甲长。每十甲共一千家，为一保，设一保长，督率十甲之甲长。如编足一牌一甲一保之外，尚有畸零牌户，不足一牌一甲者，谓之畸零甲户，即附统各牌甲之末，其庄屯不及百家者，附近有一二十家或十余家之小屯，准其附入，以足一甲，谓之合甲。……包括寺庙僧人之类都一一编入，不得漏过一家。

> 每家门悬一牌，谓之门牌，上书本户姓名籍贯生理老幼男妇年

---

① 《（光绪）钦定大清会典则例》卷一一五《兵部·诘禁·保甲》，中华书局，1991 年版。

② 华立：《清代保甲制度简论》，《清史研究集》第六辑，光明日报出版社，1998 年版，第 103～111 页。

③ 《清朝文献通考》卷一九，浙江古籍出版社，2000 年影印本。

④ 安徽省地方志编委会编：《安徽省志·总述》，方志出版社，1999 年版，第 66 页。

龄田粮花户，不得遗漏舛错。

牌头，即在十家之内选择老成勤谨，家有余丁者充当。门悬十家牌，将九家之男妇户口田粮分数并列，以便稽查。其本户之烟户门牌亦如别户悬挂，如牌头有弊，许九家同首。

甲长，即在十牌之内选择老成有望，人素信服之人充当，门悬十牌总牌，将十牌之男妇户口田粮总数并列，其责全在督率牌头十人，其本户烟户门牌亦如别户悬挂。如甲长有弊，许各牌头同首。

保长，即在一保中选择老成勤练，人素敬信之人充当，其责督率甲长十人，门悬各甲长姓名以便稽查。如保长有弊，许各甲长同首。

保甲册分别城内关厢五乡编造，每甲下须注明小地名。

保甲册分作五乡，乡各一总图，每里各一散图，图内山川道路寺院屯庄一一绘入，须详须确表明四至，离城远近。

各户年满六十者，门牌以长子出名，如子年未满二十，仍以父出名，兄弟同居者，兄年六十以弟出名。

门内或有两三家同居者，或同姓或异姓，须各悬门牌。

牌册内首清籍贯，倘是外路人，须注明本乡籍贯，何年月来此。

牌册内甚重行业，不得混误，若户内祖父、伯叔、兄弟、子侄同业者，不必另载，异业者各于本名下注明，本户内有废疾者注明。

外来隻身无业之人，借屋居住，户册无从列入者，即不许容留。

行市稠密之处，异方商旅倏来倏往，无可稽查，当责成行家另立循环店簿，歇店亦然。

门牌须用木板糊挂，不得破损遗失。

男妇田产随时有迁移增减，每年于二、七月报明更改。

牌头督率十家，而十家中轮守之家尤为着紧，切勿懈忽。

一牌之内如有孀孤老废，家无壮丁，及本人远馆外贸，或在官，应役家无次丁者，免其轮流巡守，同牌之户均当相谅，以敦任睦之谊。

牌甲之内或有聚赌窝娼及溺女等一切不法之事，该牌头甲长即行举首，如敢容隐，定行连坐。

不许总甲包更，倘牌户偷安，总甲敛费，混雇无籍之人虚应故事，并不彻夜支更防守，或更夫串匪私窃，转多弊害，一经查出，定提重处。

十家一牌，梆锣风灯必须完备，违者重责。

本县编查保甲已发门牌轮流巡守，惟查各牌内方架纸灯，既不便提携，又难支风雨，着十家公置竹丝油纸灯笼一盏，高约尺二，围称之方圆不拘，一面小字横贴小地名，下大字直贴第几甲，一面大字直贴第几牌，表明灯上，轮守日则悬挂门首以便差察。

以上各条均当禀遵奉行，坊捕总甲巡缉勿懈。如敢故违，致有失事，立提捕总及轮守之家，分别究处，断不轻恕。[①]

《编甲条例》对保甲的编制，牌头、甲长、保长等的选拔和职责作了详细的规定，对保甲册的编订要求更是细致，甚至要求"每甲下须注明小地名"。对外来人员、异方商旅都要严格登记，加强管理。牌甲内如有聚赌窝娼及溺女等一切不法之事，如果容隐，整个牌甲"定行连坐"。《编甲条例》还规定了保甲按门牌轮流巡守，以维护地方治安。

除此之外，《民国南陵县志·艺文志》中的《保甲规约示》详细论述了清代南陵县保甲的具体实施方法。保甲并不是虚设门牌，而是想要达到牌甲相保的目的。而要想达到相保的目的，就必须使牌甲之间紧密联系起来，使各牌甲之间"远近一气，休戚相关，利害与共，是合十家百家之人为一心，即合十家百家之人保一家，尔百姓身家永远之利"。具体来说，"今定十家为一牌，即以十家为一家，尔等地近情亲，出入见面。各家一动一息，无不周知，倘一家冒法，关系身家性命九家，当动不忍之心，竭力劝阻，使之改悔，如或不从，即应首报官为惩治庶几不至稔恶，如既经袖手于前，又复容隐于后，若非朋比为奸，即属落井不救，九家均与犯同罪，断勿轻恕。如有容留外来面生可疑之人，及夜聚晓散拜神饮酒行迹诡秘者，即不必向本犯查诘，致使警疑掩藏，当即

①　左辅纂修《嘉庆合肥县志》卷三五《集文》，江苏古籍出版社，1998年版；余谊密修：《民国南陵县志》卷四一《艺文》，江苏古籍出版社，1998年版。

星飞密禀，以凭立拿究办，首报得实，即行重赏。至牌内有孝悌节义之男妇，睦婣任恤急公好义之善士，即行举报，除本人分别旌奖外，九家一同奖赏"①。发现窃盗行为，"或鸣号锣，或放号铳，九户闻声一齐叫呼起捕，此本牌之相助也。前后左右俱有邻牌，本牌有警，邻牌居守皆集，此邻牌之相助也。民间虽无禁械，而櫌锄门杖扁挑柴斧等件，何一非追捕制暴利器？如此相联，声势壮盛，倘有盗贼至则成擒"②。南陵县的《保甲规约示》反映了统治者利用保甲的连坐之法来严密控制百姓，以维护地方治安和封建统治。

清代安徽各地先后推行保甲制度，此处以绩溪与霍山为例。

早在宋代安徽绩溪就有了较为成熟的保甲制度。宋初，绩溪以耆户长弓手壮丁捕逐盗贼。熙宁三年（1070）变募兵而行保甲，其法十家为一保，选主户有干力者为保长，五十家为大保，选一人为大保长，十大保为一都保，选为众所服者为都保正，又以一人为副，每一大保夜轮五人警盗。明嘉靖中何东序议行保甲，以备防守，令民每十甲为一约，于内公选殷实公正、平日为乡党所推服者二人为约正副，率领众人，每约置有柄大牌，书百家姓名，送县□押，每十家置锣二面，铳二把，间暇操练，一遇有警，约正副持牌鸣锣号集追捕，具约正副量给冠带，并印信文帖以示宠异。万历二年（1574），兵备道令每一里选有家德信者二人充为捕诘官，于地方选子弟兵二十名，每逢五逢十练习技艺一次，余日□安生理，遇警鸣锣为号，子弟兵保甲人等□赴捕盗，官齐集应援。清代，绩溪的保甲制度进一步完善。顺治十年（1653），绩溪知县朱国杰编立门牌佥点保正甲长严饬举行；雍正四年（1726）更定保甲新规，十户立一牌头，十牌立一甲长，十甲立一保正，每族立一族正，户给印牌，开载丁口生理，互相稽查。雍正七年（1729）知县李世敦、十三年（1735）蕃奉例令，□甲设立烟户牌，夜则悬灯击折更换巡警，要到增立栅门，严行启开。嘉庆年间，绩溪编设甲长110名，保长1030名。③

霍山县偏在一隅，东界舒铜，南界潜太，西界罗麻，北界光固，阻山带河，路达三省，盗贼极容易隐匿。而"夫盗贼之所以习形势而出没

---

① 余谊密修：《民国南陵县志》卷四一《艺文》，江苏古籍出版社，1998 年版，第 627 页。
② 余谊密修：《民国南陵县志》卷四一《艺文》，江苏古籍出版社，1998 年版，第 628 页。
③ 清恺等修：《嘉庆绩溪县志》卷六《保甲》，江苏古籍出版社，1998 年版，第 450 页。

莫测者，恃其有窝主也"，窝主之所以不顾刑罚而包庇隐匿罪犯，是因为可以获取盗贼的一部分"余润"。霍山清除盗贼的根本办法是设立保甲，每村置保，每保置甲，编造图册，记其主客名籍，一有不实，即处以坐罪。保甲稽查密而防御严，则窝主可以渐除，居民得以安堵。如果赶上饥荒年，"流聚逋逃，肆恣劫掠，则又设法防捕以截于外，临机应变以御于内，庶为弥盗安民之全策"①。清代，霍山城乡凡九十六保，保有长，每保编若干甲，甲有长，每甲编若干牌，牌有长，每牌编若干户，每户悉登其丁口营业，办其土客，给之门牌，以便清理山匪和盗贼。②

从绩溪和霍山保甲制度的实施情况来看，二者的共同点是都希望通过保甲来加强地方治安管理，维护封建统治秩序。而霍山县由于地处鄂豫皖三省交界地，盗匪横行，一旦有官兵抓捕，盗匪多隐匿在当地不法百姓家中，因此霍山的保甲制度更多的是强调清理山匪、盗贼，维护地方社会治安。

虽然从中央到地方对保甲都有比较严格、系统的规定，但在具体的实施过程中仍存在很多不足。就编造烟火门牌册籍来说，有时从事编造的人投机取巧，更不实地调查，而是"率皆增减前文，敷衍了事"，导致保甲"名存实亡"。更有总甲借登记造册向百姓苛索纸笔费用，在民间影响极坏，影响了保甲制度的实施。为此，合肥县曾有相应的处罚规定："若诸色人等玩不遵行，牌甲保长又不力办，以及总甲借此苛索纸笔之费，一经访实，严加查办。"③ 保甲除了维持地方治安这一基本职能，还参与地方司法行政事务、办理赈济、推行教化等。但实际上，保甲在地方上的权力和职能十分有限，保甲长大多唯乡绅父老之命是从，与其说是充当官方控制地方社会的工具，不如说是站在地方利益的立场上应付官府的事务。④

① 秦达章修：《光绪霍山县志》卷一四《兵防志·民防》，江苏古籍出版社，1998年版。
② 秦达章修：《光绪霍山县志》卷一四《兵防志·民防》，江苏古籍出版社，1998年版。
③ 左辅纂修：《嘉庆合肥县志》卷三五《集文》，江苏古籍出版社，1998年版，第454页。
④ 安徽省地方志编委会编：《安徽省志·总述》，方志出版社，1999年版，第66页。

（二）宗族与治安管理

清代安徽城市的宗族也是基层社会治安管理的重要组织。梁漱溟说："离开家族的人们没有公共观念、纪律习惯、组织能力和法制精神，他们仍然需要家族的拟制形态。"[①] 清代安徽全省乡民多聚族而居，城市中也大致如此。每族设一祠堂，大族多至四五处。祠堂是供奉历代祖先牌位之处，是族权的象征，也是处理族中事务、执行家法的所在，往往是宗族权力机构或管理机构的代名词。族长是一族之长，是族权的化身，其产生方式多为推举。族长在宗族中地位高，权力大，依据家法对宗族进行管理。很多宗族设有拘房、刑具，对犯禁的族人进行惩罚，只有族人调解不了的重大案件才由官府处理。雍正年间，清政府还制定了"选立族正之例"，乾隆年间安徽各地开始普遍推行。族正在宗族内选举产生，上报州县批准后发给牌照。族正与族长不同，族正具有官方色彩，选立族正的目的在于把宗族势力置于国家的控制之下。宗族的真正操纵者都是乡绅，他们往往出任族正、族长，把持宗族大权。即使不出任族正、族长，凭他们在基层社会的权威、声望，也能够在宗族事务中起重大作用。清政府也希望宗族用传统的儒家伦理来"齐家"，成为政府的基层组织，以维持社会秩序。雍正时甚至赋予祠堂族长处死族人的权力，乾隆时更试图用族长制止宗族械斗。[②]

五、清末安徽警察机构的设立与城市治安管理

清末，随着防军、练军的颓废，城市地方社会治安相当混乱。郑观应认为建立警察制度是消除当时社会弊端的根本途径，他指出："今中国各省奸民布满市廛……此辈不耕而食，不织而衣，游手好闲，毫无恒业，挟其欺诈伎俩，横行市肆之间，遇事生风，无恶不作，不啻以拆梢为秘诀，以敲诈为薪传，皆因内地城乡无巡捕往来弹压，故敢肆无忌惮，悍不畏法。"[③] 在当时社会治安混乱的情况下，警察制度的建立就显得异常紧迫和重要了。

---

① 梁漱溟：《中国文化要义》，学林出版社，1987年版，第80页。
② 安徽省地方志编委会编：《安徽省志·总述》，方志出版社，1999年版，第66页。
③ 夏东元编：《郑观应集》（上册），上海人民出版社，1982年版。

光绪二十七年（1901）七月三十日，清廷发布上谕："各省制兵防勇甚为疲弱，业经通谕各省督抚认真裁汰，另练有用之兵……着各省将军、督抚将原有各营严行裁汰，精选若干营，分为常备、续备、巡警等军，一律操习新式枪炮，认真训练，以成劲旅，仍随时严切考校，如有沿染旧习，惰窳废弛，即行严参惩办，朝廷振兴戎政，在此一举。各该将军、督抚务当实力整顿，加意修明，以期日有起色，无负谆谆告诫之意。"① 光绪三十一年（1905）设立巡警部；三十二年（1906）九月，巡警部改为民政部，职权有所扩大，并进一步加强了对各省警政的监督指导；三十三年（1907）五月二十七日，慈禧太后批准在各省设置巡警道，管理全省警察业务。根据巡警道章程规定，各省置巡警道员一人，归督抚统属，管理全省巡警事宜。②

安徽的警政建设以芜湖为最早。光绪十七年（1891），芜湖设保甲局，光绪二十年（1894）设保卫营，由于经费支绌，规模简陋，不足以资防卫。作为安徽的通商口岸，芜湖当地华洋杂处，教堂林立，又为交通要道，游勇会匪，络绎往来，城市社会治安问题突出。在这种情况下，光绪二十八年（1902）十月，办理商务局候补道许鼎霖向当时的安徽巡抚聂缉规建议在芜湖设立巡警。③ 同年十一月，芜湖原有保甲各局暨保卫营改编为巡警局，招募巡士300名，大多为保卫营兵和保甲巡勇改充，分别班次，以昼夜逡巡为职务。芜湖本埠的中长街中段、守渊观二街、吉祥寺、姚家巷、县城内城隍庙、河南普渡寺、鲁港，以及外江、内河、水上警察各设一分局，共十个分局。④ 宣统元年（1909），芜湖改巡警总局为警务公所，内部分总务、行政、司法、卫生四科。⑤

光绪二十九年（1903），安庆将原保甲团练改编为警察，一面于省城设立警察总局，下设大小分局，选派妥员按段逡巡。以驻省之练军亲兵一营改为警察，计弁兵308名，分布城厢内外，凡稽查、弹压、缉

① 朱寿鹏编：《光绪朝东华录》（第四册），中华书局，1984年版，第4718～4719页。
② 韩延龙主编：《中国近代警察制度》，中国人民公安大学出版社，1993年版，第127～128页。
③ 冯煦主编，陈师礼纂：《皖政辑要》，黄山书社，2005年版，第125页。
④ 穆键：《〈皖政辑要〉所见清末芜湖警政建设》，载于《安徽广播电视大学学报》，2010年第2期，第109～110页。
⑤ 余谊密修：《民国芜湖县志》卷二七《政治志·警察》，江苏古籍出版社，1998年版，第102页。

捕、巡防，责成管带督率。① 光绪三十四年（1908）四月，省内设巡警道。首任道员卞绪昌主持全省警务。道署内设警务公所，下分总务、行政、司法、卫生四科，每科设正副科长各一名，科员人数由巡警道量事酌定。总务科的主要工作是承办机要、议定章程、考核属员、分配警官、编存文牍、收发经费、统计报告及巡警、学堂事宜；行政科主要负责行政警察、高等警察、国际警察之事，凡整饬风尚、保护治安、调查户口籍贯、稽核道路工程及消防警察等事项，也属于行政科之业务范畴；司法科掌管司法警察之事，凡预审、探访、督捕、拘押及处理违警罪等事项都归司法科过问；卫生科掌管卫生警察之事，包括清道、防疫、检查食物、屠宰、考验医科及官立医院各事项。② 现将警务公所的详细情况列为表3-2：

表 3-2　警务公所官制③

阶	级	员	俸（两）
总务科长	六品	1	80
副科长	七品	1	70
文牍科员	八品	1	50
会计科员	八品	1	40
机要科员	八品	1	40
统计科员	八品	1	40
行政科长	六品	1	70
副科长	七品	1	60
保安科员	八品	1	40
交通科员	八品	1	30
警务科员	八品	1	50
司法科长	六品	1	70
副科长	七品	1	60

---

① 韩延龙主编：《中国近代警察制度》，中国人民公安大学出版社，1993年版，第122～123页。
② 冯煦主修、陈师礼纂：《皖政辑要》，黄山书社，2005年版，第111～112页。
③ 冯煦主修、陈师礼纂：《皖政辑要》，黄山书社，2005年版，第111～112页。

续表3－2

阶	级	员	俸（两）
裁判科员	八品	1	40
侦探科员	八品	1	30
卫生科长	六品	1	50
副科长	七品	1	40
卫生科员	八品	1	30
医务科员	八品	1	30

安庆城内外分五区，各设一个警务分所。当时的安徽省各县均设警务长一名，在巡警道及地方官的指挥监督下负责当地警政。[①]

为了加快安徽警政的建设和发展，培养警政人才，清末安庆成立了巡警教练所，分班传授各区长警，以期巡警日有进步。巡警教练所的具体情况见表3－3。

表3－3　巡警教练所统计[②]

成立及地址	光绪三十三年（1907）十月，就臬署西偏原设巡警处之房屋开办
职员	参事1员、所长兼庶务长1员、教员2员、书记官1员、区队长2员
学科	品行、行政警察、卫生警察、司法警察、现行巡警制度、消防要领、刑侦探术、警察学大意、巡警服务规则、兵事体操
学额	定额44名，挑选巡警之粗通文理者入学。巡长有未受学堂教练者，亦一律入学
学期并卒业人数	修业期限以3个月为满
经费	在前办巡警学堂支项下拨用，每月共需银430两2钱

巡警教练所毕业后，最优等的提升为巡长，优等者以巡长记名候升，中等者仍当巡警，候立功再升。如果已经是巡长的优等毕业生，"即以应升之级拔升"[③]。

清光绪三十一年（1905），合肥始设巡警公所，后改警务公所，由

---

①　安庆市地方志编纂委员会：《安庆地区志》，黄山书社，1995年版，第323页。

②　冯煦主修，陈师礼纂：《皖政辑要》，黄山书社，2005年版，第121页。

③　冯煦主修，陈师礼纂：《皖政辑要》，黄山书社，2005年版，第121页。

知县兼任所长，实行警政合一。公所下辖四个分局，共有巡官、巡长等职员 8 人，巡警 57 人。光绪三十四年（1908），警务公所改称巡警署，由警务长负责，下设区官、巡官、巡长等职，受省巡警道和知县双重领导。[①] 光绪三十三年（1907），全椒就原有之练军改为警察，初置巡官 1 名，教练 1 员，均由巡警道委任。后改警务长 1 员，稽查 1 员。[②]

以上列举了芜湖、安庆、合肥、全椒等地的警政建设及治安管理情况。除了这些地方在清末有警政建设，安徽其他大部分州县都建立了警察机构，兹列表说明（见表 3—4）：

表 3—4 清末安徽各州县警政建设一览[③]

府州县别	总分局数	职员数	巡警数	成立时间
太湖县	1	4	20	光绪三十三年
歙县	1	5	18	光绪三十一年
休宁县	4	4	70	宣统元年
婺源县	2	4	22	光绪三十一年
祁门县	1	3	10	光绪三十年
黟县	1	1	8	光绪三十一年
绩溪县	3	3	30	宣统元年
宁国县	3	4	42	宣统元年
泾县	5	11	82	光绪三十三年
太平县	5	13	59	光绪三十三年
旌德县	2	3	24	光绪三十四年
贵池县	2	9	43	宣统元年
青阳县	1	5	32	宣统元年
铜陵县	4	12	37	宣统元年
石埭县	1	2	12	光绪三十年

① 怀谷：《合肥的旧警察机构》，《合肥文史资料》第 7 辑，1991 年版，第 154 页。
② 张其濬修：《民国全椒县志》卷八《武备志》，江苏古籍出版社，1998 年版。
③ 冯煦主修，陈师礼纂：《皖政辑要》卷一四《巡警二》，黄山书社，2005 年版，第 123～124 页。

府州县别	总分局数	职员数	巡警数	成立时间
东流县	3	3	20	宣统元年
当涂县	1	6	66	光绪三十二年
合肥县	4	8	57	光绪三十一年
庐江	1	5	32	宣统元年
舒城县	1	18	20	光绪三十三年
无为州	1	2	40	光绪三十年
巢县	1	3	100	光绪三十年
定远县	3	3	42	光绪三十年
寿州	2	3	29	光绪三十三年
凤台县	4	5	36	光绪三十年
宿州	5	3	45	光绪三十年
阜阳县	5	7	150	光绪三十一年
颍上县	1	1	20	光绪三十三年
霍邱县	6	8	69	光绪三十三年
涡阳县	5	2	34	光绪三十四年
太和县	5	7	20	光绪三十四年
蒙城县	1	1	40	光绪三十年
广德州	1	11	40	宣统元年
建平县	5	6	84	光绪三十年
滁州	5	8	52	光绪三十年
来安县	2	1	18	光绪三十一年
和州	5	5	84	光绪三十四年
含山县	3	3	69	宣统元年
六安州	2	2	44	宣统元年
英山县	1	3	24	光绪三十一年
霍山县	1	1	20	光绪三十三年

续表 3-4

府州县别	总分局数	职员数	巡警数	成立时间
盱眙县	4	3	50	宣统元年
五河县	2	2	30	光绪三十年
天长县	13	6	95	光绪三十年

随着各个城市警政的开办，警员昼夜巡逻街道，清末安徽城市的治安状况有所好转。如光绪三十年（1904），宿松知县崔保龄将城镇各处原有之团练、保甲、维风等局一律改为巡警。是年九月，于南街道中处设立巡警总局，自东至西分六段，自南至北分四段，每段巡兵一名，木棚一座（巡兵寝食在此）。每棚旁置灯一盏，每名巡士衣上缀某街几段巡兵字样，按段分查，连夜间十名，统计巡兵二十名，自十月二十四日起日夜轮转。续因经费艰难，改巡长四名，由士绅充任，不支薪水，巡警每厢二人，城内四厢，昼夜巡士十六名，轮班站岗。[①] 清末宿松县城在建立警政后治安状况有所好转。清末潜山自绿营裁废后防御空虚，光绪季年颁行城镇乡自治章程，由是划分区域，警察尤为自治中要政。[②]

清末安徽警政建设亦存在很多不足。如设立的巡警军，除将本省原有的绿营、团练和保甲兵员略作调整、选拔外，并无大的变化，只是换上一个巡警军的名称而已，甚至连旧有的称号、官兵职衔和编制都未做任何变动。[③] 清末安徽的警政建设乃至全国的警政建设都存在很多问题。第一，警务人员大多来源于旧式官僚和原有的保甲团练等，素质较低。第二，就全国而言，直隶与广东、四川、东北三省警政较为发达，像安徽等大多数省份的警政发展相对落后。就安徽省而言，除经济中心芜湖、省会安庆等重要城市的警政发展稍好外，其他府县城市的警政发展则较为简陋。第三，警费不足。清末各级政府财政濒临崩溃，所拨警费极其有限，芜湖随着警员的增加，"经费支绌，国家发币不敷薪饷"，当时的解决方法是"本埠米厘，每石准拨五毫，商铺捐、市房捐以及杂

---

① 俞庆澜、刘昂修：《民国宿松县志》卷二八《武备志·二·警察》，江苏古籍出版社，1998年版。

② 吴兰生、王用霖修：《民国潜山县志》卷八《警政》，江苏古籍出版社，1998年版。

③ 韩延龙主编：《中国近代警察制度》，中国人民公安大学出版社，1993年版，第123页。

项捐同时并举"①，警费状况稍微好转。作为当时安徽省最大商埠的芜湖的警费虽然紧张，但依靠其全省经济中心的优势，尚能苦苦维持，其他府县城市的警费状况就可想而知了。

第二节　清代安徽城市的经济管理

由于人员有限，清代安徽城市官方没有设立管理经济运行的专门机构，城市经济的运行中，官方介入不多，且以征收赋税为主。民间自发的经济管理组织在这一时期的安徽城市经济运行中占主要地位，各种行会、会馆发挥了重大的作用。近代以后，西方列强入侵安徽地区，一定程度上促进了近代安徽城市商品经济的发展，官方亦加强了对经济的管理，民间经济组织在城市经济管理中的作用有所减弱。

一、官方的经济管理

（一）征收赋税

清代安徽地方政府的主要职能是维持城市治安和征收赋税，赋税包括地丁、漕粮、关税、厘金与杂税，尤以地丁与漕粮为大宗。

1. 地丁与漕粮

地丁即土地税与人口税，漕粮为产米省区特有的粮税，地丁、漕粮均按田亩多寡与等则起科，统称田赋。到了清代，田赋中的地丁银或征银两，兼收米、麦、豆。赋额受田亩数量与被灾蠲缓影响，清代历朝安徽的地丁银数并不一样，兹列表如下（见表3-5）。

---

① 余谊密修：《民国芜湖县志》卷二七《政治志·警察》，江苏古籍出版社，1998年版。

表3-5　清代安徽田亩数与地丁银数①

年代	田亩数（亩）	占比（%）	地丁银（两）	占比（%）
康熙二十四年	35427433	5.83	1441325	5.90
雍正二年	32998684	4.83	1387596	5.26
乾隆十八年	35019797	4.76	1688000	5.70
乾隆三十一年	36468080	4.92	1767123	5.91
乾隆四十九年	32845507	4.57	1592214	5.37

就表3-5来看，安徽额征田地数最多的为乾隆三十一年（1766）的36468080亩，最少的为乾隆四十九年（1784）的32845507亩；地丁银征收最多的为乾隆三十一年（1766）的1767123两白银，最少的为雍正二年（1724）的1387596两白银。从田亩数和地丁银数在全国所占的百分比来看，大多数年份的地丁银的比例都高于田亩比例，由此可见，清代安徽是税赋较重的地区。

表3-6　清代安徽各府（直隶州）漕粮分配额②

府（直隶州）	米（石）	银（两）	府（直隶州）	米（石）	银（两）
安庆府	98101	27719.742	凤阳府	21285	7719.388
徽州府	22942	26148.181	颍州府	12377	2560.126
宁国府	56082	15872.834	广德州	11685	1671.101
池州府	40756	14991.472	六安州	7141	2287.639
太平府	33060	13427.935	泗州	7176	3880.902
庐州府	38309	7966.228			

征收漕粮最多的府是安庆府，为98101石，其次是宁国府（56082石）和池州府（40756石）。这三个府是安徽重要的稻米产区，自然成为清代安徽漕米的主要来源区。这三个府的漕米总和就占了全省漕米的一半左右。征收漕银最多的府是安庆府，为27719.742两，其次是徽州

---

① 谢国兴：《中国现代化的区域研究：安徽省（1860—1937）》，台湾师范大学历史研究所博士学位论文，1990年，第8～10页。

② 谢国兴：《中国现代化的区域研究：安徽省（1860—1937）》，台湾师范大学历史研究所博士学位论文，1990年，第8～13页。

府（26148.181 两）、宁国府（15872.834 两）、池州府（14991.472 两）。皖北各府县所缴纳的漕银较少，如颍州府缴纳的漕银额为 2560.126 两。

2. 关税

关税为清代安徽的重要税收之一。光绪《重修安徽通志》云："安徽为东南水陆辐辏之区，圣朝设立芜（湖）、凤（阳）二关，初差部员监督，嗣由巡抚委任就近道员管理，亦既输纳有规、苛敛有禁矣。咸丰初，以粤逆鼠扰，停废为设，而其后军兴饷绌，不得已改设捐商厘局，以抵补关征。"① 在征收厘金之前，安徽省有两个税关：芜湖、凤阳。芜湖关又分为户关、工关，凤阳仅有户关。芜湖关位于长江沿岸，并位于长江支流、干流交汇处，主要征收长江沿岸的货物通行税；凤阳关则主要征收淮河两岸的货物通行税。

芜湖关的详细征收情况："沿江河港口岸，有金柱口收户关税；清、新庄二口收工关税；裕溪、泥汊二口兼收户、工两税。东河、内河、浮桥、下关、鲁港、□港、大信等处司稽察、巡查。"② 芜湖户关额税银 156919 余两，盈余银 73000 两，工关额税银 70146 两，盈余银 47000 两。凤阳关署设在正阳镇，距离寿州 60 里。凤阳关额税银 90159 余两；嘉庆九年（1804）起钦定盈余银 17000 两。③ 咸丰元年（1851）兵燹，关税征收被迫停止，光绪二年（1876），经巡抚裕禄奏明复设，于该年六月初一日重新起征。④

3. 杂税

杂税包括芦课、田房契税、典铺税、牙行杂税、花布牛马猪羊税、船税等。安徽杂税以芦课为大宗，安徽有芦地 3199701 亩，每年课银 50575 两。⑤

其次为田房契税。光绪《重修安徽通志》云："田房契税每两税银

---

① 沈葆桢修：《（光绪）重修安徽通志》卷七八《食货志·关榷》，光绪四年（1878）刻本。
② 冯煦主修，陈师礼纂：《皖政辑要》卷二九《关税》，黄山书社，2005 年版，第 327 页。
③ 参见谢国兴：《中国现代化的区域研究：安徽省（1860—1937）》，台湾师范大学历史研究所博士学位论文，1990 年，第 1~15 页。
④ 冯煦主修，陈师礼纂：《皖政辑要》卷二九《关税》，黄山书社，2005 年版，第 327 页。
⑤ 沈葆桢修：《（光绪）重修安徽通志》卷七八《食货志·杂课》，光绪四年（1878）刻本。

三分，每年尽收尽解，无定额。顺治四年定，凡买卖田地房屋必用契尾，每两输银三分有奇；康熙十六年增各省契税，安徽府州分别州县大小自五百两至百两不等。霍山、临淮、五河、怀远、定远、灵璧、虹县均无定额，尽收尽解。"①

典铺税"每典按年纳税银五两，增歇不一，各州县同。康熙三年题准当铺每年纳税银五两"②。

牙行杂税"每帖一张，税银四钱五分至一两不等，每年尽收尽解，各州县同"。花布、牛马、猪羊等税，"每两取税银三分，惟歙县之街口司、和州之裕溪司船税，合肥、庐江、巢县、凤台、六安、泗州、五河等州县商税，长淮卫牙税每年俱有定额，余皆尽征尽解，各州县同"③。具体来说，"歙县街口司巡检额征船税九百六十两有奇，每季以二百两归入地丁银下造报，以赢余银四十两有奇，归杂税下造报；合肥县每年额征商税银一十四两九钱九分二厘，余归地丁银下造报；庐江县每年额征商税银九两七钱七分；巢县每年额征商税银二两七钱三分，余归地丁银下造报；凤台县额征鱼税银九钱；和州裕溪司额征船税一百（零）八两五钱二分七厘；六安州每年额征商税银九十四两三分；……长淮卫每年额征牙税银四十两一钱"④。

茶税以"引"为单位课税。同治元年，两江总督曾国藩颁定新定茶引章程，每一百二十斤茶为一引。⑤ 光绪《重修安徽通志》载："安徽额销原额六万九千九百八十引，新增一万七千一百引，共八万七千八十引。又余引一万五千一百引，分发产茶之潜山、太湖、歙县、休宁、黟县、宣城、宁国、太平、贵池、青阳、铜陵、建德、芜湖、六安、霍山、广德、建平十七州县，凡有客商入山制茶，不论粗细，每担给一引，每引征纸价三厘三毫。"以后茶引数有所变动，在此不再赘述。⑥

4. 厘金

厘金是一种商业税，清政府从咸丰二年（1852）开始在苏北地区实

---

① 沈葆桢修：《（光绪）重修安徽通志》卷七八《食货志·杂课》，光绪四年（1878）刻本。
② 沈葆桢修：《（光绪）重修安徽通志》卷七八《食货志·杂课》，光绪四年（1878）刻本。
③ 沈葆桢修：《（光绪）重修安徽通志》卷七八《食货志·杂课》，光绪四年（1878）刻本。
④ 沈葆桢修：《（光绪）重修安徽通志》卷七八《食货志·杂课》，光绪四年（1878）刻本。
⑤ 沈葆桢修：《（光绪）重修安徽通志》卷七八《食货志·杂课》，光绪四年（1878）刻本。
⑥ 沈葆桢修：《（光绪）重修安徽通志》卷七八《食货志·杂课》，光绪四年（1878）刻本。

行，到19世纪50年代末，几乎在全国各地普遍推行。厘金分为两种：一种是引厘，即"通过税"，征收对象为行商；一种是坐厘，即交易税，征收对象为坐商，其税率是按价征收，"值百抽一"，故称为厘金。①

厘金的征收始于大臣胜保的上奏。"抽厘助饷，始自大臣胜保之奏，户部议准，请旨通饬办理。"② 安徽省一开始在皖江南北两岸设立盐、茶、牙厘各局，征收商税，以抵补关征。咸丰十一年（1861），两江总督曾国藩在安庆设立总局，专派司道大员管理。嗣后，于芜湖、寿州两地分设总局；光绪二年（1876），芜湖、凤阳两关重新征收关税，规定凡是设于各口岸的厘卡一律裁撤，但其余各厘卡与总局照常征收厘金。③ 经裁撤整理后，安徽省的厘卡有：

> 长江一带有四个正卡、八个分卡。正卡四个分别是：盐河、华阳、运漕、大通。分卡八个分别是：枞阳、罗昌河、荻港、石牌、中梅河、和州、凤凰颈、巢县。

> 皖南一带有正卡三个，分卡六个。三个正卡分别是：屯溪、湾沚、定埠。六个分卡是：街口、太白、倒湖、东门渡、马头、乌溪。

> 皖北一带有正卡三个，分卡八个。三个正卡分别是：六安、河尖、五河。八个分卡分别是：迎河集、霍山、两河口、颍上、三里湾、界首集、合肥、定远。④

> 最先设厘卡时，由卡员自给票据，所收之银，就近送营充饷，无可稽核，产生了很多弊端。设总局后，由总局刊发三联大票，饬添商人姓名、货物件数，并于骑缝中填写银钱数目。三联发票，一联给商人，谓之护照；一联随解款送查，谓之尾照；一联存卡，谓之存根。⑤

① 政协安徽省铜陵市、铜陵县文史资料研究委员会编印：《铜陵文史资料选编》（大通和悦洲历史变迁专辑），安徽省出版总社非字（86）第2065号，1986年版，第44页。
② 冯煦主修，陈师礼纂：《皖政辑要》卷三〇《厘金一》，黄山书社，2005年版，第339页。
③ 冯煦主修，陈师礼纂：《皖政辑要》卷三〇《厘金一》，黄山书社，2005年版，第339页。
④ 冯煦主修，陈师礼纂：《皖政辑要》卷三〇《厘金一》，黄山书社，2005年版，第339~340页。
⑤ 冯煦主修，陈师礼纂：《皖政辑要》卷三〇《厘金一》，黄山书社，2005年版，第340页。

具体征收的厘金有盐厘、茶厘、烟酒加税、土药额税、瓷器统捐、牙税、米捐等。以茶厘为例，安徽省的茶厘南北不同，皖南的茶厘由两江总督派员于屯溪设局征收，皖北的茶厘由六安之麻埠镇茶厘专局征收。茶以十斤为一篓，按篓抽厘，视销路之远近定征收的厘金数目，其中子茶视春茶减三分之一，老茶及茶末、茶梗，以每百斤征收厘金二、三百文不等。①

（二）商品流通基础设施建设管理

1. 确保道路的畅通

道路是经济发展的重要条件，也是经济发展的必要因素。道路直接关系到商品的流通、原材料的运输与人口的流动。清代统治者对道路的畅通较为重视，如顺治元年（1644）曾规定，地方官员应及时修理直省桥梁道路，若桥梁不坚固、道路不平坦，水路津要之处应建设桥梁而未建，相关官员将会被交部分别议处。乾隆十五年（1750）、十六年（1751）、二十六年（1761）、四十一年（1761）、四十五年（1776）、五十五年（1790），都下令各直省道路桥梁间有损坏者，地方官员应查明修理，以利行旅。② 在中央政府的重视下，清代安徽各地官员较热衷于桥梁道路的建设，在各地方志中，可以频繁看到各地官员修桥、修路的记载。以宁国府为例，济川桥位于宣城县城（宁国府城）泰和门外，隋开皇年间刺史王选建。"清康熙八年，宁国府知府孔贞来修；乾隆三年圮，署府祝宣、知县张大宗督士民方城、朱守益、周必英、季永钰、胡应标、许诚、叶兆芳捐募重建。"③ 位于宣城县城八里外的惠济桥初为浮桥，建于明弘治年间，"康熙癸丑，知府庄宏泰修；乾隆间渐圮，癸酉知府宋□、知县贵中孚捐俸倡募重修"④。泾县的浙西桥，距离泾县县城七十里，为泾县与旌德间的关津要道，明成化年间郑智祁建，"顺

---

① 冯煦主修，陈师礼纂：《皖政辑要》卷三〇《厘金一》，黄山书社，2005年版，第344～354页。

② 方行主编：《中国经济通史·清代经济卷》（中），经济日报出版社，1999年版，第1408～1409页。

③ 鲁铨、钟英修：《（嘉庆）宁国府志》卷一五《营建志·桥梁》，江苏古籍出版社，1998年版。

④ 鲁铨、钟英修：《（嘉庆）宁国府志》卷一五《营建志·桥梁》，江苏古籍出版社，1998年版。

治十年郑廷旦等重修；康熙间圮，旌德江日、安治、安尚建等重建"①。太湖县徐家嘴桥位于太湖城南四十里，"乾隆五年地方绅士捐输重建，名高桥，往来便之"②。

2. 疏浚水道

水运是清代安徽乃至全国的重要运输方式，河道也关系到城市经济的发展。清政府比较重视河道的治理，不仅划拨专门资金用于河道工程建设，还将河道的治理情况作为考核地方官员的一个标准，所以各级地方官员都比较重视河道的整治。③ 如清代和州的玉带河，从和州城穿城而过，由于河道淤塞，"乾隆中，州同何飞凤濬；同治初，知州游智开重濬"④。

3. 恢复和重建城镇市场

随着商品经济的发展，流通扩大，商品交易更加频繁，人们需要更多的交易场地。清代安徽的地方官府恢复或重建了一批市场。如天长县龙兴集，"原有民舍兵废，鞠为茂草。知县郑仁宪辟除成肆，远近交易称便"⑤。

清代对商品流通的基础设施建设，如修建桥梁、道路、河道、渡船、集市等，或由中央下达命令，各级衙门具体执行；或由民间提出要求，各地官府顺应民情设立；或由民间自行建立，朝廷批准。这些都表明清政府在商品流通的基础设施方面有政策、有管理、有倡导，起到了重要的管理职责。⑥

（三）治安和市场管理

清中期以后，安徽地方当局在商业繁荣、商旅辐辏、五方杂处的城市或市镇进一步加强治安和市场的管理。如繁昌县城中设有捕署，驻有

---

① 鲁铨、钟英修：《（嘉庆）宁国府志》卷一五《营建志·桥梁》，江苏古籍出版社，1998 年版。

② 王庭修，毕琪光纂：顺治《太湖县志》卷二《舆地志·津梁》，康熙二十七年（1688）刻本。

③ 张绪：《清代皖江流域的市场基础设施建设》，载于《安徽史学》，2008 年第 5 期。

④ 朱大绅修：《（光绪）直隶和州志》卷四《舆地志·山川》，江苏古籍出版社，1998 年版。

⑤ 江映鲲修：《（康熙）天长县志》卷一《疆域志》，康熙十二年（1673）刻本。

⑥ 方行主编：《中国经济通史·清代经济卷》（中），经济日报出版社，1999 年版，第 1421～1422 页。

县尉，其职责是"盖公廨以内有仓库、囚狱之责，巡视觉察，唯尉是问，外而城守街道，尉得兼行稽警"①。在清代，芜湖是安徽省的经济中心，商业发达，商旅众多，因此，芜湖县城内设有保卫营，以维护芜湖商业市场的秩序。民国《芜湖县志》载："光绪十九年，因市面不靖，商民筹款，请皖南道宪设立，招勇二百名，由道宪委任统带。"②

随着清代安徽市镇商品经济的发展，市镇人口增加，社会治安混乱，经济纠纷繁多，为了加强对这些市镇的管理，朝廷常向这些市镇派驻机构和官员进行治理，其中以巡检司最为常见。如前文所述，清代安徽设有巡检司65处，大部分驻在商业繁荣的市镇或关津要道上，其主要职责是缉捕盗贼，处理经济纠纷，维护社会秩序。如桐城县枞阳镇位于"县东南一百二十里，商民萃聚，旧置长河河泊所，寻裁。今改置马踏石巡检于此"③。含山县运漕镇"在县南八十里，地临大河，上通巢湖，下接大江，民居稠密，商贾辐辏，本朝乾隆三十五年宁国府照磨改设巡司于此"④。一些关津要道上的市镇还有官兵驻守。如清代望江县华阳镇位于"邑东南十五里，江口有水汛，操标兵守之"⑤。芜湖县鲁港镇在县西南十五里，"为汛防要地"⑥。官方机构及军队的进驻一定程度上促进了市镇商业的发展。然而，由于官兵贪赃枉法，吏治腐败，在实际的管理运作中，商人往往很少享受到政府的保护。扰累商民是经常发生的事情，处于民不究，官不管的状态。多数商人常常忍受勒索，不敢告发；有时虽有商人举报，但官员敷衍了事，举报也无用。⑦

（四）城市与市镇灾害预防应急管理

清代安徽各级市场的安全隐患主要有三个：首先，商品流通多以水运为主，暗礁成为水运的一大威胁，一些船队由于对河道不甚了解，船

① 曹德赞原本：《(道光)繁昌县志》卷三《营建志·公署》，江苏古籍出版社，1998年版。
② 余谊密修：《(民国)芜湖县志》卷二一《武备志·兵制》，江苏古籍出版社，1998年版。
③ 陶澍等修：《(道光)安徽通志》卷二六《舆地志·关津》，道光十年（1830）刻本。
④ 穆彰阿等纂：《(嘉庆)重修一统志》卷一三一《关隘》，商务印书馆，民国二十三年（1934）刊本。
⑤ 郑交泰等修：《(乾隆)望江县志》卷二《地理·乡镇》，江苏古籍出版社，1998年版。
⑥ 余谊密修：《(民国)芜湖县志》卷五《地理志·市镇》，江苏古籍出版社，1998年版。
⑦ 方行主编：《中国经济通史·清代经济卷》（中），经济日报出版社，1999年版，第1450页。

只很容易触到暗礁，导致沉船；其次，商业城市和市镇商品云集，多火灾隐患，一旦发生火灾，会给商家造成巨大的损失，影响当地市场的繁荣①；最后，安徽多水灾，突发的洪水会造成严重的生命财产损失。

为了应对暗礁威胁，地方政府在有暗礁的航道中设置航标来警示过往船只，一旦发生触礁事故，官方或民间所设的救生船和救生员能及时参与救援。康熙四十七年（1708），朝廷下谕工部，江河险滩处，地方官员应设置救生木桩，如不实行，从重治罪。② 可见政府对当时水运安全的重视。嘉庆《休宁县志》载："吴昂，字若千，侨居芜湖。大江西有隘矶，石骨嶙峋，水涨落不时，行楫误触，其害不测。邑人议造台矶上，用为标识，以费重迄无成议。昂谓众擎易举，道谋恐难成，乃白县官，独力建造，垒石为台，台上立庙建旗，经始于雍正六年十月，至八年三月落成。名其矶曰'永宁'"。③

鉴于火灾隐患，有的城镇成立了水龙局，购置消防设施，以便发生火灾时进行救火。民国《芜湖县志》载："水龙局，城厢一带设有十数处，均由各铺户捐赀购办机器水龙并各种救火器具，遇有火患同时驰往营救，颇称踊跃。大概夫工由店铺摊派，所有犒赏、担水等费，亦由店铺公认，并立有救火联合会，遇有险难，公同给予抚恤，毫无吝惜云。"④ 清末怀宁县有六个水龙局，分别是清平、保安、永逸、亿安、安定、咸宁，其中清平在西门外横坝头，清同治年间民立，保安在三步两桥，永逸在龙神祠，亿安在同安岭，安定在鸳鸯栅，咸宁在旧龙门口，均光绪年间民立。另外还有清真水龙局，一在大南门内清真寺间壁，清同治年间立，一在大南门外正街东巷，光绪三十四年（1908）立。⑤

对于水灾隐患，城市地方政府也采取了诸多预防措施，以保护市场的繁荣。贵池县城（池州府城）是当地一个重要的商品市场和集散地。但由于池州城周围多河流，屡遭水灾。每逢洪水，城内市场一片萧条。

---

① 张绪：《清代皖江流域的市场基础设施建设》，载于《安徽史学》，2008 年第 5 期。

② 陶澍等修：《（道光）安徽通志》卷首《圣祖仁皇帝诏谕》，道光十年（1830）刻本。

③ 方崇鼎、何应松等纂修：《（嘉庆）休宁县志》卷一五《人物·尚义》，嘉庆二十年（1815）刻本。

④ 余谊密修：《（民国）芜湖县志》卷一二《建置志·善堂》，江苏古籍出版社，1998 年版。

⑤ 朱之英修：《（民国）怀宁县志》卷四《官署》，江苏古籍出版社，1998 年版。

因此，池州府、贵池县的官员在贵池城周围营建和维修了不少堤坝（有的堤坝是清代以前就有的），以抵御洪水对贵池城的威胁，维护了贵池工商业发展的连续性。这些堤坝有：

> 翠微堤，位于城南，唐代修建，顺治中，池州知府颜敏修，嘉庆二十二年（1817）知府蔡炯、卢元璨捐修，"官民并受其福"。
>
> 青云堤，位于贵池城九华门外，长六百余丈，明朝筑，康熙初年知府朴怀玉重筑。
>
> 千柳堤，距贵池城五里。明兵备副使冯叔吉筑，知县王启棠修。清顺治中，知府梁应元修，复圮，知府颜敏重修。光绪五年知府张云汉重修。①

可以看出，贵池城的府、县官员为了消除洪水隐患，积极修建城池周围的堤坝，以抵御可能发生的洪灾。

二、官方特许的经济管理：牙人和牙行

牙人、牙行是中国封建社会商品交换活动中起中介作用的人和组织。他们主要通过中介和为买卖双方服务的活动，向所服务的对象抽取佣金，也称牙佣。他们的活动范围广，涉及行业宽，几乎遍及城市、市镇、集、场、墟的各行各业。②

牙行在中国历史上由来已久，牙人的产生最早可追溯到先秦时期。汉晋时期，牙人被称作"驵侩"。随着社会经济的发展，从唐代开始，牙人就有了牙郎、牙纪、市牙、牙侩、牙保等多种称呼。到了宋代，政府借助牙人来管理市场，牙人在市场上更为活跃。③ 明朝规定："凡城市乡村诸色牙行及船埠头，并选有抵业人户充应。官给印信文簿，附写客商、船户住贯、姓名、路引字号、物货数目，每月赴官查照。"④ 由此可见，政府实际上是利用牙行来管理商人的活动。

清代基本沿用了明代的牙行制度，政府批准设立牙行，"贸易货物，

---

① 陆延龄修：《（光绪）贵池县志》卷五《舆地志·水利》，江苏古籍出版社，1998年版。
② 方行主编：《中国经济通史·清代经济卷》（中），经济日报出版社，1999年版，第1311页。
③ 郑晓文：《试论明清时期的牙行》，郑州大学硕士学位论文，2002年，第1～3页。
④ 王圻：《续文献通考》卷三五《市籴》，现代出版社，1986年版。

设立牙行，例给官帖，使平准物价"①。又规定："凡城市乡村诸色牙行，及船之埠头，并选有抵业人户充应。官给印信文簿，附写客商船户住贯、姓名、路引字号、货物数目，每月赴官查照。"②"官帖""印信"相当于牙人的营业执照，帖内注明牙人姓名、经营范围、地点。"文簿"记载交易双方的姓名、籍贯、货物数量、往来地点，以备将来有据可查。对于牙行承充人的资格，清政府规定必须是富有者，因为"盖殷实则有产业可抵，良民则无护符可恃，庶几顾及身家，凛遵法纪，不敢任意侵吞，为商人之害"③。

　　清代安徽或由县衙门发牌示，招募牙行承充人；或由愿意经营牙行的人向州县衙门提出申请。申请时要填报承充人的姓名、籍贯、外貌特征、身家情况，并说明开设牙行的地点、经营商品的名称，申明自愿纳税，并附互保甘结，加盖印章。材料由县衙审核，再上报所在府衙，府衙向布政使司申报。布政使司审核后，经巡抚批准，上报户部备案。安徽省布政使司下发牙帖和批札，注明从某年开始缴纳牙帖税。牙帖经府衙、县衙，最后转交给牙帖承充人，收缴牙帖税、等级注册，手续才算完备。④

　　清代安徽城市和市镇基本都设有牙行，如嘉庆《合肥县志》载合肥"牙税银百七十七两八钱，牙行共百八十九户，内上则九十五户，每户完税银一两，中则七十六户，每户完税银九钱，下则一十八户，每户完税银八钱"⑤。宣城县"牙行税，有上中下三则，上则每名税银一两，中则每名八钱，下则每名五钱七分，每年额征银二百五十六两三钱五分"⑥。

　　具体来说，牙行的职能有：

　　第一，起中介、服务作用。牙人、牙行在商品交易中充当经纪人，

　　① 《清圣祖实录》卷二三八，台北华文书局，1969年影印本。
　　② 《(光绪)钦定大清会典事例》卷七六五《刑部·户律市廛》，中华书局，1991年版。
　　③ 《清高宗实录》卷一九五，中华书局，1986年影印本。
　　④ 方行主编：《中国经济通史·清代经济卷》（中），经济日报出版社，1999年版，第1313~1314页。
　　⑤ 左辅纂修：《(嘉庆)合肥县志》卷六《田赋上》，江苏古籍出版社，1998年版。
　　⑥ 鲁铨、钟英修：《(嘉庆)宁国府志》卷一七《食货志·田赋下》，江苏古籍出版社，1998年版。

撮合双方买卖，买卖成功后，可收取佣金。这类牙行多以商品命名，如油行、铁行、布行、茶行等。[①]

第二，牙行代替官府对市场进行管理。首先，牙行除了缴纳一定的牙帖税，还包缴该行业的税金，代商贩纳税；其次，牙行有平准物价、监督度量衡的职责；最后，牙行还要维护地方治安，对往来商人、船户、车户、脚夫实行管理，监督经济活动中的违法行为。[②]

下面以安庆的米行为例，说明清代安徽牙行的运作情况。

在旧社会，安庆是安徽省的政治、文化中心，商业、手工业比较发达，牙行也比较多。鸦片战争以后，帝国主义国家的商品大量侵入，我国的自然经济逐步解体。随着商品生产的发展和商品交换的扩大，安庆的各种牙行也更加活跃。由于安庆的商业较发达，牙行名目繁多，有粮行、米行、棉花行、山货行、水果行、纸行、竹木行、猪行、鸡鸭行、蛋行、鱼行、柴炭行、车行、船行、花轿行、茶行、荐头行、报关行、笆斗行、土膏行等。安庆的货物进出主要靠长江、内河的水运，因此，绝大部分牙行分布在西门外、东门外的沿江街道上。[③]

安庆的米行经营年代已久，但究竟始于何时难以查考。清代，在西门外广济桥、月字街一带，有王义发、三义太、东升、吴浴太、吴盛发等二十六家米行。在北门城口街至南庄岭一带，有亿丰、茂昌、永丰等十六家米行。城内平心桥则有同发祥、何永车两家。善公祠有三太一家。双井街有维生一家。在这段时间内共有四十六户老米行，开业、歇业变化不大。[④]

清末，安庆米行所领的牙帖是最低级的"小萝行"帖，期限一年或三年。米行的业务范围一般是陆路来的车推、肩挑、手提的售米的小商贩的米。怀宁县三桥、洪家铺等地的农民和米贩，用小船从内河运来零星布袋装的米也属米行的业务。米行不能直接在江边起卸客货。米行的

① 方行主编：《中国经济通史·清代经济卷》（中），经济日报出版社，1999 年版，第 1317 页。
② 方行主编：《中国经济通史·清代经济卷》（中），经济日报出版社，1999 年版，第 1329～1331 页。
③ 徐锦文：《安庆的牙行概况》，中国民主建国会安庆市委员会、安庆市工商联、政协安庆市文史资料研究委员会、《安庆文史资料》编辑部合编：《安庆文史资料》总第 14 辑，第 1～2 页。
④ 徐锦文：《安庆的牙行概况》，中国民主建国会安庆市委员会、安庆市工商联、政协安庆市文史资料研究委员会、《安庆文史资料》编辑部合编：《安庆文史资料》总第 14 辑，第 2 页。

量器长期以来是斛、斗、升。米行设备简单，有一所铺面的行屋，两套斛子、笆斗、秤，再准备客人烧饭的柴火，就能营业。绝大多数的米行没有资金，是"早上栽树，晚上乘凉"的"光蛋行"。全靠每天收入的佣金米养家糊口。上半年业务清淡时，有些米行还要借贷度日。[①] 仅有少数三两家米行有一部分资金，如月字街的王义发既开米行，又开粮行，约有几百担米的本钱。广济桥东升米行有一两百担米的流动资金可供周转。北门城口街亿丰米行也有几十担米在门口零售。客人在行中住宿，自己煮饭烧菜，行中仅供应柴火，夜晚睡的被子要客人付被租。米行的佣金只收卖客三分，不论米价大小，按客人米的数量，收取佣金米（一担米收三升斗）。客人进行后即先收佣金米。米行的老板多是怀宁县高河埠、三桥的人。北门一带的米行多是城郊的人开的。他们与卖米的客人有乡亲故里之谊，彼此很信任，因此来米行的卖客都是不接自来的老客。米行中除少数几家雇有个把职工外，多数米行都不雇工，靠家属在行中帮忙照料。米行的业务季节性很强，上半年青黄不接的时候是淡季，每天虽有米车子、米挑子进入安庆，可是数量不多。下半年新谷登场后，每天上市量都在千担以上，是米行生意旺盛的季节。[②]

安庆米的市场以内销为主，每天早市时米行的市场上买进卖出，熙熙攘攘。买米的顾客有安庆城内的糟坊、糕饼坊、炒坊、点心店等，有本城大米号派专人上米市进米，还有一些"米虫"（"米虫"是为米店服务的采购员。这是一种特殊的自由的职业，他们终年在米市市场里像"米虫"一样钻来钻去，所以称为"米虫"）。安庆城内一般的中、小米店都委托"米虫"为他们在米行进货，每户每月付给酬劳都在一担米以上。当"米虫"要具备一定的条件，要能识别米色，鉴定干潮和杂质多寡，能按质出价，还要随时掌握米市行情。在清代的安徽城市，"米虫"在市场上有一定的作用，一个"米虫"要给十家、八家米店代购米，也有安庆城内的老百姓来买他们日常吃的米。

每家米行都是老板自己站市，凭买卖双方当面按质叫价，成交后，

---

① 徐锦文：《安庆的牙行概况》，中国民主建国会安庆市委员会、安庆市工商联、政协安庆市文史资料研究委员会、《安庆文史资料》编辑部合编：《安庆文史资料》总第14辑，第3页。

② 徐锦文：《安庆的牙行概况》，中国民主建国会安庆市委员会、安庆市工商联、政协安庆市文史资料研究委员会、《安庆文史资料》编辑部合编：《安庆文史资料》总第14辑，第3~4页。

由行老板亲自过秤。米行老板是一手托两家，公平交易，买卖双方都信得过。过数后，由老板开个码单，交给靠行的搬伕，按买户地点送去交数，货款由卖客直接到买户店中或吃户家中收钱。所以，米行的交易手续非常简单，既节省了人力，也减少了开支。①

由于牙行在商品交易中发挥着重要的中介作用，也给牙行创造了欺骗、垄断的机会和条件。牙行的弊病主要是巧立名目，勒索高额牙佣；居中操纵，抬压物价；挪移诓骗，侵吞客货客本；欺行霸市，强买强卖。② 对于牙行的不轨行为，清代法律有相应的惩罚规定。对于未经官方备案，私自冒充牙行者，"杖六十，所得牙钱入官。官牙、埠头容隐者，笞五十，革去"③。

牙行作为商品交易的中介，促进了商品的流通，改善了销售渠道，对经济的发展有一定的促进作用，但清代安徽的牙行也有一定的弊端。首先，牙行制度的存在制约了自由竞争。因为商人贩运货物来市，必须带货投行，通过牙行联系买主，撮合生意，若自行与买主交易，向商号销售，则被视为非法。其次，一些牙行凭借定估货价的有利地位，施展代理人伎俩、操纵物价、把持市面、强截买卖、谋取暴利，侵害了商人与小商品生产者的利益。④ 有些城镇的乡绅联合起来设立"义集"（不设牙行，不征收牙帖税的城镇），以反对牙行的胡作非为。

三、民间自发的经济管理

清代官方对经济的运行虽有一定的管理措施，但这种管理是非常有限的，沿用的是农业社会的管理机制，有限的行政管理部门被设计成行政、军事、司法、文化等无所不管的部门。⑤ 费正清说过："中华帝国有一个不可思议的地方，就是它能用一个很小的官员编制，来统治如此众多的人口国家。"⑥ 由于各级城市政府人员有限，自然不可能像现在

---

① 徐锦文：《安庆的牙行概况》，中国民主建国会安庆市委员会、安庆市工商联、政协安庆市文史资料研究委员会、《安庆文史资料》编辑部合编：《安庆文史资料》总第14辑，第5页。

② 方方主编：《中国经济通史·清代经济卷》（中），经济日报出版社，1999年版，第1339页。

③ 田涛、郑秦点校：《中华传世法典：大清律例》，法律出版社，1998年版，第267页。

④ 郑晓文：《试论明清时期的牙行》，郑州大学硕士学位论文，2002年。

⑤ 陈亚平：《清代法律视野中的商人社会角色》，中国社会科学出版社，2004年版，第133页。

⑥ 费正清：《剑桥中国晚清史》（上卷），中国社会科学出版社，1993年版，第23～24页。

的城市那样设立专门的经济管理机构。清代城市政府没有专门的经济管理机构，官方对城市的经济管理零星、分散，且极其有限，在这种情况下，清代安徽乃至全国的商人、手工业者等纷纷自发组织管理自身的民间机构，如会馆、行会等。

（一）会馆

会馆是明清时期发展起来的一种都市中同乡或同行业的社会组织，它根植于商品经济发展、人口迁移和流动频繁的经济社会大环境中，具有整合流动社会的功能。会馆起源很早，汉代京师已有外地同郡人的邸舍，南宋时杭州有外郡人为同乡谋公益的组织，迄明、清更加盛行，一般以同乡（省、县）或同业为基础在京都或大商埠设立机构，主要以馆址房屋供同乡寄寓或同业聚会，是客籍人在异乡的一种群众性组织。其宗旨一般是防范异乡人或行外人的欺凌，并为同乡或同业内部的利益服务，排忧解难。①

清代安徽各级城市中外地人建立的会馆很多。省内的外地商人建立的会馆多以安徽省某府、某县的府名、县名作为名称；外省商人在安徽城市经商，建立的会馆多以外地商人所在省份的名称命名。六安作为皖西的政治、经济、文化中心，集市贸易繁荣，外省、县的商旅多喜来六安贸易侨居，因此，清代六安外省、府、县商人投资建立的会馆很多，具体有金陵会馆、徽州会馆、旌德会馆、泾县会馆、金斗会馆、江西会馆、山陕会馆、太平会馆、太湖会馆、湖北会馆、福建会馆。这些会馆主要供外省、府、县商旅住宿，也是客居六安的外省、府、县人经常聚会议事的场所。② 清代南陵县城内建立的会馆有庐和会馆（又称江北会馆）、湖南会馆、湖北会馆、泾太会馆、旌德会馆、江西会馆、同安公所、当涂公所等。③

清代芜湖乃安徽的经济中心，外地商人甚多，会馆自然也多了起来。民国《芜湖县志》载："徽州会馆，康熙间建，在西门内索面巷"；"山东会馆创自明季，在芜湖县城外下一五铺杭家山脚下"；"湖北会馆

① 政协南陵县文史办公室编：《南陵县文史资料选编》第5辑，1986年版，第94页。
② 政协安徽省六安市文史资料研究委员会：《六安文史资料》第1辑，第206页。
③ 政协南陵县文史办公室编：《南陵县文史资料选编》第5辑，1986年版，第94页。

• 173 •

在河北江口";"湖南会馆原建丹阳乡观音桥后禹王宫旧址，因兵燹毁，所有屋宇倒塌不堪，欲复原观，与市面窎远，交通不便，于同治五年丙寅由曾文正、彭刚直二公暨同乡官绅商学水路员弁捐资，另购西门外升平铺基地，重建会馆，门临大街，右抵状元坊巷，左抵自墙，前抵河沿，自修石码头，后抵状元坊横巷";广东会馆"即广东同义堂米业公所，在驿钱铺来龙里，光绪十五年由粤商米号筹资建筑，亦名广肇公所，以在芜业商者广州肇庆两府之人居多也";"潮州会馆在江口驿前铺，光绪十二年由潮商米号筹资建筑。潮人之商于芜湖也，以米为大宗……营建会馆一所，凡三重，前为正门，颜曰潮州会馆，内悬米业商会额，以明此馆为米商所建也"。①

会馆一般都具有祀神、办义举、团结同乡和同行、集议经商事务、提供住宿贮货等经商便利、与牙行斗争等功能，这些功能基本是出于促进会馆成员商业经营的目的。② 如在潮州会馆建立之前，在芜湖经商的潮州米商没有聚会地点而"常失权利"，会馆建立后情况有所改观。广东会馆在建完后，还特地"续购洋楼一重，为广东同乡会议之地"③，会议的内容无非为同乡维护权利、商业往来等。会馆还常常为同乡人处理除商业之外的事情，如芜湖的湖南会馆"嗣因湘人旅芜者日多，遇有死丧，运棺非易，购置义山八座"④。会馆还具有祀神的功能，通过祀神，把同乡或同业的人在精神上凝聚在一起，为共同的经济利益服务。如芜湖的潮州会馆"中为厅，祀天后圣母，后有楼，奉关圣帝君"⑤。

（二）行会

清代安徽的手工业、商业较发达的城市或市镇一般都有相应的行会组织。行会是官府与手工业者、商人之间往来的媒介，为行会的利益辩护。各行会会长均由本行中有声望的人担任，治理本行一切事务。各行业每年定期集会。做会时，供奉本行业创始人"神"像。如创始人有庙

---

① 余谊密修：《民国芜湖县志》卷一三《建置志·会馆》，江苏古籍出版社，1998年版。
② 方行主编：《中国经济通史·清代经济卷》（中），经济日报出版社，1999年版，第1265页。
③ 余谊密修：《民国芜湖县志》卷一三《建置志·会馆》，江苏古籍出版社，1998年版。
④ 余谊密修：《民国芜湖县志》卷一三《建置志·会馆》，江苏古籍出版社，1998年版。
⑤ 余谊密修：《民国芜湖县志》卷一三《建置志·会馆》，江苏古籍出版社，1998年版。

宇供奉的，即到庙里做会，敬香祭祀。祭毕，饮宴议事。这些行会曾反抗过封建统治者残酷的压迫与剥削，维护同行人的利益，但也具有垄断性，排斥无师自学，反对外地来做工或开业的同行人。外地人如打算在本地开业，必须办酒请客，重新投师，馈送厚礼，才不致受他人的刁难。[1]

如清代南陵的行会有：

轩辕会，南陵裁缝业的行会，供奉轩辕氏，每年以轩辕的生辰——农历九月十六日为会期。轩辕会由理事长处理本行业的一切事务。

鲁班会：南陵泥、木、石、雕等手工业者都供奉鲁班，每年鲁班的生日（农历五月初七）聚会。每到会期，设宴焚香祭祀，会长由会员推选，为同行业人服务，会费公摊。

雷公会：南陵县城内酱豆业、糟坊、砻坊、糖坊、酒馆等行业的行会，尊雷祖为师。每年农历六月二十四日为会期。届时大办酒宴，同业者赴财神庙雷祖像前烧香叩拜。[2]

罗祖会：理发业的行会组织，尊罗祖为师，每年农历三月初三为罗祖会期。会期前一天，城关所有理发员都集中在会首指定的地方（大屋），悬挂罗祖神像，准备祭品和酒席。傍晚，会首率众人烧香跪拜，谓"暖寿"。次日正期，在神像前摆祭品，燃烛烧香，跪拜祭祀，祭毕，摆烟茶糕点招待与会人员，研讨本会事务和推选正副理事长等各项事务。

盲人协会：清代各地盲人学算命营生，他们自觉组织起一个盲人协会，尊王禅老祖为师，每年农历三月初三和九月初九为会期。期至，各地盲人纷纷至会长指定的场所做会。会员纷呈平日算卜情况，如越行规，轻者罚跪，重者挨打。

老君会：金、银、铜、铁、锡五匠都尊李老君（即老聃）为师。每年农历二月十五日为会期，时至，五匠齐集，做会仪式与其他会大致

① 王英：《南陵旧时行会概况》，政协南陵县文史办公室编：《南陵县文史资料选编》第6辑，1987年版，第127页。

② 王英：《南陵旧时行会概况》，政协南陵县文史办公室编：《南陵县文史资料选编》第6辑，1987年版，第128页。

相同。①

药王会：中医和药剂员均尊唐代名医孙思邈为药王，并奉其为祖师。药王诞辰是农历四月二十八日。每年这一天为药王会期，同业人员集会敬神，设宴庆祝。②

商业、手工业各种行会都有自身的行规，如清代安庆米业的买卖在太平天国运动以前井井有条，乡民进城售米须经过米行，"凡乡民入城售米，无论肩挑车载，任客投行，卖完每石完纳行用钱百二十文，买者买完，亦各有埠头，毫无争夺"。自从太平天国运动过后，乡民进城售米往往以"系完钱粮之米"进行推诿，不经过米行而自行销售，借以逃避赋税。这就导致安庆米行的生意冷淡异常，"陪累厘税、房租、人工、食用"。如果"积弊不除"，其后果是"帖成废纸，行成废业"。当时安庆市贴出了米行整顿的告示，规定陆路粮食买卖必须经过米行，价格统一，交易公平，不准私自买卖，致使厘税丧失，还规定"嗣后车运肩挑米麦入境，务宜一律由行售卖，不得贪图渔利，勾引背行私售，以致扰乱行市，隐漏厘税。自示之后，倘敢仍蹈前辙，一经查出，或被该行户等指禀赴县，定即提案严究，决不姑宽"。③

四、商会与近代工商业管理

在清代前中期，安徽省和全国大部分地区一样，以小农业和家庭手工业相结合的自给自足的自然经济为主体。这种经济必然会阻碍社会分工和商品交换的发展，因此，清代前中期，安徽乃至全国的城市或市镇的商品经济都不甚发达。1840年鸦片战争后，列强入侵，不但控制了沿海、沿江，而且深入内地和农村倾销洋货，造成中国传统的封建自然经济的解体，使部分农民和手工业者破产，一部分人被迫转向零售商业，一定程度上促进了安徽近代商品经济的发展。④ 随着清末商品经济

---

① 王英：《南陵旧时行会概况》，政协南陵县文史办公室编：《南陵县文史资料选编》第6辑，1987年版，第129页。

② 王英：《南陵旧时行会概况》，政协南陵县文史办公室编：《南陵县文史资料选编》第6辑，1987年版，第130页。

③ 转引自彭泽益主编：《中国工商行会史料集》（下册），中华书局，1995年版，第734页。

④ 许风益：《繁昌县旧商会概况和解放后工商联的建立》，政协繁昌县文史资料委员会：《繁昌文史资料》第7辑，第96页。

的发展，安徽各城市和市镇的商业日渐兴隆，商户日渐增多。为了反对殖民主义的压迫和封建势力的剥削，维护自身利益，很多地方的商户纷纷建立了自己的组织——商会。

安徽省建立商会之初，各个地区自成体系，每个城市或市镇各自管理（县城商会只管理县城的商户），互相并无联系，属民间组织。人员组成是五至七人，设会长一人，其余均为董事。这些人都是从该地较大的商户而又有声望的人士中推选产生的。会长和董事均有职无薪，商会内部只聘用一至三个给薪的工作人员，费用由该商会各商户分摊。[1]

清末，为"振兴实业，维持公益"，建立安徽全省的商会体系势在必行。光绪二十四年（1898），安徽巡抚邓华熙奏设安徽商务总局。光绪二十九年（1899），商部奏定商会简明章程26条，咨行各直省切实举办。在安徽省商务总局的劝谕下，省城安庆内外的各行商董首先设立安庆商务总会，并于芜湖、正阳各设总会一处。各州县设立分会，就近隶属总会。安庆商务总会设在省城安庆，可以与商务局直接联系，为当时安徽省商会之枢纽。光绪三十四年（1908），安徽巡抚冯煦奏设劝业道，将商务局归并。[2] 兹将清末安徽各处所设的商会总会、分会及总理、协理衔名、开办年月列为表3—7：

表3—7　清末安徽城市商会[3]

总会、分会	总理、协理	设立时间
安庆商务总会	宋德铭、胡远勋	光绪三十四年三月
芜湖商务总会	李矩、巫祖楷	光绪三十四年十月
正阳商务总会	方皋、王丙先	光绪三十四年二月
桐城商务总会	方祖健	光绪三十四年十二月
歙县商务总会	鲍振炳	光绪三十四年十月
黟县商务分会	余毓元	光绪三十四年十二月
宁国府商务分会	俞世寿	光绪三十四年五月

---

① 许风益：《繁昌县旧商会概况和解放后工商联的建立》，政协繁昌县文史资料委员会：《繁昌文史资料》第7辑，第96~97页。

② 冯煦主修，陈师礼纂：《皖政辑要》卷九一《商会》，黄山书社，2005年版，第846页。

③ 冯煦主修，陈师礼纂：《皖政辑要》卷九一《商会》，黄山书社，2005年版，第846~847页。

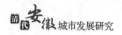

续表3-7

总会、分会	总理、协理	设立时间
贵池商务分会	方汝金	光绪三十四年五月
东流商务分会	林正春	光绪三十四年五月
繁昌商务分会	杜维禧	光绪三十四年十二月
合肥商务分会	王德熙	光绪三十四年十二月
巢县商务分会	杜琛	光绪三十四年十一月
定远商务分会	方璧	光绪三十四年十月
宿州商务分会	周召棠	光绪三十四年十二月
临淮商务分会	何锦玉	光绪三十三年三月
霍邱商务分会	扈开忠	光绪三十四年十一月
建平商务分会	汪盈科	光绪三十四年十一月
全椒商务分会	汪绍禹	光绪三十四年十月
和州商务分会	王步云	光绪三十四年十一月
六安商务分会	吕烈钰	光绪三十四年十月
霍山商务分会	吴兆矞	光绪三十四年四月
天长商务分会	宣□	光绪三十四年九月

　　清末安徽省建立的商会有如下职能：第一，批准本地商民的开业、转业、歇业；第二，会同同业公会对本行业主要物资价格进行审议；第三，评议商户正常税收和杂捐的摊派；第四，代表本地商民与当局及有关方商谈各项税、捐负担，发动商民抵制不合理的苛捐杂税；第五，在保护商民合法利益的同时，对影响较大的不法商人适当处罚，以取得全体商民的支持；第六，调解同业公会之间、商民与商民之间，佃工与雇主之间的纠纷。①

　　清代安徽的经济管理有着比较明显的阶段性。鸦片战争以前，官方的经济管理以征收赋税为主，一定程度上参与了市场基础设施建设、治安和市场秩序管理、市场灾害应急预防等方面的事务。然而，由于清朝

---

　　① 许风益：《繁昌县旧商会概况和解放后工商联的建立》，政协繁昌县文史资料委员会：《繁昌文史资料》第7辑，第97页。

的城市行政人员有限，一直没有管理经济的专门机构，在安徽城市的经济管理中，民间自发形成的组织如行会、会馆等发挥了重要的作用。鸦片战争以后，西方势力的入侵客观上促进了安徽城市商品经济的发展，清政府加大了对经济的管理，如设立劝业道以及相关机构，另外在官方的支持和扶植下建立了安徽商务总会以及遍布全省各主要城市的商会系统，从而使官方管理在安徽城市经济运行中的作用越来越大。

综观清代安徽城市的治安、经济管理，在清代前中期，由于长期没有专门的、完善的管理机构，各级行政长官均要负责民政、财政、司法、军事、文化教育等多方面事务。如前文所述巡抚的职责是"掌管宣布德意，抚安齐民，修明政刑，兴革利弊，考核群吏"①；而知府为一府的最高行政长官，掌管一府之内包括其所属州县之内所有的行政、司法、财政、民事等诸多事务；知县掌一县治理，决讼断辟，勤弄赈贫，讨滑除奸，兴养立教。凡贡士、读法、养老、祀神，靡所不综。② 因此"教化万民、催科田赋、确保治安"就成为各级城市行政长官的主要工作。③ 如财政方面，清代国家与地方财政的主要收入是征收租税，就是所谓的"国课"。府城内设有钱粮柜，直属县署设有分柜，城市的行政长官对钱粮的征收负主要责任。至于城池的修建和守卫、文化教育等事务，城市最高行政长官更是责无旁贷。在这种情况下，一方面地方行政长官事无巨细，不可能面面俱到；另一方面也造成行政效率低下，容易滋生腐败。如清代凤台县城的县衙审理一件案子，无论刑事还是民事，从原告提出诉讼到审判结束，动辄需要数月，甚至经年。这期间买状纸、写状子、誊状子，要经过层层衙门，递状子更不用说了。在这以后候批、候审更需要相当长的时间。每一道程序都要听凭当差官吏敲诈勒索。倘若寻找门路，行使贿赂，那诉讼的当事人更逃不出破产的痛苦。而监狱更是黑暗，狱吏们可以任意使用刑具，进行敲诈勒索，不填满欲

---

① 赵尔巽等撰：《清史稿》卷一一六《职官志·外官》，中华书局，1977 年版，第 3348 页。
② 赵尔巽等撰：《清史稿》卷一一六《职官志·外官》，中华书局，1977 年版，第 3356～3357 页。
③ 张朋园：《中国现代化的区域研究：湖南省》，"中央"研究院近代史研究所，1983 年版，第 52 页。

鍥绝不罢休。① 清末，安徽城市的治安和经济管理状况有了较大的变化。在治安管理方面，各城市相继建立了警政，算是有了较为专门的治安管理机构；在经济管理方面，随着各城市大大小小的商会的建立，官方对城市的经济管理有所增强。由于清末中国已沦为半殖民地半封建社会，国力衰弱，政局动荡，安徽各城市在治安、经济管理方面依旧混乱，进步不大。

---

① 史蕴光：《凤台史料点滴》，政协凤台县委员会文史资料研究委员会：《州来古今》第 1 辑，安徽省出版局非出字 2024 号，1984 年，第 16 页。

第四章 清代安徽城市的经济

清代安徽城市经济经历了一个曲折发展的过程。在清代前中期，安徽地区的城市经济依然沿着传统的步伐前行，城市腹地农村仍以小农经济为主。随着清初一系列发展农业生产的措施的施行，安徽地区农业、手工业发展较快，促进了城市商品经济的发展。鸦片战争以后，中国进入半殖民地半封建社会，西方势力逐步入侵安徽地区。随着芜湖的开埠通商，以芜湖为首的安徽城市经济发生了较大的变化。清代安徽城市的货币具有多元性，典当业、钱业有一定的发展。到了晚清，新式银行开始在安徽城市出现。清代安徽城市中徽商的兴衰与城市的发展关系密切。

第一节 清代前中期安徽城市的经济

清代前中期，安徽地区的城市经济依然沿着传统的步伐前进。建省以后，安徽仍是以小农经济为主的自然经济，男耕女织，自给自足。随着政治的稳定，以及统治者较为有效的措施，清代前中期的安徽城市经济有了一定的发展，主要表现在粮食产量增加，经济作物播种面积增加；手工业发展较快；城镇的商品交换活动日趋兴盛。

一、清代前中期安徽农业的发展对城市的影响

农业的发展和城市之间有着重要的关系。农业为城市人口日常生活提供必要的粮食等物资，为城市工业的发展提供原料，从一定意义上说，城市腹地农村为城市提供的粮食数量决定着城市的人口规模。所以

探讨清代前中期安徽的城市经济必须从农业开始。

（一）清代前中期安徽农业的发展

安徽是农业大省。清代，开荒垦殖间有推展，到康熙六年（1667）安徽建省时，全省耕地已达3300万亩，嘉庆十七年（1812），全省耕地面积增加到4144万亩。雍正元年（1723），清政府推行"摊丁入亩"的赋税改革，即把全国征收的田赋和丁税总额固定下来，分摊到熟田，滋生人口，永不加赋，安徽与江苏省于雍正五年（1727）首批推行。这一改革废除了人头税，放松了对农民的人身控制，减轻了贫苦农民的负担，有利于休养生息，也有利于垦荒耕植。随着耕地面积的扩大，粮食产量也在逐步增加。①

就粮食作物而言，安徽地区主要种植水稻和麦子。水稻是安徽最为重要的粮食作物。安徽的南半部属于水稻产区，淮河以北主要生产小麦。具体来说，皖南各县山多田少，所产稻米不敷当地人食用。《民国歙县志》载："徽州府属山多田少，所出米谷及年岁丰稔亦仅供数月，民食每每仰给邻省江西、浙江等处贩运接济。"② 歙县"田少民稠，商贾居十之七"③，而池州府的情况也大同小异，"池州山多田少，境内所产，无居民半岁之粮，日仰给楚、豫、皖、桐以为食"④。皖南稻米产量不足，很多当地人外出经商谋生，徽商得以产生。很多徽商聚集在安徽大小城镇进行商业贸易，促进了城市工商业的繁荣。安徽的主要稻米产区为中部一带的长江冲积平原，这里的地形、土壤、气候都极适合水稻种植。这一地区生产的稻米除供农民食用外，很大一部分成为商品，由芜湖港运往外地出售，这也使芜湖米市在明清时期就很繁荣，清末，芜湖一度成为中国最大的米市。从某种程度上说皖中长江冲积平原地区的稻米生产促进了芜湖米市乃至整个芜湖商业的繁荣，加速了晚清芜湖城市的发展。

---

① 安徽省地方志编委会编：《安徽省志·总述》，方志出版社，1999年版，第185页。
② 《惠济仓题疏》，石国柱、楼文钊修：《民国歙县志》卷一五《艺文志·奏疏》，江苏古籍出版社，1998年版。
③ 石国柱、楼文钊修：《民国歙县志》卷一《舆地志·风土》，江苏古籍出版社，1998年版。
④ 漆日榛修：《贵池县志》卷五《舆地·水利》，道光二十六年（1846）刻本。

经济作物方面，清代安徽有茶、麻、油菜、烟草、棉花、丝、花生等，其中以茶为最重要。安徽的皖南地区与皖西的六安地区盛产茶叶。皖南徽州所产茶叶多为绿茶，集中到屯溪加工后出口，故称为"屯绿"。皖南绿茶的生产、制作和销售，促进了城镇手工业、商业的繁荣。休宁的屯溪镇在清代可以和休宁县城媲美，茶叶的种植、生产和销售无疑起了重要的推动作用。和皖南一样，皖西也盛产茶叶，六安的茶叶自明代起就被作为贡品，到清代每年入贡七百斤。皖西的茶叶多数集中于六安，再转销省内外，一部分茶叶出口到海外。[①]

（二）清代前中期安徽农业的发展对城市的影响

清代前中期，由于全国政局的稳定以及政府政策的刺激，安徽地区的农业有了较大的发展，相应地也促进了安徽城市的发展。

首先，粮食产量的增加和粮食商品化程度的提高为城市人口的增加创造了基本条件。城市发展的主要表现之一就是人口的增加。城市人口的粮食供给基本靠农村供应，而城市人口的增加很大程度上取决于农村的"余粮率"（除去农村人口消费的农村剩余粮食与粮食总产量的比率）。安徽的粮食作物主要是米粮和麦类。安徽沿江平原地区是主要的产米区，境内的淮河中游平原是主要的产麦区。清代前中期安徽的稻米和麦类的产量基本无资料可查，但从芜湖和合肥的发展可以看出清代前中期安徽粮食生产的概况。芜湖位于安徽沿江平原的主要稻米产区，这一有利的农业地理条件为芜湖人口的增加提供了基本的口粮基础；合肥位于淮河中游平原，附近盛产麦类，这也为合肥在清代前中期的发展提供了粮食保证；而皖南地区多山，田少民稠，粮食多不敷当地之用，不足的口粮多从外地购入。如前文所述，从地域上可以将安徽城市分成三个城市带：淮河流域城市带、皖江城市带、皖南城市带。淮河流域城市带有核心城市合肥，皖江城市带有核心城市芜湖和安庆，而皖南地区却没有发展出具有绝对优势的核心城市。这固然和皖南地区多山、交通不便有关，但粮食产量的不足也是皖南在清代前中期难以发展出大城市的重要原因。

---

① 杨大金编：《现代中国实业志》，商务印书馆，1938年版，第746页。

其次，清代前中期的粮食、经济作物的生产为城市手工业的发展提供了生产原料。清代前中期，安徽城市依然属于传统的农业城市，城市工业还是传统的手工业，以粮食作物和经济作物为主要原料。清代前中期芜湖的碾米业已经很发达，这和芜湖附近生产稻米有很大的关系；皖南地区的农业经济作物中以茶叶最为著名，产量大，名茶多，因此皖南地区城市的制茶业较为繁荣，其中以屯溪为最。

最后，清代前中期，随着安徽境内长江沿岸平原一带农业的发展和粮食商品化程度的提高，一部分农民进城务工，为安徽城市的手工业提供了劳动力，促进了城市人口的增加、商业和手工业的发展。清代前中期芜湖碾米业兴盛，从事碾米业的多是附近农村的农民，他们有的长年累月在城市务工，有的农闲时到城里打短工。

二、清代前中期安徽城市的商业

"城"与"市"的结合在中国是很久远的事。"城"是城堡，具有防御功能；"市"是市场，是交易和交流的场所。古代"城"和"邑"常在一起用，邑通常指居民点，有城有市之邑即为城市。大部分城市不能脱离"市"而存在，城市是最早培育商业和市场的场所，城市商业是最古老成熟的商业形式之一。城市之所以离不开商业，是因为城市自身就是一个"市"。[①] 在商品经济还没有萌芽的时候，城市的出现给商业的形成提供了必要的条件。大量非农业人口尤其是纯消费人口的聚集，使消费品的供求关系频繁产生。在人口较多的城市，没有专门的商业组织供给是难以想象的，而且商业的规模不会太小，所以在商品经济不甚发达的封建社会，却形成了一种颇为发达的市场形式——城市市场。[②]

安徽市场形成很早，淮河流域又先于长江流域。早在春秋战国时期，淮河流域就已经出现了亳县的乾溪、城父，凤阳的钟离，楚都寿春（今寿县）等商业集市。据寿县丘家花园出土的楚怀王六年（公元前323年）所铸的"鄂君启金节"铭文所载，当时寿春的贸易已远达湖北、湖南、江西，水路来往船只多达150艘，陆路贸易的车辆也有50

① 隗瀛涛：《中国近代不同类型城市综合研究》，四川大学出版社，1998年版，第7页。
② 隗瀛涛：《中国近代不同类型城市综合研究》，四川大学出版社，1998年版，第8页。

辆，可见贸易规模已经不小。由于农业、手工业和商业的发展，城镇逐步兴旺，城镇的功能和性质也由单纯的军事防御和政治性的方国城堡逐步发展出物资集散、商业贸易等多种功能。如亳州境内的乾溪和城父、凤阳境内的钟离、巢县的橐皋（即今柘皋）以及寿县的寿春等。其中寿春曾为楚都，亳州曾为商都。[①]东汉末年、西晋后期和南宋时期，中国曾发生过几次大规模的北方人口南迁，促进了沿江和皖南地区的经济发展。沿长江的芜湖、安庆、皖东南的宣城以及新安江畔的屯溪等都逐步发展为商业都市。[②]

便捷的交通是商业繁荣的前提。安徽东界江浙，南界江西，西界湖北，北界河南。安徽与周边省份的交通分水路和陆路。安徽襟江带淮，南北诸水交流而错汇，但是陆路多山谷，颇为崎岖，通行艰难，所以安徽与周边省份的商业往来大多是通过水路。在铁路开通之前，陆路交通对安徽的商业发展而言没有水路重要。长江和发源于大别山的淮河均穿过安徽省，因而安徽水路最重要的为长江干支流，淮河的航运价值次之。

首先看长江航运。长江干流自湖北黄梅、江西彭泽流经安徽境内，沿江各州县的货物由内河运抵长江干流港口销往省内外。长江干流南岸的港口有东流之河口、贵池之黄湓、铜陵之大通、繁昌之荻港、芜湖之大关、当涂之金柱关，宁国府、池州府、太平府、广德州的货物经由长江各支流运抵上述长江干流港口，再经长江干流销往江苏；长江干流北岸的港口有望江之华阳镇、怀宁之盐河、桐城之枞阳、和州之裕溪，凡安庆府、庐州府、滁州、和州等地货物经各长江支流运抵这些口岸，再经由长江销往省外。

其次是淮河航运。淮河从河南的睢宁、沈丘东南流入安徽省。淮河北岸支流较多，最大的是沙河和涡河。沙河从河南之朱仙镇东南流至界首进入安徽境内，经阜阳、颍上等县，至正阳关对岸之八里垛注入淮河干流。涡河流经亳州、涡阳、蒙城、怀远，至凤阳之临淮关注入淮河。淮北各州县的货物主要通过涡河、沙河运往淮河，经由淮河运出省外。

---

① 程必定：《安徽近代经济史》，黄山书社，1989 年版，第 8 页。
② 程必定：《安徽近代经济史》，黄山书社，1989 年版，第 9 页。

淮河南岸支流相对较少，淠河最为出名。淠河在正阳关注入淮河，淮河以南诸州县的货物经由淠河等南岸支流运抵淮河。

还有其他出省航道。长江、淮河为安徽最重要的水路通道，但是除了长江、淮河，安徽省内还有若干条较小的河流通往省外。在这些河流中，皖南的有徽河、祁河、婺河。皖北则有英山之鸡鸣河。徽河又称新安江，起黟县之鱼亭，过休宁之屯溪，至歙县之街口，最终抵达浙江之淳安，其下游为钱塘江。祁河又称大洪水，起祁门县城，西南流至倒湖，达江西之景德镇。婺河起于江湾，向西南流过婺源县城，至太白达江西之平乐，又东流与祁河会合，过饶州入鄱阳湖。①

清代前中期，随着农业、城市手工业、交通的发展以及城市人口的增加，安徽城市的商业有了一定的进步。本节将安徽的城市分成三个区域来分别加以说明：淮河流域城市、长江沿岸城市、皖南城市。

（一）清代前中期安徽城市的商业发展

1. 淮河流域城市的商业发展

淮河流域在历史上开发得较早，原是安徽经济最发达的地区。倚靠淮河流域干支流便利的水路交通条件，淮河流域城市的商业较为发达。到了清代，淮河流域地区的城市商业有了一定的发展，农产品与家庭手工业产品是这一区域城市商业贸易的主要内容。

1）合肥的商业发展

早在夏商时期，江淮之间出现了一些部族小国，其中"庐国"便建立在以合肥为中心的地带。春秋末期，长江下游的吴国兴起，大举西进，与楚国争夺淮右。在战争间隙，吴楚商人进行物品交换日益频繁。合肥正当吴头楚尾之会，居吴楚之要冲，逐渐发展为军事重镇和商业中心。最初是以供应交战双方的军粮为主，以后品种越来越多，有从吴国运来的海产，其中以鲍鱼为珍品；从楚地运来的木材，以枫、楠、樟等木为名贵；还有从西方来的皮革，为制作盔甲盾牌和剑鞘的材料。到了西汉，合肥的商业愈加繁荣，由集镇建制上升为县，为扬州所领的十五县之一，成为帆樯云集、贾客喧哗的热闹城市。合肥建城已有2000多

---

① 冯煦主修，陈师礼纂：《皖政辑要》，黄山书社，2005年版，第849~850页。

年的历史，秦并六国建立郡县制时即设合肥县，属九江郡。隋置庐州府于合肥。清咸丰三年（1853）至同治元年（1862），合肥曾为安徽省临时省会。[①]《史记·货殖列传》载："合肥受南北潮（湖），皮革、鲍、木输会也。"清代合肥腹地农村以农产著称，年产稻米50万石，产麦约10万石，每年可出菜油1000石，除本地消费外，均对外销售。合肥的商业多为米麦经营，每年在合肥集中的稻米约有100万石，清嘉庆《合肥县志》载："谷米之出入，竹木之栖泊，舟船径抵县桥，或至郡邑署后，百货骈集，千橹鳞次，两岸悉列货肆，商贾喧阗。"[②]清代合肥城内商业较为繁荣，当时的古楼桥（现宿州路中段）一段一直是闹市中心。商店自北顺街至东大街（现淮河路）和西大街（现安庆路）。东门外坝上街主要是粮食、竹木及土特产品行、店。西门外二里街则是牲畜、柴草行业。个体卖猪、牛肉、家禽和其他副食品，大多分散在人流集中的街头巷尾。[③]

　　2）亳州的商业发展

　　亳州商业历史悠久，春秋时期即为联系楚、宋、鲁等国的商业集散地之一。唐代亳州为天下"十望"州府之一。北宋亳州成为南北货物集散地，土产绉纱设有专柜买卖。在近代津浦、陇海两线铁路尚未通车之前，临近涡河的亳县成为皖北地区的交通枢纽之一。清代亳州商业发展到鼎盛时期，成为苏、鲁、豫、皖四省的物资集散地，被誉为"小南京"。[④]"亳固江淮间一都会，北达秦晋，南通关陕，其治之北部，涡水环之，百货所集，富商大贾咸聚于此。"[⑤]清代全国兴起三大药会，即禹州会（今河南禹州）、祁州会（今河北安国）、亳州会（今安徽亳州）。作为当时全国三大药会之一，亳州已经成为一个药材集散地。清末，亳州城内做药材生意的占了里仁街、纸坊街、老花市三条大街，共有数十家铺面。而顺城街、大有街、马厂街、熟皮坑两旁，家家户户都做白芍

---

① 安徽省地方志编纂委员会：《安徽省志·商业志》，安徽人民出版社，1995年版，第198页。
② 左辅纂修：《（嘉庆）合肥县志》卷三五《集文》，江苏古籍出版社，1998年版。
③ 安徽省地方志编纂委员会：《安徽省志·商业志》，安徽人民出版社，1995年版，第198页。
④ 亳州市地方志编纂委员会编纂：《亳州市志》，黄山书社，1996年版，第234页。
⑤ 钟泰修：《（光绪）亳州志》卷三《关津·永清桥碑记》，江苏古籍出版社，1998年版。

生意。①

在清代的亳州城内，涡河北岸为商业区，有大小街巷 90 余条，俗称 72 条街、36 条巷。两河沿岸皆有十里长街，涡河以北为董家街，涡河以南为顺河街。亳州商行的最大特点是，同类店铺集中在一街一巷经营。如竹器有竹货街、爬子街、筛子市，制铜有打铜巷，布匹有白布大街，牲畜有牛市、羊市、驴市、猪市等街巷，纸张有纸坊街，衣帽有估衣街、帽铺街，瓷器有瓷器街等。城内会馆林立，以各省市命名的会馆有 30 余所。②

清代前中期亳州商业之发达还表现在商品种类多。当时亳州城内粮坊有 120 余家，糖坊、杂货店各 100 多家，药材行店 90 余家，京货、广货店 30 多家，干果、麻、茶行 20 多家，银楼、银炉、铜炉、铁炉共 40 多家。其他如牛皮号、毛烟店、油漆店、酱园、树板行、杉竹扫把行也不在少数。③

3）六安的商业发展

六安城临近淠河，水运便利，历史上就是皖西农副土特产集散地。明末清初即有徽州、太平、金陵、江西、山西、陕西等 11 个商帮来此设庄开铺，冀鲁豫等数省商人每年来此采购，将茶、麻、木、竹、米、丝、药材、山货运销各地，城乡内外，贸易兴盛，米行、盐行、竹木行、柴炭行、茶庄、绸布店、杂货店、中药店、酒坊、烟店、旅馆、酒馆、茶馆等商铺毗连。④ 清代的六安是皖西政治、经济、文化中心，商业较为繁荣。六安州城"东门外关厢约二里许，省郡交会，行旅往来，货物流通。南门外关厢约二里许，英、霍二县通衢。西门外关厢约三里许，通西山诸乡镇大路。北门外关厢约二里许，陆通濠梁，上达京师、山、陕各省，水通正阳关，西抵朱仙镇，东抵淮安。凡豫省客货由水路溯淠而至龙津渡，即于北关登陆，赴孔城南入于江。两淮引盐亦由洪泽湖溯泗入淠至龙津。而桐城、舒城诸邑皆于此运销焉。豫章、东粤客

① 张荫庭：《亳县白芍生产和经营的历史》，政协安徽省委员会文史资料研究委员会：《安徽文史资料选辑》（经济史料）第 14 辑，安徽省出版局内部发行，1983 年版，第 207 页。
② 政协亳县委员会、文史资料研究委员会：《亳县文史资料》第 1 辑，第 4 页。
③ 薛仰渊：《古亳经济概况》，政协安徽省亳州市委员会文史资料研究委员会：《中国历史文化名城——亳州》，1992 年版，第 152 页。
④ 六安地方志编纂委员会：《六安市志》，江西人民出版社，1991 年版，第 203 页。

货，由孔城登陆而至北关，即于龙津渡过载顺流以往正阳，故北关尤为要途"①。

由于商贸发达，外省、州县的商人很多来六安经商并常住。清代六安城设有多处外地商人的会馆，由外省、县商人投资兴建，并设有专人看管。这些会馆是：金陵会馆，位于万寿寺巷宫保第北首（现为东门粮站）；徽州会馆，位于火神庙巷（现为六安黄梅剧院对面）；旌德会馆，位于黄大街（现为市百货公司批发部仓库）；泾县（泾川）会馆，位于小竹丝巷；金斗会馆，位于十八层后街（属合肥帮）；江西会馆，位于南大街；山陕会馆，位于便门口（现六安印刷厂）；太平会馆，位于塘子巷；太湖会馆，位于北门外教化街头；湖北会馆，位于南门内大观音寺巷；福建会馆，位于云路街西状元桥北头。② 这些会馆从侧面反映了清代六安商业的兴盛。

4）凤阳的商业发展

凤阳是淮河中游南岸的一座历史古城。夏、商、周时期为钟离国，汉代为钟离县，南北朝时为钟离郡，后改称燕、乐歌、乐平等县治。隋、唐、五代及宋元时期皆称濠州。明朝时作为开国皇帝朱元璋的家乡，凤阳称中都，明太祖曾在凤阳城大兴土木，迁移富商来居住，促进了凤阳商业的繁荣。准确地说，明代临淮称旧城，凤阳称新城，"两城之中商贾云集，百货辐辏"③。

在经历明末清初的动荡后，凤阳经济渐有起色，商业也较为繁荣。凤阳城的东、南、西、北门皆有定期的集市，其中东门集为初一、初六，南门集为初三、初八，西门集为初五、初十，北门集为初二、初七④。凤阳城附近盛产烟叶，每年七八月间贩卖烟叶的商贩云集此处。⑤

凤阳境内的临淮关在城东18里，位于淮河右岸、濠水河口。临淮关商业繁华，全镇人口约2万，大小商店林立，凤阳县城的商店往往只是临淮关大商店的分号或经理店。临淮关交通发达，各方来往之民船常

① 李懋仁纂修：《（雍正）六安州志》卷五《城池》，线装书局，2001年版。
② 江风：《六安会馆群》，政协安徽省六安市文史资料研究委员会：《六安市文史资料》第1辑，安徽出版局登记证（86）2110号，1986年版，第206页。
③ 《光绪凤阳府志》卷三《市集》，江苏古籍出版社，1998年版。
④ 《光绪凤阳府志》卷三《市集》，江苏古籍出版社，1998年版。
⑤ 《光绪凤阳府志》卷四《舆地·物产》，江苏古籍出版社，1998年版。

数百艘，经清江浦走运河，将淮河流域的农产品运至浦口，再转销外地甚至国外，又由运河将自镇江输入的洋货及其他杂货分销各地。①

5）蚌埠的商业发展

清代前期，蚌埠集隶属凤阳，位于怀远、凤阳、灵璧交界处，为三不管地带，私盐多在此集散，形成一条商业街，商业一度繁盛。清咸丰年间，因太平军和捻军在怀远、凤阳之间战事频繁，蚌埠毁于兵乱，市集重心逐渐转移到淮河北岸的小蚌埠。据《光绪凤阳府志》记载："在县西北五十里，南岸曰大蚌埠集，已废，北岸曰小蚌埠，有街市，界于灵璧、怀远两县。"② 说明此时淮河北岸的小蚌埠比南岸繁盛。小蚌埠西的黑牛嘴是天然避风港，常樯桅如林，帆船如市。船家来往运输的货物，一部分拿到小蚌埠正街交易，使小蚌埠的商贸活动日渐兴旺。清末，小蚌埠正街已有商号 50 余户，设有粮行粮店、棉花店、油盐杂货店、肉铺、中药店、柴草行、缫丝店、鱼行、澡堂、饭馆、旅馆、理发店及糖坊、木厂、染坊、裁缝店、银匠铺、花轿行、乐器行、酒坊、船行等。该地不仅是方圆百里的农产品交易场所，也是竹木、茶麻、桐油等土产品的集散地。相比之下，河南岸仅有老大街一条土路，称油盐小集，有油盐店数家，小饭馆三家，药店一家，茶馆两家，十天逢两集，集盛时三四百人，集闲时百余人。逢集时，赶集的附近乡民多肩挑背负，到油盐小集上出售小麦、黄豆、绿豆、蔬菜等农产品，渔民也到集上出售鱼虾。赶集的人卖了东西后，再买油盐及日用品带回。下午集市上人渐稀少，至日落人走街空。③

蚌埠在近代的真正崛起是在民国初年津浦铁路开通以后，由于是民国以后的内容，在此不赘述。

6）舒城的商业发展

舒城为古舒国和龙舒县故地，位于大别山东北麓，巢湖平原西部。清代，舒城商业比较繁荣，以经营百货、京广杂货、布匹、丝绸为主，向县外销售的主要商品有米、茶、桐油、生漆、生丝、方铁、皮张、羽

---

① 冯之：《二十世纪初安徽主要城镇商业简况》，政协安徽省委员会文史资料研究委员会：《工商史迹》，安徽人民出版社，1987 年版，第 170 页。

② 《光绪凤阳府志》卷三《市集》，江苏古籍出版社，1998 年版。

③ 蚌埠市地方志编纂委员会：《蚌埠市志》，方志出版社，1995 年版，第 410 页。

毛、鸡蛋、竹、木、姜、蒜、烟、靛、板栗、榆面、香末、纸皮、栓皮、柏籽、木炭、中药材、竹木小农具等；从县外购进的主要商品有食盐、食糖、洋烛、煤油、香烟、瓷器、棉布、绸缎、胶鞋、火柴、针织品、玻璃用品、小五金、纸张等。①

清初，舒城的商业市场划分为"官集"和"义集"。官集内政府设有"课额"和"官牙"。"课额"收费，"官牙"以中间经纪人身份参与双方买卖交易，"评议市价"，收取"课银"；"义集"则免除"课银"，由民间自由交易，但须向官署缴纳"交易金"，作为市场管理费用的开支。农村集市则"架木为梁，复茅为瓦，以蔽风雨"，市内设"圩亭""廛舍"（仓库、旅馆）等服务设施。②

清末，舒城县内商贾众多，南京、旌德、江西、湖北等地的客商在县城内开店营业。当时县城内资本较大的杂货批发商有万隆、祥泰、长兴等 10 余家，其中万隆资本约 2 万两，雇工 90 余人，年销售额14 万～15 万银圆。一般商号有 100 余家，小商小贩有 150 余户，从业人员 500 余人。③

以上列举了清代皖北较为重要的城市的商业情况。皖北城市除亳州、合肥、六安较兴盛外，其他城市的商业发展是有限的，这与当地物产较少有关。皖北的物产不够丰富，又长期受自然条件影响，收成不稳定，经济时虞匮乏，商业不易发展；另外加上社会治安条件较差、人文环境不佳，极大地阻碍了商业的发展。④《光绪凤阳县志》记载，清代凤阳人"率性真直，贱商务农"⑤。《霍山县志》记载："人多坐享，耻言工商，贩运制造，悉资外人。"⑥

2. 长江沿岸城市的商业

长江流经安徽省，且沿岸盛产稻米等农作物，所以长江沿岸一直是

---

① 舒城县地方志编纂委员会：《舒城县志》，黄山书社，1995 年版，第 259 页。
② 《舒城县工商行政管理志》编纂委员会：《舒城县工商行政管理志》，方志出版社，1995 年版，第 48 页。
③ 舒城县地方志编纂委员会：《舒城县志》，黄山书社，1995 年版，第 259 页。
④ 谢国兴：《中国现代化的区域研究：安徽省》，台湾师范大学历史研究所博士学位论文，1990 年，第 1～29 页。
⑤ 《光绪凤阳府志》卷四《舆地·风俗》，江苏古籍出版社，1998 年版。
⑥ 秦达章修：《霍山县志》卷二，江苏古籍出版社，1998 年版。

安徽省的重要经济区，芜湖、安庆等重要城市也分布在长江沿岸。这些城市的发展既有长江沿岸广阔的农村腹地作为基础，又有便利的长江干支流的水运条件，上达武汉，下抵南京，其商业在安徽省最为发达，也是清代安徽的主要市场区域。

1）芜湖的商业发展

依托"抱中江之冲，南通宣歙，北达安庐"①的优越的地理位置，芜湖商业起源较早，两宋时期已是沿江的名城。两宋时期，芜湖地区的农业获得较大发展，当时北方中原地区频遭战祸，百姓纷纷南迁至长江两岸，其中不少人在芜湖定居，他们带来了中原地区先进的生产技术，促使芜湖地区的围湖造田、农业生产发展到一个新阶段。北宋时期，芜湖地区圩田的兴建，使皖南弋江平原成为稳定的水稻产区。芜湖地区农业生产的发展促进了手工业的繁荣。历史上，芜湖的手工业以冶铁业、浆染业著称。②

芜湖地区农业、手工业的发展促进了商业的繁荣。元代的《浦侯去思碑记》记载当时的芜湖"当南北之冲，邮传、商贾、舟车之所集，民聚以蕃"③。明代中期形成的芜湖长街更是百货聚集，店铺林立，除冶铁坊、浆染坊外，诸如棉布丝绸店、金银首饰店、米店、酒店、南货店、豆腐店、饭店、剪刀店、中药店、香烛店、香料店等，几乎应有尽有，一派繁荣景象。

由于芜湖商业繁盛，加上濒临长江，交通方便，其在安徽地区、长江中下游地区的商业贸易地位愈显重要。到了明代，芜湖已成为"徽、宁、池、太商人贸迁之地，江北滁、和、无为、庐州物产汇聚之所"。其时，安徽地区的粮食、茶叶等农产品，长江中下游的山木、下游的海盐等物产多在芜湖港口集散，芜湖成了"辖五方而府万货"的都会，是沟通安徽南北、长江上下的重要运输港口。④

由上述可知，明代芜湖已发展成为安徽地区和长江中下游地区重要的手工业、商业和水运中心，明王朝为加强对长江中下游和江南地区的

---

① 余谊密修：《民国芜湖县志》，江苏古籍出版社，1998 年版。
② 王鹤鸣：《芜湖海关》，黄山书社，1994 年版，第 5～6 页。
③ 梁启让修：《芜湖县志》卷二二，嘉庆十二年（1807）刻本。
④ 王鹤鸣：《芜湖海关》，黄山书社，1994 年版，第 7 页。

控制，选择在芜湖设立常关就不是偶然的了。明成化七年（1471），朝廷在芜湖设立"工关"，崇祯三年（1630），又在芜湖增设"钞关"，为与以后设立的海关相区别，工关、钞关统称常关。芜湖常关是明代一个重要的税关。① 明人黄礼云："芜湖附河距麓，舟车之多，货殖之富，殆与州郡埒。今城中外市廛鳞次，百物翔集，文采布帛鱼盐襁至而辐辏，市声若潮，至夕不得休。"②

到了清代，尤其至乾嘉之际，芜湖之繁荣更胜往昔，"四方水陆商贾日经其地，阛阓之内百货杂陈，繁华满目，市声若潮"③。清初学者刘献廷曾叹曰："天下有四聚，北则京师，南则佛山，东则苏州，西则汉口。然东海之滨，苏州而外，更有芜湖、扬州、江宁、杭州以分其势，西则惟汉口耳。"④ 刘献廷将清初的芜湖同京师、苏州、杭州等当时全国繁荣的商业大都市相比，可见芜湖商业的繁荣。

在清代，芜湖市最著名的商业中心区依然是十里长街。芜湖的十里长街又称"西门大街，自鱼市街至江口宝塔"⑤。当年的长街一律用青石板和麻石条铺砌路面，两边店铺林立。⑥ 漫长的街市，百货聚集，供穿戴的有丝绸布帛店、头巾店、金银首饰店，供吃食的有米店、酒店、饭馆、酱坊、豆腐坊、糕点坊，供日用的有山货铺、剪刀铺、秤铺、铁作铺、浆染铺、香料铺。此外还有灯笼铺、纸劄铺、香烛铺、爆竹铺、箩头行、轿行、斛行、靛行、红坊，以及沿街数不尽的坐摊行贩。凡开设店铺货摊须缴纳门摊商税。清初，每年上缴户部分司钞银九十六两一钱六分，闰年加银九两五钱五分七厘；此外，江夫银一千九百零三两，系芜湖县长街闹市门面派征，共两千两税银，可供三百三十三名差役的全年工食。⑦

随着商业的发展，全国各地各行各业的商人齐聚芜湖，芜湖也因此成为各大商帮的聚居之地。当时的芜湖商帮有徽商、晋商、浙商、粤商

① 王鹤鸣：《芜湖海关》，黄山书社，1994年版，第2页。
② 余谊密修：《民国芜湖县志》卷八《地理志·风俗》，江苏古籍出版社，1998年版。
③ 梁启让修：《芜湖县志》序，嘉庆十二年（1807）刻本。
④ 刘献廷：《广阳杂记》卷四，中华书局，1957年版，第193页。
⑤ 余谊密修：《民国芜湖县志》卷六《地理志·街巷》，江苏古籍出版社，1998年版。
⑥ 芜湖市文化局编：《芜湖古今》，安徽人民出版社，1983年版，第32页。
⑦ 芜湖市文化局编：《芜湖古今》，安徽人民出版社，1983年版，第33页。

等，他们纷纷在芜湖成立会馆。其中规模最大的要数建于康熙十九年（1680）的徽州会馆。此外还有山东会馆、湖北会馆、湖南会馆、庐和会馆、泾县会馆、旌德会馆、山陕会馆、宿太会馆、潇江会馆、宁波会馆、浙江会馆、福建会馆、江苏会馆、广东会馆、安庆会馆、江西会馆、天平会馆、潮州会馆等。① 各商帮在芜湖皆有自己的主营业务，如徽帮擅长经营丝茶、竹漆、徽墨、典当，泾太帮长于经营纸张、布匹、茶叶，江西帮长于经营瓷器、中药和布，江浙帮长于经营绸缎、银楼、百货、西药，宁波帮长于经营五金、五洋杂货，广西帮长于经营药材、皮货。他们在寻求机遇、不断创造财富的同时，也推动了芜湖商业的发展和城市的进步。②

康熙九年（1670），清廷把芜湖工关划归户部管辖，即工关、钞关统一由户部主持。③ 这时芜湖常关不仅征收水路货物税，对陆路货物也设卡征税。为防漏税，芜湖关在金柱、青弋、新河、鲁港、裕溪、泥汊等处设立征税口岸。芜湖常关所课货物，"以川楚药材，湖广煤铁、木材，江西纸张、瓷器、豆、布、木植、米粮，本省米麦、杂粮、烟叶、丝茶、棉麻、竹木、毛皮、油蜡为大宗，其余百货均有"④。乾隆年间，芜湖关征税总额达三四十万两白银⑤，至清中期，芜湖常关年税银已达37.7万两，成为清王朝的重要税关之一。⑥

2）安庆的商业发展

安庆地处长江北岸，位于九江和芜湖之间。这里市场形成较早，远在南宋时期就已是安徽西南部的货物集散中心。潜山的毛笔，东至的柴炭，贵池的茶叶、桐油，多在此集散。元明以后，外地商人前来开设店铺的日多，浙江人开银楼，湖南醴陵人开伞店，旌德人开丝绒店，庐江人开手工织布机坊，徽商将皖南的蚕丝、茶叶、生漆、桐油、徽墨、歙

① 余谊密修：《民国芜湖县志》卷一三《建置志·会馆》，江苏古籍出版社，1998年版。
② 钱国祥：《商人与市镇：明清芜湖城市发展的逻辑》，载于《乐山师范学院学报》，2011年第6期，第120页。
③ 沈葆桢修：《重修安徽通志》卷七八《关榷》，光绪四年（1878）刻本。
④ 余谊密修：《民国芜湖县志》卷二四，江苏古籍出版社，1998年版。
⑤ 谢国兴：《中国现代化的区域研究：安徽省（1860—1937）》，台湾师范大学历史研究所博士学位论文，1990年，第8~17页。
⑥ 王鹤鸣：《芜湖海关》，黄山书社，1994年版，第4页。

砚等土特产品带入安庆市场。由于徽商人数众多，后来自成"徽帮"。城内外大小钱庄、当铺、绸缎庄、布店、纸坊、茶叶店、南货号等多为徽商开设，粮食、食盐、百货等大店也有徽人经营，比较有名的有恒大钱庄、惠通当铺、久大恒绸缎庄、大生祥南货店、胡开文笔墨庄、胡玉美酱园等。当年的四牌楼、司下坡、西正街等主要街道几为徽商独占。①

乾隆二十五年（1760）迁安徽布政使司于安庆，安庆正式成为安徽省会。②"一个城市的发展规模和发展速度与其行政地位的高低成正比"③，此后乃至整个近代，安庆不但是府、县行署所在地，而且大部分时间还是安徽省省会。依靠优越的政治地位，安庆在城市建设方面获得了较之于近代安徽其他城市更多的资金投入。就城内官署的数量和质量来说，安庆远胜于同时期的安徽其他城市。作为省、府、县三级行署所在地，城内官署繁多，聚集了大量的官员、士绅、军队以及为之服务的人员，定居与不定居的人口大量增加，在城内形成了一个巨大的消费市场，促进了消费型商业的发展。④

清代乾隆至嘉庆年间（1736—1796），安庆城内外之较大钱庄、当铺、绸缎庄、布店、纸坊、茶叶店、南货号等，已多为徽商开设。徽商资金雄厚，经营行业广泛，他们掌握着金融、物资，操纵市场，执安庆商场之牛耳。不仅如此，安庆附近之县镇，如潜山、太湖、宿松、望江均有徽商开设之店铺，或与安庆徽商有贸易往来。如枞阳日兴茂南货糖纸号、石牌盛天长南货糖纸号、太湖及徐桥王信茂南货号、高河久伦布店等，不怪有"无徽不成镇"之谚称。⑤

① 安徽省地方志编纂委员会：《安徽省志·商业志》，安徽人民出版社，1995年版，第218页。
② 徐学林：《安徽城市》，中国城市经济社会出版社，1989年版，第156页。
③ 何一民：《近代中国城市发展与社会变迁》，科学出版社，2004年版，第47页。
④ 范习中：《近代安徽城市发展的动力因素分析》，载于《西南民族大学学报（哲学社会科学版）》，2012年第2期。
⑤ 詹寿祯：《徽商在安庆经济活动之概况》，政协安庆市文史资料研究委员会等编：《安庆文史资料》第8辑，安庆市档案局藏，1984年版，第121页。

3）贵池的商业发展

贵池位于长江沿岸，交通便利，物产丰富。乾隆《池州府志》载："池之在南国也，人文物产甲于江上。"① 明人黄澜云："惟池州之城，临瞰大江，为金陵上游之地，当楚、蜀之冲。"②

贵池依靠其优越的地理位置，很早就成为一个商业都会。早在唐代，贵池的商贸就较发达，城内的市场有宣纸、红线毯、纸、黄连、兔褐、毛笔、丝头、薯芋、绿青等商品。明嘉靖《池州府志》载，州城附近的百牙山"相传货舟辖泊于此，牙行百人登陇以平其直"，可见明代贵池商业的兴盛。到了清代，贵池县池阳、陵阳、庙前、木镇，石埭县广阳、乌石、夏村、七都、横渡等镇的商业较为集中，市场活跃。各地输出的货物以青麻、苎麻、蚕丝、大米、鱼类、植物油、茶叶、竹木、柴炭为大宗，鸡蛋、毛皮、杂骨、中药材、土布等次之。工业品和生活必需品多从南京、上海、镇江、无锡、安庆、芜湖等外埠购进。③

3. 皖南城市的商业发展

就经济活动方式而言，皖南与皖北几乎是两个不同的世界。皖南山多田少，生产的粮食不敷民众生活所需，《民国歙县志》载："田少民稠，商贾居十之七。"④ 由于多山，山林竹木等物产较为丰富，手工业发达，因而促成了皖南商业的勃兴。而皖南各市中，尤以徽州商业最盛。徽州属县有六，其中又以歙县、休宁县商者最多。⑤ 明清两代期间，称雄商界300余年的徽州商贾，以其雄厚的资本，投入家乡建桥筑路，使徽州的古代交通建设进入鼎盛时期。境内古道铺筑的石板路面和现存的古石桥、古路亭，大都为这一时期所建。清末，境内已形成以通府城（歙县）的驿道为主干、纵横交错的陆路交通网络。当时徽州通往省外的古道有四条：歙县至浙江昌化古道、歙县至浙江开化古道、歙县至江西浮梁古道、屯溪至浙江威坪古道。⑥ 交通的发展一定程度上促进

① 张士范纂修：《（乾隆）池州府志》卷首序，江苏古籍出版社，1998年版。
② 张士范纂修：《（乾隆）池州府志》卷之四《形胜》，江苏古籍出版社，1998年版。
③ 池州地区地方志编纂委员会：《池州地区志》，方志出版社，1996年版，第442页。
④ 石国柱、楼文钊修：《民国歙县志》卷一《舆地志·风土》，江苏古籍出版社，1998年版。
⑤ 谢国兴：《中国现代化的区域研究：安徽省（1860—1937）》，台湾师范大学历史研究所博士学位论文，1990年，第1～30页。
⑥ 徽州地区交通志编纂委员会：《徽州地区交通志》，黄山书社，1996年版，第33页，35页。

了皖南城市商业的发展。

皖南徽州商业之所以发达，有几个原因：第一，人多田少，粮食无法自足，民众不得不出外谋生；第二，粮食之外的物产丰富，可以跟外地互通有无；第三，地理条件较为优越，水运通江浙、江西等经济发达之地，商业活动便利；第四，唐宋以后经济中心南移，尤其南宋定都临安（今杭州），与徽州同属新安江流域，商业活动因政治条件而加快发展，此一历史传统也有助于明清之际徽州商业的全盛。[①]

1）歙县的商业发展

作为徽州府的首邑，清代歙县的商业较为发达，这和歙县的风土有很大的关系。"地隘斗绝厥土驲刚不化，高水湍悍少潴蓄寡泽而易枯，十日不雨则仰天而呼，骤雨过山涨暴出粪壤之苗，又荡然枯矣，农家事倍功半，故健者多远出为商贾焉。"[②] 这种不利于种植粮食的自然条件逼着歙县人走上经商的道路，徽商的足迹遍及滇、黔、闽、粤、陕、京、晋、豫等地，沿江区域更有"无徽不成镇"之说。歙县的商人以经营盐典茶木为最多[③]，歙县的茶叶尤其出名。

清代歙县县城内有两家著名的店铺，一家是集和堂药店，另一家是唐益隆酱园。这两户商家的店主都是绩溪县人，在清朝同治年间来歙城开业。集和堂药店选购药材极为严格，多半是店主亲自到上海、杭州、兰溪、汉口等地采办。凡是二、三、四级品一律不要，购进的药材不是特级品，就是一级品，再加上加工炮制环节又很讲究，确保了药材的真正质量。由于集和堂药店出售的药材质量上乘，药品新鲜，治病效果好，该店的生意非常兴隆，在四乡群众中久享盛誉，始终不衰。唐益隆酱园兼营酒坊始自清同治六年（1867），由绩溪县杨溪人唐广铎在歙县县城内创设。唐益隆自雇制酱、酿酒师傅，选购优质黄豆，生产上等酱油，用优质糯米加工原缸米酒。前店后坊，批发和零售兼营。由于产品质量上乘，又有独特的米酒，故休宁、屯溪、绩溪和歙县四乡都来进

① 谢国兴：《中国现代化的区域研究：安徽省（1860—1937）》，台湾师范大学历史研究所博士学位论文，1990年，第1~30页。

② 石国柱、楼文钊修：《民国歙县志》卷一《舆地志·风土》，江苏古籍出版社，1998年版。

③ 石国柱、楼文钊修：《民国歙县志》卷一《舆地志·风土》，江苏古籍出版社，1998年版。

货，生意十分兴隆。①

2）祁门的商业发展

祁门县集市的形成历史悠久。唐代，本县茶叶贸易已很兴隆。据唐代张途《祁门县新修阊门溪记》记载，每岁二三月，外地茶商"摩肩接迹而至"，形成繁盛的茶市。历史上本县因山多田少，"即丰年，谷不能二之一"。民食皆赖江西输入。明清时期，商贾"舟装楫载，沿阊江溯流至祁门。舍舟问陆、舆负往来如云织"②，河间运粮船只近万，粮市亦很兴盛。沿河之三里街、历口、闪里、塔坊、程村碣等集镇舟车辐辏，客商鳞集，店铺林立，堪称盛市。③

木材贸易历来都是祁门人经营的传统项目。早在宋代，祁门木材即行销江西。明清时，徽商兴起，经营行业以木、茶为主。④

祁门种茶历史悠久，早在唐代就已经形成相当繁盛的茶市。据张途《祁门县新修阊门溪记》载："（祁门）山多而田少，水清而地沃。山且植茗，高下无遗土，千里之内业于茶者七八矣，繇是给衣食，供赋役，悉恃此。祁之茗，色黄而香，贾客咸议，逾于诸方。每岁二三月，赍银缗缯素求市将货他郡者，摩肩接迹而至。"唐代产饼茶，后改制青茶、绿茶，清代又同时制安茶。光绪初，"祁红"试制成功，以其品质优异，备受外商青睐，各地茶栈、茶商接踵前来祁门贷放茶款，设立茶号，竞购祁红。据《现代中国实业志》载："查同治三十五年（注：应为光绪三十一年，公元 1905）湖南湖北两省所产之粉茶全额约二十四万石，祁门所产茶叶约四万石。"可见其时茶叶产量之高，亦可想象当时茶市之盛。⑤

3）休宁的商业发展

清代的休宁城商业繁荣，《康熙休宁县志》载："四方之所辐辏，百

---

① 宁文广：《歙城的两家百年老店》，政协歙县文史资料委员会：《歙县文史资料》第 4 辑，1992 年版，第 131～132 页。

② 周溶修：《（同治）祁门县志》卷八《舆地志》，江苏古籍出版社，1998 年版。

③ 《祁门县工商行政管理志》编纂委员会：《祁门县工商行政管理志》，黄山书社，1995 年版，第 44～45 页。

④ 《祁门县工商行政管理志》编纂委员会：《祁门县工商行政管理志》，黄山书社，1995 年版，第 60 页。

⑤ 《祁门县工商行政管理志》编纂委员会：《祁门县工商行政管理志》，黄山书社，1995 年版，第 65 页。

工之所造就，入其市者，炫目耀观，俨然有繁殖富庶之象，要皆逐末者事业。"① 当时休宁的商业以茶、木、盐、典、笔墨为主，其次是国药、布匹、棉纱、粮油、京货、广货、南货、山货、银楼首饰等行业。②

（二）清代前中期安徽城市商业的繁荣对城市发展的影响

商业在城市经济中占据重要地位，并在城市的整体发展中起着举足轻重的作用。商业的繁荣会带动和商业配套的运输业、服务业、仓储业等诸多行业的发展。城市商业的发展还会吸引更多的农民进城，再加上城市商业人口及外地商业流动人口的增加，城市人口规模会逐渐变大。人口的增加又会促使城市建筑物的增多和城市空间的拓展，以及城市整体建设的进步。

清代前中期安徽城市的状况也是如此。如芜湖已经成为当时安徽省商业最发达的城市。商业的发展又带动了芜湖运输业、饭店客栈等服务业、仓储业的发展，提供了更多的就业机会，芜湖城市附近农民纷纷进城务工，城市人口开始增多。人口的膨胀又促进了芜湖城市空间的拓展、城市建筑物的增多和相关市政设施的发展。清代前中期的十里长街为芜湖的商业中心，人口密集，百业聚集，街道两旁建筑物密布，为商业促进芜湖发展的最好例证。安庆为清代安徽省会，清代前中期，其经济发达程度虽然不及芜湖，但由于是安徽的政治中心，城内聚集了大量的政府人员和军队，促进了消费性商业的发展。这种消费性商业的发展也使得清代前中期安庆人口增加较快，城市空间得到较大的拓展。当时安庆不仅城内街道增加，由于人口的增加，城市空间也开始向城外拓展，城外街衢有后街（从正观门到大王庙）、河街（出金保门左转由同安桥到小新桥）、前街（从枞阳门至小巷口）等。③

三、清代前中期安徽城市的手工业

中国国土辽阔，气候与土壤的多样性决定了工业原料的多样性，各地就地取材，形成了门类众多、品种繁杂的手工业。明代中叶以来，经

---

① 廖腾煃修：《康熙休宁县志》卷三《食货·物产》，康熙十三年（1674）刻本。
② 休宁县地方志编纂委员会：《休宁县志》，安徽教育出版社，1990年版，第237页。
③ 朱之英修：《（民国）怀宁县志》卷三《乡区·街衢》，江苏古籍出版社，1998年版。

济作物种植广泛发展，到清代更出现了产区集中和布局优化的趋势，以农产品为原料的手工业日益发展。① 安徽地区的情况也是如此。到了清代前中期，安徽地区的手工业也有一定的发展，但尚停留在初级阶段。

（一）清代前中期安徽城市手工业发展概况

1. 棉纺织业

清代安徽有不少产棉区，其中以宁国、定远、涡阳、和州产量最为丰富，英山、全椒、怀宁、望江、东流、贵池次之；太湖、太和、建德、繁昌又次之。据《怀宁县志》记载："木棉其花性柔温暖，织布最良。皖之女红多精纺织，虽浴种采絮比户不废而所重惟布。木棉之出盛于望江，聚于石牌，流于江镇高河铺，大率四斤棉可取一斤花，二斤花可纺一匹布。有美恶不等，视采絮之纯疵，缕之粗细，蔻之疏密，故欲得好布先拣花，次沾缕，次择工也……"② 从这些记载中可以见出当时安徽棉产之丰富及棉纺织业之兴盛。当时的人们不仅广泛植棉，而且总结了从果絮"纯疵"、缕纱"粗细"到上机的"疏密"等一整套棉纺织技术。

清代植棉专家方观承，安徽怀宁县人。他认为种植棉花"功同菽、粟"。只有使农民重视植棉、纺织，才能使"衣被独周乎天下"。他根据自己在民间摸索的经验，于乾隆三十年（1765）绘成 16 幅《棉花图》（又名《木棉图说》），每图附有解说，进呈乾隆皇帝。这套图说系统详尽地介绍了从植棉纺纱到织染成布的过程，并指出了每道工序的操作要领，表明这时的手工棉纺织技术已渐成熟，织物的品种也日趋多样化。同为清代怀宁县人的朱东海是一名织布工人，据《怀宁县志》记载，他使用的布机，同行中没一人会使用。他所织的布纱均匀，线细密，"盛水不漏"，异常精巧，而且价钱公道。道光之后，徽浙间布商竞相争购，人们称其为"东海布"。③

芜湖因其交通便利，明清时期在芜湖的徽商将资本大量投放到棉纺

---

① 方行：《清代前期农民的家庭手工业》，载于《中国经济史研究》，2005 年第 1 期。
② 朱之英修：《（民国）怀宁县志》卷六《物产》，江苏古籍出版社，1998 年版。
③ 安徽省地方志编纂委员会：《安徽省志·纺织工业志》，安徽人民出版社，1993 年版，第 4 页。

织业，使芜湖手工棉纺织生产在省内领先。清代，芜湖成为当时中国四大米市（芜湖、长沙、九江、无锡）之首，商业的繁荣又促进了手工棉纺织业的发展。合肥、安庆等地的手工棉纺织业向有基础。巢湖之滨"十之六七的农户"纺纱织布，"机杼声昼夜不停"。安庆机户多集中在城西、城北一带街巷，宋邦枢经营的纬昌织厂有工人 35 人，拥有木机30 架。①

清代前中期宿松的棉纺织业分工很细，有纺织工、轧花工、弹花工。宿松东南为产棉区，家家纺纱织布，其织布之纱先由女工纺成，再付机司织之，故宿松纺纱之事为普通妇女必要之职务，而宿松的纺织工也多为女性。轧花工的工作是先取棉花向日中曝之，或用炉火烤干，然后付轧花车轧之，吐衣留子。清末宿松有购买小机为轧花车之用者，较土法之轧花车便利很多。棉花轧出后，须铺席上，用弦弹之，业此者称为弹花工。弹熟之花称为绒花，或用来制线纱，或用来制被絮，皆此弹熟之绒花为之也。②清代，六安城区有爱国、利国、维新等数十家私营手工织布作坊，规模较大的资本 2000 元（银圆）左右，雇工十多人。产品多为地产地销。③

2. 手工浆染业

明朝初年，安徽地区经济已有较大的发展，手工浆染业日渐兴盛。据《明史·食货志·织造》记载："永乐中，复设歙县织染局。"这种官办的织染工厂既反映了当时织染技术已有相当成就，也促进了安徽城市手工浆染业的发展。

明朝中期，随着商品经济的迅速发展，安徽许多地方已成为纺织生产的专业地区，芜湖则是浆染业的大本营。明嘉靖、万历年间，芜湖已有十余家染坊。徽州巨贾阮弼在芜湖开设染局，雇工达千人，为当时芜湖最大的浆染工场，产品精美，畅销各地，故《太函集》卷三五称其"五方购者益集，其所转谷，遍于吴越荆梁燕豫齐鲁之间"。明宋应星《天工开物》记载："凡棉布寸土皆有，而织造尚松江，浆染尚芜湖。"

---

① 安徽省地方志编纂委员会：《安徽省志·纺织工业志》，安徽人民出版社，1993 年版，第 4 页。

② 俞庆澜、刘昂修：《（民国）宿松县志》卷一七《实业志·工业》，江苏古籍出版社，1998 年版。

③ 六安地方志编纂委员会：《六安市志》，江西人民出版社，1991 年版，第 112~113 页。

从这些记载足可见出当时芜湖浆染业在全国的重要地位。芜湖浆染业的另一重要成就就是在浆染技术上不拘成法，敢于创新，名重一时的毛青布就是显著的一例。《天工开物·彰施》篇中记载："布青初尚芜湖千百年矣。以其浆碾成青光，边方外国皆贵重之。人情久则生厌。毛青乃出近代。其法取松江美布染成深青，不复浆碾，吹干，用胶水掺豆浆水一过，先畜好靛，名曰标缸。入内薄染即起，红焰之色隐然。此布一时重用。"这种毛青布的染法，至近代农村仍在沿用。①

清代前中期，芜湖的浆染业虽不复明代的辉煌，但依旧是中国当时的浆染业中心。光绪年间，"染坊光绪初仅数家，近以土布出产甚多，除机坊自染外，现共有十余家，所染印花及各种颜色丝绸，工艺之进步甚速，营业也因之发展"。只是颜料价格猛涨，每桶靛由原先的四五元涨到二十八九元，因原料贵而成本过高，芜湖的印染业渐渐衰落。②

清代安徽其他城市也不乏以印染为业者。如宿松城乡各镇均设有染店，从事染工者多为本地人，所染以本境土布为多，只是染法"均旧式，无新样色彩"。③

3. 制茶业

安徽境内多山和丘陵，适宜种茶，因此茶是安徽重要的经济作物之一。徽州自古以来就是我国重要的产茶区之一。南唐刘津曾说："婺源、浮梁、祁门、德兴四县茶货多。"④ 明清时期，随着茶叶需求的猛增，徽州茶叶的生产在原有的基础上有了长足发展。嘉庆《黟县志》载"黟之茶以城南周家园二都、秀里四都、燕窝八都、大原十一都、朏曙下十二都"闻名，都盛产茶叶。⑤

广泛的茶叶种植带动了清代制茶业的发展，其中以徽州的制茶业最为兴盛。"屯绿"是安徽名茶，清初已经开始生产。徽州府所辖的歙县、

---

① 安徽省地方志编纂委员会：《安徽省志·纺织工业志》，安徽人民出版社，1993年版，第45页。

② 余谊密修：《（民国）芜湖县志》卷三十五《实业志·商业》，江苏古籍出版社，1998年版。

③ 俞庆澜、刘昂修：《（民国）宿松县志》卷一七《实业志·工业》，江苏古籍出版社，1998年版。

④ 刘津：《婺源诸县都置新城记》，刘光宿修：《婺源县志》卷五十九《艺文》，康熙八年（1669）刻本。

⑤ 吴甸华修：《（嘉庆）黟县志》卷三《地理·物产》，江苏古籍出版社，1998年版。

休宁、黟县、祁门、绩溪、婺源（现属江西），以及太平、石台、旌德、宁国，甚至江西的乐平、德兴、玉山和浙江的昌化、开化、淳安、遂安等县所产的绿茶大都集中到屯溪一带加工精制，所以称为"屯绿"。茶农采摘并初制的茶叫"毛茶"，之后再转销售予茶号（茶叶厂商）。当时的屯溪为"屯绿"的产销集散中心，最盛时私营厂商有 287 家之多。私人茶号中仅有少数拥有丰富的制茶技术、经验的行家，绝大部分制茶工人都依靠季节性的招雇，或签订合同，由熟练的技术老手（即包工头）全权负责承包。这些制茶季节性工人大多来自婺源、歙县、安庆等地。他们既懂得茶树栽培、茶叶采制，又懂得简要的筛、扇、拣、烩等制茶技术。[①]

"屯绿"加工精制的过程分茶号业务经营和工厂技术管理两个方面：

1）茶号业务经营

在清代，茶号是一个小型的作坊式的手工业工厂。茶号设总管一人，主管一切业务；内管事 3～4 人，专司总务、账房、会计等事务；外管事 4～5 人，专司毛茶收购、原材料采购、成品管理运输等事宜。茶号管理人员一般 10～15 人，大多是茶号老板的亲属、本家、同乡以及本号出身的学徒。这些人对茶号业务情况熟悉，对老板忠诚，工作负责。

2）工厂技术管理

聘请少数富有制茶经验的技术师傅（绝大部分制茶工作是由技术老练的"包工头"负责承包的），招聘一些懂得制茶技术的季节性工人，这些工人大部分具有一定的师徒或父祖传承关系，或多年的雇佣关系。工厂管理由"掌号"（即总包工头）负责调度，大茶号还设二付（及付掌号），协助掌号管理工厂业务。茶号制茶一般分筛场、扇场、烩场、拣场四个部门，俗称"四柱"。

①筛场：又分生货场和熟货场。

②扇场：分生货扇场和熟货扇场，并附设咸场，配备中帮及正副手12～15 人，由老伙头负责。

---

① 余怡生：《"屯绿"的崛起、形成及发展》，政协歙县文史资料委员会：《歙县文史资料》第 4辑，第 86～87 页。

③烩场：又叫锅场，由管锅师傅查火候、看茶色，由副手二三人扦样，收发茶叶、发炭、点香计时等，烩工30～50人。

④拣场：设看拣一人负责拣场管理，验收净茶。①

作为"屯绿"的产销和集散中心，屯溪镇的规模和人口不断扩大，成为皖南著名的市镇。

清代徽州茶商的商业网络几乎覆盖了大半个中国，甚至海外。本府辖区及省内邻近之地经营茶叶的徽商当然更多，例如"余文芝，沱川人……至休西货茶……汪庆澜，荷田人……货茶祁门……程广富……少以家贫佣于苏，旋挈二弟三弟至苏贸易，将廛业交弟经理，自归家（婺源）就近业茶"②。

清代皖西宿松的制茶业也较发达，民国《宿松县志》载："邑境西北各山多产茶，其叶初生时，召集男妇多人入山采摘，则有采茶工，采摘后分别拣剔，则有拣茶工，拣剔完成后，必加炕焙，则有炕工焙工。茶叶的焙炕必须有制茶经验的工人，至采工、拣工，则临时召集普通农民充之。邑东南两乡每年春间，并有多数男妇赴建德浮梁等处专充采茶、拣茶之工，籍资糊口。"③太湖县的农民更是"树茶所入，不减稼穑"④。

除了皖南、皖西的茶叶很出名，安庆地区的茶叶也闻名遐迩。安庆茶叶的种植和制作已有两千年的悠久历史。绵亘于潜山、岳西等地的皖山所产之茶始于秦汉，唐宋时期已闻名于世。世界第一部茶叶专著、唐代陆羽的《茶经》中就有"舒州"（含今安庆的潜山、岳西等地）产地的记载。安庆位于大别山南麓，这里山岳莽莽苍苍，群峰叠翠，海拔高，昼夜温差大，终年云雾布绕，雨量充沛，土壤肥沃，为名优茶的生产创造了得天独厚的自然环境。茶叶饱蘸自然之灵气，孕育成香高味淳，伴有兰香，风格独特的内质，加上精益求精的采制工艺，不断创造

① 余怡生：《"屯绿"的崛起、形成及发展》，政协歙县文史资料委员会：《歙县文史资料》第4辑，第89～90页。

② 吴鹗总纂，汪正元等纂修：《（光绪）婺源县志》卷三五《人物·义行》，光绪九年（1883）刻本。

③ 俞庆澜、刘昂修：《（民国）宿松县志》卷一七《实业志·工业》，江苏古籍出版社，1998年版。

④ 符兆鹏修：《（同治）太湖县志》之《风俗志》，同治十一年（1872）刻本。

出色、香、味、形风格各异的茶叶珍品。清代潜山的"天柱茶""开火茶"、太湖的"南阳谷尖"、桐城的"桐城小花"、岳西的"黄大茶""岳西翠兰"、宿松的"罗仙云雾"等茶颇负盛名。[①]

清代安徽的名茶还有很多，比如六安产的"六安瓜片"、太平产的"太平猴魁"，在此不一一赘述。

4. 丝绸工业

安徽丝绸工业的历史，据文献可以追溯到原始社会后期。夏代，淮河中游已经是当时的养蚕业中心。《史记·夏本纪》有多处记载，今安徽境内盛产彩色、黑色、白色丝织品。《尚书·禹贡》中也记载，出自安徽境内的贡赋就有"其篚玄、缟"（意即用篚子装着黑色和白色的绸绢）。《古今图书集成》有"唐亳州土贡绢""宋亳州绤纱绢"之记载。《老学庵笔记》如此描绘亳州绢纱："亳州之轻纱，举之若无，裁以为衣，真若烟雾。"然而，"一州唯两家能织，相与世世为婚姻，惧它入家得其法也，云自唐以来名家，今三百余年矣"[②]。

到了清代，安徽淮河流域的丝绸工业依然较发达。亳州万寿绸享有很高的声誉。《亳州志略》记载："亳州手工业种类甚多，而以羊毛毡毯、皮箱、万寿绸三项最为著名。……万寿绸系纯丝织品，相传前清某皇后诞辰，曾以此绸铺地，因以得名。"[③] 万寿绸始创于明万历年间。原名"一筋绸"，蓝白宽道，经纬相间，呈现蓝、白与浅蓝三色鲜明的方格图案，可做衣料，也可做被面使用，畅销各地。雍正十三年（1735），万寿绸曾作为贡品进贡雍正皇帝[④]，乾隆年间，地方也曾以此为贡品。至清末民初，染工又有进步，创染红绿宽条的经纬方格图案，风格仍与蓝白格子相同，但五光十色，鲜艳夺目，因此又称"十样景"。[⑤]

---

① 江宗源：《安庆名茶》，安庆市政协文史资料委员会，安庆文史资料编辑部编：《安庆文史资料》第23辑，安徽省新闻出版局 A.91，016号，1991年版，第49~54页。

② 安徽省地方志编纂委员会：《安徽省志·纺织工业志》，安徽人民出版社，1993年版，第107页。

③ 《中国方志丛书》，台北成文出版社，1975年版。

④ 政协亳州市委员会、文史资料研究委员会：《亳州文史资料》第三辑，1987年版，第141页。

⑤ 安徽省地方志编纂委员会：《安徽省志·纺织工业志》，安徽人民出版社，1993年版，第107~108页。

合肥也有"万寿绸"。清乾隆年间，合肥万寿寺附近的织绸业户生产土绸，以地得名，亦为贡品。这在《庐州府志》中有记载："万寿绸，出合肥机房，在万寿寺左右，故名。"合肥的丝织品除了万寿绸，还有绢、丝布等，"绢，出舒城；丝布，出庐江"①。《凤阳县志》记载："唐制濠州（今凤阳东）贡绢、糟鱼，今凤阳绢，惟府城有织者。从前多用生丝，今亦有熟丝染五色者。"② 可见清代凤阳的丝绸工业也相当了得。

清代绢纱以石台为主要产地。这种绢纱密度疏匀，色泽鲜润，柔软而坚实，长 14 尺，宽 1.4 尺，是裱糊书画的必用品，一向行销皖北、南京等地。③

5. 毛纺织业

清代安徽的毛纺织业以亳州最为著名。在元朝亳州已开始生产毛毡。亳州毛毡在明清时期都为贡品，并在民国三年（1914）巴拿马万国博览会上获得"银盾"奖，主要产地为亳县县城，尤以亳州城北关最为集中。清代，亳州城北关有三个制毡作坊，有手工艺者 600 余人。鸦片战争后，洋货倾销中国市场，亳州制毡业遭到严重打击，日渐衰退。④

6. 手工钢铁业

清代安徽城市的炼钢业比较发达，其中以芜湖为最，民间有"铁到芜湖自成钢"之说。芜湖的手工炼钢业起于南宋，衰于元代，复兴于明清。明代中期，有濮氏兄弟在芜湖兴建濮万兴钢坊，全盛时设有总坊和东西两坊。到了清代，芜湖的手工炼钢业又有发展。民国《芜湖县志》记载："芜湖工人素朴，无他技巧，而攻木攻革刮摩抟植之工皆备然，不能为良，惟铁工为异于他县，居市廛冶钢业者数十家，每日须工作不啻数百人。初锻熟铁于炉，徐以生镤下之，名曰：馂铁，饱则镤不入也，于是，渣滓尽去，锤而条之，乃成钢，其工之上者视火候无差，忒

① 黄云修：《（光绪）重修庐州府志》卷八《风土志·物产》，江苏古籍出版社，1998 年版，第 120 页。
② 谢永泰修：《光绪凤阳县志》卷四《舆地·物产》，江苏古籍出版社，1998 年版。
③ 安徽省地方志编纂委员会：《安徽省志·纺织工业志》，安徽人民出版社，1993 年版，第 108 页。
④ 安徽省地方志编纂委员会：《安徽省志·纺织工业志》，安徽人民出版社，1993 年版，第 69 页。

手而试，其声曰若者，良若者，楛具良者扑之，皆寸寸断，乃分别为记橡束而授之，客走，天下不□也，工以此食于主人，倍其曹而恒秘其术（通商以后，洋商以机炉炼出之钢输入，此业遂辍）。"① 清嘉庆、道光年间，"业此者有十八家，作工垣达百余人"。芜湖手工炼钢的产品是著名的"三刀"，即剪刀、菜刀、剃刀，产品销售全国，甚至海外。剪刀具有"硬剪铜皮不卷口，软剪丝绸不打滑"的优点；菜刀背厚膛薄，寸钢寸火，青钢白铁，刀口锋利；剃刀锋快轻便，耐磨经用，深受理发师傅的欢迎。② 清康熙初年，铁工汤鹏首创铁画，兰竹草虫，无不入妙，尤工山水，大幅积成，炉锤之巧，前所未有，堪称冶铁业的一大奇品。③ 民国《芜湖县志》这样描述铁画的制作："锤铁为画者，治之使薄且缕析之，以意屈伸为山水、为竹石、为败荷、为衰柳、为蜩螗、郭索点缀，位置一如丹青家而无黡积皴皵之迹。康熙间有汤天池者，创为此名噪公卿间，今咸祖其法，虽制作远□汤，而四方多购之。"④

除芜湖外，安徽其他城市也有自己的冶铁业。民国《宿松县志》记载："宿松所用铁器多运自湖北之武穴，然附城商店亦有召集工匠，设置锅炉，冶铁熔铸各种铁器，如钟、磬、炉、鼎、锅、罐及应用各种农器等，均先买生铁付炉冶铸，范模成器，销场亦甚广。其有专业补锅者，亦冶工之一种，无专店，均担炉于各村，凡有锅罐之破损者，就便熔铁补之，称为补锅匠。"⑤

7. 印刷业

安徽的印刷业一度居于全国前列。元成宗大德二年（1298），旌德县尹王桢首创木活字，印刷长达6万余字的《旌德县志》，由此而开皖南活字印刷之先河。明代安徽的印刷业更加发展，官刻、私刻风行全省，尤以徽州地区为著，120回本《水浒传》的最早刻本就出于徽州。明万历三十至三十五年（1602—1607），歙县程涓用朱墨两色套印了

①　余谊密修：《（民国）芜湖县志》卷八《地理志·风俗》，江苏古籍出版社，1998年版。
②　《可爱的安徽》（修订再版），安徽人民出版社，1988年版，第434页。
③　安徽省地方志编纂委员会：《安徽省志·总述》，方志出版社，1999年版，第186页。
④　余谊密修：《（民国）芜湖县志》卷八《地理志·风俗》，江苏古籍出版社，1998年版。
⑤　俞庆澜、刘昂修：《（民国）宿松县志》卷一七《实业志·工业》，江苏古籍出版社，1998年版。

《闺苑》《程氏墨苑》等书，堪称中国印刷业的创举，比国外套色印刷技术早 100 余年。清初，休宁人胡正言发明凸印法，使套色印刷更加完善。乾隆年间，泾县人翟金生研制出 5 种字号的泥活字，并印制了多种书籍。[①] 清代的六安城有刻板作坊，刻印了不少书籍、家谱等。[②] 咸丰年间，亳州人杨文太在亳州城北关开了一个木版印刷作坊，字号"同元堂"，工人最多时 20 多人，印的多为《三字经》《百家姓》《论语》《中庸》《大学》等私塾启蒙教育类的书籍。同元堂印的书除在亳州、本地销售外，还远销河南周口、陈州等地。当时亳州城内除了杨文太的同元堂印刷作坊，还有南京巷的景盛源、文元斋。[③]

清代安徽地区的印刷业已发展到相当高的水平，在中华民族的文明史上留下了光辉的一页。

8. 采矿业

安徽的矿产资源主要有煤、铁、铜、矾石。这些矿产资源在古代便有开采的记载。

1）采煤业

安徽的煤矿较为丰富，《皖政辑要》载："皖省为古扬州域，菁华萃聚，矿产富饶。"[④] 安徽煤田分为淮南煤田、淮北煤田及沿江江南煤田三大片。淮南煤田地处安徽省淮北平原南部、淮河中游两岸，跨今淮南、凤台、定远、长丰、颍上、怀远、利辛、阜阳等县；淮北煤田位于安徽省北部，陇海铁路以南，曹村和唐南集一线以西，南抵唐南集和楚店集东西延长线，西与河南省为界，包括今淮北、濉溪、砀山、萧县、宿县、固镇、涡阳、亳县、蒙城等地；沿江、江南煤田指分布在安徽省沿长江两岸及长江以南广大地区的煤田，根据其分布状况，大致可划分为巢湖煤田、安庆煤田、芜铜煤田、贵池煤田和宣泾煤田。[⑤]

早在宋代，安徽的煤矿就已经得到开采。1960 年、1961 年在萧县

① 安徽省地方志编纂委员会：《安徽省志·总述》，方志出版社，1999 年版，第 186~187 页。
② 六安地方志编纂委员会：《六安市志》，江西人民出版社，1991 年版，第 112 页。
③ 周学良、洪冠军：《亳州印刷业的演变》，政协亳州市委员会、文史资料研究委员会：《亳州文史资料》第三辑，1987 年版，第 135 页。
④ 冯煦主修，陈师礼纂：《皖政辑要》，黄山书社，2005 年版，第 842 页。
⑤ 安徽省地方志编纂委员会：《安徽省志：煤炭工业志》，安徽人民出版社，1993 年版，第 1~4 页。

白土镇石榴园子和高场发掘的宋代瓷窑遗址分上、中、下三层，中层发现约有 45 厘米厚的炭渣，这说明在宋代萧县已有煤炭开采。到了明代，淮南洛河山一带煤炭资源已经被发现并开采利用，淮北、皖中、皖南地区的煤炭在明代都有开采。[①]

清代安徽是南方产煤较多的省份，煤炭开采主要集中在淮南、淮北、宣城、池州、宁国、广德等地，开采规模比前代大了许多。清代以后，银屏一带小窑煤开采一度兴旺。[②] 广德州所产之煤"不烟不臭，美于邻郡"，康熙年间，广德曾"聚众数万人"入山采煤，但阻力较大，因矿禁而陷于停滞。[③] 乾隆十年（1745），两江总督尹继善、安徽巡抚魏定国联名奏请开采煤矿："怀邑外窑地方，向曾采煤，甚有利于民用，乾隆四年因煤气化火伤人，暂行封禁。""又宿州之徐溪口地方，有山一座，亦属产煤，乾隆五年曾请开采，未奉准行。该州县产煤处所，勘明俱无关城池、龙脉、堤岸、通衢以及古昔陵寝。似此天地自然之力利，置而不取，实觉可惜，应请俱准开采。"[④] 这一奏请经工部议准，至此，明代后期就停止开采的淮北烈山、淮南一带的煤炭又重新开采。据光绪《重修凤台县志》载，淮南舜耕山开采的煤矿"旁郡邑资者甚多，舟车载运，百里不绝"[⑤]。

2）其他矿产的开采

清代安徽除了煤矿，还有铁、铜、矾石等其他矿产。中国出产矾石矿的省份不多，安徽是其中之一。安徽的钒矿分布于庐江县。从宋代开始即在庐江设官主持钒矿的开采，此后从未间断。清初的生产情况是：矿区 3000 平方米，设矾窑 18 蓬，春、夏、秋三季停工，每年农历十月初一起煎，十二月三十日歇火，年产 3 万余石，每石值银 2 钱 5 分，共

① 安徽省地方志编纂委员会：《安徽省志·煤炭工业志》，安徽人民出版社，1993 年版，第 19 页。
② 巢湖地区地方志编纂委员会：《巢湖地区简志》，黄山书社，1995 年版，第 172 页。
③ 胡有诚修：《（光绪）广德州志》卷五二《艺文·谕禁》，江苏古籍出版社，1998 年版。
④ 吴晓煜编纂：《中国煤炭史志资料钩沉》，煤炭工业出版社，2002 年版，第 124 页。
⑤ 李兆洛纂修：《（嘉庆）凤台县志》卷二《食货志》，《续修四库全书》编纂委员会：《续修四库全书 710 史部·地理类》，上海古籍出版社，1996 年版。

值银 7000 余两。① 安徽的铁矿分布于铜陵、繁昌、当涂、六安等地。②铁是生产兵器、农业工具等的重要原料，所以历代都较为重视铁矿的开采，清代也不例外。前文芜湖冶铁业的繁荣也从侧面反映了清代安徽铁矿的开采情况。安徽的铜矿以铜陵的铜官山蕴藏量最为丰富，唐代在此设铜官场，宋代开利国监，管理铜矿开采事宜。但到了清代，"岁久铜竭，场监俱废"③。整个清代，仅知铜陵尚有铁矿蕴藏，很少有人知道铜陵还蕴藏着铜矿。④

9. 竹编业——舒席

我国生产竹席始于周代，迄今已有三千多年的悠久历史。生产竹席的地区众多，有湖南的益阳，四川的达县、安岳、开县，福建的永春、漳浦，安徽的舒城、怀宁、潜山等地。其中竹席质地优良、产量最高、销路最广、驰名中外的是潜山竹席。⑤

潜山古名舒州，所以潜山竹席又称舒席。清代安徽的竹编业以舒席最为有名。

舒席是驰名中外的传统手工艺品，主要产地在舒城、潜山、怀宁县一带。春秋战国时期，潜山一带属舒国，唐宋时期又为舒州府治所在地，故潜山古称"舒国"，这里盛产斑竹、水竹，唐代就有编席的记载，通称舒席。舒席有粗货、细货之分，粗者原材料叫斑竹，细者原材料叫水竹。据史料记载："斑竹质坚而脆，肉厚，大者可析篾八层，小者亦五六层。""水竹质软而韧，肉薄，大者可析篾四层，小者仅青黄二层，其纤维较斑竹为精，煮之极软，折之不断，织为簟莹洁柔滑，错综成纹，洵枕中佳品也。"⑥ 舒席又叫作"龙舒贡席"。相传明英宗天顺年间，吏部尚书秦民悦回家乡舒城，要当地篾工用平顶山上的水竹编了几

---

① 谢国兴：《中国现代化的区域研究：安徽省（1860—1937）》，台湾师范大学历史研究所博士学位论文，1990 年版，第 1~25 页。

② 丁文江、翁文灏：《中国矿业纪要》，农商部地质调查所：《地质专辑丙种》第 1 号，民国十年（1912）刊本，第 22 页。

③ 李青岩等修：《铜陵县志》卷一，民国十九年（1930）刊本，第 5 页。

④ 谢国兴：《中国现代化的区域研究：安徽省（1860—1937）》，台湾师范大学历史研究所博士学位论文，1990 年，第 1~23 页。

⑤ 张言应：《潜山竹席》，安庆市政协文史资料委员会、安庆文史资料编辑部编：《安庆文史资料》第 23 辑，安徽省新闻出版局 A.91，016 号，1991 年版，第 31 页。

⑥ 朱康宁：《舒席》，政协潜山县委员会文史资料文员会：《舒州古今》，1986 年版，第 122 页。

条龙纹花席，回京时献给了皇帝。皇帝看了十分赞赏，批了"顶山奇竹、龙舒贡席"八个大字。舒席得了这个封号，身价陡增，一时朝野争购，产不足销。[1]

明代舒席已闻名遐迩，远销国外，晚清更是畅销缅甸、南洋群岛等地，均获巨利。[2] 1906 年，舒席作为中国名产在"巴拿马国际商品赛会"上获得一等篾业奖，第二年在"芝加哥国际商品赛会"上又获一等奖。[3]

10. 文房四宝

安徽的文房四宝是指宣纸、徽墨、宣笔、歙砚，以历史悠久、工艺精湛、品种丰富多彩、风格独特别致而闻名遐迩。

1）宣纸

宣纸是安徽文房四宝之一，其独特的优点是韧而润，光而不滑，薄而坚，厚而不腻，色白如霜，揉折无损。宣纸还有独特的渗透、润墨性能，写字作画，一笔落成，深浅浓淡，纹理可观，墨韵清晰，浓似漆，淡似水，不浓不淡似雨雾月晕。

由于泾县、宁国、太平等县均产宣纸，以泾县为多，而此三地在古代曾属宣州府管辖，各地生产的纸又以宣城为集散地，所以习惯上称为宣纸。唐代，社会上已经开始广泛使用宣纸，那时的宣纸"肤如卵膜，坚洁如玉，细薄光润，冠于一时"。清代，宣纸的生产进入鼎盛，宣城、宁国、泾县、太平等十几个县都生产宣纸，老百姓把它作为一项赚钱的副业。清代诗人赵廷辉作诗介绍了当时的盛况："山里人家底事忙？纷纷运石垒新墙。沿溪纸碓无停息，一片春声撼夕阳。"清代嘉庆年间，宣纸远渡重洋，外销南洋和日本等地。19 世纪宣纸在巴拿马"国际纸张比赛会"上夺得了金牌。[4]

2）徽墨

徽墨的生产始于南唐，创始人是奚超、奚廷珪父子。他们以皖南色

---

① 《可爱的安徽》（修订再版），安徽人民出版社，1988 年版，第 436 页。
② 朱康宁：《舒席产销》，安庆市政协文史资料委员会，安庆文史资料编辑部编：《安庆文史资料》第 23 辑，安徽省新闻出版局 A.91，016 号，1991 年版，第 37 页。
③ 《可爱的安徽》（修订再版），安徽人民出版社，1988 年版，第 436 页。
④ 《可爱的安徽》（修订再版），安徽人民出版社，1988 年版，第 429 页。

泽肥腻、性质沉重的古松为原料，改进了捣松、和胶、配料等技术，研制出一种"丰肌腻理、光泽如漆"的佳墨。这种墨有"拈来轻、嗅来香、磨来清"之妙。南唐时歙州出现了一批制墨高手，成为全国的制墨中心。清代，四大制墨名家曹素功、汪近圣、汪节庵、胡开文等人更是把徽墨的生产推向极盛。特别是胡开文所制的地球墨，曾于1915年在美国举办的巴拿马博览会上获得了金质奖章，在南洋劝业会上获得了优等奖状。① 在清代，徽墨有时又称"歙墨"，其原因是徽墨的生产分工较细，乾隆《歙县志》载："墨虽独工于歙，而点烟于婺源，捣制于绩溪人之手，歙唯监造精研而已。"②

3）宣笔

宣笔的产地在泾县青弋江上游花林。该地山清水秀，人杰地灵，是清代著名书法理论家包世臣的家乡。相传公元前223年，秦国大将蒙恬途经宣城一带，见这里山兔毛很长，就让工匠用兔毛制造了一批改良的毛笔，这就是脍炙人口的"蒙恬造笔"故事的由来。③

宣笔以选料严格、精工细作著称。清代的宣笔具有装潢雅致，毛纯耐用，刚柔适中，尖圆齐健的独特风格。宣笔自问世后，从魏晋到唐宋，一直被列为珍品，极受书法家的仰慕和追求。东晋书法家王羲之和唐代大书法家柳公权都先后写过"求笔帖"，向当时宣州的制笔名家陈氏和诸葛氏求笔。许多诗人、文学家也写下了赞美宣笔的篇章。唐代大诗人白居易为表达他对宣州紫毫笔的喜爱，写了一首《紫毫笔》："紫毫笔，尖如锥兮利如刀。江南石上有老兔，吃竹饮泉生紫毫。宣城之人采为笔，千万毛中拣一毫……"④

除了泾县生产宣笔，安徽还有很多地方产笔，如歙县、六安、桐城、舒城、合肥、芜湖等地。其中，六安的"一品斋"毛笔曾在1835年获得巴拿马世界博览会的金质、银质奖章各一枚。⑤

---

① 《可爱的安徽》（修订再版），安徽人民出版社，1988年版，第430～431页。
② 张佩芳修，刘大櫆纂：《歙县志》卷六《食货志下·物产》，乾隆三十六年（1771）刊本。
③ 《可爱的安徽》（修订再版），安徽人民出版社，1988年版，第431页。
④ 《可爱的安徽》（修订再版），安徽人民出版社，1988年版，第431～432页。
⑤ 《可爱的安徽》（修订再版），安徽人民出版社，1988年版，第432页。

4）歙砚

歙砚又叫龙尾砚，是全国名砚之一，自唐以来，就和端砚并称于世。砚石原产于今江西婺源县龙尾山，古代婺源县属歙州管辖，所以称为歙砚。歙砚的特点是石型坚润，呵之即泽，研如磨玉，发墨之利是其他石砚所不可比拟的。且歙砚雕制精美，工艺高超，具有极高的艺术价值。①

清代中期，歙砚一度复兴。乾隆帝登基后即令大臣、官员在歙县购求精砚，并开坑取石，制砚上贡。清代学者程瑶田《纪砚》一文记载："乾隆丁酉夏五月，余从京师归于歙，时方采龙尾石琢砚，以供方物之贡，其石之不中绳矩者，砚工自琢之，以售于人。"②

清代前中期的安徽城市工业还是以家庭、个体经营或手工业作坊为主要经营方式。手工业者农忙时种田，农闲时从事手工业生产，他们的经营内容比较广泛，多是制作一些简单的生产工具和生活用品。如遍及城乡的各类铁、木、竹、泥瓦匠、裁缝等。这些家庭和个体手工业者有的服务于一方，在一个较小的地域范围内营业；有的则带着简单的工具游走四方。家庭和个体手工业者的经营一般是当面议价，自愿成交，因而价格也比较合理。③如怀远县"赵淋甫携布鞋一双交皮匠李士达缝绽，言定给钱二十文"，阜阳县"韦灿代常三做青布马褂一件，该工钱二百文未偿"。④一些较大的家庭和个体手工业者经过长期的经营积累，经营规模有所扩大，逐步发展为手工业作坊。比较普遍的是生产豆腐的磨坊，生产食用油的油坊，烧砖瓦、瓷器的窑坊，生产农具的铁铺、木铺、竹铺等。这个时期的手工作坊并不是大规模生产，只是小商品生产，原因有二。一是这些作坊的主人基本上都是劳动者，招募的工人或学员也只是帮工形式。由于作坊的主人掌握了特殊的工艺技能，他们必须参加某些特殊工艺的劳动。⑤如霍山一手工铁铺招收工人的情况："徐红受邀吴春琳帮伙做铁匠生意，言明每年工钱七千文，同坐同食，

---

① 《可爱的安徽》（修订再版），安徽人民出版社，1988 年版，第 432～433 页。

② 安徽省地方志编纂委员会：《安徽省志·轻工业志》，方志出版社，1998 年版，第 236 页。

③ 程必定：《安徽近代经济史》，黄山书社，1989 年版，第 96 页。

④ 彭泽益：《中国近代手工业史资料》（第一卷），生活·读书·新知三联书店，1957 年版，第 166 页、167 页。

⑤ 程必定：《安徽近代经济史》，黄山书社，1989 年版，第 97 页、98 页。

平等相称。"① 作坊的工人不仅是劳动者，还是学员，他们学徒期满后，可以用学到的技艺另开店铺。② 二是这种手工业生产是为了取得生活资料，为了糊口，为了穿衣吃饭。虽然他们也把产品拿到市场上作为商品卖掉，但不是为了取得利润，而是通过交换，取得满足生活需要的物资。因为在封建社会的经济结构里，农民受到地主的剥削，土地收入难以维持生活，不得不"以织助耕"。③

虽然清代前中期安徽的手工业有了一定的发展，但从整体上来看，还是自给自足的自然经济。"农民不但生产自己需要的农产品，而且生产自己需要的大部分手工业品。地主和贵族对于从农民那里剥削来的地租，也主要是自己享用，而不是用于交换。那时，虽有交换的发展，但是在整个经济中不起决定的作用。"④ 农业和家庭手工业的结合是自然经济的基本特征。在清代前中期，安徽地区的农业和家庭手工业的结合已经很普遍。比如沿江一带的安庆、宁国、池州山地多产苎麻，许多农民都从事简单的手工麻纺；在江淮之间和沿淮地区，家家户户都种植少量的棉花，在农闲时期，老人和妇女就用简单的纺车纺纱，在若干乡村的范围内，总有几户农民织造土布。⑤

（二）清代前中期手工业的发展对安徽城市的影响

工业是城市经济的一个重要组成部分，对城市影响巨大。工业的发展创造了更多的就业机会，吸引农村人口进城从事定期和不定期的工业生产，促进了城市人口的增加；工业品种类和产量的增加丰富了市场，推动了城市商业的发展。封建社会早期的城市经济多以商业为主，随着经济的发展，城市中的手工业愈来愈重要，成为古代城市经济的重要组成部分。就清代前中期的安徽城市而言，没有采用大机器生产，其工业还是封建时代的传统手工业。但如上文所述，清代前中期的城市手工业发展已经超过前代，达到了一定的高度。手工业的发展对清代前中期安

---

① 《工商史迹》，安徽人民出版社，1987年版，第133页。

② 程必定：《安徽近代经济史》，黄山书社，1989年版，第99页。

③ 吴量恺：《清代经济史研究》，华中师范大学出版社，1991年版，第61页。

④ 毛泽东：《中国革命和中国共产党》，《毛泽东选集》（第二卷），人民出版社，1991年版，第623~624页。

⑤ 程必定：《安徽近代经济史》，黄山书社，1989年版，第57页。

徽城市的繁荣有较大的促进作用。

以芜湖为例，芜湖的手工业在清代前中期的安徽城市中最发达。就棉纺织业而言，徽商将大量资本投到芜湖的棉纺织业，使芜湖棉纺织业无论规模还是技术都在省内领先；从浆染业来看，芜湖在明清两代都是全国著名的浆染业中心；从冶铁业来看，芜湖的冶铁技术全国领先，产品行销省内外。手工业的发展为芜湖附近的农民提供了很多就业岗位，农村人口纷纷涌进芜湖从事不同的手工业行当，促进了人口的增加和城市规模的扩大。随着芜湖手工业技术的提高，产品的种类和数量不断增加，进一步丰富了芜湖的商业市场，人口的增加又扩大了芜湖城市商业的内需，使商业更加活跃。

再如屯溪，在清代前中期就已经成为皖南的制茶业中心，皖南的茶叶多集中到屯溪加工后再转销各地。随着制茶业的兴盛，屯溪人口激增，超过了当时皖南地区的很多县城。

第二节　晚清安徽城市的经济

鸦片战争之前的清朝实行闭关锁国的政策，一定程度上阻止了西方国家的侵略，但也让清政府看不到世界形势的变化，在西方资本主义经济迅速发展的时候，大清帝国已经落伍了。从鸦片战争开始，中国开始一步步沦为半殖民地半封建社会，从此被强行拽入了世界经济大潮。

1840 年鸦片战争以后，安徽经济开始了半殖民地半封建经济的形成、加深和全面崩溃的过程。[①] 安徽不是沿海省份，虽然鸦片战争后安徽就有一部分农产品通过上海、宁波等第一批通商口岸销售到国外，国外的商品也通过上海、宁波等口岸间接倾销到安徽地区，但毕竟数量有限。1876 年中英《烟台条约》迫使芜湖开埠通商以后，英、日、美等帝国主义国家才陆续开始了对安徽的直接掠夺和经济侵略。因此可以说，在近代史上，安徽的半殖民地半封建社会的形成要比沿海地区晚二十余年。安徽的封建势力极其顽固，封建地主阶级的土地占有关系也根

---

① 程必定：《安徽近代经济史》，黄山书社，1989 年版，第 24 页。

深蒂固。这种顽固的封建势力和根深蒂固的封建土地占有关系对民族资本主义表现出极大的排他性，对外国资本主义和帝国主义势力又表现出极大的妥协性。排他性也好，妥协性也好，基本目的都是顽固地维护其封建统治。列强对安徽的入侵也往往是借助封建势力及其代表者军阀和官僚政府的力量来完成的，可以说在近代史上安徽社会的封建化程度要超过殖民地化程度，安徽近代社会经济的性质并不是半殖民地半封建社会，而应是半封建半殖民地社会。安徽的民族资本主义由于受外国资本主义和本省封建势力的双重压迫，一直处于步履艰难的境地，民族工业落后，极大地阻碍了安徽近代社会生产力的发展，导致安徽一进入近代，经济发展就落后于全国平均水平，更落后于华东地区的一些经济发达省份。①

一、晚清安徽的农业

（一）晚清安徽农业发展概况

在太平天国运动中，安徽是主战场之一。清军和太平军在安徽进行了多年的争斗。战争对安徽农业的危害是毁灭性的，到光绪年间，"顾自兵燹以后，田赋至今未能复额"②。当时查出安徽全省原有荒田 6100 余顷，除清赋案内先后查出隐垦新垦之田 2100 余顷，尚有荒田 4 万余顷。这 4 万余顷荒田中，可开垦的应有 2 万余顷。皖南各省熟田每亩收谷四五石不等，以亩收 4 石为率，如果将这 2 万余顷荒田开垦种植，年可收谷 800 余万石。而那些不宜种植庄稼的荒田，可因地制宜种植桑麻、果木等经济作物。鉴于此，光绪三十二年（1906），巡抚诚勋奏设安徽垦牧树艺总局，并设分局三处。中路附属总局在省城，南路设于芜湖，北路设于凤阳。委藩司总理其事，通饬各州县会同正绅切实清查，分别官荒、民荒，造册详报总局。再由分局委员分赴有荒田的州县，查明地段、亩数以及堤防水利、种植土宜，绘具图说，送局查核，次第兴办。后来统计各州县陆续上报的情况，查出荒田共 85 万余亩，荒山

---

① 程必定：《安徽近代经济史》，黄山书社，1989 年版，第 25~26 页。
② 冯煦主修，陈师礼纂：《皖政辑要》，黄山书社，2005 年版，第 793 页。

1300 余座。于是劝谕地方绅民集股认垦，并在省城安庆、芜湖、凤阳各设试验场一处，实行提倡。光绪三十四年（1908），增设劝业道，裁撤三局，所有垦牧树艺事宜，改归劝业道管理。① 兹将通省开办的部分农业学、会、局、场、公司列表如下（见表4-1）：

表4-1　清末安徽省开办的农业学、会、局、场、公司②

学、会、局、场、公司	官办/绅办	时间
安徽农务总会	官办	光绪三十四年五月
安庆日新蚕桑公司	彭名保	光绪二十年八月
安庆试验场	官办	光绪三十四年二月
桐城恒丰垦植公司	殷保彝	光绪三十二年七月
太湖开源农务公司	王希仲	光绪三十三年五月
休宁树艺公司	戴恩俭	光绪三十年三月
休宁农会	汪杞	光绪三十年七月
婺源农会	胡宗程	光绪三十年十月
宣城咸育垦务公司	万祖恕	光绪二十五年十月
宣城农会	潘庆余	光绪三十四年八月
宁国蚕桑研究所	官办	光绪三十三年十月
宁国试验场	官办	光绪三十三年十月
泾县培森农林公司	徐载生	光绪三十四年五月
太平厚生树艺公司	杜际辰	光绪三十三年七月

上述垦牧树艺措施对清末安徽农业有一定的促进作用，但在实施过程中碰到很多问题，比如"定价太重，领垦无人"，"价重则领垦无人，过轻则于公家无补，且不免有揽荒转卖之弊"。③

清末，安徽农业有了一定的发展，农作物的商品化程度提高。安徽省沿江平原一带是主要的水稻种植区域，由于稻米产量的增加和米粮商品化程度的提高，芜湖成为清末全国四大米市之一。清末安徽徽州、祁

---

① 冯煦主修，陈师礼纂：《皖政辑要》，黄山书社，2005 年版，第 793 页。
② 冯煦主修，陈师礼纂：《皖政辑要》，黄山书社，2005 年版，第 794~795 页。
③ 冯煦主修，陈师礼纂：《皖政辑要》，黄山书社，2005 年版，第 796 页。

门、芜湖、六安等地年产茶叶总量为 30 万担左右。花生、烟草等经济作物的种植量和商品化程度都提高了,全椒"落花生近年种植颇多,为出产大宗"①。烟草在明末清初引进安徽,首先在定远、凤阳一带种植。安庆府也开始广泛种植烟草,出产的烟草多进入市场销售,促进了清末安庆城市商业的发展。②

（二）清末安徽农业的发展对城市的影响

依靠以米市为主体的商业的发展和碾米业的扩大,芜湖经济上了一个新台阶。1877 年,随着芜湖的开埠通商,安徽地区一部分农产品经芜湖出口到国外,进一步推动了芜湖经济的繁荣。清末,随着西方工业品倾销到安徽地区,安徽的小农经济受到一定程度的冲击,一部分破产农民和手工业者涌入城市,为城市工商业的发展提供了新的劳动力,城市人口随之增加。

当然,清末安徽农业的发展对安徽城市的影响多集中在芜湖、安庆等大城市,对大部分城市而言,农业发展所带来的影响不大。

二、晚清安徽城市的商业

1840 年鸦片战争后,西方列强用武力打开了中国的大门,中国自此被强行拉入了世界经济大潮,进入了半殖民地半封建社会。鸦片战争后,随着一批沿海、沿江通商口岸的先后开辟,西方工业品通过这些口岸城市倾销到中国,中国的农产品、工业原料等也经由这些通商口岸出口到国外。这种对外商贸更多地带有侵略的性质,却客观造成了通商口岸城市商业的繁荣,经济尤其是商业的发展成为这些沿海、沿江口岸城市发展的首要动力。③ 以开埠通商的城市为桥头堡,周边城市和腹地农村也被卷入更大规模的国内外商品贸易之中。

清末安徽的情况也是如此。鸦片战争结束后,中国开放了第一批沿海通商口岸:广州、厦门、福州、宁波、上海。处于中国东西接合部的

---

① 张其濬修:《(民国) 全椒县志》卷四《风土志·物产》,江苏古籍出版社,1998 年版。
② 王鹤鸣:《安徽近代经济探讨》,中国展望出版社,1987 年版,第 20 页。
③ 范习中:《近代安徽城市发展的动力因素分析》,载于《西南民族大学学报（哲学社会科学版）》,2012 年第 2 期。

安徽虽然此时尚未有开埠通商的城市，但还是受到了第一批通商口岸城市的影响。1842年后，徽州出产的绿茶约有半数由新安江经杭州运往宁波出口，从宁波进口的洋货开始倾销到安徽地区，以徽州为主要市场之一。进口商品中包括少数棉货（洋布）、五金（铅块、铁条）及数量颇大的杂货，如糖、火柴、煤油、玻璃等 。上海也是安徽进出口贸易的主要口岸，进口商品以糖、煤、火柴等杂货为大宗，主要行销市场是徽州府，宁国府次之。①

镇江于1861年开辟为通商口岸，在芜湖开放为口岸之前，皖北的米、麦、杂粮（为高粱、豆类等）多由镇江出口，由镇江进口的货物也畅销到安徽地区的安庆、宁国、池州、太平、庐州、凤阳、颍州等府，以及滁州、和州、泗州、六安等地，进口货物以棉为大宗，火柴、煤油、糖类杂货亦不少。安庆、宁国、池州等府从镇江进口的货物以煤油为大宗，糖、火柴数量较少，棉货最少。

九江开港于1862年，徽州所产茶叶除由宁波（后来为杭州）出口外，早期约有半数由九江转汉口输往国外。除茶叶之外，徽州的各种手工业产品亦多由宁波、杭州、九江出口。安庆府的土产，如怀宁、潜山的竹席，宿松的烟草，也以九江为出口港。九江的内地贸易圈涵盖安徽省的安庆、徽州二府，进口货物包括各式棉毛货品、五金、杂货等，其中原色布、英国标布、糖、铅块、煤油等较多。②

（一）晚清安徽城市商业发展概况

1. 芜湖商业的发展

1）芜湖关对外贸易的增长

1876年，根据中英《烟台条约》，芜湖被辟为通商口岸，第二年设立海关，正式对外开埠。③芜湖开埠通商后，安徽境内的一部分农产品和工业原料直接经由芜湖销售到国外，西方列强的一部分工业品也直接

---

①　谢国兴：《中国现代化的区域研究：安徽省（1860—1937）》，台湾师范大学历史研究所博士学位论文，1990年，第4页、150页。

②　谢国兴：《中国现代化的区域研究：安徽省（1860—1937）》，台湾师范大学历史研究所博士学位论文，1990年，第4页、150~151页。

③　王鹤鸣：《芜湖海关》，黄山书社，1994年版，第8页。

经由芜湖倾销到清末的安徽地区，芜湖成为安徽对外开放的桥头堡。

芜湖进口的洋货有鸦片、糖（赤糖、白糖、车白糖）、棉货（原色布、标布、白色布、英国粗布）、毛货（英国羽毛、咔叽、大企呢等）、各式袋子、檀香、煤油、印度及日本棉纱、纸烟、火柴等。[①] 1877 年，鸦片占芜湖关进口洋货总量的 61.10%，1888 年占总量的 61.65%。1877—1888 年这 11 年间，鸦片所占进口洋货总值的百分比为 60%～70%，其中 1879 年、1880 年、1881 年、1883 年、1885 年，鸦片占芜湖关进口洋货总值的 70% 以上。即使 1889 年鸦片所占的比例有所下降，但还是占芜湖关进口洋货总值的 45.50%，依旧雄踞芜湖关各项进口洋货之首。1899 年后印度棉纱、糖、煤油、纸烟的比重有所上升。[②]以 1899 年芜湖关进口洋货为例：

鸦片：居当时输入芜湖海关洋货货值的第一位。1899 年，有3192 担鸦片输入芜湖，占当年全国鸦片进口总量的十七分之一，价值 300 万两白银，约占 1899 年芜湖进口货物总值的十分之四。

洋布：1899 年输入芜湖的洋布达 51.4 万余匹，约占当年芜湖海关进口货物总值的五分之一。

洋纱：1899 年，芜湖海关进口洋纱达 6.8 万余担，约占当年芜湖海关进口洋货总值的五分之一。芜湖进口的洋纱主要是印度、中东的棉纱。

煤油：1899 年，倾销到芜湖的煤油达 273 加仑，主要来自美国、俄国及苏门答腊等地。

麻袋：1899 年，芜湖进口麻袋 140 万只，主要用来装出口米。[③]

芜湖关出口的土货主要是米、绿茶、绸缎、棉花、红茶及其他农副产品。以 1877—1889 年为例。米是芜湖关重要的出口货物，1891 年、1892 年、1896 年、1898 年、1899 年，芜湖关出口的米占出口土货总值

---

① 谢国兴：《中国现代化的区域研究：安徽省（1860—1937）》，台湾师范大学历史研究所博士学位论文，1990 年，第 4～158 页。

② 谢国兴：《中国现代化的区域研究：安徽省（1860—1937）》，台湾师范大学历史研究所博士学位论文，1990 年，第 8～91 页。

③ 王鹤鸣：《芜湖海关》，黄山书社，1994 年版，第 16～17 页。

的 70％以上，而 1900 年、1902 年更是超过 80％。芜湖关米的出口波
动也很大，如 1895 年芜湖关出口的米只占出口土货总值的 36.90％。[①]
造成这种现象的原因有很多，如自然灾害导致农业歉收、湖南米及广西
米加强了同芜湖米的出口竞争、地方当局政策性的限制等。[②]　绸缎也是
芜湖关出口的重要土货之一，从 1877 年至 1895 年，绸缎出口量一直占
据芜湖关出口土货总值的前两位，但 1896 年芜湖关出口的绸缎量突然
下降，只占出口土货的第 8 位，1897 年以后，绸缎的出口量不再是芜
湖关出口土货的前十名。究其原因，芜湖关出口的绸缎不是安徽本境所
产，而是来自南京。从 1896 年开始，因镇江的出口税率降低，南京的
绸缎改由镇江出口。[③]　1877 年开埠之始，芜湖关出口土货总额为
365669 两，而 1902 年出口土货总值增长到 10948867 两，因此从出口
土货总值来看，芜湖关出口货物总的趋势是迅速上涨的。

　　需要强调的是，在安徽出口货物中，由芜湖关直接出口到外国的很
少，大部分是先由芜湖转运至上海等沿海通商口岸，再出口到海外（见
表 4—2）。

表 4—2　芜湖关直接出口海外货值与芜湖关出口海外总货值比较[④]

单位：两白银

年份	直接出口海外货值	出口海外总货值
1886	675	3574122
1894	3142	5156090
1899	11000	10608352

　　从表 4—2 可以看出，1886 年芜湖关出口土货总值为 3574122 两白
银，而只有 675 两白银的货物是从芜湖关直接销往国外的，1894 年、

---

　　① 谢国兴：《中国现代化的区域研究：安徽省（1860—1937）》，台湾师范大学历史研究所博士学
位论文，1990 年，第 8～94 页。

　　② 谢国兴：《中国现代化的区域研究：安徽省（1860—1937）》，台湾师范大学历史研究所博士学
位论文，1990 年，第 4～161 页。

　　③ 谢国兴：《中国现代化的区域研究：安徽省（1860—1937）》，台湾师范大学历史研究所博士学
位论文，1990 年，第 4～161 页。

　　④ 根据王鹤鸣《芜湖海关》（黄山书社，1994 年版）第 17 页及谢国兴《中国现代化的区域研究》
第 8～94 页之表格"芜湖关主要出口土货种类及所值百分比"整理而成。

1899 年的情况也是如此。芜湖关出口的大部分货物经由上海转销国外，安徽的各种农产品如米、菜籽、豆类、花生、芝麻、鸡鸭毛、禽蛋等大部分也是经过这个途径出口的。其中安徽从芜湖关输出的菜籽经上海主要销往日本，鸡毛、鸭毛则先运至上海加工，然后再销往欧洲。安徽本省出口的货物有的甚至不经过芜湖关，而是由产地直接运往沿海的通商口岸再转销海外，如皖南出口的茶叶先集中到屯溪加工，然后直接经宁波、上海出口，祁门红茶则直接由九江、汉口出口国外。①

芜湖关进出口贸易的增长原因是多方面的，具体来说有以下几点：

首先，安徽地区农产品资源、矿产资源丰富。淮北平原盛产小麦，沿江地区多产水稻，为鱼米之乡，皖南、皖西盛产各种名贵茶叶。安徽省的矿产资源如煤炭、铜、矾等异常丰富，因此安徽有足够供外贸出口的农产品和矿业原料。再加上安徽人口众多，是巨大的工业品销售市场，所以芜湖开埠通商后，芜湖关的进出口贸易额迅速增长。

其次，芜湖交通便利。芜湖位于长江和青弋江的交汇处，南经鲁港河通南陵、宁国、太平，西北经裕溪河可达巢县、无为、庐江，东沿长江干流顺江而下，直通南京、镇江、上海，沿长江干流向西可通九江、汉口等重要交通枢纽。如此便捷的水路交通，再加上开埠通商，芜湖的对外贸易必然会迅速增长。

最后，这种对外贸易的迅猛增长，是在反侵略战争失败后，帝国主义国家强加给芜湖的。西方列强把中国变成半殖民地社会，目的就是倾销他们的工业品，掠夺中国的农产品和工业原料。芜湖开埠通商后，西方国家不遗余力地向安徽地区倾销廉价的工业品，同时掠夺安徽地区的农产品和矿产资源，这必然会刺激芜湖关的进出口贸易，但我们应该看到这种贸易所带有的侵略性质。

2）芜湖商业的全面发展

随着芜湖的开埠通商，外国商人纷纷来芜湖建立各种洋行，经营进出口贸易。1877 年后，各国在芜湖建立的洋行有：英国太古洋行（航运）、怡和洋行（航运）、亚细亚洋行（煤油、洋烛）、英美烟草公司（洋烟）、永泰和烟行（香烟）、卜内门洋行（化学原料、碱粉、肥皂）、

---

① 王鹤鸣：《芜湖海关》，黄山书社，1994 年版，第 17 页。

和记洋行（鸡蛋）、祥泰洋行（洋松、木材）、保慎水火保险公司、百立泰保险公司，日本前田一、二洋行（百货、纱布）、盐冈洋行（百货、仁丹）、日胜纱号（纱、布）、丸三药房（药品）、日清公司（航运）、泰昌小轮局（客、货运输）、李生昌小轮局（客、货运输），美国美孚洋行（煤油）、德士古洋行（煤油、洋烛）、慎昌保险公司、花旗合群保险公司，葡萄牙班达洋行（鸡蛋、生牛）。① 这些洋行大肆推销舶来品，压价收购安徽的农产品和工业原料输往国外。有一部分洋行还向芜湖周边其他府县城市、城镇发展，在皖江众多的县、镇设有经销处，如桐城县有美孚、德士古洋行总栈，另外还在枞阳、孔城、汤家沟等乡镇设有分栈。②

芜湖十里长街形成于明代，万历三年（1575）建筑县城时，太平府知府钱立"临县相度规费絜地，画长街于城外"③。此后很长时间内长街都是芜湖的主要商业区。芜湖开辟为通商口岸后，长街更加兴盛。这时的长街，除少数达官贵人的公馆外，大多是商号、店铺、作坊，经营着南北杂货、五金、棉纱、布匹、金银首饰等。其中著名的有胡开文笔墨店、继汪永春药店之后的张恒春药店、以擅长烹调牛羊肉为特色的金隆兴菜馆、别具风味的鼎泰酱园，这些都是久负盛名的百年老店。此外，随着芜湖的开埠通商，十里长街涌现了许多经营洋货的商店，售卖煤油、洋火、洋皂、洋伞等外国商品。《芜湖县志》记载了当时十里长街的繁荣盛况："十里长街，阛阓之盛，甲于江左，城中外市廛鳞次，百物翔集，又采布帛褴至而辐辏"，集中了"北连牛渚，历淮阳而达燕蓟"的商品。人们在这里进行交易，常常是"肩摩毂出"，"市声若潮，至夜不休"。④

米市在芜湖的商业中占有重要的地位。明朝中后期，江浙一带桑、棉等经济作物的种植和手工业的发展，致使粮食不敷当地之用，而需"半仰食于江、楚、庐、安之粟"⑤。清代中期，安徽地区生产的大米在

---

① 《安徽现代革命史资料长编》，安徽人民出版社，1986 年版，第 19～20 页。
② 《安徽现代革命史资料长编》，安徽人民出版社，1986 年版，第 20 页。
③ 黄桂修、宋骧纂：《（康熙）太平府志·建置》，光绪二十九年（1903）刻本。
④ 芜湖市文化局编：《芜湖古今》，安徽人民出版社，1983 年版，第 32～34 页。
⑤ 许涤新、吴承明：《中国资本主义发展史》（第一卷），人民出版社，2003 年版，第 89 页。

芜湖集中，沿长江顺水而下运销江浙。当时从芜湖运销江浙的大米有200万～300万石。[①] 芜湖米市在清代中期已经初步形成。长江下游的米市原设在镇江七浩口，安徽出产的粮食以此为集散地。1877年芜湖开埠通商后，商业日益兴旺，李鸿章出于为其家族谋利等原因，派芜湖关道广东人张樵野到七浩口进行诱导，米市遂迁来芜湖。从此芜湖粮商四集，中外舟轮如织，每天吞吐大批粮食，形成巨大的米业市场。[②] 另一说法是1877年，李鸿章考虑到安徽稻米产区集中在长江流域和巢湖周围，到芜湖集散比长途运输至镇江要方便，且芜湖已设立海关，就上书将镇江七浩口米市移到芜湖。于是安徽稻米纷纷运往芜湖集中，原来在镇江的广东、山东一带的粮商逐渐在芜湖开设米行、米号，芜湖米市遂于1882年正式开张。[③] 米市开张后，各地米商云集，在芜湖设立米行、米号等常驻机构。米市的发展进一步促进了芜湖商业的繁荣，围绕着米粮贸易与加工发展兴起了82个行业，5400多家商店。[④]

芜湖的开埠通商以及米市的繁荣带动了芜湖整个商业的发展。1877年刚开埠时，芜湖进出口贸易额仅有158万海关两，到1899年已达2028万海关两。[⑤] 芜湖开埠之初，商号只有121家，而到1901年，商号已增加到722家。[⑥] 1934年的一项统计资料表明，芜湖当时的商号已有1633家，资本总额达11586970元，营业总额达70250865元，职工人数13913人。[⑦] 1920年，芜湖商业资本占整个手工业、近代工业和商业资本的86.0%，从事商业的有3000余户，5万余人，其商业在长江流域仅次于上海、武汉，居第三位。[⑧] 开埠通商后，芜湖逐渐成为全国四大米市之首，1932年，芜湖米业贸易的营业额达5282000元，约占

---

① 许涤新、吴承明：《中国资本主义发展史》（第一卷），人民出版社，2003年版，第274页。
② 《芜湖米市简述》，芜湖市文化局编：《芜湖古今》，安徽人民出版社，1983年版，第43页。
③ 《芜湖米市春秋》，政协芜湖市委员会文史资料研究委员会：《芜湖文史资料》第1辑，第12～15页。
④ 张学恕：《长江下游经济发展史》，东南大学出版社，1990年版，第427页。
⑤ 安徽省地方志编纂委员会：《安徽省志·商业志》，安徽人民出版社，1995年版，第211页。
⑥ 章征科：《从旧埠到新城：20世纪芜湖城市发展研究》，安徽人民出版社，2005年版，第18页。
⑦ 陈筱南：《安徽实业概况》，载于《实业统计》，1935年第3卷第6期，第114页。
⑧ 谢国权：《近代芜湖米市与芜湖城市的发展》，载于《中国社会经济史研究》，1999年第3期。

当年芜湖商业营业总额的 58%。①

2. 安徽其他城市的商业情况

1877 年开埠通商后，芜湖进一步巩固了其作为安徽省经济中心的地位。安徽省内其他府县的货物多集中到芜湖销售，或经芜湖转销外地，因此芜湖开埠通商后一定程度上拉动了周边州县城市的商业发展。如前文所述，不少洋行机构在皖江众多的县、镇设有经销处，作为对外出口贸易的桥头堡，芜湖对外贸易的发展进一步加强了芜湖与安徽其他城镇的贸易往来。清末当涂的洋呢、洋缎、洋绸、洋布、洋纸、洋油、洋火、洋皂等洋货，以及外省的糖、盐、布匹、纸张、油、酒、药材等，均由芜湖运入当涂县城及其他市镇进行销售，每年约值白银 20万两。②

但是，芜湖商业的繁荣对安徽其他城市的拉动力是有限的。省会安庆虽然是安徽省的政治中心，但在商业上明显逊于芜湖。1902 年 9 月 5日，中英续议《通商行船条约》，曾将安庆列为通商口岸，后来由于裁厘加税交涉未果，安庆仅仅被作为轮船停泊、上下客商货物的港口。③近代安庆的发展动力主要是行政力量，经济动力不足，始终没有成功转型。城内的工商街市仅四牌楼、倒扒狮、龙门口、梓潼阁等处稍为可观，城外仅西门外、东门外、南门外比较繁盛，北门外全是住户。"对于安庆经济地位的认识，只能说它是供给市民消费的商场、附近各县输出输入的转运口岸，绝对不能说它是本省或长江的工商业的中心。"④安庆尚且如此，安徽其他城镇就可想而知了。

下面将清末安徽县城的商业情况列为表 4—3：

① 建设委员会调查浙江经济所编印：《芜乍铁路沿线经济调查（安徽段）》，1933 年版，第 25 页。
② 安徽省地方志编纂委员会：《安徽省志供销合作社志》，方志出版社，1998 年版，第 456 页。
③ 王鹤鸣、施立业：《安徽近代经济轨迹》，安徽人民出版社，1991 年版，第 270 页。
④ 龚光明、曹觉生：《安徽各大市镇之工商现状》，载于《安徽建设月刊》，1931 年第 3 卷第 26期，第 7 页。

表 4-3　清末安徽县城商业情况[①]

县城	商业概况
寿县	人口不过万余，城内外都很寂寥，南门城外因是往来正阳关的要道，仅有小的街市，城内比较繁华的仅有四条街……商业实无可述者
凤台	商业仅早市比较可观，城内户数不及千家，城墙仍系土筑，殊不足言工商业务
怀远	怀远在淮河与涡河合流点之三角洲上，距蚌埠二十五里。清末，在津浦路未开通、蚌埠未兴起以前，安徽北部农产品均集中到怀远，下运至清江浦，转运到天津、扬州等地，是以商业在清末较为繁盛。清末民初，津浦路开通后，蚌埠迅速崛起，大交易俱移至蚌埠进行，一切牙行、商店以及民船都纷涌而迁往蚌埠，怀远的繁荣也因之褪色。此后，由山脚至河岸之街市稍为繁荣，以京广杂货交易居多，然而其资本最大者亦不过万元
五河	城内东西和南北均约半里，周围亦不过三里，主要街市都在城外，城内仅有县署的兵营。主要街市名称为顺河街、东西大街、文昌街、南北大街、东门街等，工商业不兴盛，仅有小杂货店、小菜店及粮食店
盱眙	主要街市为顺河街、前街、后街、黄家牌、井头街。商业以布匹杂货为多，商业资本大概在五百元到一万元之间不等。津浦路通车后，市况渐次衰微
阜阳	以南北大街较为繁荣，城区有纸、煤油各公司及绸缎庄
颍上	因偏处皖北，交通不便，各种商业均不发达。相对而言，以土产小麦、黄豆等贸易为较繁盛
太和	城内街市分东街、西街、南街、北街及城隍街，以南街与西街较为繁荣。南街多绸缎店、米店、杂货店等商铺，西街多以买卖果实、野菜等类商品为主。商业以杂货、京货为较盛，商店资本最多不过5000元
亳州	商业区域以北门外较繁盛，商铺、邮局、药铺、布店、杂货店均在此处。杂货有的来自上海，有的来自河南省。在陇海路未开通以前，河南的农产物均集至此处，由涡河出淮河至清江浦，商业市况较为活跃。自陇海路开通以后，仅河南省东南部及安徽西北部之农产品仍集合此处，商业有所衰落。商业最盛者为药材杂货，商店资本最大者约10万元
涡阳	人口号称一万，商业较发达。街市以北门外较为繁盛，举凡杂货、粮食等大店均在此处。因境内并无大宗土产，又非货物屯集之地，故无大商业
蒙城	人口五千余，商业亦属有限。城内虽较繁华，亦仅以贩卖杂货、粮食及洋纱者为多。商店资本最多不过两三千元

---

①　根据龚光明、曹觉生编《安徽各县工商状况》（《安徽建设》，1931 年第 3 卷第 27 期）相关内容整理而成。

县城	商业概况
六安	城内著名街市为西门大街、东门大街、鼓楼街等。以小车、骡马运送茶、蒜到合肥，由合肥输入砂糖、纸、杂货。更由淠河以民船、竹筏运米茶等至正阳，再转运至蚌埠，乘津浦车运至山东、天津、浦口等处，而由正阳输入杂货、纸及盐，或更转运至霍山。六安特产为茶、米、麻等物，贸易较为繁荣。商业以茶庄第一，盐商及钱庄次之。该地人民颇富，客商来往又多，故茶馆、酒楼以及杂货商店等很多
霍山	人口不过两千，工商业殊不足言。唯该县产茶特多，交易甚大，故清末中国银行曾设支行于此
定远	人民生产无多，生活甚苦，工商业一般极衰沉
宿州	该县城之主要街市，为东西大街、南北大街。商业稍形发达。津浦路通车后，转运业者之数顿增，运本地出产之高粱、豆、麦、煤炭、皮革等至浦口、镇江、天津，而由该处运洋货、杂货及煤油等。会馆有山西会馆及南京会馆两处。商业以布匹、杂货、煤油、洋火等业为较盛
泗州	城内人家稠密，商况尚形活泼。城之东西和南北各三里余，人口七千余。主要街市为钟和街、崇让街、南门街、东门街、南门外街等，而以钟和街、崇让街为中心地。住民颇多从事农业及小本生意者，民船运送小麦、绿豆、黄豆、芝麻、高粱等至五河、临淮、盱眙等处，而运杂货、洋货、洋布等回来
灵璧	城内人口约四千，住民多数从事农业，城内商业亦尚可观，东西大街与南北大街交叉点附近大杂货店、商店甚多，东西两门附近有菜市各一。商业以布业为最盛，资本亦以布商为较大
霍邱	人口约八千，最繁华之街市为南门大街、东门大街。此地居民多为小本生意。县城商业以日用品贩卖为大宗，南乡以盐、米、茶、竹木等贩卖为大宗。商店资本无万元以上者。运输汇兑均感困难
天长	商业以布业、南货业为较盛。商店资本由数十元至数千元不等。外商有英商协和、美商班达等公司
凤阳	人口约一万七千，地处南方各省之要冲，商人集此颇多，从前为安徽北部之政治中心，故商业亦盛。唯本城商业受制于临淮，临淮大商贾均设支店于城内，故批发生意在临淮，本城不过做零卖生意
贵池	城内人口号称三万，实际不过万人。因其濒临长江，轮船、民船往来如织，水运甚便，附近货物，咸以此为集散地，但不能说是交易兴盛，因为需要货物的是石埭、祁门等地，而供给货物的又是芜湖及安庆。商业以布匹、杂货为最多，商店资本最多不过三千元内外
铜陵	长江右岸，西距该县之大通镇仅四十里，交通方便。唯该县地方人稀，山角水涯，颇多荒废，故其工商业务发展殊属有限

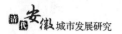

续表4—3

县城	商业概况
东流	居长江右岸，与江西彭泽接壤，与安庆及华阳遥遥相对，工商业完全受安庆支配，无特殊可述者
当涂	商业以稻米出口为大宗。商店资本大致在五千元以下。本县百货都向宁芜购买，由水道运输。有英商和记与葡商茂昌临时蛋行
和州	商业以粮食为最盛，商店资本以质商为最厚。外商英商亚细亚煤油公司、美商美孚石油公司、英商英美烟草公司、英商和记蛋公司在和州设有经理处
含山	商业输入以布匹、南货、洋货为主，输出以米、麦、麻为大宗，商业中心在运漕镇，由小轮可通芜湖，运输汇兑甚便
全椒	人口万余。著名街市为南门外、袁家湾及东门大街。袁家湾之绸缎店、杂货店甚多，东门外之旅馆、饭店甚多。东门外大街至北关桥一带之粮食、菜蔬、酱园等交易亦颇繁盛。本地人民，一部分为农，一部分经商。农产物以米、麦、落花生、麻等为多。商业除农产品交易外，仅有对市民的杂货、食物之商铺。唯米多运至芜湖，麦多运至镇江、南京、无锡等地。输入品以杂货为大宗，煤油、药品次之。商业以南货、布业、广货、粮食占多数。商店资本，万金者甚少，千金、数百元者甚多
滁州	人口号称四万，其实不过八千。著名街市为近于南门之中心桥、四牌楼等。商业以绸布、南货等业为较盛。商店资本最大者有两万元，商人购办货物交由转运公司，由水道运输
巢县	商业以米业为盛，次为麻布业。入口为竹木、南货、洋纱、布匹等业。商业资本以木业为较大，次则南货业、洋纱业、布业
合肥	人口三万余，城内著名的街市为鼓楼大街、十字街、东门大街、尚节楼街等。此地商业集附近一带农产品及菜油等输出至芜湖，而由芜湖输入杂货转至各乡或六安。此地商业机关除钱业公所、米业公所、染业公所、布业公所、总商会外，尚有会馆五所：江西会馆、金陵会馆、福建会馆、山西会馆、旌德会馆
舒城	商业以布业为较盛，商店资本以布业为较大
无为	商业平平，不若该县所辖之襄安镇。所产米粮甚多，畜鹅亦多，故城内有米市、鹅市。商业以米粮为较盛。商店资本最大者约在两万元左右，其余约数千元、数百元不等
庐江	商业以杂货业及布业两项为最盛。资本亦以此二业为较雄厚。运输商货多由河道
桐城	主要外货输入煤油、砂糖、棉布、杂货等，外省货物输入者为麻布、纸、药材、陶器、烟、盐等物。商业以米粮业为较盛。商店资本至多不过两三万元

县城	商业概况
潜山	因水路交通较为便利，是以成为区域商业中心
太湖	人口约五千，商业较之潜山、霍山稍胜一筹。最繁华街市为大西门街，一切商贾及诸大建筑均在该处。因南乡有湖泊运河之水运甚便，故米粮杂货由此转运甚多。商业以南货业为较盛。商店资本最大者约在万元以上
宿松	宿松并非商业区域，城内商业稍盛，北门街、大东门街、南门街、小西门外、大西门外人家较多，而十字街商务较为繁盛。商业以盐业最盛，南货、糖业次之。商店资本以仁和糖食号为最大
望江	商业以布商为最盛，商店资本亦以布店为较大，但至多不过五六千元。外人在望江经营商业者有英美两国在华阳设立的煤油支栈，唯由华人经理
秋浦	商业以茶业为较盛，商店资本亦以茶商为较大，但亦不过万余元
青阳	商业以丝绸业为较盛，商店资本多则八千元，少则两三百元
石埭	商业以米业、杂货业为较盛，布业、京货等业次之。商店资本最多者不过两千元
南陵	繁华街市为十字街、前街等，商业以布业、米业为较盛
泾县	城内繁华街市为西门大街、东门大街、南门大街等。商业以茶、丝、竹木、柴炭、宣纸等贸易为较盛。商店资本大者有数万元不等，小者数千元、数百元不等
旌德	商业以粮食及丝、茶为较盛，布匹及洋广业次之。商店资本最多不过八千元
太平	商业以茶业等为较盛，粮食次之。商业资本多在千元和数百元之谱
祁门	城内人口三千余。城内正街及十字街较繁荣。商业以茶业为较盛。茶商资本占全县商业资本的十分之五，木业占十分之二，杂货业占十分之三
歙县	人口约两万，商务不若屯溪，商品出入以屯溪为集散地
休宁	每年输出茶业约二三十万元，胡开文本店在城内，支店遍及全国
黟县	城内主要街市为正街、观音堂街、地门街、南门街等
绩溪	商业以杂货、米、布匹等业稍盛，其他各业次之

从表 4-3 来看，清末安徽县城商业的发展情况不佳，商店资本达万元的极少，多为资本几百元、几千元的中小商店。如青阳县城商店资本多则八千元，少则两三百。城市人口有的号称几万，而真正上万的

不多。城市规模小，可供开铺营业经商的街道每座县城仅有几条。晚清安徽城市商业的发展主要是由外力拉动的，而这种外力作用大多集中于芜湖等大城市，对安徽的很多中小城市影响不大，因此，安徽很多中小城市在晚清的商业发展依旧很缓慢。

清代安徽城市商业的发展具有不平衡性。清代前中期芜湖、安庆等的商业较为发达，而大多数府县级城市商业发展不足。到了清末，随着芜湖的开埠通商，芜湖的商业发展比清代前中期更快，安庆依托政治中心的地位，商业发展也有相当的规模，而其他城市商业发展动力不足。清末安徽城市商业发展的不平衡性更加突出。

（二）晚清安徽城市商业的发展对城市的影响

近代以前，安徽城市发展的动力以政治因素为主，而西方列强入侵安徽地区后，在安徽城市发展的影响因素中，经济因素显得比以前更重要了。这种城市发展的影响因素的变化主要体现为对外贸易的发展促进了城市商业的发展。下面以芜湖为例进行讨论。

清末城市商业的发展对安徽城市的影响主要体现在芜湖。尤其是1877年开埠通商后，芜湖商业迎来了又一个发展契机。十里长街便是芜湖商业的缩影。十里长街在明代就已经初具规模，为芜湖的商业中心区。近代以前的明清时期，十里长街皆为国货经营的场所。在芜湖开埠通商后，十里长街出现了许多经营洋货的商店，日益繁荣。在清代前中期，芜湖的米市就已相当繁荣，开埠通商后，随着城市商业的兴盛，李鸿章设法将长江下游的七浩口米市迁到芜湖，芜湖的米市更加繁荣，当时在芜湖经营米粮贸易的商家达5400家。[①]

清末芜湖商业的发展推动了芜湖城市建设的进步、城市空间的拓展与人口的增加。1877年，英国殖民者将芜湖西门外南起陶沟、北至弋矶山麓、东起普潼山脚、西至大江边这一范围划定为租界区。此后，外国殖民者在租界内大修码头、仓库、车站、俱乐部、教堂、学校、医院等。[②]这在客观上造成了芜湖城市空间的拓展。西式建筑的出现丰富了

---

① 张学恕：《长江下游经济发展史》，东南大学出版社，1990年版，第427页。
② 中国人民政治协商会议安徽省芜湖市委员会文史资料研究委员会：《芜湖文史资料》第4辑，第91~93页。

芜湖的城市建筑形式。商业的发展也使得与商业配套的服务、娱乐行业等迅速增加，大量人口涌进芜湖城。1882 年，芜湖市区人口仅 60000 人，到 1891 年已近 80000 人，1934 年更是增至 170251 人，比同时期的安庆还多 45000 人。[①] 随着人口的增加和城市面积的扩大，到 20 世纪 20 年代，芜湖城区东起原县城，西至江岸，南抵大河南沿，北至弋矶山麓，由原来的沿青弋江的"一"字形，发展为以长江口为中心，北缘长江，东沿青弋江成反"L"形的市区，现代芜湖的轮廓已基本形成。[②]

由上可见，晚清安徽城市的商业发展集中体现在芜湖，安庆虽然是省会，但在近代化的浪潮中，其经济动力不足，发展速度赶不上芜湖，并最终被芜湖超过。安庆尚且如此，其他的府、县级城市由于受外力的影响不足，在清末受商业发展的影响更加微弱。

三、晚清安徽城市的工业

在经历了鸦片战争和第二次鸦片战争的失败后，清政府开始了"师夷长技以制夷"的洋务运动，在安徽安庆创办的安庆内军械所是中国第一个近代军事企业。西方列强的入侵客观上为晚清安徽地区带来了先进的生产方式、机器与经营理念，刺激了清末安徽城市一部分新式工业的兴起。在西方廉价商品的冲击下，晚清安徽城市大部分手工业面临破产的境地，一部分传统手工业及以出口为主的手工业得到了一定程度的发展。

（一）晚清安徽城市工业发展概况

1. 晚清安徽城市的军事工业

在近代，清政府在几次对外战争失败后，认识到军事武器装备方面的落后是战争失败的直接原因，于是"师夷长技以自强"的洋务运动开始了。洋务运动前期以"自强"为口号，大力发展军事工业；后期以"求富"为口号，在继续发展军事工业的同时，大力发展民用工业。

---

① 章征科：《从旧埠到新城：20 世纪芜湖城市发展研究》，安徽人民出版社，2005 年版，第 17 页。

② 中国人民政治协商会议安徽省芜湖市委员会文史资料研究委员会：《芜湖文史资料》第 4 辑，1990 年，第 93 页。

1895 年清政府在甲午战争中战败，北洋水师全军覆没，标志着洋务运动的失败。

1861 年，曾国藩在安庆创办安庆内军械所，制造子弹、火药、炸炮，整修旧式枪械，但多以手工操作为主。值得一提的是，在当时著名科学家、工程技术人员徐寿、华恒芳的主持下，安庆内军械所制造了我国第一台蒸汽机，并试制成功了第一艘木壳汽船。蒸汽机的研制为我国近代机械工业的发展奠定了基础，而第一艘木壳汽船的试制成功也成为中国自己制造轮船的开始。①

但由于安庆内军械所很快由安庆迁到南京、上海，对安徽近代工业的发展几乎没有产生推动作用。②

2. 晚清安徽城市的近代新式工业

鸦片战争后，特别是芜湖开埠通商后，安徽经济由于西方列强的强行介入，发生了重大的变化。帝国主义的入侵破坏了安徽自给自足的自然经济，打击了安徽城市手工业和家庭手工业，使大量农民和手工业者失业。大量破产的农民和手工业者又为近代安徽工业的发展提供了充足的劳动力，同时西方列强的入侵也带来了先进的生产技术、机器、经营理念。这些都刺激了安徽城市资本主义性质的近代工业的产生和发展。③

如前所述，洋务运动初期，清政府主要发展军事工业。甲午战争后，清政府允许民间办厂，安徽近代工业开始有了起色。清末民初，安徽更是掀起了兴办工矿业的热潮。到宣统二年（1910），全省兴办的现代工业企业有 40 余家，行业涉及面粉加工、织布、造纸、肥皂、发电、砖瓦、榨油等，其中以织布业居多，企业分布在全省近 20 个大小城市，以芜湖为最多。④ 这些企业分官办、商办、官商合办三种形式，其中四分之三以上为商办，官办企业不到四分之一。⑤ 商办企业的增多标志着

---

① 许建国、潘孝龙：《我国第一台蒸汽机、第一艘轮船在安庆试制成功始末》，《安庆文史资料》工商经济史料专辑（一），总第 13 辑，第 38~39 页。
② 安徽省地方志编委会编：《安徽省志·总述》，方志出版社，1999 年版，第 196 页。
③ 王鹤鸣、施立业：《安徽近代经济轨迹》，安徽人民出版社，1991 年版，第 326 页。
④ 安徽省地方志编委会编：《安徽省志·总述》，方志出版社，1999 年版，第 196 页。
⑤ 王鹤鸣、施立业：《安徽近代经济轨迹》，安徽人民出版社，1991 年版，第 326 页。

近代安徽民族资本主义的初步发展。

清末，清政府为发展新式工业，在全省各地先后设立了一些学习工艺的学校。光绪二十三年（1897），按察使赵尔巽创办了习艺善堂一区，光绪二十九年（1903），安徽省遵照刑部新章，于省城及南北道住所各设习艺所一区，并奉上谕，饬令各州县一律分设。① 兹将当时安徽省开办的近代工业学堂列表如下（见表4—4）：

表4—4 清末安徽近代工业学堂②

名称	经营性质	时间
安徽全省工艺厂	官办	光绪三十三年十月
安徽中等工业学校	官办	光绪三十四年十月
桐城工业传习所	商办	光绪三十四年八月
芜湖工艺学堂	官办	光绪三十二年
巢县工艺局	官办	光绪三十年十月
寿州工艺局	官办	光绪三十四年四月
和州工艺局	官办	光绪二十九年十月
天长工艺所	官办	光绪三十年年十一月

这些工业学堂在当时培养了一批工业技术人才，一定程度上刺激了晚清安徽近代工业的发展。

晚清安徽不少城市都创办了采用机器生产的工业企业，现将1897年至1907年间使用机器生产、资本在万元以上的11家工业企业列表如下（见表4—5）：

表4—5 1897—1907年安徽资本万元以上的工业企业③

成立时间	名称	所在地	资本额（万元）	经营性质	创办人
1897年	益新面粉公司	芜湖	21	商办	章惕斋
1905年	开源织布厂	池州	1.4	商办	刘樾

① 冯煦主修，陈师礼纂：《皖政辑要》，黄山书社，2005年版，第837页。
② 冯煦主修，陈师礼纂：《皖政辑要》，黄山书社，2005年版，第837～839页。
③ 王鹤鸣、施立业：《安徽近代经济轨迹》，安徽人民出版社，1991年版，第326～327页。

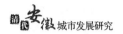

续表4—5

成立时间	名称	所在地	资本额（万元）	经营性质	创办人
1905 年	锦裕织布厂	芜湖	1.4	商办	李国楷
1905 年	大盛织布厂	休宁	3.4	商办	余显谟
1905 年	裕源织麻公司	芜湖	42	商办	张广生
1906 年	明远电灯厂	芜湖	16.8	商办	程宝桢
1906 年	丰盈榨油厂	安庆	14	商办	张杏恩
1907 年	兴记砖瓦厂	芜湖	2.8	商办	李祥卿
1907 年	庆丰碾米有限公司	庐江	4	商办	陈卿霖
1907 年	裕兴榨油厂	阜阳	28	商办	程恩培
1907 年	信成织布厂	亳州	1.4	商办	范家琛

从表4—5可以看出，1897—1907年，安徽城市近代工业企业资本在万元以上的有11家，均为商办，资本最大的为42万元，是张广生于1905年在芜湖创办的裕源织麻公司。11家企业中有5家在芜湖，这说明芜湖在1877年开埠通商后，不但在商业方面走在了当时安徽各城市的前面，而且依托其得天独厚的条件，引进外国先进的机器及生产技术，在工业方面也名列前茅。作为省会的安庆仅有一家资本在万元以上的近代工业企业，这说明在近代新式工业乃至整个经济方面，安庆都落后于芜湖。安庆尚且如此，其他府、县城市的近代工业发展状况可想而知。除了芜湖和安庆，资本在万元以上的新式工业企业仅有5个，分别是池州的开源织布厂、休宁的大盛织布厂、庐江的庆丰碾米有限公司、阜阳的裕兴榨油厂和亳州的信成织布厂。晚清安徽采用机器生产的新式工业虽有一定的发展，但为数不多，除芜湖外，安徽大部分府、县城市的新式工业极不发达，依然停留在手工业生产阶段。如清末涡阳全县有工人5000名左右，多从事木业和理发业，各种工业之资本，木业占全数的50%以上，机器工业仅占全体工业的1%。[1] 当时霍邱工业则为制茶、制油、制酒等，都还是旧式小规模之制造方法。全县人口50万，

---

① 龚光明、曹觉生编：《安徽各县工商状况》，载于《安徽建设》，1931年第3卷第27期，第26页。

工人占1%，以泥水工匠为最多，无机器工业，纯属手工业。①

就全国而言，近代安徽城市的新式工业企业数量少，规模小，在全国所占比重低。安徽在1895年至1910年间创设资本在万元以上的企业，数量只占全国总数的3.4%，不到江苏（不含上海）的1/4；资本额只占全国的1.47%，仅为江苏的1/8。②究其原因，大致有以下几点：

第一，管理落后。以创办最早、声名显赫的益新面粉公司为例。益新公司的创始人是章维藩，曾任无为知州。虽然工厂采用的是外国新式机器，但管理方法陈旧（这或许是由于益新公司创始人原来是清朝官员，由官场转入实业界，其身上那种陈旧的封建气息和落后的管理思想是必然存在的），内部组织松散，冗员过多，浪费巨大，危机潜伏。随着企业创始人章维藩的去世，矛盾顿时暴露。而继承主事者既欠谦让团结之雅量，又缺乏经营管理之才智，一味好大、务空，最终导致兄弟出走，资力分散。继而又发生西门分栈负责人老朱亏空贪污6000余元无法追讨之事。从此益新公司资金周转不灵，不得不向私营钱庄挪借高利贷，饥鸠止渴，年年亏损，每况愈下。至民国二十年（1931），益新公司负债高达14万元，超出全部资产，遂做破产处理。③

第二，封建势力阻碍了晚清安徽城市新式工业的发展。益新公司刚创建时，原选定青弋江下游入长江口以北一带为厂址，由于清廷实行愚民政策，民间迷信思想根深蒂固，认为开设工厂安装机器会破坏风水，竖立烟囱要用童男童女活祭。因此当地人坚决反对在此建厂，益新公司不得不一再内移建厂基地，最终购置金马门外袁泽桥一片芦苇荒滩，始得奠基。而在工程快要竣工时，芜湖道道尹尤以"使用机器碾米磨粉，影响本地砻坊生计"为名，不许开工。此时的益新公司只有向香港英国殖民当局办理注册，还向太古洋行借来一名犹太佣工留住厂内，充作保护伞。④益新面粉公司从西方引进机器进行生产，生产效率远高于其他

①　龚光明、曹觉生编：《安徽各县工商状况》，载于《安徽建设》，1931年第3卷第27期，第28页。

②　王鹤鸣、施立业：《安徽近代经济轨迹》，安徽人民出版社，1991年版，第328页。

③　章向荣：《芜湖益新公司创建始末》，政协安徽省委员会文史资料研究委员会：《工商史迹》，安徽人民出版社，1987年版，第68页。

④　章向荣：《芜湖益新公司创建始末》，政协安徽省委员会文史资料研究委员会：《工商史迹》，安徽人民出版社，1987年版，第66页。

旧式作坊。而当时芜湖的地方长官担心益新公司的机器高生产效率会"攘夺本地人力砻坊生计"，对益新面粉公司采取限制措施，规定益新面粉公司每日做米不得超过 500 担，做面不得超过 60 担。[①]

第三，西方商品在安徽的倾销严重阻碍了安徽近代新式工业的发展。以裕中纱厂为例。清末民初，英美国家的棉纺织品在中国市场上大肆倾销，而日本资本家以雄厚的资本力量，把从英国订购的棉纺织机器运来中国，设立工厂。在洋纱的打击和洋行的排挤下，裕中纱厂产品积压，销路停滞，资金周转不灵，经营状况日趋恶化。[②]

第四，清末安徽存在的封建剥削形式，如封建地租和高利贷，也对安徽近代工业的发展产生了严重的影响。当封建地租和高利贷收入超过清末新式工业带来的利润时，社会上的闲散资金就不会主动投入近代新式工业，而是用来购地和放高利贷。清末安徽地区不但军阀、官僚、商人、高利贷者纷纷把资金用来从事剥削，甚至已经投资近代工业的资本家也纷纷购买土地和从事高利贷活动。[③] 正因为如此，清末安徽新式工业的发展始终得不到充足的资金投入，发展缓慢。

3. 晚清安徽城市的手工业

随着帝国主义势力的入侵，安徽传统手工业的发展受到极大的影响。在西方廉价工业品的冲击下，安徽大部分传统手工业产品的市场一步步被压缩，很大一部分手工业在近代衰落；一部分历史悠久、技术精湛的手工产品深受西方国家的欢迎，这类手工业得以保存；一部分手工业者不得不转而加工出口产品，此类手工业生产规模得以扩大。

1）受到沉重打击的手工业

鸦片战争后，尤其是 1877 年芜湖开埠通商以后，外国工业品开始倾销到安徽地区，其中以洋纱、洋布为大宗。民国《芜湖县志》记载了清末洋纱涌入芜湖市场的情况："自日本运来者二万六千余担，印度运

---

① 汪敬虞编：《中国近代工业史资料第二辑（1895—1919）》（上册），科学出版社，1957 年版，第 707 页。

② 冯之整理：《裕中纱厂述略》，政协安徽省委员会文史资料研究委员会：《工商史迹》，安徽人民出版社，1987 年版，第 72 页。

③ 范西成、陆保珍：《中国近代工业发展史（1840—1927）》，陕西人民出版社，1991 年版，第 256 页。

来者二万一千余担", "多数在本地销售"。^① 在此之前，安徽各地的手工纺织业十分繁盛，民国《怀宁县志》记载："皖之女红，多精纺织。"^② 洋货是大机器生产的产品，生产效率高，其价格必然比安徽本地手工生产的产品便宜，安徽原来的手工纺织业受到严重冲击。清末的宁国"初因客民多楚人，其用女工纺制者，名曰湖北布，宽仅一尺二寸。后以外埠纱厂林立，此种土布遂无形消灭"^③。霍山"咸同以前，乡民多有制机织布者"，随着洋布涌入霍山，到光绪末年，霍山"名家机布，今已无传"^④。近代以前，芜湖的炼钢业很出名。"钢为旧日驰名物产，咸丰后尚存炼坊十四家，均极富厚。"但到了近代，"自洋钢入口，渐就消灭"^⑤。除了手工纺织业和炼钢业受到沉重打击外，其他手工业行当也受到很大影响。近代以前宿松老百姓使用的是宿松南货店自行制造的蜡烛，用皮油做成的蜡烛质量最好，而使用最多的是用牛油或香油做成的蜡烛。宿松的蜡烛不仅畅销本地，还行销吴广。到了近代，洋烛抢占了宿松土烛的市场，土烛的生产和销售受到沉重打击。^⑥

　　机器工业淘汰手工业、机器生产的产品取代手工产品是历史发展的必然，是工业领域的巨大进步。但为什么近代安徽在这个转型的过程中经济受到沉重打击呢？西方国家的工业革命是沿着简单协作—手工工场—机器大生产这个正常道路发展的，而近代安徽乃至全中国却不是如此。近代安徽是在外国机器生产的产品强行倾销到本地区之后，许多手工业行当开始迅速衰落，不少农民和手工业者破产，这也为近代安徽发展资本主义企业提供了劳动力来源。^⑦

　　2）得以生存的手工业

　　虽然在近代西方列强工业品倾销的打击下，安徽很大一部分手工业受到严重冲击而衰退，甚至消失，但还是有一些传统手工业行当得以保

① 余谊密修：《民国芜湖县志》卷三五《实业志·商业》，江苏古籍出版社，1998年版。

② 朱之英修：《（民国）怀宁县志》卷六《物产》，江苏古籍出版社，1998年版。

③ 杨虎修：《宁国县志》卷六，民国二十五年（1936）刊本。

④ 秦达章修：《（光绪）霍山县志》卷二，江苏古籍出版社，1998年版。

⑤ 朱之英修：《（民国）芜湖县志》卷三五《实业志·商业》，江苏古籍出版社，1998年版。

⑥ 俞庆澜、刘昂修：《（民国）宿松县志》卷一七《实业志·工业》，江苏古籍出版社，1998年版。

⑦ 参见王鹤鸣、施立业：《安徽近代经济轨迹》，安徽人民出版社，1991年版，第199页。

存。这部分手工业行当由于生产历史悠久，早已蜚声海内外，制作技术又有独门秘籍，其生产过程是西方新式机器无法取代的。这部分手工业产品以安徽皖南的"文房四宝"为典型代表。宣纸产于安徽泾县、宣城、宁国一带。宣纸的主要原料是青檀的枝条嫩皮，由浸泡、灰掩、揉制、蒸煮、洗净、漂白、打浆、水捞、加胶、贴烘等18道工序精制而成。宣纸虫不易蛀，折不易损，洁白如玉，久不变色，号称"千年寿纸"。① 近代以前宣纸产销两旺，小岭设槽百有余户，年产宣纸15000余件（大号每件120张，中号每件170张，小号每件220张），总值140余万元，工人不下四五千人。到清末民初，各庄营业与清代前中期不相上下。② 一般的土纸在洋纸倾销的情况下产量锐减，而宣纸以其独特的工艺、悠久的历史所受影响较小。但宣纸成本较高，不宜机器生产，全靠手工操作，所以宣纸在近代的生产规模也没有得到扩大。徽墨产于徽州地区，为南唐奚超、奚廷珪父子所创。徽墨以皖南特有的色泽肥腻、性质沉重的古松为原料，再加入20多种其他材料，经过点烟、和料、压磨、晾干、挫边、描金、装盒等工序精制而成。近代以后，绩溪胡开文墨店兴起，在休宁、屯溪、歙县、安庆、汉口、上海、北京、天津、广东等地均设有分店，到20世纪初，胡开文墨店每年产值15万元。③

宣纸、徽墨因原料独特，做工考究，工序繁杂，用机器很难生产出同样的精品，所以近代西方工业品的倾销对二者影响不大。安徽"文房四宝"中的宣笔、歙砚也是如此，在近代西方廉价工业品涌入的情况下依然保持了一定的产销量，在此不再赘述。

安徽有名的传统手工业制品除"文房四宝"外，还有舒席、蚌埠玉雕、祁门瓷器、宁国紫砂陶、新安书刻等，这些传统手工精品也和"文房四宝"一样，在近代虽然遭受了西方廉价工业品的冲击，但依靠其独特的原料、精湛的手工工艺依旧保持着以前的生产规模。芜湖的剪刀、铁画等一直远近驰名，到清末鲁港及芜湖本埠剪工达数百人，"过芜者莫不购归以为赠品，盖以尖利耐久非他处可及也"，铁画"虽无汤天池

① 王鹤鸣、施立业：《安徽近代经济轨迹》，安徽人民出版社，1991年版，第204页。
② 谢学序：《中国手工业造纸及其贸易概况》，载于《实业部月刊》，1937年第2卷第6期，第150页。
③ 王鹤鸣、施立业：《安徽近代经济轨迹》，安徽人民出版社，1991年版，第204页。

之神工，而衣钵传流精巧者亦自不乏。甚至可以乱真，远方仍争购之"。[1]

3）得以发展壮大的手工业

小部分安徽的手工业在晚清得以发展壮大，这些手工业多做出口产品，在国外很畅销，所以鸦片战争后，尤其是1877年芜湖开埠通商后，随着安徽对外贸易的扩大，这部分手工业品的国际市场需求量猛增，以制茶业、蚕丝业为典型代表。

（1）制茶业

19世纪，中国对外输出物品中，以茶叶为大宗，而安徽茶叶又在出口茶叶中居重要位置。鸦片战争后，尤其是1877年芜湖开埠通商后，国际市场对茶叶的需求量增加，带动了安徽茶叶的生产，大大刺激了茶农种茶的积极性。茶树种植增多，手工制茶业空前繁荣。皖南茶叶先集中到屯溪加工，再销往国外，当时屯溪镇上较大规模的茶号就有百余家，各地来屯溪受雇于茶号的工人有1.5万余人。经屯溪加工出口的绿茶称"屯绿"，为我国极品名茶之一，从明末清初创始以来，以色、香、味俱全而畅销海内外。屯绿的产地在徽州的休宁、歙县、绩溪、黟县、祁门等地。《歙县志》记载："吾邑惟产绿茶，其品目绿制法而分，有虾目、麻珠、宝珠、圆珠、锚珠、珍眉、凤眉、峨眉、芽雨、针眉、蕊眉、乌龙、熙春、副熙十四品，其实皆一叶之所制也。拣之，筛之，火之，扇之，竭极人工，而制法始备。熙春、副熙乃其粗者，亦茶之大宗，运销俄国，几逾全额之半。珠则状其圆，眉则言其细。虾目，圆中之最者。珍眉之上者别名抽心珍眉，皆类中重品，与各品畅销德意志、摩洛哥、花旗、巴尔干、土耳其及其他等国。光绪中，出口称盛，产量亦递增。迨今统计，全邑岁产近五万担。"[2]而皖西茶叶多集中到六安加工出口，清末六安城内制茶业十分兴盛。茶号制作场所以烘场、拣场为主，皆需相当房屋。制茶工人中，领头工人通称"棚杆子"，其下是大把手、二把手、三把手不等。制茶工人都是包工制。[3]

鸦片战争后，尤其是1877年芜湖开埠通商后，安徽的茶叶出口非

① 余谊密修：《（民国）芜湖县志》卷三五《实业志·商业》，江苏古籍出版社，1998年版。
② 石国柱、楼文钊修：《（民国）歙县志》卷三《食货志·物产》，江苏古籍出版社，1998年版。
③ 《中国建设》，1935年第11卷第4期，第12页。

常兴盛。但 19 世纪 90 年代以后，日本、印度等国开始大规模种植茶树，在国际市场上对中国茶叶的销售造成了严重威胁，此后，中国茶叶的出口量锐减，安徽的茶叶生产受到较大影响。20 世纪 20 年代以后，安徽茶叶产量相较于 19 世纪后期减少了二分之一以上。[1]

（2）蚕丝业

同制茶业相似，进入近代，随着对外贸易的增长，安徽的蚕丝在国内外市场大受欢迎，需求量猛增，带动了清末安徽植桑养蚕的热潮。《皖政辑要》载："近年，徽州、宁国二府于蚕事极力讲求。所出之丝，除销浙江、江苏外，由上海出洋者亦复不少。"[2] 在光绪年间，怀宁"省长官创设桑园，由江浙运桑秧，栽于城之东郊，使人习养蚕缫丝诸法，并迭经出示劝导，风气渐开。邑人仿而栽者如白麟坂、戴家店、江家嘴等处不下数十家，得丝数百两或百余两不等，光色细洁，无异江浙"[3]。霍山在清末由官府发给桑种，老百姓领桑种植，"所出之丝运往汉口、金陵等处以作线，甚美"[4]。

除了以上所说的制茶业与蚕丝业在晚清获得较快的增长，在对外贸易的刺激下，禽蛋业也开始崛起。安徽农村几乎家家饲养家禽，所产土蛋味道鲜美、营养丰富、价格公道，深受西方国家的青睐。1877 年，芜湖开埠通商后，在对外贸易的促使下，芜湖制蛋业迅猛发展。1901年，外国洋行蛋业公司在安徽收购鸭蛋 155 万枚，共计出蛋白 86 担，蛋黄 598 担，其中 75 担蛋白输入美国，其余运往伦敦，蛋黄则全部销往法国。[5] 外国的蛋业公司甚至开到了安徽的府、县级城市。清末的当涂县城就有英商和记与葡商茂昌临时蛋行，和州城有英商和记蛋公司、葡商茂昌蛋公司，英商班达培林蛋公司在和州设有经理处。[6]

晚清，在西方工业品倾销到安徽地区的背景下，安徽的手工业按种

---

① 王鹤鸣、施立业：《安徽近代经济轨迹》，安徽人民出版社，1991 年版，第 201 页。

② 冯煦主修，陈师礼纂：《皖政辑要》，黄山书社，2005 年版，第 813 页。

③ 朱之英修：《（民国）怀宁县志》卷六《物产》，江苏古籍出版社，1998 年版。

④ 秦达章修：《（光绪）霍山县志》卷二《地理志·物产》，江苏古籍出版社，1998 年版。

⑤ 彭泽益：《中国近代手工业史资料》（第 2 卷），生活·读书·新知三联书店，1957 年版，第 399 页。

⑥ 参见龚光明、曹觉生编：《安徽各县工商状况》，载于《安徽建设》，1931 年第 3 卷第 27 期，第 31 页。

类呈现出不同的发展趋势：传统的手工纺织业、炼钢业在洋货的冲击下市场尽失，行业衰微；一部分具有安徽本地特色的手工业，诸如"文房四宝"、芜湖剪刀等，由于历史悠久、工艺精湛、不利于机器制作等而保存并发展；那些专供出口的手工业，如制茶业、蚕丝业、禽蛋业等，在芜湖开埠通商后，由于市场需求量增大，出现了迅速发展的趋势。但是，我们要认识到：首先，这类手工业的发展必须依靠西方国家的市场，受世界资本主义市场的支配，带有深深的半殖民地烙印[1]；其次，因对外开埠通商而获得迅速发展的手工业毕竟只占晚清安徽省手工业的一小部分，大部分手工业在开埠通商的影响下衰退。因此，全面来看，晚清安徽手工业在近代西方国家势力入侵安徽后大不如前，整体上衰落了。下面将晚清安徽府、县城市的工业状况列为表格（见表4-6）。

表4-6 晚清安徽府、县城市的工业状况[2]

府、县	工业状况
寿县	人口不过万余，工业实无可述者
凤台	户数不足千家，城墙仍为土筑，殊不足言工商业务
怀远	工业以竹木、泥、石、纺织、麻绳为多，出品仅家庭手工所织布匹，年约出产万匹左右，其他无从统计。工人约占全县人口的3%
五河	全县工人约占人口的30%，以雇工及苦力为最多
阜阳	全县工人不过万余人，占全县人口的1%，以水泥工为最多。各种工业之资本，以鸡蛋厂及丝织厂为最大，机器工业，甚属寥寥，手工业约占90%以上。出产货品：鸡蛋粉每年约有30万元；丝绸每年约在五六万元之谱；鸡蛋粉完全输出，丝绸输出者不过万元
颍上	全县工人7000余，占全县人口的6%，以瓦业工人为最多。工业资本，以县立贫民习艺工厂为较大。工业以手工业居多。纺织每月能出宽白布花条布200余匹，价值约1200元，每年出售2000余匹，价值10000余元。每月出毛巾30余打，每年出售约260打，价值720余元，原料以外来者为多，本地出产者亦间有之
太和	工业以蚕丝业最多，出丝纱等物，唯漂工不良，稍呈黄色。高粱酒亦甚出名

① 王鹤鸣、施立业：《安徽近代经济轨迹》，安徽人民出版社，1991年版，第203页。
② 龚光明、曹觉生编：《安徽各县工商状况》，载于《安徽建设》，1931年第3卷第27期。

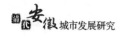

续表4-6

府、县	工业状况
亳州	全境工人30000余名，占人口的20%，以店伙为最多。工业资本中以万寿绸业为最大，约千余元。每年输出万寿绸计2000余匹，毛毡万条，丝绒8000余条，原料皆本地所产，其他兽骨产额甚巨。手工业品以竹器及麻绳最为出名
涡阳	全县有工人5500名，占全县人口的1%，以理发与木作两业工人为最多。各种工业资本：木业估占全数的50%以上，机器工业占全体工业的1%
六安	工人6700余人，其中从事航运业的最多，烟业次之，再次为织布业。工业中资本较大者，首为烟业，其次为织布业、航运业等。机器仅针织业用之，余均用手工。原料如棉纱等，概自外埠购买
霍山	人口不过4000人，工商业殊不足言
定远	人民生产无多，生活甚苦，故工商业一般均极衰沉
宿州	工人以从事木、泥、石、竹、铜、铁、锡等工匠居多。年间有倡办织物厂者，唯正在萌芽时期，无足称述。工业资本，以织业较大，然亦不过三五千元。出品无多。类皆行销本地，原料如纱线等，来自无锡者居多
灵璧	全县工人约占人口的3%，各种工业之资本，以织工业为最大。无工厂，亦无工业品输出
霍邱	工业则为制茶、制油、制酒等，然均旧式小规模之制造方法。全县人口50万，工人占1%，以泥水工匠为最多，无机器工业，纯属手工
天长	全县工人5000余人，占全县人口的4%。无机器工业，均系手工业
凤阳	工业均为手工业，无可述者
贵池	工人1500人内外，唯乡镇未成立工会之处，无精确调查。以木工为最多，工业资本，以木业为较大，然每家亦不过数百元而已。无机器工业
铜陵	人口稀少，故其工商业务发展殊属有限
东流	工商业完全受安庆支配，无特殊可述者
当涂	工业以剪刀等业较为著名
和州	全县工人23000余人，占全县人口的10%，以苦力为最多。资本以织布、木业为较大，无机器工业
含山	工人7000余，占全县人口的百分之三四，绝无机器工业
全椒	各业工人约12000人，占全县人口的7%，以木瓦工及成衣工为较多。境内无大规模之工业，资本甚微。仅成衣、轧花，间有购用机器，其余均为手工业，无工业输出品

府、县	工业状况
滁州	本县各种工人，约占全县人口的 3%，唯以瓦、木、篾等工为较多。境内有织布厂数处，所织洋线柳条布、白棉布，每年出货 3000 余匹，约值洋 9000 元，又织袜厂三处，所织之丝光袜及棉袜，年可出货 3000 余双，约值价洋 6000 元。出品均行销境内，原料概自南京及合肥等处购办而得
巢县	工人约占 2%，以缝业工人为较多。工业资本以木业为较大。无机器工业。输出物品，以乡区土布为大宗。每年约计 50000 匹，原料均非本地所产（该业工人，概散居乡中）
合肥	因附近产麻、棉花甚多，染织工业较发达；近来洋纱输入既始，新式布厂、毛巾厂、袜厂更是一日千里，每年输出棉布，至少有 17 万匹。其他铁器、竹器、皮革等工业亦尚可观。机器工业，除电灯厂外，尚有蛋厂数家
舒城	舒城工人，共有 41300 余人，占全县人口的 15%，以木工为最多。工业资本，以木铺、织袜厂为较大。境内并无完全机器工业，唯裁缝铺间有购备缝衣机者。工厂只前实业局附设有县立第一工厂，然经费不甚充足，每年出品不过四五百元，原料均由外省购办
无为	县境工人 10 万余人，占全县人口的 20%，以木作工人为较多。出厂以纱灯为特产。各种工业之原料品多仰给于外埠，价值甚昂，输出工艺品极少
庐江	以木、瓦、杂工为最多，工业资本以织、杂两业为较多。机器工业仅有织袜厂，其余均用土法手工制造
桐城	工人约 50000，占全县人口的 5%，以木工为最多，无何种工厂，唯织业较有起色。工业出品仅有秋石、丝枣两种，每年约七八百担，丝枣原料，本地所产，秋石原料，出自湖北
潜山	水吼岭及淮阳山中所产铁砂甚多，尤以竹器等最为驰名
太湖	全县工人占人口的 20% 以上，以钢铁工人为最多，无机器工业，全属手工业。无工厂
宿松	工人占全县人口的 10%，以木、石、铁等业工人为多。资本以大利洋织布工厂为最大，基本金 5000 元。机器工业，仅此一厂。每月约出布 1000 匹，值洋 3000 元弱，原料大半购自上海、九江两处
望江	工人约 4600 人，占全县人口的 2%，以瓦木工为多数
青阳	工业多系小本经营，县内有机器碾米厂三家，别无工厂。人们多喜操竹木工。工艺品以九华山儿童玩具及竹筷漆碗为大宗。每年输出约万元。原料系本地所产
石埭	工人 2200 余人，占全县人口的 4%，唯砖木工人居最多数。工业资本，以木器、砖瓦两项为最大。较良工具中仅有少数织布木机。无工厂，亦无输出品

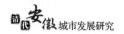

续表4-6

府、县	工业状况
南陵	工人约计10000人，占全县人口的4%，以织布工人为最多。工业资本，亦以织布业为较大。城内机器工业，仅碾米坊两处，其余均属手工业。无大规模之工厂，仅木机织工厂百余家，每年出品数量，布10余万匹（一尺宽土小布，每匹约长三丈，价金二元），共值洋20余万之谱。原料都取自外埠
泾县	工人6000余人，占全县总人口的3%，以造纸业、竹业、木工、泥水工、铁工、针工为最多。资本以造纸业为较大。县内工业均属手工业，无机器工
旌德	工人8800余人，占全县人口的1%，以手工业及运输业工人为较多
太平	工人3000余，占全县人口的4%，受雇于农家及种山之工人为最多，砖木匠及裁缝次之
广德	工业除电灯、电话、电报、碾米外，制纸业较为著名，茶桐油次之
祁门	工人3000余名，占全县人口的4%，以木工为最多，工业资本以木业为较大。全县无机器工业，全系手工业。无工厂

从表4-6可以看出，清末安徽县级城市的工业中，以亳州、无为、舒城为较发达。亳州全境工人30000余名，占亳州人口的20%，丝绸业较发达；无为全境工人10余万，占全县人口的20%，木业工人较多；舒城全境工人41300余人，占全县人口的15%，以木工为最多。其他县城的工业发展不足。如霍邱工人仅占全县人口的1%，无机器工业；霍山则人口不过4000人，工商业殊不足言。

和商业一样，清代安徽城市工业的发展也具有很大的不平衡性。清末，随着西方势力的入侵和芜湖的开埠通商，这种不平衡性加剧了。芜湖开埠通商，受外力影响最深，因而芜湖的新式工业发展最快，其他城市的工业还是以传统手工业为主，所受外力影响不大。

（二）清末安徽城市工业的发展对城市的影响

清末安徽城市工业的发展对城市的发展有一定的推动作用。如前文所述，清末安徽城市的工业包括采用机器生产的新式企业和一部分民族资本主义企业。

1. 对芜湖的影响

清末安徽城市工业的发展对芜湖的影响最大。1877年芜湖开埠通商后，西方新式机器开始传入芜湖，芜湖出现了第一批近代新式工业。这些新式工业采用西方先进的机器、技术和经营理念，开清末安徽城市新式工业之先河。新式工业的出现和发展为芜湖提供了更多的就业岗位，进一步丰富了市场交易的内容，一定程度上抵御了西方工业品在安徽市场的倾销。随着近代工业的发展，芜湖民族资本家经办的工业，如裕中纱厂、益新面粉厂、锦裕织布厂等纷纷向原县城的郊外发展，填补了老城区与公共通商租借之间的大片空地①，大大拓展了芜湖的城市空间。

2. 对安徽其他城市的影响

如前文所述，清末安徽城市的新式工业多集中在芜湖，其他城市的工业发展不大。省城安庆在清末近代化的大潮中，工业明显落后于芜湖。其他府、县级城市大部分还是以传统的手工业为主，新式工业寥寥无几。所以清末安徽城市工业的发展对芜湖城市的发展影响较大，对其他城市的影响甚微。

第三节 清代安徽城市的金融业

金融是货币流通的调节和信用活动的总称。只要存在商品经济，就必然有金融活动，它反映了经济活动中生产、分配、交换、消费的价值形式，并对经济活动产生巨大的反作用，这种反作用是通过不同金融机构的不同业务方式体现出来的。② 本节从货币、典当业、钱业、新式银行四个方面来阐述清代安徽城市的金融业。

一、货币的种类及影响

清初法定货币为银两、铜钱（又称制钱）并用，政府税收、民间记

---

① 隗瀛涛：《中国近代不同类型城市综合研究》，四川大学出版社，1998年版，第446～447页。
② 《中国近代金融史》编写组编：《中国近代金融史》，中国金融出版社，复旦大学图书馆藏，出版时间不详，第1页。

账以银两为主，民间市面流通的主要是铜钱。[①] 到了清末，安徽地区乃至全国的市面流通的货币名目繁多，有银两、银圆、制钱、铜圆，又有各种外国银圆、钞票等。下面以生银、银圆、铜钱、纸币为例分述之。

1. 生银

清代安徽地区习惯使用银，整用者为宝银、锭银，散用者为块银。宝银、锭银者，盖以生银熔铸，范成实锭。宝银每只约重五十两，锭银每只重一两、数两或十两不等。块银就是将宝锭剪开，碎之为块，大小不一致。光绪、宣统以前，安徽民众互相货物交易，或有田地、房产之买卖，多以银计算，权其轻重，称为银两若干两、若干钱。银的成色有二四、二六、二八等之分，银的分量则有库平、漕平、市平之别。[②] 就成色而言，芜湖用二七宝银，安庆用的是二八宝银（二四宝银也可以通用）。[③] 所谓二七宝银，即每块宝银约重五十两，应申水二两七钱，即五十两中含有纯分之量等于标准银五十二两七钱，也就是说，芜湖的二七宝银，可以当作标准银五十二两七钱使用。[④] 就分量而言，全省税收使用库平，芜湖商界使用的是漕平，海关另有关平。[⑤]

2. 银圆

1）外国银圆

最初是指流入中国的外国货币，有本洋、马剑洋、鹰洋、站人洋、日本农洋、安南银圆等。清代安徽地区使用较多的是本洋和鹰洋。本洋是最早流入中国的外国货币，其背面的图案是两根柱子（代表直布罗陀海峡两岸的山岩），因此又称双柱洋。本洋的边缘有花纹，每枚重约库平七钱二分。鹰洋是墨西哥制造的一种货币，币面是一只雄鹰站在仙人掌上，啄食一条蛇，其成色是 90.3%，较其他外国银圆为佳，每枚库

① 谢国兴：《中国现代化的区域研究：安徽省（1860—1937）》，台湾师范大学历史研究所博士学位论文，1990 年，第 4~20 页。

② 俞庆澜、刘昂修：《（民国）宿松县志》卷一七《实业志·商业》，江苏古籍出版社，1998 年版。

③ 魏建猷：《中国近代货币史》，群联出版社，1955 年版，第 29 页。

④ 杨端六：《清代货币金融史稿》，生活·读书·新知三联书店，1962 年版，第 74 页。

⑤ 魏建猷：《中国近代货币史》，群联出版社，1955 年版，第 31 页。

平七钱八分八厘。①

2）清朝龙洋

为抵制外国银圆，光绪末年有的省份开始铸造自己的银圆。因为各省银圆上铸有龙形，故称为龙洋。安徽在光绪二十四年（1898）开始铸造本省的龙洋。由于各省铸造的龙洋成色不一，分量不齐，使用多不方便，不利于省与省之间的商品流通，故龙洋仍不如鹰洋之通行无阻。②

3．铜钱

清朝前中期，铜钱又称制钱。清代制钱的单位为文，千文为一贯或一吊。这种铜钱圆形，中有方孔，一面是满文，一面是"大清通宝"或"某某朝代通宝"。中间方孔便于用绳子串联。③ 晚清时安徽是太平军活动的主要省份之一，在此之前安徽铸造制钱的原料铜大部分从云南购入，因为太平军截断了这条运输路线，铸造制钱的原料严重减少，市面流通的制钱严重不足。太平天国运动结束后，各省开始铸造铜圆。安徽省在光绪二十八年（1902）开始设局铸造当十、当五（就是每一铜圆当五文、十文之意）的两种铜圆。④ 如宿松在清末通用的主要是当十的铜圆。⑤

4．纸币

唐代已有"飞券钞引"，但只是商贾"执券引以取钱而非钱"。宋代四川地区出现的"交子"被认为是中国也是世界上最早的纸币。明代使用纸币"大明宝钞"，因在使用过程中出现很多弊端，清初便不再使用。咸丰时议准暂行银票，并颁发钱票，之后各省官商钱行号往往发行纸票，皆以行号为主体。到光绪末年，清廷效法西方，发行银行钞票，并

① 南帆：《清末以来钱币变革记略》，政协南陵县文史办公室编：《南陵县文史资料选编》第7辑，1988年版，第144~145页。
② 俞庆澜、刘昂修：《（民国）宿松县志》卷一七《实业志·商业》，江苏古籍出版社，1998年版。
③ 南帆：《清末以来钱币变革记略》，政协南陵县文史办公室编：《南陵县文史资料选编》，第7辑，1988年版，第144~145页。
④ 谢国兴：《中国现代化的区域研究：安徽省（1860—1937）》，台湾师范大学历史研究所博士学位论文，1990年，第4~21页。
⑤ 俞庆澜、刘昂修：《（民国）宿松县志》卷一七《实业志·商业》，江苏古籍出版社，1998年版。

颁布则例。① 晚清纸币种类很多，有户部银行发行的钞票，有大清银行、中国银行、交通银行等的兑换券，有十四个省二十四家银行及官营钱局发行的钞票，有典当业、商号发行的钱票、通用票，还有外商银行在华发行的钞票等。② 当然，清末最成问题的是钱庄、银钱店所出的各种银钱票，其次是各地官银钱局发行的纸币。这些纸币的发行毫无节制，充斥市面，往往因供过于求而发生挤兑，甚至因发行机构倒闭而成为废纸。③

二、典当业的兴盛及作用

清代的典当是收取实物做押，对穷苦人民进行高利剥削的机构。④ 安徽的典当业利润丰厚，许多官僚、地主纷纷开设典当，至光绪十年（1884），大县有典当五六个，小县一两个不等。清初设典当须到官府备案，领取牌照，始能营业。康熙三年（1664）规定，每一当铺，每年缴税银二两五钱至五两不等。雍正六年（1728）规定，开设当铺须向地方政府请领营业执照，称为"当帖"，并缴纳"帖捐"。⑤ 典业中之当价、当类、当期与当息，表面上皆有规定，但在进行业务时则有较大的变化。⑥

当铺这种行业经营难度较大，一要有雄厚的资本，二要有得力的靠山和擅长业务的人才。因此经营当铺的多是社会上的显赫人物，有大资本家、地主，还有官僚和军阀。较大的当铺一般都需要数十万银圆的资

---

① 俞庆澜、刘昂修：《（民国）宿松县志》卷一七《实业志·商业》，江苏古籍出版社，1998年版。

② 南帆：《清末以来钱币变革记略》，政协南陵县文史办公室编：《南陵县文史资料选编》，第7辑，1988年版，第147页。

③ 《中国近代金融史》编写组编：《中国近代金融史》，中国金融出版社，复旦大学图书馆藏，出版时间不详，第119页。

④ 吴春监：《旧社会六安城内的当铺》，政协安徽省六安市文史资料委员会：《六安文史资料》第2辑，第192~193页。

⑤ 陈延：《漫话天长的当典》，政协天长县文史委员会：《天长文史》第2辑，1987年版，第44~45页。

⑥ 刘炳卿：《晚清安徽的典当业》，政协安徽省委员会文史资料研究委员会：《安徽文史资料选辑》第13辑，安徽省出版局登记证83号，1983年版。

本，而且要能顶得住社会上各种恶势力的倾轧。[①]

由于典当业获利丰厚，同光年间，安徽省的当铺明显增多。同治末年，皖南崔氏等在安庆、芜湖开设典当，李鸿章家族则在安徽各县开设当铺，计八九十处之多。大的当铺多集中于城市。[②] 安庆典当业在光绪初年只有两家，19世纪末、20世纪初发展到五家，如鼎新当铺、公裕当铺、同济当铺、人和当铺。[③] 光绪十一年（1885），刘春甫（刘铭传后裔）在六安城内扎笔巷开设刘家当铺，并在麻埠、苏家埠等设有分店，资本雄厚，盛极一时。清末六安城内和平巷和南门二道巷设有汪家当铺和涂家当铺。[④]

典当业以农民为主要对象。每年春夏之交，农民需要钱款，很多人就典当衣物以获得资金来应急，后用秋收卖粮所得钱财将当物赎回。当价标准，按当物价值的半价计算，但日常布衣等物件，一般的当价都在货物价值的一半以上。[⑤] 顾客中也有没落的官宦人家、赌徒、小偷等，当铺深知这类人不计价值，很少再赎当，乐得获取厚利。[⑥]

当典对抵押品的放款方法为：先由"朝奉"（主要店员）按物品的质量估价，一般抵押价为五成左右，最多不过六到七成。利息是"大头加一"。发给抵押款时，预扣一个月利息，例如抵押款是一百元，扣除月息十元，实际发给九十元。如果是皮货或贵重衣物，还要扣除"存箱费"。[⑦] 清代安徽的典当业竞争激烈，各当铺纷纷通过提高当价和扩大当物品种来争夺业务。当时的当物除衣服外，金银首饰、珠玉钟表、各

---

① 伍白丁：《剥削人的当铺行业》，政协南陵县文史办公室编：《南陵县文史资料选编》第9辑，1989年版，第99页。

② 刘炳卿：《晚清安徽的典当业》，政协安徽省委员会文史资料研究委员会：《安徽文史资料选辑》第13辑，安徽省出版局登记证83号，1983年版，第116页。

③ 余世雄：《安庆"典""当"业历史简介》，政协安庆市文史资料研究委员会等编：《安庆文史资料》第3辑，内部发行，1982年版，第43~47页。

④ 吴春监：《旧社会六安城内的当铺》，政协安徽省六安市文史资料委员会：《六安文史资料》第2辑，第192~193页。

⑤ 刘炳卿：《晚清安徽的典当业》，政协安徽省委员会文史资料研究委员会：《安徽文史资料选辑》第13辑，安徽省出版局登记证83号，1983年版。

⑥ 伍白丁：《剥削人的当铺行业》，政协南陵县文史办公室编：《南陵县文史资料选编》第9辑，1989年版，第99页。

⑦ 陈延：《漫话天长的当典》，政协天长县文史委员会：《天长文史》第2辑，1987年版，第44~45页。

种金属器皿及一切古玩等，都可以到当铺典当。当物的定期原为两年，到期后还会延迟三个月，若再不赎回，即将当物卖掉。当本之利息，最初月息一分，接着递增为一分二、一分六、一分八，最多至二分，即借典当一百元，每月需付利息两元。一个月零五天，仍照一个月计算，俗称月不过五，倘超过一个月零六天，即照两个月计算。①

典当业与清末政治、经济、社会制度有着密切的联系，其业表面上打着"惠及贫民"的招牌，实际上专做剥削穷人的事情，且手段高明、方法巧妙。从经营方式看，抵押与贷放相结合，是完全获得物资保障的一种掠夺式高利贷。② 民国《宁国县志》载："咸丰前各镇均有典质，颇便农民。"③ 这说明了两种情况：第一，典当业确实能解顾客燃眉之急，及时为顾客提供急需的资金，一定程度上给顾客带来了方便；第二，修志的人一般都是社会上层人士，没有受过当铺的盘剥，或者修志的人本身就是开当铺的。

三、钱业的发展及新式银行的出现

商场谚语云："钱业为商业之首。"可见钱业在商业中的重要地位。中国的钱业发源于山西省的票号，其总号设在山西，各大城市都有分号，除放款外，兼营汇兑业务。那时交通不便，转运白银不但费用大，而且极不安全，一般都愿意出较高的"汇水"，由钱业办理资金通融。安徽的钱业由徽商开始经营，他们在芜湖开设钱庄，但无分支机构，在业务不多的外埠，与外埠钱业互相代理；在业务多的地方，则派专人驻庄，叫"庄客"，或者请人"代庄"。庄客由经理任命，为本庄驻外埠代表，全权负责。④

19 世纪后期，随着开埠通商，芜湖的商业迅速发展，成为安徽省的经济中心，芜湖的钱庄业也随之发展。早在光绪年间，李鸿章之子李

---

① 刘炳卿：《晚清安徽的典当业》，政协安徽省委员会文史资料研究委员会：《安徽文史资料选辑》第 13 辑，安徽省出版局登记证 83 号，1983 年版，第 116 页。

② 余世雄：《安庆"典""当"业历史简介》，政协安庆市文史资料研究委员会等编：《安庆文史资料》第 3 辑，内部发行，1982 年版，第 43～47 页。

③ 杨虎修：《宁国县志》卷八《实业志》，民国二十五年（1936）刊本。

④ 邓竹如：《我省钱业概述》，政协安徽省委员会文史资料研究委员会：《安徽文史资料》第 14 辑，安徽省出版局登记证 84 号，1983 年版，第 93～94 页。

伯行即在芜湖设有宝善长、恒泰两家官僚资本钱庄。清代芜湖的钱庄规模不等,一般雇佣职工 20～30 人,设有经理、副经理、跑街、管账、管钱、书信、管杂务、中班同事、学徒、炊事、杂役等。经理掌管人事、财务、业务权,跑街对外负责联系。[①] 作为政治中心的安庆,在清末有典当 10 余家,大小钱庄 60 余家,并有钱业公会组织,其中较大的钱庄是江太和、恒孚两家,由旌德人创办经营。[②] 亳州最早的钱庄是清末山西人来此开的票号。不久,晋泉钱庄开业,接着万成、六吉昌、金瑞隆三家钱庄也开办起来。亳州钱庄有两个类型:一类主要是买卖银圆、汇票,从中获利,有机会也做些商品生意;一类主要是从事商品贸易,买卖银圆和汇票的业务不多。有的钱庄还做鸦片生意。[③] 太和县城在 1859 年前后有保太和钱庄,1890 年前后有日升、宝元、裕丰、盈丰谦、裕泰昌、洪义昌、怡昌等钱庄。[④] 屯溪金融业起源较早,光绪十五年(1889)就设有万康、致祥、广茂、益和、晋康、厚康、德源(兼营)七家钱庄。[⑤] 清末望江有名的钱庄叫陈德兴钱庄,创建于咸丰六年(1856)。[⑥]

清末,太和县钱庄所经营的业务一般只是买卖银钱或进行银圆零整兑换,以从中获利。如拿银圆兑换零钱时,一元当五串,他们只给四串六百文,扣去实价的 7.5%;以零换整时,加现钱 5% 左右。银两换钱时,还要扒去几分成色,叫"扒色",就是除去银锭中所含的杂质。扒色没有严格的标准,只凭眼力去估计。但钱庄卖出时却是十足成色。这样买进卖出,大约得利在 15% 以上。

个别大钱庄也经营代客存付。太和县有许多骡马行市,骡马商带的

① 杨邦太、朱渭滨:《忆芜湖钱庄业》,政协安徽省委员会文史资料研究委员会:《工商史迹》,安徽人民出版社,1987 年版,第 124～125 页。

② 庆昌、杏村:《解放前安庆的银行、钱庄行业》,政协安庆市文史资料研究委员会等编:《安庆文史资料》第 8 辑,1984 年版,第 85 页。

③ 李济良:《亳州的钱庄》,政协安徽省亳州市委员会文史资料研究委员会:《亳州文史资料》第 4 辑,第 102～103 页。

④ 赵德宽:《太和金融机构的演变和发展》,政协太和县委员会文史资料研究委员会:《细阳春秋》第 1 辑,安徽省出版局非出印字第 2021 号,1984 年版,第 116～117 页。

⑤ 季瑀、庸镐:《屯溪金融业钩沉》,政协黄山市屯溪区委员会文史资料研究委员会:《屯溪文史》第 4 辑,安徽省出版局皖非出字第 2027 号,1998 年版,第 40 页。

⑥ 《陈德兴钱庄与陈尚廉先生》,政协望江县委员会:《望江文史资料》第 3 辑,皖非正式出版(91)第 141 号,1992 年版,第 58～59 页。

大量现金存入钱庄，骡马成交后，由钱庄代为付款，钱庄可获得3%的佣金。太和县还有些钱庄勾通官府，利用代存的公款，贷放取利。[①]

清末安庆钱庄的经营范围有存款、贷款、汇款、兑换等项目，存款利息每月月利约八厘至一分，贷款利息每月约一分六至二分，存贷款利息差额就是钱庄的利润。清末大都使用白银，这些白银分别铸成五十两、十两、一两等几种重量不同的银圆宝，一两的小银圆宝也称作锞儿。由于大元宝携带、使用都不方便，就得向钱庄兑换一两的银锞儿或碎银子，这样就必须付给钱庄贴补费，这种贴补叫"火耗"；再如用铜钱换元宝，或用元宝换铜钱时，进出兑换也要向钱庄贴补，叫作"贴水"，火耗、贴水都是钱庄的利润。火耗、贴水当时没有统一的规定，都是钱庄视市面白银、铜钱流通的情况而定。[②]

清末亳州的钱庄不仅开展金融方面的业务，也从事商品交易，有的钱庄甚至做起了鸦片生意。[③]

清末安徽的钱庄以营利为最终目的，其中不乏黑心钱庄。而望江县的陈德兴钱庄口碑较好，有"商业四则"和"职员四则"，商业四则是商业重道德、往来重信誉、扶弱支贫、不弄虚作假，职员四则是勤俭奉公、廉洁从事、礼貌待人、和气接客。[④]

清末，新式银行开始出现。光绪三十一年（1905）八月，清政府在北京城里设立户部银行。光绪三十四年（1908），户部改为度支部，户部银行亦改称大清银行。就安徽而言，新式银行的设立始于光绪末年大清银行芜湖分行。宣统三年（1911），大清银行在安庆四牌楼设立安庆分行。[⑤] 民国后，大清银行改称中国银行。[⑥]

---

① 赵德宽：《太和金融机构的演变和发展》，政协太和县委员会文史资料研究委员会：《细阳春秋》第1辑，安徽省出版局非由印字第2021号，1984年版，第116~117页。

② 庆昌、杏村：《解放前安庆的银行、钱庄行业》，政协安庆市文史资料研究委员会等编：《安庆文史资料》第8辑，1984年版，第86页。

③ 李济良：《亳州的钱庄》，政协安徽省亳州市委员会文史资料研究委员会：《亳州文史资料》第4辑，第102~103页。

④ 《陈德兴钱庄与陈尚廉先生》，政协安徽省望江县委员会文史资料委员会：《望江文史资料》第3辑，皖非正式出版（91）第141号，1992年版，第58~59页。

⑤ 吴剑华：《解放前的中国银行安庆办事处》，安庆市政协文史资料委员会安庆文史资料编辑部编：《安庆文史资料》第23辑，安徽省新闻出版局A.91，016号，1991年版，第152页。

⑥ 谢国兴：《中国现代化的区域研究：安徽省（1860—1937）》，台湾师范大学历史研究所博士学位论文，1990年，第4~24页。

第四节 徽商的发展与清代安徽城市

徽商，即徽州商人，是旧徽州府籍的商人或商人集团的总称。徽商的兴起不是偶然的，有客观、主观因素。徽州的自然环境造就了徽商，而徽商自身吃苦耐劳、善于把握商机、同舟共济等优点也是其取得成功的主要因素。经过多年的积淀，徽商终于在清代"康乾盛世"期间达到鼎盛，但在内因和外因的共同打击下，于清末开始衰落。清代徽商一改商人"重利轻义"的形象，不遗余力地参与安徽城市的建设和荒政事务，促进了城市的发展。

一、徽商的兴起

（一）徽商兴起的客观因素

1. 徽州的地理条件

徽州属山区，山多田少，粮食不足。民国《歙县志》载："徽州府属山多田少，所出米谷及年岁丰稔亦仅供数月，民食每每仰给邻封江西、浙江等处贩运接济。"① 徽州地区不但田少粮乏，且容易发生旱灾和洪涝灾害。"地隘斗绝厥土骍刚不化，高水湍悍少潴蓄寡泽而易枯，十日不雨则仰天而呼，骤雨过山涨暴出粪壤之苗，又荡然枯矣，农家事倍功半。"在这种情况下，"健者多远出为商贾焉"。② 这种田少民稠、多旱灾洪灾的自然环境，迫使很多徽州人外出经商，遍布全国各地，甚至海外，"田少民稠，商贾居十之七，虽滇、黔、闽、粤、秦、燕、晋、豫，贸迁无不至焉"③。

---

① 石国柱、楼文钊修：《（民国）歙县志》卷一五《艺文志·奏疏》，江苏古籍出版社，1998 年版。

② 石国柱、楼文钊修：《（民国）歙县志》卷一五《艺文志·奏疏》，江苏古籍出版社，1998 年版。

③ 石国柱、楼文钊修：《（民国）歙县志》卷一五《艺文志·奏疏》，江苏古籍出版社，1998 年版。

2. 徽州与江南许多经济发达的城市或市镇毗连

在隋代之前，宣城、毗陵、吴郡、会稽、余杭、东阳等地都环绕着徽州。[①] 唐代，以"安史之乱"为转折点，经济中心开始向南方转移，长江流域以及江南出现了很多经济发达的工商业城市或市镇。如当时的扬州已成为中外富商荟萃之地，"侨寄衣冠及工商等，多侵衢造宅"[②]。东晋和宋、齐、梁、陈的都城建业（今南京）到了明代更是商店林立，百货云集，各种重要的商品都有各自的集中经营区，如绫庄巷、锦绣巷、颜料巷、铜作坊、铁作坊等。这时的松江、常州、荆州、南昌等地已是粮食业中心。与长江沿岸及江南的城市、市镇毗连，带动了徽商的形成和发展。

（二）徽商发展的主观因素

徽商的发展除了客观因素，还有自身的主观因素。吃苦耐劳、坚忍不拔的奋斗精神，善于把握商机、当机立断的经商艺术，同舟共济、同进同退的集体主义精神是成就徽商辉煌的主观人文因素。

1. 吃苦耐劳，坚忍不拔

很多徽商出身贫寒，怀揣微薄资本踏上经商的道路，他们往往从小本经营做起，积少成多，终成富商大贾。

清代小说《儒林外史》中讲述了一个家奴经商致富的故事。万雪斋原是徽州盐商程明卿的书童。到了十八九岁的时候，被程家用作"小司客"，专替主子到衙门中跑腿学舌，办理琐碎事务。万雪斋利用当小司客的机会，每年都积攒几两银子。后来他用这笔钱赎回了卖身契，并自己开铺当起了盐商。再后来他的资本发展到数十万元，还娶了翰林的女儿为妻。[③] 此故事虽然出自小说，但也是当年徽商现实生活的写照。婺源是徽商的发源地之一。清代祖籍婺源的徽商有不少是奴仆出身，或从事低贱的职业，但他们通过自身的智慧和努力，最终赎回人身自由，走上经商道路，富甲乡里。表4—7罗列了几位当时有名的徽商：

① 《隋书·地理志》，中华书局，1973年版。
② 《旧唐书》，中华书局，1975年版。
③ 《儒林外史》，岳麓书社，2002年版。

表 4-7　清代安徽省婺源县徽商①

姓名	经商前境遇	致富后简况
江应萃	家贫，往浮梁为佣	慢慢积累资金，自开瓷窑
李士葆	家贫，佣工芜湖	贷本经商，家道隆起
王学炜	少贫为人佣工	业木于泰州致富
程鸣岐	幼时极贫，佣趁本籍	贷资贩木，渐致饶裕
汪光球	初家贫，习缝工	业木苏州，积资两万两

从表 4-7 中可以看出，江应萃、李士葆、王学炜、程鸣岐等人少时都是当地有钱人家的用人，但他们吃苦耐劳，坚忍不拔，最终成为徽商中的佼佼者。汪光球少时从事缝工，家贫如洗，但后来在苏州从事木业经营，经过辛苦努力，积累资本两万两白银。

从这些有代表性的徽商身上，我们看到了徽商崛起的主观人文因素，那就是吃苦耐劳、坚忍不拔。商场如战场，很多徽商在成功经商致富后，又由于种种原因变得一贫如洗。但他们不抛弃，不放弃，吃苦耐劳，坚忍不拔，从头再来。"徽之俗，一贾不利再贾，再贾不利三贾，三贾不利犹未厌焉。"②

2. 善于经营，审时度势

徽商善于趋利逐时，即根据市场特点，采取最好的经营方式；也善观时变，即在把握市场信息的基础上，调整自己的经营项目；还能揣度时宜，根据各地不同的经济情况，因地制宜，作出种种决策，出奇制胜。③

徽人有丰富的从商经验，这使得他们能领风气之先，较早地在商业活动中大显身手。他们利用运河、长江及东南海运之便，把五府地区的丝绸、棉布，扬州的食盐，景德镇的瓷器以及徽州当地出产的竹、木、茶、漆、纸、墨、砚等运销全国，又把华北的棉花、大豆，江西、湖广的稻米，长江中上游的木材运销苏浙，在贩运贸易中大获厚利，这就使

---

① 张海鹏、王廷元：《徽商研究》，安徽人民出版社，1995 年版，第 22 页。
② 潘小平：《徽商：正说明清中国第一商帮》，中国广播电视出版社，2005 年版，第 117 页。
③ http://baike.baidu.com/view/3137981.htm。

徽人中迅速出现一大批手握巨资的富商大贾。①

徽商还善于掌握商品的进、销环节，不失时机地买进或卖出。清代歙县盐商鲍直润，经营盐业屡次失利，为了继续经商，打算"尽质其田"，作为补充资本。他的家庭成员都为此担忧，劝他不要冒险，鲍直润却说："吾岂孤注浪掷哉！今东山口岸，众商星散，势必食淡，所谓人弃我取，譬如逐鹿，他人角之，我蹑其后，时不可失，吾意决矣。"②果如其所料，从此经营一帆风顺，终获成功。"徽州人汪拱乾者精会计，贸易于外者三十余年。其所置之货，皆人弃我取，而无不利市在。自此经营，日积月累。"③

3. 同舟共济，同进同退

徽商尤其是在外地经营的徽商，出自商业竞争的需要，在遇到困难时往往能互相帮助，同舟共济。徽商群体大部分是以宗族乡里关系为纽带结合起来的，这些群体有时候还有一个首领。首领对众商在财力上予以支持，在业务上予以指导；众商则听从首领的指挥，协同行动。④ 万历《嘉定县志》载，南翔镇"往多徽商侨居，百货填集，甲于他镇，比为无赖吞食，稍稍徙避，而镇虽衰落"。南翔镇的无赖们则专门打劫徽商，而不殃及其他商人，徽商选择统一离去，体现了同进同退的团结精神。⑤

二、徽商的兴盛

明代成化以前，徽商经营的行业主要是"文房四宝"、漆器、木和茶叶。成化以后，盐法改行"开中制"⑥。所谓"开中制"，即把商人输粮边区，换取食盐，在一定区域贩卖的办法，改为商人在产盐地区纳粮给盐，听其贩卖。⑦ 这样一来，重要的产盐区——两淮地区便成为盐商的聚集之地，徽商则占地理之利，通过经营盐业达到繁盛。

---

① 张海鹏、王廷元主编：《徽商研究》，安徽人民出版社，1995 年版，第 3～4 页。
② 歙县《新馆鲍氏著存堂宗谱》卷二《中议大夫大父风占公行状》，光绪元年（1875）刻本。
③ 谢国桢：《明代社会经济史料选编》中册，福建人民出版社，2004 年版，第 100 页。
④ 张海鹏、王廷元主编：《徽商研究》，安徽人民出版社，1995 年版，第 6 页。
⑤ 张海鹏、王廷元主编：《徽商研究》，安徽人民出版社，1995 年版，第 7 页。
⑥ 《明史稿》之《食货四·盐法》，文海出版社据敬慎堂刊本影印。
⑦ 朱世良、张犁、余百川：《徽商史话》，黄山书社，1992 年版，第 4 页。

两淮盐场是当时全国最大的盐场，"天下六运司，惟两淮运司为雄"①，"天下之盐利，莫大于两淮"②。地处长江、运河交汇处的扬州是当时两淮盐商荟萃之地。而扬州的盐商中当地人仅占十分之一，外地盐商占多数，"多徽歙及山陕之寓淮扬者"③。借助于盐业经营，徽商获得了巨大的利润，"今之所谓大贾者，莫有甚于吾邑（指歙县），虽秦晋间有来贾淮、扬者，亦苦朋比而无多"④。可见当时的徽商已经超过了山西、陕西商人，成为两淮地区盐业经营的执牛耳者。徽商获得巨额盐利后，资本急骤膨胀，仅歙县一处的富商就已经是"千金之子比比而是，上之而巨万矣，又上之而十万百万矣"⑤。

明末清初，由于政局动荡，徽商的经营有所衰落。清朝的统治稳定后，徽商迎来了自身发展的鼎盛期。从康熙中叶到道光年间的一百几十年是徽商的兴盛阶段。这一时期，随着生产力的恢复与发展，社会安定，徽商的发展也达至鼎盛。

（一）徽人从商风习更为普遍

清代的徽州不但休宁、歙县、祁门、婺源从商风习很盛，而且黟县、绩溪两县人也已经从商成风。明代的黟县"民尚朴实，读书力田，不事商贾"，入清后则"始学远游，亦知权低昂，时取予，岁收贾息"。⑥徽州诸县从商者的增多，壮大了徽商的队伍，进一步增强了徽商的整体实力。⑦

（二）徽州盐商势力的发展

康乾时期，由于生产恢复，人口增加，引盐的销量亦随之大增，加之清廷又采取了一些"恤商裕课"的措施，经营盐业遂有大利可图。许

① 《（嘉庆）重修两淮盐法志》卷五十四《嘉靖乙已重浚风井运河记》，上海古籍出版社，1995年版。

② 《皇明世法录》卷二九《户科给事中管怀理奏文》，明（1368—1644）刻本。

③ 杨洵修：《（万历）扬州府志》序文，明万历二十九年（1601）刻本。

④ 张涛修：《（万历）歙志》卷十《货殖》，明万历三十七年（1609）刻本。

⑤ 张涛修：《（万历）歙志》卷十《货殖》，明万历三十七年（1609）刻本。

⑥ 《（康熙）黟县志》卷一，江苏古籍出版社，1998年版。

⑦ 张海鹏、王廷元主编：《徽商研究》，安徽人民出版社，1995年版，第12页。

多手握巨资的徽州富商纷纷占窝行盐，把持盐利①。徽商在盐业经营方面占据主导地位，出现了许多资本雄厚的盐商，其中"两淮八总商，邑（歙）人恒占其四"②。徽商正是利用了当时"恤商裕课"的有利政策，抓住时机，成为盐业经营领域的执牛耳者。乾隆年间，徽州盐商中不乏资本达千万两的巨贾。③

三、徽商的衰落

晚清，徽商开始衰落，其衰落的原因很复杂，大致可分为内因和外因。

在内因方面，握有雄厚经济实力的盐商由于"盐课日重"，加上私盐泛滥，经营能力大为削弱。道光十二年（1832）开始，清政府先后将两淮"世世相承，以盐为业"的纲商改编为"来去亦任其自便"的票商④，从而打破了盐商长期垄断盐业运销的局面。许多大盐商因此纷纷破产，连出身盐商世家，身为乾隆、嘉庆、道光三代宰相的歙县人曹振镛也无可奈何地说："焉有饿死之宰相家。"⑤

从外因方面看，鸦片战争后，中国沿海和长江流域的一些城市相继开辟为商埠，西方的工业品开始倾销到中国市场，徽商经营的商品市场受到严重的冲击，钱庄敌不过外国银行，其他行业如布匹等也敌不过外商运销的由机器生产的货品。⑥

四、徽商与清代安徽城市的发展

在清代，徽商足迹遍布全国，甚至海外，促进了清代商品经济的发展。就清代安徽各城市而言，城市内的徽商更加集中，对城市的发展起到了很大的推动作用。

---

① 张海鹏、王廷元主编：《徽商研究》，安徽人民出版社，1995 年版，第 13 页。
② 石国柱、楼文钊修：《（民国）歙县志》卷一，江苏古籍出版社，1998 年版。
③ 张海鹏、王廷元主编：《徽商研究》，安徽人民出版社，1995 年版，第 13 页。
④ 张寿镛辑：《皇朝掌故汇编》，光绪二十八年（1689）刊本。
⑤ 赵尔巽等撰：《清史稿》，中华书局，1977 年版。
⑥ 李则纲：《安徽历史述要》（上册），安徽省地方志编纂委员会，1988 年版，第 245 页。

（一）促进了城市商品经济的繁荣

徽商广泛从事商业、手工业活动，促进了城市商品经济的繁荣。芜湖是清代安徽最大的商业城市，徽商自然不会错过本省的经济中心。芜湖城内徽商云集，徽商李士葆年少时在芜湖做佣工，中年开始经商，成为芜湖城内著名的徽商之一。歙县人阮弼在芜湖开设染纸坊和钢坊，坊内雇工甚多。当时的徽商几乎垄断了芜湖的木业市场。①

安庆是安徽省省会，城内官僚、军队云集，形成了巨大的消费市场。在安庆经营工商业的徽商也很多。乾隆年间，徽商已达鼎盛。安庆城内外之较大钱庄、当铺、绸缎庄、布店、纸坊、茶叶店、南货号等，多为徽商开设。徽商资金雄厚，经营行业广泛，掌握着金融、物资，操纵市场，执安庆商业之牛耳；不仅如此，安庆附近之县镇，如潜山、太湖、宿松、望江均有徽商开设之店铺，或与安庆徽商有贸易往来。如枞阳日兴茂南货糖纸号、石牌盛天长南货糖纸号、太湖及徐桥王信茂南货号、高河久伦布店等，无怪乎有"无徽不成镇"之说。②

（二）促进了城镇建设的发展

徽商挣钱后往往知道回馈社会，积极参与城市建设。在寿州的徽商集资修建了邢家铺义渡，大大方便了寿县的交通③；在滁州，徽商张以政"于雍正癸丑捐置救火器具，又张君倾资造桥六座"④；亳州"龙门桥，在城东北二里凤头村，道光年修、光绪十五年，徽籍人朱运丰捐修"⑤；徽商许岩保"性好善，葺路建亭，不遗余力，时造万年桥，岩保输资三百缗"⑥。黟县商人苏源在南村岭修建凉亭，并"施茶于三星庵，行人便之"，又在黟县县城以西武岭建如心亭，在陶岭建石桥，"计

---

① 梁启让修：《（嘉庆）芜湖县志》卷六，嘉庆十二年（1807）刻本。
② 詹寿祯：《徽商在安庆经济活动之概况》，政协安徽是文史资料研究委员会、安庆市编史修志办公室、安庆市档案局编：《安庆文史资料》第8辑，1984年版，第121页。
③ 曾道唯等修：《（光绪）寿州志》卷四《营建志·关津》，江苏古籍出版社，1998年版。
④ 张其濬修：《（民国）全椒县志》卷一一《孝义》，江苏古籍出版社，1998年版。
⑤ 钟泰修：《（光绪）亳州志》卷三《关津》，江苏古籍出版社，1998年版。
⑥ 《（道光）歙县志》卷八《人物志·义行》，江苏古籍出版社，1998年版。

十八洞"。① 会馆是清代商人的聚集地之一,有时也作为长途贩运商人的临时货栈和歇脚点。为方便徽商长途贩运,有的徽商在安徽各城市大力建设徽州会馆。"凡弹冠捧檄,贸迁有无而来者,类皆设会馆,以为停骖地。"② "查商贾捐资建设会馆,所以便往还而通贸易,或货存于斯,或客栖于斯,诚为集商经营交易时不可缺少之所。"③ 休宁徽商朱德粲常年在潜山县城经商,为防市场火灾,"制水桶于皖城"④。清代芜湖附近的水道有不少暗礁,商船经常触礁沉没,在芜湖经商的徽商吴昂出资在江中"垒石为台,台上立庙建旗'永宁'"⑤,此后来往商船触礁事件减少许多。

(三)积极参与慈善荒政事务

清代城市地方政府工作人员有限,在城市慈善和荒政事务上往往人力和物力都不足。在这种情况下,民间的参与就相当重要了。

清代,随着徽商经济实力的增强,他们一改商人"唯利是图"的形象,更多地回报社会,积极参与安徽城市的慈善荒政事务。如休宁汪承嘉"生平勇于为义,尝散粟以周族人。客蓼六,值岁旱,赤地千里,嘉为粥于路,以食饥者"⑥。休宁朱德粲"贾于皖,尝成潜山县石梁,造救生船于大江以拯溺。制水桶于皖城以救火灾,并置义地施茶汤,保姜氏子,赎许氏女,义行甚重"⑦。乾隆十六年(1751),徽州府大旱,徽州所产粮食本来就不敷当地之用,再加上旱灾,导致粮价暴涨,有时甚至无米可买。歙县徽商杨宗毅捐白银6万两用来买粮,使灾民渡过了难关。⑧ 歙县汪守藩等人于光绪十九年(1893)在芜湖"倡捐建屋六楹,举办施棺惜字等善事"⑨。张启明,清代婺源人,"生平慷慨好施,遇孤寡寒酸,尤加意厚恤"。咸丰年间,受战乱影响,乡民陷于饥荒,张启

---

① 《(嘉庆)黟县志》卷七《人物·尚义》,嘉庆十七年(1812)刻本。
② 《江苏省明清以来碑刻资料选集》,上海三联书店,1959年版,第389页。
③ 《江苏省明清以来碑刻资料选集》,上海三联书店,1959年版,第25~26页。
④ 《(嘉庆)休宁县志》卷一五《人物·尚义》,同治九年(1870)刻本。
⑤ 《(嘉庆)休宁县志》卷一五《人物·尚义》,同治九年(1870)刻本。
⑥ 吴甸华修:《(嘉庆)黟县志》卷七《尚义》,江苏古籍出版社,1998年版。
⑦ 《(嘉庆)休宁县志》卷一五《人物·尚义》,同治九年(1870)刻本。
⑧ 石国柱、楼文钊修:《民国歙县志》卷九《人物·义行》,江苏古籍出版社,1998年版。
⑨ 张海鹏、王廷元主编:《明清徽商资料选编》,黄山书社,1985年版,第357页。

明出数百金，将乡民运往外地，以躲避战乱。[①] 章定春，清代徽州府绩溪县人，"邑中善举，无不倾囊乐输，遇年荒施粥倍于常"[②]。

---

① 张海鹏、王廷元主编：《明清徽商资料选编》，黄山书社，1985 年版，第 355 页。
② 张海鹏、王廷元主编：《明清徽商资料选编》，黄山书社，1985 年版，第 356 页。

第五章　清代安徽城市的教育与近代报刊

清代前中期的安徽城市教育依旧未能摆脱传统教育的窠臼。1840年鸦片战争后，随着中国开始沦为半殖民地半封建社会，安徽城市教育渐渐向新式教育转变，出现了一批新式学堂、学校。清末，随着西方印刷技术的引进，安徽城市出现了新式报刊。这些新式报刊积极宣传进步思想，内容充实，丰富了市民的文化生活，启迪了民智，宣传了革命思想。

第一节　清代安徽城市的教育

清代是中国最后一个封建王朝，古代教育发展到清代，已经走到其历史的最后阶段。这一时期的安徽教育制度，集传统教育制度之大成，又带着封建末期腐朽僵化的特征，显露出盛极而衰的趋势。[1] 1840年以后，随着西方势力的入侵，西方新式教育也开始传入安徽，引起安徽传统教育的变革和新式教育的崛起。

一、清代安徽城市的传统教育

清代的教育有一个从国子监、满族官学、地方官学、书院到蒙学、社会教育的金字塔形教育系统。科举考试虽不属于学校教育，但对学校

---

[1]　李国钧、王炳照总主编：《中国教育制度通史》（第5卷），山东教育出版社，1999年版，导言。

教育起着调控和主导作用，是这一体系不可或缺的组成部分。①

　　清代前中期的教育制度基本沿袭明代，省内有府学、州学、县学，各地还有政府和民间设立的大小书院。地方各级政府机构没有专门的教育管理机构，学政作为管理一省教育事业的最高长官，由皇帝直接任命。② 府州县学等地方官学又称儒学，是学生数量最多、分布最广的官学，也是科举考试的主要生源供应地。③ 书院是官学以外地方教育的又一重要形式。清朝统治者先是压制书院的兴建，后又大力支持兴办书院，并使之官学化。高度官学化是清代书院的总体特征。官学化使书院办学的政治、经济条件有了保证，书院得以大规模发展，教学和管理趋于正规化，与官学加强了联系。省级大书院填补了省一级地方没有官学的空白，部分省级书院成为地方教育和文化的中心。清代书院官学化的过程又是科举化和官府加强控制教育的过程。书院因更注重讲学和研究，被科举考试的应试教育取代；相当一部分书院的教学与官学非常接近，成为准官学。但书院毕竟没有被纳入国家教育系统，不是正式的官学。部分书院仍保留了传统的办学特色，在地方官学放弃教学、单纯考课的情况下，坚持教学和研究，开展著述和刻书活动，形成了特有的藏书、刻书以及教学、研究、著述相结合的书院制度，发挥了独特的作用，推动了地方文教事业的发展。④

　　1. 清代安徽的地方官学

　　清朝初年，统治者利用明朝遗留的府州县学体系和设施发展地方教育。

　　顺治九年（1652），朝廷下诏谕礼部：

　　　　帝王敷治，文教为先。臣子致君，经术为本。自明末扰乱，日寻干戈，学问之道，阙焉未讲。今天下渐定，朕将兴文教，崇经

---

　　① 李国钧、王炳照总主编：《中国教育制度通史》（第 5 卷），山东教育出版社，1999 年版，导言。

　　② 穆键：《〈皖政辑要〉所见安徽近代教育行政体制的建立》，载于《安徽广播电视大学学报》，2011 年第 1 期。

　　③ 李国钧、王炳照总主编：《中国教育制度通史》（第 5 卷），山东教育出版社，1999 年版，导言。

　　④ 李国钧、王炳照总主编：《中国教育制度通史》（第 5 卷），山东教育出版社，1999 年版，导言。

术，以开太平。尔部传谕直省学臣，训督士子，凡理学、道德、经济、典故诸书，务研求淹贯。明体则为真儒，达用则为良吏。果有实学，朕必不次简拔，重加任用。①

这篇诏书说明了清统治者以理学等为主的教育内容和培养真儒生、良吏的目的，是兴办地方官学的纲领，表明了统治者大规模兴学的决心。

在各省，学政是官学的总负责人，各级教官是官学教育的实施者。② 学政的职责是巡视各地、主持岁科考试和考核教官。"巡历所至，察师儒优劣，生员勤惰，升其贤能者，斥其不帅教者。"但学政有重大举措须与所在省的督抚商量，"凡有兴革，会督、抚行之"③。

各地官学，府学设教授（正七品）1名，训导1名；州学设学正（正八品）1名，训导1名；县学设教谕（正八品）1名，训导1名。训导（从八品）为教官之副职。④ 当时安徽教官的编制为：教授8人，学正9人，教谕49人，训导66人。而当时全国的编制是教授192人，学正201人，教谕1108人，训导1531人。⑤ 此外，各府州县学临时设提调官，负责考试时的关防启闭、拆卷发案等工作，还管理学校的后勤事务，包括房屋修缮、学粮发放等。清代官学的岁科考试、为贫生发放学粮等事，都集中于学政按临时进行。提调官都是学政到来时临时设置的，学政按临至府，知府即为提调；按临至州，则直隶州知州为提调。⑥

清朝在府州县设置的官学对学生名额有较明确的规定。府州县官学的学生是科举考试的考生及国子监贡监生的潜在生源，又是政府官员的后备队伍，所以学生名额应与各级政府机构需要的官员量相适应。清

---

① 赵尔巽等撰：《清史稿·选举一》校点本，中华书局，1976年版，第3114页。

② 李国钧、王炳照总主编：《中国教育制度通史》（第5卷），山东教育出版社，1999年版，第128页。

③ 赵尔巽等撰：《清史稿·职官三》校点本，中华书局，1976年版，第3345页。

④ 李国钧、王炳照总主编：《中国教育制度通史》（第5卷），山东教育出版社，1999年版，第129页。

⑤ 《清文献通考》卷七九《职官三》，浙江古籍出版社，2000年影印本。

⑥ 李国钧、王炳照总主编：《中国教育制度通史》（第5卷），山东教育出版社，1999年版，第130页。

初，各地官学按地方人文情况分为大学、中学、小学，大学、中学、小学的招生数也有不同。① 顺治四年（1647）规定，各省儒学视人文多寡分大学、中学、小学取进文童，大学 40 名，中学 25 名，小学 12 名；武童岁科并试，额取府学 20 名，大学 15 名，中学 12 名，小学 8 名。又规定直省各学禀膳生员府学 40 名，州学 30 名，县学 20 名，卫学 10 名。② 而清政府选取生员，免其丁粮，厚以禀膳，是要"养成贤才，以备朝廷之用"，所以生员应"上报国恩，下立人品"，为此，当时礼部颁布了大致相当于《生员守则》之类的条文：

一、生员之家父母贤智者，子当受教，父母愚鲁或有非为者，子既读书明理，当再三恳告父母不陷于危亡。

一、生员立志当学，为忠臣清官，书史所载忠清事迹务须互相讲究，凡利国爱民之事更宜留心。

一、生员居心忠厚正直，读书方有实用，出仕必作良吏，若心术邪刻，读书必无成就，为官必取祸患，行害人之事者往往自杀其身，常宜思省。

一、生员不可干求官长结交势要希图进身，若果心善德全，上天知之必加以福。

一、生员当爱身忍性，凡有官司衙门不可轻入，即有切己之事，止许家人代告，不许干预他人词讼，他人也不许牵连生员作证。

一、为学当尊敬先生，若讲说皆须诚心听受，如有未明，从容再问，毋妄行辩难。为师长者亦当尽心教训，勿致怠惰。

一、军民一切利病不许生员上书陈言，如有一言建白，以违制论黜革治罪。

一、生员不许纠党多人立盟结社，把持官府，武断乡曲，所作文字不许妄行刊刻，违者听提调官治罪。③

① 李国钧、王炳照总主编：《中国教育制度通史》（第 5 卷），山东教育出版社，1999 年版，第 130 页。

② 沈葆桢修：《重修安徽通志》卷八六《学校志·学制》，光绪四年（1878）刻本。

③ 陈柄德修：《嘉庆旌德县志》卷三《学校·学规》，江苏古籍出版社，1998 年版。

清代各地的学额经常有变动。雍正二年（1724），朝廷认识到各地生额少而应试者多的矛盾，下诏把一批直省小学改为中学，中学改为大学。当时安徽所属之怀宁、桐城等6州县，向系大学，照府学例，各取进25名；潜山、太湖等20州县，向系中学，改为大学，各取进20名；望江、东流等9县，向系小学，改为中学，各取进16名。①

清代官学的学习内容也有相应的规定。顺治九年（1652）规定："今后，直省学政，将《四子书》《五经》《性理大全》《资治通鉴纲目》《大学衍义》《历代名臣奏议》《文章正宗》等书，责成提调、教官，课令生儒诵习讲解，务俾淹贯三场，通晓古今，适于世用。"②

清代官学的考试制度比较完善。

童试是地方官学的儒学考试，为取得生员资格的士子，无论年龄大小，统称童生。童试每三年举行两次。

季考月课是地方官学的日常考试，按月月课，四季季考。由于月课是日常考试，和功名关系不大，故季考月课缺考现象严重。嘉庆时，随着官学的腐朽，月课渐不举行。

岁科考试是由学政主持的地方官学最高级别的考试。学政三年中须巡回各属学校，分别进行一次岁试、一次科试。对童生来说，岁试、科试是入学考试；对生员来说，岁试是升降级考试，科试则是科举前的资格考试，选拔参加科举考试的生员。所以岁试、科试意义重大，规制也很严格。

拔贡考试每十二年举行一次，由国子监题请下旨，行各省学政考选。府学两名，县学一名。经学政考选后，送礼部，参加朝考。考取一、二等者，在保和殿复试。再考取一、二等者，或以七品小京官分部学习，或以知县分发试用，其余以教职或佐贰等官用。优贡为地方官学所举报的优生，送国子监肄业，以示鼓励。③

另外还有武生童的考试，在此不再赘述。

地方官学有学田，用途是资助办学和赈济贫困学生。地方官学的学

---

① 《清朝文献通考》卷七〇《学校八》，浙江古籍出版社，2000年版。
② 《清会典事例》卷三八八《学校》，中华书局，1991年版。
③ 李国钧、王炳照总主编：《中国教育制度通史》（第5卷），山东教育出版社，1999年版，第176～177页。

田属于府州县官田的一部分。由州县征租，所得租金由学政支配。雍正二年（1724）对天下学田、租银米作了一次全面的统计，总计学田3886 顷 78 亩 5 分 4 厘 9 毫有奇，征租银 23458 两 2 钱 2 分 7 毫，粮15745 石 7 斗 8 合 3 勺有奇，钱 62460 文。该年安徽的学田为 158 顷 77亩 8 厘 4 毫，租银 1638 两 4 钱 1 分 8 厘，谷 589 石 7 斗 5 升 8 勺。乾隆十八年（1753）再次统计全国的学田租赋，总计各省学田共 11586 顷有奇，租银 19069 两有奇，其中安徽学田 220 顷 18 亩，租银 1640 两有奇。①

清代的官学覆盖面广，极大地调动了人们读书的积极性，繁荣了地方文化，使教育得到某种程度的普及，促成清初及以后一段时间地方官学繁荣的景象。徽州府在清代商品经济繁荣，文化教育事业在全国也很出名，当地养成了尊师重教的良好风气。清代的徽州产生了一大批状元、榜眼、探花和进士，成为全国有名的人文荟萃之地，涌现出一大批著名的学者。桐城县及周边地区的教育也相当发达，是安徽省文化繁盛的又一地区。清代的"桐城派"成为影响全国文坛的重要流派，产生了方苞、方以智、刘大櫆、姚鼐等著名的文学大师。②

随着时间的推移，清代官学的弊端也日渐显露，以科举为中心，学校变成单纯的考试机构，丧失了教学职能，地方官学的衰落成为必然之势。③ 乾隆《训诫士子谕》云："独是科名声利之习，深入人心，积重难返。士子所为汲汲皇皇者，惟是之求，而未尝有志于圣贤之道，不知国家以经义取士，使多士由圣贤之言，体圣贤之心，正欲使之为圣贤之徒，而岂沾沾焉文艺之末哉?"④ 由此可见，清代的一套教育考试制度让"科名声利"深入人心，已经到了"积重难返"的地步，完全背离了传统教育培养"圣贤之徒"的初衷。

2. 清代安徽的书院教育

书院制度是我国封建社会特有的一种教育制度，它从唐延续到清

① 参见《清文献通考》卷一二《田赋十二》，浙江古籍出版社，2000 年影印本。
② 安徽省地方志编委会编：《安徽省志·总述》，方志出版社，1999 年版，第 273 页。
③ 李国钧、王炳照总主编：《中国教育制度通史》（第 5 卷），山东教育出版社，1999 年版，第134 页。
④ 高岸：《乾隆〈训诫士子谕〉注释》，载于《河北民族师范大学学报》，1989 年第 1 期。

末，有一千多年的历史，对封建社会的教育产生过重大影响。书院的特点是：在个别著名学者的领导下，积聚大量图书，聚众授徒，教学与研究相结合。① 由于官方和民间的共同努力，清代书院进入了繁盛期，基本在城乡普及。清代全国新建、重建的书院达 3885 所，为历代之最。这个数字还不包括清代留存的前代建造的书院，如白鹿洞书院、岳麓书院等，也不包括外国传教士建造的新式书院。②

自雍正年间建立省会书院，官方力量开始渗入书院建设，各级官办书院成为全国各地大小不等的学术中心。③ 雍正十一年（1733）颁布诏书曰："督抚驻扎之多为省会之地，着该督抚商酌举行，各赐帑金一千两，将来士子群居读书，豫为筹划，资其膏火，以垂永远。其不足者，在于存公银内支用。"④ 在省会办书院的举措对后来清代书院的发展产生了很大的影响。首先，历代著名书院多见于幽静的山林名胜地区，朝廷难以管理，雍正帝此一措施使得书院回归省会城市，促进了城市书院和教育的发展。其次，清政府向书院拨款，从经费上控制书院，促使书院向官学化转变。⑤ 在诏书的推动下，安徽省在怀宁建立敬敷书院，此为安徽省省建书院之始。敬敷书院曾在太平天国运动中被毁。1862 年，曾国藩改安庆旧都司衙门为敬敷书院。很多学者出任过敬敷书院山长，比如桐城派的代表刘大櫆、姚鼐。敬敷书院的建立和发展也使得安庆成为安徽省的文化教育中心。除了敬敷书院，安庆城内还有培原书院，李日芃于 1652 年创建，康熙中叶废去；遂宁书院，清康熙年间安徽学政张鹏翮创办；山谷书院，明嘉靖初知府胡瓒宗改建于佑圣观之西；凤鸣书院，怀宁县学宫的书院。⑥

就书院总数而言，清代安徽各府的差别较大。徽州府最多，有 49 所，其中婺源就有 20 所书院，比安徽大部分府的书院数目还要多；宁

---

① 季啸风主编：《中国书院词典》，浙江教育出版社，1996 年版，序言。

② 李国钧、王炳照总主编：《中国教育制度通史》（第 5 卷），山东教育出版社，1999 年版，第 209～210 页。

③ 邓洪波：《中国书院史》，东方出版中心，2004 年版，第 217 页

④ 《清会典事例》卷三九五《礼部·学校·各省·书院》，中华书局，1991 年版。

⑤ 李国钧、王炳照总主编：《中国教育制度通史》（第 5 卷），山东教育出版社，1999 年版，第 204～205 页。

⑥ 杏村：《安庆书院略述》，安庆市政协文史资料委员会《安庆文史资料》编辑部编：《安庆文史资料》第 28 辑，编非正式出版字（2000）第 022 号，2000 年版，第 2 页。

国府以 19 所书院排第二，安庆有 18 所书院，名列第三，其中桐城派的发源地桐城县有书院 6 所，名列安庆府各县第一。皖北地区的府、直隶州的书院较少，其中庐州府有 14 所，凤阳府有 15 所，而和州直隶州只有两所，在安徽各府、直隶州中最少。① 清代安徽书院在各府、直隶州的分布极不均衡，呈现明显的南多北少的特点。究其原因有两点。首先，从地理角度出发，皖南山清水秀，地理环境优于皖北，故安徽南方书院比北方多。其次，从经费角度看，清代的书院官办和民办相结合，而皖南商业发达，家资巨富的徽商常常为教育不惜投入巨资。如乾隆五十九年（1794），徽州府歙县巨贾鲍志道为歙县著名的紫阳书院捐银 8000 两。② 就经费来说，徽商的大力资助促进了皖南书院的建设和发展。

以上讨论了清代前中期教育中的官学和书院，由于社会、义学与私塾更多地涉及基层农村社会，在此不赘述。

3. 科举考试

清代科举考试大致分为童子试、乡试、会试、殿试。除岁科童子试，其他一般五年两次开科取士。

童子试，岁科在州、县举行，凡在义学、私塾读书，有一定文化水平者都可报名参加，取得名次者，待开科再参加府试（在府举行），又取得名次者，称儒学生员，又称秀才。秀才具备参加乡试的条件。乡试在省里于八月举行，取得名次者称举人，举人可参加次年三月由中央礼部举行的会试。会试取得名次者称贡士或贡生，贡生经过皇帝主持殿试，取得名次者统称进士，进士一甲三名，依次称状元、榜眼、探花；二甲赐进士出身，三甲称同进士出身。凡通过考试进取者称科甲出身。

清朝科举考试的科目和内容大致相同，有时也有小的变化。童子试分为经解以及四书文，为题两篇，五言文韵，试帖诗一首，默写《圣谕广训》等。乡试与会试有经义文、时文、策论、试帖诗，都在四书五经范围内，以朱熹、程颢等集注为评判优劣的标准。同时又有文生及武生

---

① 参见《清代安徽书院分布状况表》，姚娟、刘锡涛：《清代安徽书院的地域分布特点》，载于《阜阳师范学院学报（社会科学版）》，2006 年第 5 期。

② 陈瑞、方英：《徽州古书院》，辽宁人民出版社，2002 年版，第 137 页。

之分。武生的书面答卷会降低要求，但必须在校场考试跑马射箭以及使用刀矛剑戟的本领。

在清代科举考试中，对应试生员有严格的规定：一是主考机关事先对考生家庭和本人进行审查，凡出身于所谓贱籍的理发匠、成衣匠、道士、巫匠、奴仆及三代有妇女淫乱者一律不准入场考试；二是一般犯有刑（挨打）、丧（死了父母）者限期不准考试；三是考生入场应试时要接受"乘差"搜身检查，除韵书外其他书籍一律不准携带入场；四是试卷规定用"八股"文体，文辞中不准触犯历代帝王、先圣、先贤的名讳，违者轻则除名，重者治罪。①

虽然有如此多的严格规定，但到了清末，科举考试还是弊端丛生。比如童试，不分场别、号别，亲友同学可随便坐在一起，勾结抢替，弊端重重。还有一种场外传递文章的办法，由入场考生于考题揭出时，买通署内胥吏抄写题目，并裹以砖石掷于场外，由预约作文之人拾去代作，作好后仍以砖石包裹扔进场内，由胥吏拾起交给应考人誊写交卷。光绪二十七年（1901）州试时，全椒童生陈蔚光、陈蔚荣、陈蔚华兄弟所作第三场考题，即是场外周月樵代作，而由州署内书吏顾华新代负掷题收文之责，院试三人皆录取；在乡试中，常有贵胄子弟文思不佳，请人冒名入场代考；会试中，各省新旧举人齐集北京，各显神通。有的先请本省总督、巡抚或学政备函，向京中各大佬推荐，有的到京后寻找后门，遍拜老师，致送厚礼，无耻之极，弊端丛生。在貌似公平的科举制度下，清政府始终抱着培养士大夫阶级的目的，坚决不准工人、农民及优伶、隶卒等人员应考。②

科举制度除了上述弊端，其考试内容也极其僵化，过分注重儒家经典书籍，轻视自然科学教育，一定程度上导致了中国近代科技的落后。由于科举制度的诸多缺陷，到了 19 世纪末 20 世纪初，一场教育体制的改革势在必行。

---

① 郑长平：《金寨县境清代科举考试简介》，政协安徽省金寨县委员会：《金寨文史》第 4 辑，1988 年版，第 144～146 页。

② 金幼卿：《清末科举考试制度的弊端》，政协安徽省文史资料研究委员会：《安徽文史资料选辑》第 13 辑，安徽省出版局登记证 83 号，1983 年版，第 141～143 页。

二、清末安徽城市新式教育的兴起

从 1840 年鸦片战争开始，西方列强用武力敲开了中国的大门，随着一场场反侵略战争的失败和一个个丧权辱国条约的签订，中国一步步沦为半殖民地半封建社会。在这个时期，西方先进的教育文化被带到中国，引发了中国传统教育的变革和新式教育的崛起。

就安徽而言，其不是沿海省份。1840 年鸦片战争后，虽然安徽通过上海、宁波等第一批通商口岸城市同西方国家有了商贸往来，但安徽真正受到西方影响是从 1877 年芜湖开埠通商后，而西方新式教育思想对安徽城市教育的影响是从 19 世纪末开始的。19 世纪末、20 世纪初，近代中国掀起了开办新式学堂的热潮，安徽传统的封建教育开始向近代新式教育转变。①

清末，在洋务运动和维新变法的推动下，光绪二十四年（1898），全国开始实行"废科举，办学堂"，以期富国强兵。光绪三十一年（1905），京师设立学部，撤各省学政，改设省提学使司，正三品，统管全省学务。同年，这场教育行政的改革浪潮到达安徽地区，8 月，沈曾植就任安徽提学使②，并成立学务公所，作为全省教育行政总部。学务公所下设六科：总务科、专门科、普通科、实业科、图书科、会计科。③ 各州县设劝学所，劝学所为地方教育行政机关。清末，安徽有 47 个州县设立了劝学所。④ 教育会为清末安徽教育行政补助机关，省设总会，府厅州县各设分会，与学务公所及劝学所共同办理教育。光绪三十一年（1905），皖绅李经畬在江宁设立安徽学会，后改名为安徽教育总会；光绪三十四年（1908），皖南教育会在芜湖成立，管理安庆、徽州、宁国、池州、太平、广德等地教育事业；光绪三十三年（1908），皖北教育研究会在安庆成立，管理庐州、凤阳、颍州、滁州、和州、六安、泗州等地的教育。⑤ 在此之后，安徽省有 17 个州县成立了教育分会，

---

① 王鹤鸣：《安徽近代教育发展概述》，载于《安徽史学》，1986 年第 3 期。
② 冯煦主修，陈师礼纂：《皖政辑要》，黄山书社，2005 年版，第 466 页。
③ 冯煦主修，陈师礼纂：《皖政辑要》，黄山书社，2005 年版，第 468~469 页。
④ 冯煦主修，陈师礼纂：《皖政辑要》，黄山书社，2005 年版，第 473~477 页。
⑤ 冯煦主修，陈师礼纂：《皖政辑要》，黄山书社，2005 年版，第 480~482 页。

分别是：宿松县、歙县、休宁县、黟县、绩溪县、宣城县、泾县、南陵县、建德县、合肥县、巢县、颍上县、滁州、全椒县、含山县、六安州、天长县。①

清末，西方国家的基督教会和天主教会在安徽各地办了一些小学、中学。同治十一年（1872），安庆首办尚文小学堂，其后芜湖的育英小学堂、广益学堂等一批教会学堂相继创办，这是安徽最早的采用西方教育方法的学校。光绪二十七年（1901），清政府诏令各地兴办学堂，一些地方书院、官学纷纷改为官立或私立小学，三年后全省官私小学共有38所。府、厅、直隶州设中学堂，至宣统三年（1911）全省共有中学堂27所。这些中小学新式学堂的创办和发展，冲击了中国的传统教育，倡导了自由民主，宣传和普及了科学文化知识。②

清末安徽近代高等教育起步较早。光绪二十四年（1898），安庆的敬敷书院改名为求是学堂，这是安徽第一所高等学堂。求是学堂后改名为安徽大学堂和安徽高等学堂。在此之后，安徽省公立法政学堂、安徽优级师范学堂、安徽省立存古学堂、安徽省官立政法学堂、安徽高等农业学堂等高等学堂相继创办。③

为振兴安徽教育，加强安徽的教师队伍建设，清末安徽的师范学堂如雨后春笋般涌现，各地建立的师范学堂有：徽州紫阳书院师范学堂，官立，光绪三十二年（1906）由绅士许承尧开办；凤阳师范学院，官立，光绪三十四年（1908）由知府恩镇开办；泗州师范传习所，官立，光绪三十二年（1906）由知州余适中开办；婺源师范传习所，公立，光绪三十二年（1906）由绅士江蘩青开办；绩溪师范传习所，官立，光绪三十四年（1908）知县文化舒开办；旌德师范传习所，官立，光绪三十四年（1908）由知县张赞巽开办；南陵师范传习所，公立，光绪三十四年（1908）由知县俞开办；当涂师范传习所，官立，光绪三十三年（1907）由绅士李梁生开办；芜湖师范学堂，公立，光绪三十四年（1908）由绅士吴云开办；寿州师范传习所，官立，光绪三十四年（1908）由知州赵镜源开办；宿州志成师范学堂，私立，光绪三十二年

---

① 冯煦主修，陈师礼纂：《皖政辑要》，黄山书社，2005年版，第482~484页。
② 安徽省地方志编委会编：《安徽省志·总述》，方志出版社，1999年版，第274页。
③ 安徽省地方志编委会编：《安徽省志·总述》，方志出版社，1999年版，第274页。

（1906）由州生周召棠开办；阜阳师范传习所，官立，光绪三十三年
（1907）由知县魏业簬开办；颍上师范学院，官立，光绪三十三年
（1907）由知县宋毓衡同绅士许秉彝开办；建平师范传习所，公立，光
绪三十四年（1908）由绅士王佑贤等开办。①

　　清末，安徽各地纷纷建立新式中学、小学。舒城县率先创办新式学
校，比安徽其他县早五六年。光绪二十七年（1901），舒城县知县万祖
恕在城中考棚（今舒城县政府招待所）创办斌农学堂。斌农学堂有讲
堂、斋舍数十间，有藏书楼，藏书甚多。学堂设管书、会计各一人，聘
请中、西教习各一人，监院一人，以龙山书院学租为经费。光绪三十一
年（1905），斌农学堂改为舒城中学堂，招收学员120人（中学、小学、
师范各40人），聘请教习17人，陶熔任堂长。光绪三十三年（1907），
舒城县设劝学所。②

　　寿县在废科举前已创办了一所私立小学（包括高小和初小），并在
废科举的当年（1905）在南乡崇福寺设立了一所公立两等小学（包括初
小、高小），在下塘集设立了一所公立初级小学。经过不断发展，到民
国十九年（1930），全县各类小学总数达108所。

　　霍山也是开办小学较早的县，科举制度废除不久，便改奎文书院为
高等小学堂（1906年又更名为两等小学）。到民国十八年（1929），共
有女小1所，高小5所，完小17所，初小70所。

　　六安、霍邱开办小学都是在正式废除科举的第二年即1906年。六
安城在这年先以赓飏书院为堂址，创办了六安州中央高等小学堂。不久
又在城北增办一所公立高等小学堂，在金家寨徽西会馆开办一所公立两
等小学堂。至民国十八年（1929），全县小学达29所，其中还包含女子
小学。霍邱在1906年办的小学，是县知事劳文琦就丰备仓旧址改建设
立的高等小学堂和在南大街由翠峰书院改办的一所初小。据民国十八年
（1929）统计，当时该县计有完小1所，初小84所，还有女子小学

---

　　① 冯煦主修，陈师礼纂：《皖政辑要》，黄山书社，2005年版，第500~501页。
　　② 宋象乾、魏祥慎：《清代、民国时期的舒城教育》，政协舒城县委员会文史资料研究委员会：
《舒城文史资料》第1辑，安徽省出版局非出字登记证（86）2004号，1986年版，第158页。

1所。①

就全国范围来看，清末安徽新式教育的发展并不算落后。据1909年对全国各省专门学堂学生的统计，该年安徽专门学堂学生有1144人，仅次于直隶、河南、江苏、四川、广东，在全国23个省中排第6位。然而，清末安徽经济的落后制约了当时教育的发展，很多学校经费困难，招生不足，教学器具缺乏，有的新式学堂开办不久就停办了。②

三、清末新式教育对安徽城市社会的影响

学堂是培养"文明种子"的摇篮，"立教育之基本，作立国之原素"③。清末安徽城市各种新式学堂的建立，培养了一大批具有新知识、新思想的青年人才。青年学生的崛起，形成了一个传播、实践新思想的群体，对社会产生了广泛影响，促进了民族文化心理的转变和调适，道德标准、伦理规范、价值取向、思维方式、行为方式都在加速更新重建。④ 清末安徽城市的情况也是如此，随着新式学堂如雨后春笋般建立，新式教育对清末安徽城市社会产生了较大的影响。

（一）开设体育类课程，增强民众的身体素质

清末安徽城市学堂一改旧式教育培养迂腐书生之风，大多开设了专门的体育课程，积极开展体育活动，增强了学员的身体素质，推动了清末安徽城市民众体育活动的开展。

自光绪二十九年（1903）起，依照"癸卯学制"的规定，中学课程应有十二门，其中就包含"体操"。当时安徽的中学一般设有十门课程：经学、史学、文学、政学、译学、算学、地理、格物、图画、体操。光绪三十年（1904），庐州府中学设课程十一门：温经、算学、词章、历史、舆地、英文、博物、物理、化学、理财、体操。⑤ 除中学课程外，清末安徽城市创办的高等学堂也纷纷开设体操课，强健学员的体魄。光

---

① 鲍传鲁：《从清末到民国时期的六安教育事业》，政协六安市委员会：《六安文史》第2辑，中国文史出版社，2006年版，第275~280页。
② 王鹤鸣：《安徽近代教育发展概述》，载于《安徽史学》，1986年第3期。
③ 吕美苏：《人间最乐之生涯》，载于《大公报》，1907年6月17日。
④ 桑兵：《晚清学堂学生与社会变迁》，学林出版社，1995年版，第420页。
⑤ 赵郭：《清末安徽之中等教育》，载于《学风》，1935年第5卷第6期。

绪三十四年（1908）创办的省立理化专修科课程以物理、化学、算学为主，也开设了体操课。① 安徽法政学堂开设了"兵士体操"课程。②

由此可见，清末安徽城市各级新式教育都较为重视学生身体素质的提高，普遍开设了体育课程。这些学生又将在学校学习的体育知识带回家庭，带进城市社会，促进了市民体育运动的开展，增强了民众的体质。

（二）大力发展女子教育，提高女性地位

清末，随着男女平权和国民思想的兴起，人们对女子的教育日益重视，认为女子是国民之母，只有普及女学，才能为国民教育奠定良好的基础。青年们对此尤为积极，女性踊跃入学，男性则热情支持，鼓励姊妹妻女亲友走出闺阁，跨入校门。到 1909 年，随着女子教育的发展，全国在校女生已达 78376 人。③ 1906 年年底，北京女学界集会，各校师生到会者 800 余人。④

安徽城市女子教育在清末也开始兴起。当时建立在安庆的女子各级学堂有：

官立省女子师范学堂：1907 年由绅士刘廷凤等人创办，始有学生 137 人。

女子师范学堂：1909 年，绅士吴季白创办，初设风节井，时设本科一个班和附属小学。1910 年增设预科 1 个班。

桐城化俗女学堂：1908 年 3 月，绅士童焯创办，校址在桐城，女生 29 人。

初等女子学堂：1903 年中华圣公会创办，与崇实英文男子学堂同设于私立同仁医院内。⑤

清末安徽城市各级女子学堂的创办改变了封建社会女子在家相夫教

---

① 冯煦主修，陈师礼纂：《皖政辑要》，黄山书社，2005 年版，第 489 页。

② 冯煦主修，陈师礼纂：《皖政辑要》，黄山书社，2005 年版，第 491 页。

③ 桑兵：《晚清学堂学生与社会变迁》，学林出版社，1995 年版，第 425 页。

④ 《京师女学界第一次盛会》，载于《大公报》，1906 年 11 月 30 日。

⑤ 檀赵金：《清末安庆学堂辑要》，安庆市政协文史资料委员会：《安庆文史资料》第 28 辑，编非正式出版字（2000）第 022 号，第 4 页。

子的状况，一大批女性走进新式学堂，接受科学文化知识教育。这些女子学堂为清末安徽城市培养了许多有知识、有思想的新时代女性，提高了女性的社会地位，进一步推动了清末安徽城市社会风气的转变。

（三）开设自然科学课程，培养新式人才

清代科举考试以四书五经为主要内容，轻视自然科学，导致近代中国科学技术落后。清末安徽城市各级新式学堂普遍开设自然科学课程，中学多设算学、地理、格物等课程。光绪三十年（1904），庐州府中学设课程十一门，其中就有博物、物理、化学等自然科学课程。[①] 清末安徽城市的高等学堂更是重视自然科学的教育，甚至专门开设了省立理化专修科，课程以物理、化学、算学为主。[②] 省立法政学堂也开设了物理、算学等课程。[③]

清末安徽城市各级学堂为近代安徽培养了一批科学人才。这些学子将科学思想带回家庭和社会，推动了科学文化的普及。

第二节　清末安徽城市报刊的兴起及影响

在近代以前，信息的传播工具和传播技术较为落后。清末，西方势力的入侵给中国带来了殖民灾难，但也带来了报纸杂志、声像等新式媒体形式。[④] 新式报刊在清末安徽市民中产生了较大的影响，在市民中普及了科学文化知识，抨击了封建愚昧思想，也宣传了革命思想，为后来安徽地区的革命运动做了社会动员。

一、新式报刊的出现

清末安徽城市文化的变迁中，一个鲜明的亮点就是近代报刊的出

---

① 赵郭：《清末安徽之中等教育》，载于《学风》，1935 年第 5 卷第 6 期。
② 冯煦主修，陈师礼纂：《皖政辑要》，黄山书社，2005 年版，第 489 页。
③ 冯煦主修，陈师礼纂：《皖政辑要》，黄山书社，2005 年版，第 491 页。
④ 何一民：《现代化视野下的社会动员与辛亥革命——以四川保路运动为例》，载于《社会科学》，2011 年第 10 期。

现。近代报刊的出现满足了人们对信息的需求，扩大了市民的眼界，也传播了新文化、新思想。

表 5－1　清末安徽城市新式报刊一览①

报刊名称	创办人	创办时间	创办地点
《白话报》	汪熔	光绪二十五年	芜湖
《芜湖新报》	王活天等	光绪三十年	芜湖
《安徽俗话报》	陈独秀等	光绪三十年	安庆
《安徽通俗公报》	韩衍	光绪三十四年	安庆
《安徽白话报》	李燮枢	光绪三十四年	不详
《安徽学务杂志》	不详	光绪三十四年	不详
《安徽实业报》	不详	宣统元年	安庆
《皖江日报》	谭明卿等	宣统二年	芜湖
《六安白话报》	张青士等	1911 年	六安

从表 5－1 可以看出，清末安徽城市新式报刊多创办于安庆、芜湖等城市，创办人多为进步人士，如陈独秀、汪熔等。安徽近代报刊中，最有名的当数陈独秀、房秩五等于光绪三十年（1904）创办的《安徽俗话报》。由陈独秀等人在安庆筹组稿件，邮寄给芜湖长街科学图书社汪孟邹，由汪孟邹转交上海东大路图书局印刷，再运回芜湖发售。《安徽俗话报》白报纸铅字印刷，文字竖排，18 开书本式装订，每期一册，每册 40 页左右，售价大钱 50 文。总销售点为芜湖科学图书社，另在安徽各府、州、县设代售点。《安徽俗话报》不仅在安徽省内销售，而且在上海、保定、北京、南京、长沙、南昌等地都有代售点。该报采用白话语言，通俗易懂，信息量大，多刊载呼吁爱国救亡、收回国家利权、发展近代工农业、提倡练兵习武、开办学堂普及教育、揭露批判包办婚姻和迷信恶习等内容的文章，如《亡国篇》《恶俗篇》《中国历代的大事》《西洋各国小学生的情形》，以及漫画《国耻图》、地图，等等。因为报纸内容新鲜活泼，言论切中时弊，加之图文并茂，通俗易懂，所以

---

①　安徽省地方志编纂委员会：《安徽省志·出版志》，方志出版社，1998 年版，第 57~58 页。

"发行以来,仅及半载,每期由一千份增刊至三千份"①。

除了《安徽俗话报》,清末安徽还有一些近代新式报刊。如桐城人汪熔于光绪二十五年(1899)在芜湖创办《白话报》,鼓吹资产阶级革命思想,后汪熔被捕,报纸停办;《安徽通俗公报》,光绪三十四年(1908)同盟会会员韩衍在安庆创办,用通俗的语体文抨击时弊,鼓吹革命,揭露清政府勾结英国出卖安徽铜官山矿权;《安徽白话报》于光绪三十四年(1908)创刊,李燮枢主办,为民族民主主义激进报刊。

除了上述思想较为激进的报刊,还有清政府创办的官方报刊。如光绪三十一年(1905)在安庆创办的《安徽官报》,为清末安徽官方报纸;《阁钞汇编》,光绪二十八年(1902)创办于安庆,光绪三十年(1904)改为月刊,内容分宫门抄、上谕、奏折三部分,均采自北京的《京报》;《安徽学务杂志》为月刊,光绪三十四年(1908)创刊,由安徽学务公所主编,主要传递政府命令及消息;《安徽实业报》,宣统元年(1909)创刊于安庆,旬刊,有论说、谕旨、宫门抄、实业新闻、实业专论等栏目,为安徽省最早的专业性报刊之一。②

清末,随着芜湖的开埠通商,芜湖经济加快发展,成为安徽的经济中心,而芜湖的近代新式报业也发展较快,除了上文提到的《安徽俗话报》外,还有《芜湖新报》《皖江日报》等近代报刊。

由于芜湖地理位置优越,交通发达,往来人口、货物频繁。在京、沪各地报纸对芜湖社会的影响下,各界人士和一般市民迫切需要有一张能够及时报道当地的商业行情、社会趣闻及文化教育诸方面消息的报纸,以及时了解本市的政治、经济、文化情况。于是,一些外流于芜湖及本地的文人墨客即挽袖一试。光绪三十年(1904),芜湖的第一张报纸《芜湖新报》正式出版,从此揭开了芜湖报业历史的序幕。③《芜湖新报》的创办人是无为人王活天、合肥的焦二凤及毕仙俦等,报社设在国货公司。第一号报纸系用木字排版印刷,此后改用铅字印刷。该报在清末曾引起部分市民的兴趣。光绪三十一年(1905),《芜湖新报》改名

---

① 安徽省地方志编纂委员会:《安徽省志·出版志》,方志出版社,1998年版,第57页。
② 安徽省地方志编纂委员会:《安徽省志·出版志》,方志出版社,1998年版,第57～58页。
③ 张孝康:《芜湖报业简史》,政协安徽省委员会文史资料研究委员会:《安徽文史资料》第15辑,安徽人民出版社,1983年版,第162页。

为《鸠江日报》。①

《风月谭》是芜湖第一张专谈风流韵事的报纸，由合肥的焦二风、芜湖贡生齐月溪和维新人士、前上海《申报》驻芜访员、太平人谭明卿三人集资合办，各取三人姓名之一字为该报名称。该报设在大马路的清和坊，由齐月溪主编，阅读的对象是迎春坊、锦绣坊、美仁里、集益里、德仁里的妓院、烟馆、茶馆和戏馆中人，低级趣味颇浓，迎合了一些小市民的需要。②

芜湖的《皖江日报》由谭明卿与江苏江宁人张九皋合作创办于宣统二年（1910），报纸为对面开版，每日一份。为提高印刷质量和速度，报社特地从上海购买印刷机和铅字等材料，又聘请南京两江师范国文教授、桐城人潘恕庵来芜湖任主笔，张九皋任总编。《皖江日报》创办后，芜湖的一些知名人士纷纷投稿，刊登了很多论文和副刊小品，均含有革命性和讽刺性，颇受读者欢迎。③

六安的《六安白话报》创刊于1911年，社长为六安人张仲舒，助理编辑为张青士、史普年等人。该报系木刻活字印刷，内容主要报道武昌起义后，皖西各地光复的消息和施行新政的概况，是六安最早的一家报纸。④

二、新式报刊的影响

就全国而言，清末最后十余年间，相继创办和发行的报刊达六七百种之多，发行量据1913年邮政系统运送的报纸印刷品数，就有51524800份。图书出版的种类和数量也大为增加。这改变和扩大了人们的时空观念与认知空间，使先驱人物的精辟思想很快传导给一般民众，引起广泛的社会反响。⑤清末安徽城市新式报刊的出现和发展，宣传了进步思想和

---

① 张孝康：《芜湖报业简史》，政协安徽省委员会文史资料研究委员会：《安徽文史资料》第15辑，安徽人民出版社，1983年版，第162～163页。

② 张孝康：《芜湖报业简史》，政协安徽省委员会文史资料研究委员会：《安徽文史资料》第15辑，安徽人民出版社，1983年版，第163页。

③ 张孝康：《芜湖报业简史》，政协安徽省委员会文史资料研究委员会：《安徽文史资料》第15辑，安徽人民出版社，1983年版，第164页。

④ 吴江、白莲：《解放前六安报刊小考》，政协安徽省六安市文史资料研究委员会：《六安市文史资料》第1辑，安徽出版局登记证（86）2110号，1986年版，第204页。

⑤ 桑兵：《晚清学堂学生与社会变迁》，学林出版社，1995年版，第398～399页。

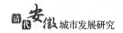

文化，推动了清末安徽城市新的生活方式的出现。这些新式报刊大部分内容充实，大力宣传爱国救亡、发展新式工农业、新式教育等进步思想，丰富了清末安徽城市市民的文化生活，启迪了民智，在后来还为辛亥革命做了社会动员。

（一）普及科学知识，抨击封建愚昧思想

清末安徽城市报刊深受当时民众欢迎的一个主要原因是这些报刊宣传科学，反对封建思想。以《安徽俗话报》为例。《安徽俗话报》经常刊载一些普及科学知识的内容，如历史、教育、地理、军事、生理卫生等，第十五、十六期就有这些方面的内容（见表5－2、5－3）。

表5－2　《安徽俗话报》第十五期科普内容①

专栏	文章名称
历史	朱元璋传
教育	家庭教育
军事	枪法问答
生理卫生	保养身体的法子
博物	通俗博物学讲话

表5－3　《安徽俗话报》第十六期科普内容②

专栏	文章名称
历史	中国史略
教育	王阳明训蒙大意的解释
地理	安徽地理
军事	枪法问答

---

① 《安徽俗话报》第十五期，1904年10月1日。
② 《安徽俗话报》第十六期，1904年10月15日。

图 5-1　《安徽俗话报》第一期封面

　　《安徽俗话报》第十五期的《教育》专栏刊载了《家庭教育》一文。文中首先列举了儿童的坏习惯，如依赖性、破坏性、执傲性、忿怒性、嫉妒性，又说明了儿童的可好可坏的习惯，如模仿性、轻信性等。通过对儿童这些特性的分析，进一步探讨了教育儿童的方法。第十三、十五期都刊载了健康方面的常识，如第十五期《生理卫生》一栏刊载了《保养身体的法子》，讲述了房屋的朝向、门窗的开设、房屋周围的绿化、房屋内部的清洁等对人体健康的影响。第十六期在《地理》一栏中介绍了安徽省的地理概况，如天文地理、山脉等。《安徽俗话报》一直秉承宣传科学、反对愚昧的思想，大力普及科学文化知识。在封建科举考试时期，人们一心只读圣贤书，轻视自然科学，导致清末国力落后。清末安徽城市以《安徽俗话报》为代表的一批新式报刊普及了自然科学知识，开阔了市民的眼界，启迪了民智。

　　（二）宣传爱国思想，为革命运动做了社会动员

　　社会动员也称社会发动，即社会某一群体的组织者有目的地引导社会成员积极参与重大社会活动的过程。社会动员在中国历史上的社会革命中起到了重要的作用。到了清末，新式大众传媒如报刊等成为社会动

员的重要形式。① 清末安徽新式报刊在后来的发展中为辛亥革命做了社会动员。

清末芜湖商业发达，受国内外新事物的影响最大。光绪三十年（1904）《芜湖新报》创办，及时宣传芜湖当地的商业行情、社会趣闻和文化教育等方面的信息，使得芜湖市民能及时了解本市的政治、经济、文化情况。《安徽俗话报》在宣传国内外新变化和新思想方面更是不遗余力，该报每期都有新闻专栏，介绍国内外发生的大小事，该专栏还详细地分成《要紧的新闻》与《本省的新闻》两栏。光绪三十年（1904）七月十日发行的《安徽俗话报》第一期中要紧的新闻有"日俄战争""日本国民的爱国""搭救本国人""北京新设练兵处"等版块。在"日俄战争"这则新闻中，首先点明了日俄战争是为争夺中国东三省而爆发的一场战争，然后报道了战况，并预言："现在两国陆路的兵丁，都聚集在鸭绿江两岸，不久那里必有一场血战。"文章最后一句为点睛之笔："日本因为俄国占了我们中国的东三省要和它拼命，我们中国的官民还是袖手旁观，你看可耻不可耻呢？"② 这则新闻向芜湖及《安徽俗话报》其他地区的受众详细介绍了日俄战争的背景、战争进程，启迪了民众的爱国思想。新闻"北京新设练兵处"则宣传了清末当时最新的军事改革思想。新闻"血书感动湖南人"里，一位在日本读书的湖南留学生，在得知俄国占领东北奉天后，咬破手指写下血书，寄回湖南。湖南巡抚得知后，令各级官员、绅士、学堂学子都来看血书，湖南全省民众因此热血沸腾，青年学堂学生纷纷组织成军队，准备随时抵抗来犯之敌。在新闻的最后，将安徽和湖南相比较，作者认为在国家危难意识方面，安徽比湖南要落后很多。在本省新闻里，首先提到的是"全省矿山被卖的细情"，揭露了英国侵略者掠夺安徽矿产资源的事实和安徽地方官员的维权不力。③

创办于 1910 年的芜湖《皖江日报》，得到当地知名人士的投稿，刊

---

① 何一民：《现代化视野下的社会动员与辛亥革命——以四川保路运动为例》，载于《社会科学》，2011 年第 10 期。

② 《安徽俗话报》，光绪三十年（1904）七月十日，第一期。

③ 《安徽俗话报》，光绪三十年（1904）七月十日，第一期。

载的论文和副刊小品富于讽刺性，传播了革命思想。①

从以上《安徽俗话报》与《皖江日报》的内容可以看出，清末安徽城市新式报刊的许多内容都揭露了政府的无能、外国侵略者的野蛮侵略以及国人的麻木，极大地宣传了爱国思想，这样的宣传持续开展，为后来的资产阶级革命做了社会动员。

---

① 张孝康：《芜湖报业简史》，政协安徽省委员会文史资料研究委员会：《安徽文史资料》第15辑，安徽人民出版社，1983年版，第164页。

第六章　清代安徽城市的社会生活

　　城市社会生活内容广泛，既包括市民日常的物质生产、生活方式，又包括城市民众的精神娱乐方式。本章所使用的材料多为清代安徽各地方志、现代安徽各地方志（包括部分省志）、文史资料以及与城市社会生活有关的各类专著等，力图在此基础上对清代安徽城市的社会生活进行梳理。

第一节　清代安徽城市的社会风俗

　　"上之所化为风，下之所成为俗。"① "上之所化"是指由上而下的教化，即统治者的教化，说明"风"属于上层社会；"下之所成"指下层人民所用的自我教化的方式，人人习之，故曰"俗"。风俗即一时一地的社会生活状况，是在社会生活中处于相同环境和共同心理的人们在长期过程中共同形成的具有一定模式的生活习惯。②

一、清代安徽城市社会风俗的特点

（一）总体上民风淳厚，崇尚节俭，好习诗书，文采风流

1. 民风淳厚，崇尚节俭

节俭是中华民族的传统美德。在农业社会，城市市民与外界交往不

---

　　① 《（乾隆）砀山县志》卷一《舆地志·风俗》，江苏古籍出版社，1998年版。
　　② 宋兆麟：《中国风俗通史·原始社会卷》，上海文艺出版社，2001年版，第2页。

多，往往会保留淳朴的民风。清代安徽城市市民大多民风淳厚，崇尚节俭。如霍邱"城乡均尚简朴，不事浮华"①；全椒"椒邑僻处江淮，俗尚淳厚"，"民俗淳俭，贵礼让，贱巧黠"②；凤阳市民"饮食、衣服、庐舍，事事俭啬，虽千金之家，所居皆茅屋。……宾朋宴会，鸡豚而外，绝少珍馐"③；南陵"东北地逶迤乎远，民重去其乡，鲜商贾；西南崇岗绝岭，居人栉比，至有不识城市者"④，"农则尚气安愚，重稼穑，女亦勤织"⑤。

2. 好习诗书，文采风流

清代前中期依旧实行科举考试。科举虽弊端重重，但也算是平民子弟进入社会上层的一条较为公正的途径。清代安徽城市市民好习诗书，这显然和科举制度的影响有关。如全椒"承平日久，民安耕读，不习外事"⑥；霍邱"士子好学"⑦；池州"士颇尚学"，"士多敦气节工词章，文采风流"⑧；休宁"比屋诗书衣冠鼎盛，士之务学，致身踵武"⑨；定远"士皆慕礼仪，知学问，为文力追先进。近日人愈奋发，虽寒俭之家无不延师课读，文运蒸蒸日上"⑩；萧县"风气顿开，人知通经博古，往往游学三吴，结交知名士，诗古文词之属，互相磨砺，可以执金鼓而登坛□矣"⑪。

（二）区域差异大

清代安徽不同区域城市的风俗差异较大，主要原因是安徽地形复杂，山脉河流纵横，平原丘陵相间。不同的地理条件会形成不同的物质生产、生活方式，而清代安徽省边境地区的城市又易受邻省影响，经常

---

①　《（同治）霍邱县志》卷一《舆地志六·风俗》，江苏古籍出版社，1998年版。
②　《（民国）全椒县志》卷四《风土志·风俗》，江苏古籍出版社，1998年版。
③　《（光绪）凤阳县志》卷四《舆地·风俗》，江苏古籍出版社，1998年版。
④　《（嘉庆）宁国府志》卷九《舆地·风俗》，江苏古籍出版社，1998年版。
⑤　《（道光）阜阳县志》卷五《风俗志》，江苏古籍出版社，1998年版。
⑥　《（民国）全椒县志》卷四《风土志·风俗》，江苏古籍出版社，1998年版。
⑦　《（同治）霍邱县志》卷一《舆地志六·风俗》，江苏古籍出版社，1998年版。
⑧　《（乾隆）池州府志》卷五《风土》，江苏古籍出版社，1998年版。
⑨　《（道光）休宁县志》卷一《疆域·风俗》，江苏古籍出版社，1998年版。
⑩　《（道光）定远县志》卷二《舆地·风俗》，江苏古籍出版社，1998年版。
⑪　《（乾隆）萧县志》卷二《风俗》，江苏古籍出版社，1998年版。

具有邻省的风俗特征。

1. 不同的自然地理条件形成了风俗的区域性差异

自然地理条件是形成一地风俗的关键因素，正如嘉庆《宁国府志》所载："大率瘠土之民，刚而尚质；沃土之民，柔而好夸；市廛之民，佻而善诳。"①

首先，一地的自然地理条件基本决定了一地的物质生产、生活方式。如安徽境内长江沿岸地区地势平坦，水源丰富，夏季气候炎热，适宜种植水稻，皖北平原由于气温及土壤等原因，适宜种植小麦。这也导致皖北城市人民以面食为主，而皖中、皖南城市市民以稻米为主。清代徽州"介万山之中，地狭人稠，耕获三不瞻一，即丰年亦仰食江楚十居六七，勿论岁饥也。天下之民寄命于农，徽民寄命于商"②，"山居十之五，民鲜田畴，以货殖为恒产"③。皖南徽州的这种田少民稠的自然地理状况，迫使很多徽州人一改祖先"安土重迁"的传统，外出经商，甚至多年不归，也造就了明清时期徽商的繁荣。

其次，一地的自然地理条件对当地民风有着较大的影响。以山区为例。一般来说，山区居民交通不便，信息闭塞，民风较为淳朴。清代旌德在"深山穷谷之间，风声气习争尚简朴"，"旌德地狭闪躲，县庭简讼"，"人心甚古，乡里之老有垂白不识县官者"④。"宁国崇山叠嶂，风气淳厚，其民力食乐生，故称怵法畏吏"⑤。但是，作为交通孔道的山区，往往易于藏匿盗贼。清代南陵"水十之六，山得十四，北通大江，西阻崇阜，奸宄孽□其间，时时窃发，颇为化梗"⑥。不是所有的山区民风都淳朴，清代的泾县就是个例外。"山民强劲，动辄拳梃相加，及就质长吏，垂首破产不为悔。泾民俭啬，独涉讼则百计谋胜，不惜倾家……"⑦

---

① 《(嘉庆) 宁国府志》卷九《舆地志·风俗》，江苏古籍出版社，1998年版。
② 《(道光) 休宁县志》卷一《疆域·风俗》，江苏古籍出版社，1998年版。
③ 《(民国) 歙县志》卷一《舆地志·风土》，江苏古籍出版社，1998年版。
④ 《(嘉庆) 宁国府志》卷九《舆地志·风俗》，江苏古籍出版社，1998年版。
⑤ 《(嘉庆) 宁国府志》卷九《舆地志·风俗》，江苏古籍出版社，1998年版。
⑥ 《(嘉庆) 宁国府志》卷九《舆地志·风俗》，江苏古籍出版社，1998年版。
⑦ 《(嘉庆) 宁国府志》卷九《舆地志·风俗》，江苏古籍出版社，1998年版。

2．一府或一县之内风俗往往也有很大的差异

由于地形复杂多变，清代安徽一府或一县之内的风土人情也往往大相径庭。如宣城"三面皆山，惟北为水乡，民生其间，质性不齐，大率瘠土之民，刚而尚质；沃土之民，柔而好夸；市廛之民，佻而善诳"[①]。民国《歙县志》中的一段记载更有说服力：

> 邑（歙县）俗四乡不同。东接绩溪，习尚俭朴类，能力田服贾，以裕其生。南分水陆二路。陆南即古邑东，民质重厚，耐劳苦，善积聚，妇女尤勤勉节啬，不事修饰。往往夫商于外所入甚微，数口之家，端资内助，无冻馁之虞。水南村落齐布，新安江上游左右地少人多，山农辄梯山筑舍，号曰山棚。……刻苦过于陆南，以山多之故均矜慓任气，集众门讼间不能免，而嗜赌亦其一疵，潜移默化，犹赖教育。北有黄山之富，安居乐业，平实绝似东乡。西接休东，占全徽大平原之一部，土壤腴沃，山水幽秀，多明敏俶傥之士。习俗亦视诸乡为较侈，而尚气节、羞不义则四境维均也。[②]

从以上引文可知，清代歙县四乡风俗有较大的差异，东边"习尚俭朴类，能力田服贾"；陆南"民质重厚，耐劳苦，善积聚，妇女尤勤勉节啬，不事修饰"；水南"以山多之故均矜慓任气，集众门讼间不能免，而嗜赌亦其一疵，潜移默化，犹赖教育"；北边"有黄山之富，安居乐业，平实绝似东乡"；西边"多明敏俶傥之士。习俗亦视诸乡为较侈"。这种差异和各地的地理环境有很大的关系。歙县"东接绩溪"，"北有黄山之富"，"西接休东，占全徽大平原之一部，土壤腴沃，山水幽秀"，这些不同的地理环境造成了清代歙县境内风俗的差异。

3．近省界区域的城市社会风俗具有明显的邻省特征

自元代建立行省制度以来，随着历史的变迁，建立时间较长的省份会形成自己独特的经济、文化特色。而一省与外省交界区域受到邻省影响较大，甚至会形成一省边界区域的邻省特征。

---

① 《（嘉庆）宁国府志》卷九《舆地志·风俗》，江苏古籍出版社，1998年版。
② 《（民国）歙县志》卷一《舆地志·风土》，江苏古籍出版社，1998年版。

· 287 ·

清代安徽东临江浙，西邻湖北，北接河南，这些边界区域的安徽城市在清代不同程度上都具有相邻省份的特色。宁国府与浙江相邻，《汉书》云："丹阳郡（含清代宁国府）本属扬州吴地斗分野也，人巧而少信，多女而少男，江南卑湿，丈夫多夭，大抵人性风俗与两浙①相类。"② 皖西的六安与湖北交界，六安风俗受湖北影响较大，"其俗大类西楚"③。清代阜阳北接河南，其风俗"同于豫土"④。徽州与浙江接壤，明清时期浙江发达的商品经济是徽商崛起的一个重要的邻省原因。

（三）有较大的变异性

虽然一地风俗受地理条件影响巨大，但随着时间的推移和社会政治、经济的发展变化，其风俗也会发生相应的变化。清代安徽城市社会风俗发生了很大的变化，这些变化主要是由安徽城市社会政治、经济发展变化带来的。

以清代繁昌为例。清初"繁嵌万山，僻处重去，其乡耳目未渐与华□，习颇远于浮靡"，"民风俭朴，士皆瓷缶、布袍、芒履，粗存古风"。但是到了道光年间，"俗渐嚣奢，编户华居"，"宴会交际争为华美。由俭入奢，江河之势不可返也。以致豪滑之民武断成风"，"恶少三五成群，或为讼徒羽翼，或为豪棍鹰犬，甚且勾引良家子弟，或嫖或赌，荡费不羁"。⑤

就节令习俗而言，社会文化环境及人们生活方式的变化不可避免地影响到岁时节日的活动内容。在安徽地区这种变化同样存在。唐宋时期的岁时节令中，安徽城市多重视以朝廷活动为主导的节令，节令习俗的社会意义突出。如宋代安徽地区的主要节日是元日、寒食、冬至，各放假七日；其次是上元、夏至、中元、下元、腊日，各放假三日；再次是立春、人日、中和节、春分、社日、清明、上巳、立夏、端午、初伏、中伏、立秋、七夕、末伏、秋分、授衣、重阳、立冬，各放假一日。从

---

① 今浙江省在古代以新安江—富春江—钱塘江为界，分为浙东、浙西。两浙指今浙江省。
② 《（嘉庆）宁国府志》卷九《舆地志·风俗》，江苏古籍出版社，1998年版。
③ 《（同治）六安州志》卷四《风俗》，江苏古籍出版社，1998年版。
④ 《（道光）阜阳县志》卷五《风俗志》，江苏古籍出版社，1998年版。
⑤ 《（道光）繁昌县志》卷二《舆地志·风俗》，江苏古籍出版社，1998年版。

假期的多少可以看出宋代岁时节令习俗分为三个层次，最重要的是元日、寒食、冬至，为岁时节令，春节、端午、中秋则是相对次要的节日。这种状况到清代发生了很大的变化，唐宋时期不受重视的端午与中秋上升为与年节并列的民俗大节。年节、端午、中秋在清代安徽城市岁时节令习俗中地位凸显，成为最重要的三大节。[①]

二、清代安徽城市居民物质生活的变迁

（一）衣着的变迁

服饰习俗是指一地居民日常的穿衣打扮习惯。人类社会的初始阶段生产力极为低下，男女老少皆赤身裸体。随着生产力的发展和人类文明的进步，人们开始用树叶、树皮及动物的皮毛等制作简单的衣物。夏商时期，人们开始用麻布、丝织品制作衣服。[②] 历代统治者对官民的服饰衣料及款式都有较为严格的规定，如秦汉时期男子服装以袍为贵，秦始皇时规定，三品以上的官员穿绿色的袍子，以绢制作，百姓穿白色的袍子。[③] 到了清代，服饰已经有了很大的进步，成衣布料有丝、麻、棉等，品种丰富，于各色人等的衣着亦有严格的规定。清初，统治者强迫民众遵从满人的衣着、发式、服饰。顺治九年（1562），朝廷饬令礼部制定《服色肩舆永例》，经顺治帝钦定后颁行天下。清代服饰无论形制还是条文规章均较前代复杂。《清稗类钞》中记载了清代从皇帝、皇太后到士庶、民爵夫人的服饰规定。[④] 从总体上看，清政府制定的官民服饰，既保留了汉族传统服饰中的某些特点，又吸收了满族的习俗礼仪。[⑤]

就清代全国范围来看，各地服饰习俗存在很大差异。江浙是清代经济发达地区，商品经济活跃，其服饰也走在全国的前列。明清时期，苏州是全国著名的工商业城市。康熙年间，苏州的服饰"奇邪已甚"，当

---

① 钟敬文主编：《中国民俗史（明清卷）》，人民出版社，2008年版，第280页。
② 宋镇豪：《夏商社会生活史》，中国社会科学出版社，1994年版，第229页。
③ 楼慧珍等：《中国传统服饰文化》，东华大学出版社，2003年版，第63页。
④ 徐珂编撰：《清稗类钞》（第13册），中华书局，1984年版，第6126~6143页。
⑤ 周耀明：《汉族风俗史》第四卷《明代·清代前期汉族风俗》，学林出版社，出版时间不详，第268页。

时有歌谣云："苏州三件好新闻，男儿着条红围领，女儿倒要包网巾，贫儿打扮富儿形。一只三镶袜，两只高底鞋，到要准两雪花银。参娘在家冻与饿，见之岂不寒心？谁个出来移风易俗，唤醒迷津？庶几可以辟邪归正，反朴还醇。"①"顺、康时，妇女装饰，以苏州为最时，犹欧洲各国之巴黎也。朱竹垞尝于席上为词，赠妓张伴月，有句云：'吴歌《白纻》，吴衫白纻，只爱吴中梳裹。'"②五口通商后，"上海繁华甲于全国，一衣一服，莫不矜奇斗巧，日出新裁。其间由朴素而趋于奢侈，固足证世风之日下，然亦有繁琐而趋于简便者，亦足见文化之日进也。衣由宽腰博带，变而为轻裾短袖，履由高底尖头，变而为薄底阔面，皆于作事行路，良多利益"③。

清代安徽各地的方志对服饰的记载很少，即使有，也就是在"风俗"里面一笔带过。如黟县"人俭而好礼，吝啬而负气，家资累万，垂老不衣绢帛"④，灵璧市民"衣皆疏布"⑤，五河市民"其衣绝布"⑥，建平"妇人居恒绝无绮翠之饰"⑦。从这些记载中我们只能看到清代安徽城市居民在衣着方面的朴素性。所以清代安徽城市居民的衣着风俗一方面只能通过清代全国性服饰的记载来大致推断，另一方面可以通过安徽方志主要是现代方志来梳理。

1. 男子服饰的变迁

清代安徽城市的男子衣着一方面沿袭、承继明代庶民服饰的传统，另一方面由于当权者的倡导、官服的示范和满族服饰的影响，又吸收了许多满族服饰的合理因素，从而形成了满汉交融的特色。

清代前中期，安徽城市的男子衣着有马褂、马甲、衫、袍、衬衫、短衫、袄、裤、套裤，以衫袍外加穿马褂或罩以及较短马甲最为流行。所戴小帽、风帽、皮帽，以小帽（俗称"西瓜皮帽"）最为流行。男子还在腰间束以湖色、白色或浅色的束带，其长结束后下垂与袍齐，讲究

① 徐珂：《清稗类钞》（第13册），中华书局，1984年版，第6148页。
② 徐珂：《清稗类钞》（第13册），中华书局，1984年版，第6149页。
③ 徐珂：《清稗类钞》（第13册），中华书局，1984年版，第6149页。
④ 《（同治）黟县三志》卷三《地理·风俗》，江苏古籍出版社，1998年版。
⑤ 《（乾隆）灵璧县志》之《风俗》，江苏古籍出版社，1998年版。
⑥ 《（光绪）五河县志》卷三《疆域·风俗》，江苏古籍出版社，1998年版。
⑦ 《（雍正）建平县志》卷六《风俗》，江苏古籍出版社，1998年版。

的人还要再戴绣花。① 马褂是清代服饰中独具特色的一种服饰。清代阜阳市民多穿长袍马褂，大脚裤，最高级的布料是阴丹士林斜纹布、府绸、纺绸、丝光兰等。②《清稗类钞·服饰》曰："马褂较外褂为短，仅及脐。国初，惟营兵衣之，至康熙末，富家子为此服者，众以为奇，甚有为俚句嘲之者。雍正时，服者渐众，后则无人不服。"③ 夏天着白色纺绸或漂白细麻纱长衫，内穿白短褂，褂袖稍长，可反扎袖口。春秋季加夹袄。皖南男青年一般都穿对襟短褂，一把掳白布腰长裤，以白布带或麻绳束腰。冬春季套穿对襟棉袄，并套深色罩衣；秋季套穿对襟夹袄；夏季穿白色对襟衫或汗褡。④

清末，安徽城市男子的服饰有大襟、对襟两种，大襟有长、短之别。对襟为短衫，随季节不同又有单、夹、棉之分。夏秋两季，男子多着大褂。民国《阜阳县志》记载，清代前中期阜阳县城居民多穿蓝衫，到清末"改为礼帽马褂矣"⑤。由于受西方列强入侵的影响，部分政教界男士偶有着西装领带者。冬春两季男子上装多为长袍，下着高口折迭棉裤。⑥

2. 女子服饰的变迁

清代女子的服饰普遍受时代风尚影响与统治者思想的制约颇深。清代安徽城市女性的服饰也是如此。随着历史的发展，清代安徽城市女子的服饰亦不断变化。

1) 女子旗袍的变迁

清初，汉族妇女多是沿用明代后期的服饰，如衫、袄、背心、裤和裙等。随着时间的推移，出现了满汉妇女服饰互有效仿、彼此借鉴的趋势，城市妇女更是以穿着旗袍为时尚。旗袍本来为满族旗人妇女所穿，

---

① 周耀明：《汉族风俗史》第四卷《明代·清代前期汉族风俗》，学林出版社，出版时间不详，第272~273页。

② 岳镇：《阜阳市服装业发展概述》，政协阜阳市委员会文史资料研究委员会：《阜阳史话》第7辑，皖非正式出版字（87），1987年版，第107页。

③ 周耀明：《汉族风俗史》第四卷《明代·清代前期汉族风俗》，学林出版社，出版时间不详，第273页。

④ 安徽省地方志编纂委员会：《安徽省志·民俗志》，方志出版社，1998年版，第35页。

⑤ 南岳峻、郭坚修：《（民国）阜阳县志》卷五《风俗》，江苏古籍出版社，1998年版。

⑥ 安徽省凤阳县地方志编纂委员会：《凤阳县志》，方志出版社，1999年版，第740页。

清初，旗袍领子较低，后逐渐加高，到清末时已高约二寸；清初，旗袍的袍身大多较宽松、肥大，后逐渐收小，最终出现了清末的紧身旗袍。[①] 旗袍有单、夹、棉、皮毛之分，料质有布、丝、绸、缎、毛料之别，衣袖或长至手背，或中至手肘，或短至肩胛部，以气候冷暖而定。做工细致精巧，运用滚、镶、嵌、盘等缝纫手工之技巧，式样不断翻新，以增添服装之美感。[②]

2）女子的其他服饰

除了旗袍，清代安徽城市妇女还穿右开襟纽扣褂和大腰裤，老年褂长至臀下，中青年穿短褂。夏季穿单褂，多为蓝、白、藕、褐色；出门做客的"礼服"往往买细布做的，式样肥大，一年四季都能穿，既可单穿，又能做罩衫使用。[③] 清代安徽城市未婚女子只能穿青蓝素色衣服，不系裙。出嫁前夕要换上一套新制的"离娘衣"，即使穷苦人家也必不可少。婚后系裙，有红色呢绒、绸缎多种，下面镶有阔边，后渐行百褶裙。[④]

3）女子衣着之变化

清末，安徽城市妇女夏秋两季多着短衫、罗裙等，冬春两季多着旗袍、紧身大襟褂、袄等，下着便裤裙。一般平民女子夏季着粗布对襟褂和肥腰裤，其他季节着棉、夹袄裤。[⑤] 清末安徽城市妇女在劳动时多系围裙，上有根链子或绳子套于颈后，腰系布带。这种围裙上至胸前，下及膝，有前无后，因为妇女终日与锅灶周旋，所以又叫锅裙。[⑥] 到了清末，随着"洋布"倾销到安徽城市，妇女的棉袄多用"洋布"做面料。[⑦]

---

① 周耀明：《汉族风俗史》第四卷《明代·清代前期汉族风俗》，学林出版社，出版时间不详，第 277 页。
② 安徽省地方志编纂委员会：《安徽省志·民俗志》，方志出版社，1998 年版，第 36 页。
③ 安徽省地方志编纂委员会：《安徽省志·民俗志》，方志出版社，1998 年版，第 36 页。
④ 黟县地方志编纂委员主编：《黟县志》，光明日报出版社，1989 年版，第 508 页。
⑤ 安徽省凤阳县地方志编纂委员会：《凤阳县志》，方志出版社，1999 年版，第 740 页。
⑥ 休宁县地方志编纂委员会：《休宁县志》，安徽教育出版社，1990 年版，第 579 页。
⑦ 安徽省地方志编纂委员会：《安徽省志·民俗志》，方志出版社，1998 年版，第 36 页。

（二）饮食习俗的变迁

饮食习俗是指一地居民的日常饮食习惯。粮食作物的种类和当地居民的口味决定了一地的饮食习俗。清代安徽境内不同区域城市的饮食习俗有很大的差别。

1. 皖北、皖中与皖南城市居民的不同饮食习俗

清代安徽城市居民的饮食习俗大致可分为皖北、皖中、皖南三大类。皖北地区的主粮为小麦，搭配山芋、玉米、高粱等杂粮，以面食为主；皖中、皖南以米饭为主粮。

皖北地区土壤肥沃，盛产小麦、山芋、玉米、高粱，清代皖北城市的居民日常以面食为主，一般口味较咸重，汤汁味重色浓，惯用大蒜、香菜佐味和配色，喜欢吃牛羊肉，有白牛肉、焦炸羊肉、苔干羊肉丝、羊肉汤等。

皖中即江淮丘陵和长江冲积扇平原地区，这里河网密布，水源充足，适宜种植水稻、棉花、茶叶、各种水果以及其他经济作物，还有丰富的水产品和家禽家畜等肉食品，是安徽的鱼米之乡。这个地区的市民主食为大米，对菜品极其讲究，多用鱼、肉、鸡、鸭等做菜肴，讲究刀工，注意形色。鸡蛋、鸭蛋等也会和其他菜品配在一起做成多种菜肴。相比于皖北地区，江南丘陵和长江冲积平原地区的城市居民口味较淡，但这个地区的居民喜好熏制腊肉，著名的菜食有清蒸鲫鱼、红烧长江鲫鱼、毛峰名茶熏制鲫鱼、无为板鸭、干渣肉、腐鱼爆肉、蜈蚣鱼、珍珠鸡、清炖甲鱼等。[①]

皖南多山，农产品种类丰富，居民多喜好取材当地的土特产烹制山珍野味，如徽菜传统风味中的火腿炖甲鱼和红烧果子狸，就是用皖南特产马蹄鳖和雪天牛尾狐做主料，另外还有黄山炖鸡、清蒸石鸡、问政山笋、清蒸花菇等名菜。当地山河相间，水产品丰富，味道鲜美，腌制鳜鱼、烧青鱼等都别有风味。口味特点是芡大油重。[②]清代祁门县城居民嗜好酸辣，辣椒酱、豆腐乳、臭豆干、黄渍菜为家常菜。"中和汤"是

---

① 安徽省地方志编纂委员会：《安徽省志·民俗志》，方志出版社，1998年版，第19页。
② 安徽省地方志编纂委员会：《安徽省志·民俗志》，方志出版社，1998年版，第19页。

清代祁门县城的传统名菜，臭鳜鱼也是当地的一道佳肴。冬季居民家家腌菜，腌肉，做豆腐乳，晒干菜，喜用风炉砂钵煮菜，俗称"吃滚锅"。①

清代安徽皖中、皖南城市市民饮食一般为一日三餐，早餐多为大米稀饭、早点。早点有馒头、油条、包子、糍糕、烧卖、烤山芋等。中午吃米饭，有各种菜肴，晚餐有干饭，也有稀饭，有时饭内拌山芋、萝卜菜等。②皖西太湖一带将米汤熬成锅巴，就成为"锅巴粥"，既节约又好吃。②清代祁门的主粮为大米，辅之以玉米、荞麦和山芋，饮食习惯为一日三餐，一稀两干。城市居民以中、晚餐为重，早餐多吃泡饭和茶点，其中灰汁早米馃为祁门县城居民的传统早点。③

皖北地区的市民也是一日三餐，由于主食是面食，花样较多，有水饺、馒头、煎饼、面条等。面条多以青菜、油盐调味，吃馒头、煎饼的，也都放入精盐、姜、蒜、五香粉、麻油等佐料。皖北市民吃面食时喜欢用汤料佐食。皖北的菜汤是几样菜蔬煮成一锅汤，往往渗芡粉拌调，舀到碗里。富裕家庭的汤比较讲究，要放鸡肉、木耳、金针菇、鸡蛋等。皖北城市居民也擅长根据时令来做菜，如清明前腌鸭蛋，立夏腌春腊，梅雨季节做豆腐，白露后做泡菜和麻辣酱，立冬腌冬腊菜，冬至腌制各种腊味。④

2. 风味小吃

除了日常饮食，清代安徽各地还有各自的风味小吃。

1）安庆的风味小吃

清代安庆风味小吃花样繁多，物美价廉，风味独特。比较出名的有：

（1）蒋大顺楂肉

蒋大顺楂肉是安庆著名风味小吃之一，由徽州小贩蒋学盈引入。蒋大顺出售的楂肉选料严格，制作考究，别具风味，竞争力强，以"酥烂香软，油而不腻"著称。

---

① 祁门县地方志编纂委员会办公室编：《祁门县志》，安徽人民出版社，1990年版，第747页。
② 安徽省地方志编纂委员会：《安徽省志·民俗志》，方志出版社，1998年版，第19～20页。
③ 祁门县地方志编纂委员会办公室编：《祁门县志》，安徽人民出版社，1990年版，第747页。
④ 安徽省地方志编纂委员会：《安徽省志·民俗志》，方志出版社，1998年版，第19～20页。

（2）肖家桥油酥饼

肖家桥油酥饼由饮食小贩李道隆创始，因其经营地点在肖家桥，故名"肖家桥油酥饼"。这种油酥饼分为甜、咸两种，香酥可口，颇有名气。

（3）韦家巷汤圆

韦家巷汤圆精工细作，色白如雪，皮质细腻，馅大卤多，鲜美可口。

（4）江万春水饺

江万春水饺又名"江毛水饺"，是安庆著名小吃之一。创始人江庆福，清代由桐城罗家岭移住安庆，挑担子卖水饺。由于他的水饺味美可口，久负盛名，又因其颈上长有一撮白毛，人们都习惯称其制作的水饺为"江毛水饺"。其特点是皮如薄纸，馅如珍珠，形似猫耳，肉嫩汤鲜。

（5）大胡子油饼和绿豆圆子

大胡子油饼表面金黄，略焦脆，内柔软，层次分明，口感香软，冷而不硬；绿豆圆子则色泽金黄，清香扑鼻，质地嫩软，味道多样可口，因店主嘴上胡子很多，当时的安庆市民称其油饼和圆子为"大胡子油饼"和"大胡子绿豆圆子"。

除上述风味小吃之外，安庆还有致美楼锅贴，馅内加入白菜，味香嫩，壳香脆；大南门熟蚕豆泥，豆质软烂，味道香甜，营养丰富，制作简便；李香池银须面，柔嫩可口。[①]

2）蒙城的风味小吃

就蒙城而言，清代的著名小吃有油酥烧饼和斜汤。光绪年间，有一位姓宋的老人经常在蒙城孔庙西侧执炉做油酥烧饼，后收山东人薛延年为徒，经薛家世代相传，至今已有100多年的历史。油酥烧饼以盐水和面（按季节调整用盐比例），反复揉制，每个饼剂在长案上拽成一二尺长的面带，均匀抹上预先制好的猪油（每斤面配三四两）、元茴、花椒、葱等混合佐料，卷成饼状。入炉前涂以酱色油、芝麻；入炉后用木炭或炭核烘烤。烤熟后呈橘黄色，层层薄如竹纸，透明流油。食之焦酥味

---

① 郑宏龙：《安庆的风味小吃》，政协安庆市文史资料研究委员会、安庆市工商业联合会、中国民主建国会安庆市委员会：《安庆文史资料》总第14辑，安徽省出版局2009号，第50~55页。

美。凉后变软，烤之仍焦酥如初。斜汤则是光绪二十一年（1895）山东人张天福在蒙城始创。用老母鸡6只、猪排骨10斤、江米2斤、外加葱白2斤、生姜1斤、元苗少许、面筋粉5斤及适量食盐，放在大锅中，文火煨炖一夜，第二天食用时，每碗加少量胡椒粉、香油或冲入鸡蛋，其味鲜美。[①]

3）合肥小吃

清代合肥小吃品种多样，大多具有色味兼美的地方特色。其中马蹄酥是合肥的传统名点之一。顾名思义，马蹄酥是一种似马蹄形状的甜食面点，以精细面粉、上等白糖和猪油等为原料加工而成，外层花酥叠起，犹如银丝盘绕，饼馅香甜细腻，吃起来外酥里糯，余味无穷。荠菜圆子名列《中国菜谱》，其做法是先将新鲜的荠菜用热水烫一下，加虾米、冬菇做馅，并搓成小丸，再用面团加肉泥、酱油、味精等做边料，将边料捏成空心圆饼，实以丸馅，以鸡蛋清沾手团紧，放糯米粉滚一滚，经油炸后，外皮酥脆金黄，吃起来清香鲜美。合肥的名小吃还有大麻饼、冬菇鸡饺等[②]，在此不再赘述。

3. 居民的饮茶习俗

中国的饮茶习俗由来已久。安徽的皖西、皖南山区盛产各种名茶，清代安徽城市居民也养成了饮茶的习俗。

安徽地区生产茶叶，尤以皖南、皖西为最。皖南的"屯绿""祁红""黄山毛峰"、皖西的"六安瓜片"等都是上等名茶，故清代安徽城市居民的饮茶之风颇盛。据同治十一年（1872）《六安州志》记载，六安市民饮茶非常讲究，时人姚武英写了一首《煮茶》诗：

早起山童扫雪皑，瓦瓶煨沸仗炉灰。

月团荡漾金瓯舞，雀舌轻盈玉盏开。

滋味陶公今想见，仙灵卢老又重来。

---

① 葛廷章：《蒙城的集中风味食品》，政协蒙城县委员会文史资料研究委员会：《漆园古今》第7辑，1989年版，第204～205页。

② 牛耘：《别有风味的合肥小吃》，《合肥史话》采编组：《合肥史话》，黄山书社，1985年版，第189～194页。

碧云不逐清风断，香气菲菲几度回。①

从这首诗中可以看出，煮茶需要"早起"，煨茶的工具是"瓦瓶"，盛茶的是"金瓯""玉盏"等精致器皿，喝的是"香气菲菲"的名茶"雀舌"。其色如"碧云"，其滋味引得"陶公想见""卢老重来"，把茶作为不可或缺的饮料和享受。皖西地区的群众早晨不吃饭可以，不饮茶不行。清代，凡城镇均有私人开设的茶馆。麻埠镇（1949年后为响洪甸水库淹没区）就设有"又一天""得月楼""萧大成""老院"四处茶馆；苏家埠尹家茶馆远近闻名；六安城章子瞻茶馆生意兴隆，历久不衰。人们把茶馆作为谈心、议事和会友之地。不少生意人多以饮茶为手段，谈生意，议价格，往往能拍板成交。有的远地农民起早担着农产品赶集市，出售完毕，总爱到茶馆泡一壶香茶，借以提神解乏。所谓"清茶一杯，精神百倍"。一般茶馆均设有"点心铺"，出售油条、春卷、糍糕、糍粑、发饼、狮子头、小笼包等。茶馆中常有提篮小贩叫卖酱干、五香花生米等。茶客们一面品茶，一面吃着点心，便算是一顿别有风味的早餐。②

皖西城镇的每条街往往设有几处茶馆，每处门面二至四间不等，设备简单，内备方桌、长凳，一般并附设水锅炉。店家招徕茶客十分殷勤。有的茶馆不但早市生意兴隆，到了晚间还成为说书、卖唱、献艺和聚赌的场所。各处茶馆每天接待的茶客有一百到三百人之多。即使农村或山区甬道，荒郊独店，也设有茶棚，供过客歇脚饮茶解乏。农民还有荷锄挑着茶壶下田间地头的习惯，但一般喝的是价格低廉的大茶。皖西群众不仅养成了爱喝茶的习惯，还形成了"客来先敬茶"的好风尚。请客吃茶是比较讲究的，要求做到五好：一是茶叶好，以名茶敬重客为荣；二是要求火色好，清香、味浓；三是泡水好，宜用河水、井水，最好是泉水；四是茶具好，以景德镇和宜兴出产的瓷、陶茶具为好，一般为上有盖、下有托的三部件瓷茶杯；五是礼貌好，对客敬茶时要态度和蔼，语言亲切，双手捧杯送至来客手中，或轻放桌上。斟满茶后，伸右

_____

① 吴品芳：《皖西地区饮茶习俗》，政协安徽省六安市文史资料研究委员会：《六安市文史资料》第1辑，安徽出版局登记证（86）2110号，1986年版，第138页。

② 吴品芳：《皖西地区饮茶习俗》，政协安徽省六安市文史资料研究委员会：《六安市文史资料》第1辑，安徽出版局登记证（86）2110号，1986年版，第138~139页。

臂招呼："请坐、喝茶。"①

皖北地区产茶甚少，但并不代表皖北城市的市民不饮茶。一般来说，平时居家过日子，老百姓喝白开水，来了客人则肯定以茶相待。皖北的城市、繁华的集镇茶馆密布，进去喝茶的人也不少。② 清代合肥人有嗜茶之癖，尤以城市中人为甚。每日清晨各呼朋唤友，手携茶叶包，向茶肆中而去。所以茶肆每日此时无不满座，迟来则无座位。茶客们一落座便高谈阔论，喧笑盈庭。有谈各行业行市者，有谈收成丰歉者，形形色色，不胜枚举。坐约一小时，待碗中茶叶色香味全失效用，始兴辞而去。清代合肥的各乡镇，一般农夫必偷其末耜余闲，到茶肆中作牛饮。③

清代凤台的曹集镇茶馆生意很好，当时的曹集人口不到两千，就设有六家茶馆，茶客盈门，生意兴隆。农闲时，每天入座者达二百七八十人，每月可达八千人次。其中一间较大的茶馆，每月入座率高达两千人次。六家茶馆每年茶叶用量合计在两千八百斤左右，其中用量最多的一家达八百斤。六安瓜片在茶馆中最受茶客欢迎，茶汤青绿，香气芬芳。曹集饮茶之风可谓皖北集镇之最。④

（三）清代安徽城市居民居住习俗的变迁

清代安徽不同地区居民的居住习俗有所差别。皖北地区的房屋多为土坯麦秸结构，皖中、皖南平原及山区多为砖木结构。这和各地区的经济发展水平以及建材资源情况有关。⑤ 皖北产麦，故房屋多为土坯麦秸结构；皖中、皖南多产树木，且商品经济较发达，故房屋多为砖木结构。清末，安徽城市居民的居住习俗有所变化。

① 吴品芳：《皖西地区饮茶习俗》，政协安徽省六安市文史资料研究委员会：《六安市文史资料》第 1 辑，安徽出版局登记证（86）2110 号，1986 年版，第 139 页。

② 安徽省地方志编纂委员会：《安徽省志·民俗志》，方志出版社，1998 年版，第 22 页。

③ 《中国文化精华全集》（风俗·地理卷），中国国际广播出版社，1992 年版，第 377 页。

④ 齐尔思：《曹集茶馆史话》，政协凤台县文史资料研究委员会：《州来古今》第 2 辑，安徽省非出字第（87）004 号，1991 年版，第 209 页。

⑤ 安徽省地方志编纂委员会：《安徽省志·民俗志》，方志出版社，1998 年版，第 40 页。

1. 清代皖北、皖中、皖南城市居民不同的居住习俗

1）皖北城市居民的居住习俗

皖北城市一般群众的住房为平房，多用土坯筑墙，两头筑成山尖子，中架八字梁架，宽房架五檩，窄房架三檩，在上面盖高粱秸或芦苇，抹上泥巴，缮上麦秸草或茜草，用泥巴压脊顶，即成草房。建筑两间房为一门一窗，三间房的中间留门，两旁各开一窗。四间房是中间开两门，两头各留一窗。两头屋山墙尖旁平排留两个炊烟小洞，以通空气。地方绅商等富裕家庭，无论草房、瓦房，大都是明三暗五敞一间大出檐。重梁起架，有七檩、九檩至十一檩，画栋雕梁大出檐，敞一间置棂星门，也有不敞的青砖门，两旁安龟纹大窗子，两暗门内外相对，叫双角门。两头屋山尖上的炊烟洞则是日月形的小圆窗，东窗谓之旭日，西窗谓之迎月，精雕细刻，颇为美观。① 清代皖北城市居民的居住习俗还体现了贫富差距。如清代亳州城内，富商和富户多住里生外熟的瓦房，少数还住上了两三层的楼房，多数居民住土墙草房（当地俗称"土里崴"）。②

2）皖中城市居民的居住习俗

皖中的城市居民多聚族而居，多则两三百户人家，少则二三十户人家。屋中建公堂，自大门至最后一幢为"享堂"，供历代祖先牌位，中间设"天地国亲师"位以及"某某氏历代祖宗之位"，并附设历代祖先的具体姓名牌位。堂屋又为全族各家办理婚丧喜事的公共场所，形同庙宇，庄严肃穆。围绕享堂一般盖房三进或五进，每进中有天井，各进天井横向开门，通向两侧，各户在侧门外相连相对建房，形成巷道，巷道相通，全族抱享堂形成一个整体。

就每家来说，富裕之家除堂屋、卧室等基本房屋外，并有花厅、学屋、客房等设置，组成多层次的院落。贫穷人家则是简陋的三间并列，堂屋左右两间是卧室。③

① 安徽省地方志编纂委员会：《安徽省志·民俗志》，方志出版社，1998年版，第40页。
② 亳州市地方志编纂委员会：《亳州市志》，黄山书社，1996年版，第570页。
③ 安徽省地方志编纂委员会：《安徽省志·民俗志》，方志出版社，1998年版，第41页。

3）皖南城市居民的居住习俗

皖南气候比较湿润，又有山区瘴疠之气，故居民住房多为楼房。富裕家庭以楼上作为主要活动及栖身之所。楼上厅堂宽敞，有卧室、厢房，沿天井处则设"美人靠"。民房多为封闭式结构，四周围高墙，谓"封火墙"，或称"马头墙"，远远望去似古城堡。除大门外，每栋房子对外只开少数小窗，主要靠天井通光透风。这种民房结构是多层次的，进门为前庭，中设天井，后为厅堂厅，堂后以中门相隔，设一堂二卧室。坐室后又有一道封火墙，靠墙设天井，两旁建厢房，此为第一进。第二进房子的结构为一脊分两堂，前后两天井，中有隔□，有卧室四间，堂屋两个。第三进、第四进或更多进结构大致一样。这适宜于一个大家族居住，甚至有"三十六个天井，七十二个槛窗"的大住宅。一般是一个支系住一进，门一闭，各家独户过日子；门一开，一个大门进出，一个祖宗牌下祭先人。这些民房大多有小庭院，院内地上以各色鹅卵石铺成各种美丽的图案，有的还砌了假山、鱼池、花台，栽种四季花草；有的还特别注意室内外的艺术装饰，凡门框、门楼、门窗、天花板及梁柱等，上面都雕刻并漆绘了许多精致美丽的花草和神话人物的画像。①

2. 清末安徽城市居民居住习俗的变化

清末，随着西方列强入侵安徽地区，安徽城市居民的居住习俗发生了一定的变化，这种变化集中体现在芜湖。1877 年芜湖开埠通商后，外国人开始在租借地修建领事馆、教堂、医院等西式建筑。这些西式建筑对近代芜湖的城市建筑产生了较大的影响，清末芜湖大马路、二街、国货路上都出现了中西风格相融的商店、戏院、茶楼、酒肆等建筑。清末新建的市民住宅在原来砖、木、石灰等材料的基础上增加了钢锭、水泥等现代建筑材料，并出现了砖混结构和钢筋混凝土结构的住宅。② 这些住宅都是中西建筑风格融合的产物。

---

① 安徽省地方志编纂委员会：《安徽省志·民俗志》，方志出版社，1998 年版，第 41~42 页。
② 章征科：《从旧埠到新城：20 世纪芜湖城市发展研究》，安徽人民出版社，2005 年版，第 40页。

（四）清代安徽城市居民出行习俗的变迁

清代安徽城市居民有许多出行禁忌。清代前中期，安徽城市交通较为落后，人们出行以步行为主，富贵人家辅以轿子、独轮车为代步工具。清末，随着西方新式交通工具的传入，城市居民的交通方式有所改变。

1. 出行禁忌和礼俗

清代安徽城市居民有不少出行禁忌和礼俗。

1）出行禁忌

清代安徽城市居民有一定的出行禁忌。如出门做生意、子弟考学等，事先要查日子，凡是所谓"诸事不宜"的"黑道日"就不宜出门，一定要所谓的黄道吉日才动身。行前要在放祖宗牌位的神龛前焚香祈祷，求老天爷和祖灵保佑旅途平安。父母带小孩外出，要在小孩裤带上拴上用桃木刻的刀、剑，婴儿褟裸内则要拴红线、桃枝，认为这样可以避凶趋吉，旅途平安。清晨出门时，如果遇到抬棺材的，则认为大吉大利，因"棺材"谐音"官""财"，含升官发财之意。

2）出行礼俗

在清代安徽城市中，老年人与中青年同行，老年人在先；男妇同行，妇人在先；不同社会地位的人同行，一般尊者在先；空手人与挑担人同行，一般空手人让挑担人先走；健康人与病人同行，让病人走在前面。如青年人有急事前行，必须说明情况，并向老人表示歉意。[1]

2. 清代安徽城市居民出行工具的变迁

清代前中期，安徽城市居民的交通方式主要靠步行，代步工具有轿子、独轮车等。轿子有大轿、小轿、喜轿之分。大轿亦称"官轿"，俗称"亮轿"。以木条制成框架，左、右、后三方用竹篾编成轿壁，上留窗口，嵌装玻璃，挂帆布门帘，上截也装玻璃，四面透光。轿顶也为竹篾编成。外涂油漆，内衬花布，轿内坐板上铺皮垫或棉垫。轿杆长丈余，四人抬轿，前后各两人。此轿为官员之用，后来城乡有社会地位的

---

① 安徽省地方志编纂委员会：《安徽省志·民俗志》，方志出版社，1998年版，第46页。

人物也用。小轿比官轿轻便，竹架上盖竹顶，四周围蓝布帷，门帘也是蓝布缝制，由两人抬，名为"二领头"。此轿为富裕家妇女回娘家之用，也作为运送旅客之交通工具。当时中小城市都有"轿行"，可随时租用。喜轿为嫁娶等喜事用，式样似官轿，轿身周围披红帷，俗称"红轿"。轿顶安装麒麟送子的木雕像，窗口遮严，装饰豪华。此轿多为富家所用，办婚娶喜事的人家可临时租用。轿夫四人，或请亲友抬，或到"轿行"雇用脚夫。抬喜轿除工钱外，还得给"红纸包"。独轮车是清代皖中、皖西、皖北城市居民普遍使用的交通工具。这是一种单轮手推车，车把向后，下置单木轮，车床为平板，车把上拴车绊，套在推车人的颈肩上；车架上可放被褥，乘者坐卧都行，日行五六十里。①

同治《颍上县志》记载了一种叫"太平车"的四轮交通工具，"太平车，四轮，不辐轵，高尺余，无辀辕，置四环以系靷，上置左右轸，前后收启闭，无常载，而至田二人，以背倚其偏掀而覆之，由其所覆正值逐头车三轮不辐大轮二置如他车，小轮可八九寸，支其前，使车不得轩轾，辀下曲不以驾歧"②。这种车主要是用来载客的还是用来拉货的？清代安徽其他城市有无这种车？这些问题尚不得而知。

清末，西方新式交通工具如汽船、自行车、汽车等开始传入中国，首先在上海等最早开埠通商的城市流行开来。西方新式交通工具最早传入安徽的是汽船，这在很大程度上改变了清代安徽临水城市的出行习俗，人们开始乘汽船来往于城市之间。汽车等新式交通工具引入安徽城市则多在民国以后。

二、清代安徽城市中的庙会和灯会

庙会是中国民间广为流传的一种传统民俗活动，指在寺庙附近聚会，进行祭神、娱乐和购物等。③ 灯会一般指元宵节时地方政府举办的大型灯饰展览活动。④ 城市中的庙会、灯会既是民俗活动，也是群众集体娱乐和商品交易的盛会。

---

① 安徽省地方志编纂委员会：《安徽省志·民俗志》，方志出版社，1998 年版，第 47 页。
② 《(同治) 颍上县志》卷十二《杂志·风俗》，江苏古籍出版社，1998 年版。
③ http://baike.baidu.com/view/29896.htm。
④ http://baike.baidu.com/view/814521.htm。

（一）庙会

庙会，也称庙市，是我国各地城乡特有的一种集市形式。各地庙会都有一定的日期，逢会时众多群众到庙内烧香、跪拜，祈神保佑，也有一些人赶会看热闹。庙会上有搭台演戏和赌博的。[①] 寺庙附近的商贩、手工业者适时肩运商品，赶去摆摊设点，日用杂货、京广布尺、民间玩具、风味小吃……应有尽有；有要杂技、说书、卖唱、耍猴的，锣鼓喧天，热闹非凡，吸引着游人、香客，人来人往持续数日。故旧时庙会不仅是烧香拜佛之地，还是物资交流场所。[②]

1. 城隍庙会

在清代安徽城市的庙会中，以各地的城隍庙会最为普遍和盛行。城隍爷在民间等于阴间县官。清代安徽的各县基本都建有城隍庙。

泾县的城隍庙始于宋朝，嘉定三年（1210）县治确定以后即有此庙。庙会起于何时，尚无从考证。泾县城隍会规模之大，声势之盛，在皖南各县中可谓首屈一指。远在咸丰元年（1851），泾县每年都举行城隍会，后因太平天国运动的影响停止了十几年。同治十一年（1872），城隍会慢慢开始复兴。[③] 清代，泾县城隍会由三部分组成。一是"启兴会"，由泾县县衙主持，六房三班职员集资举办，并积有不动产收益，出会时担任会程的前导和会尾的具体安排。二是"隍会"，是泾县商会集资凑成的。隍会列会的仪仗和会具丰富多彩。三是"北会"，由北隅沈、纪村卫、蔡村施、汪等姓宗族集资合办，也有不动产收益。

皖北地区城隍庙会也很盛行。清代凤台的城隍庙会又叫"阴会"，当时凤台城内的城隍庙会一年举行两次：第一次在清明节，第二次在农历十月初一。每逢城隍庙会会期，凤台周围百里的群众扶老携幼，前来

① 王树九：《临泉城的几个庙会》，政协安徽省临泉县委员会文史资料委员会：《临泉史话》第4辑，皖内部图书99～078号，1999年版，第147页。
② 王英：《简介旧时南陵的庙会》，政协南陵县文史办公室百年：《南陵县文史资料选编》第6辑，1987年版，第96页。
③ 沈席珍：《泾县的"城隍会"》，政协安徽省泾县委员会：《泾县文史资料选辑》第1辑，第95页。

烧香赶会，人们摩肩接踵，熙熙攘攘，盛况空前。①

省会安庆的城隍庙会规模不小。安庆府城隍庙（地址在大南门正街）供奉着"敕封赞化显忠灵佑王"的神像。每月初一和十五，府、县官员前去拈香。每年五月十五为神诞日，是日城隍下位，出巡全城，体察民间善恶，驱逐瘟神，以保平安。怀宁县城隍庙原在怀宁县山口镇，清嘉庆二十四年（1819）邑人另建于安庆城内杨家塘右，供奉的是"敕封显忠翌伯"神像，每年七月十五巡城，情况与府城隍下位大体相似，后也改在五月十五日随府城隍一同下位巡察。②

2. 观音庙会

据民间传说，观音大士心地善良，慈航普度众生，救苦救灾，她的生日是九月十九日，信佛出家是六月十九日，后来于二月十九日皈依正果升天成佛，故每年定这三天为观音菩萨庙会日期。观音庙会的香客大多是妇女，她们或求子，或为子女生病许愿、还愿。届时，敬香者提前三天在家吃素，沐浴净身，焚香默祷，然后携香赴会。③

清代南陵县的观音庙会较为出名，其中香火最盛的是太丰乡北陡门观音庙会。该庙建于明代，庙堂正中大慈大悲观世音菩萨坐在一朵盛开的巨大莲花上，颜面鎏金，身披袈裟，左手搭在屈起的左膝上，右手端着插有绿色柳条的净瓶，神态慈祥端庄，全身各部分比例适当，片片花瓣托着佛身，给佛像增添了圣洁的霞光。每年逢庙会期都会从四面八方涌来朝佛拜神的香客，他们在店前列队成行，依次朝拜，庙内佛堂灯烛高照，佛案香积如山，鼎炉内盛燃檀香，袅袅青烟充满堂内；击磬声、钟钹声、鞭炮声，响成一片。民国时期，每逢庙会还演戏酬神，更添一番闹意。④安庆的观音庵每年二月十九日、六月十九日和九月十九日都有会期，事先由尼姑下香帖，约定做会时间，届时接帖的妇女盛装赴

① 刘学任、张济锦：《凤台城隍庙会》，政协凤台县文史资料研究委员会：《州来古今》第 2 辑，安徽省非出字第（87）004 号，1991 年版，第 231 页。

② 韩幼甫、杨起田：《安庆城乡的迎神赛会及其他》，政协安庆市文史资料研究委员会安庆文史资料编辑部编：《安庆文史资料》第 11 辑，1985 年版，第 139 页。

③ 王英：《简介旧时南陵的庙会》，政协南陵县文史办公室百年：《南陵县文史资料选编》第 6 辑，1987 年版，第 96 页。

④ 王英：《简介旧时南陵的庙会》，政协南陵县文史办公室百年：《南陵县文史资料选编》第 6 辑，1987 年版，第 96～97 页。

会。尼姑备素菜，招待烧香的人，她们主动上缘簿，有还愿的，也有许愿的，都是求子求寿。①

清代安徽城乡寺庙众多，供奉着各种各样的神，因此各种各样的庙会名目繁多。除了上面介绍的城隍庙会和观音庙会，其他较为有名的还有东岳庙会、火神庙会、奶奶庙会等。以清代的临泉为例。临泉的东岳庙建于道光年间，坐落于城北二里元渡口南岸。每年二月二十八日春会期，庙里的老道便撞钟表示会期已到。每个庙室均有僧人负责敲磬、抽签、烧香、磕头。会场内布满了说唱大鼓书、看相、拆字、算卦、丢圈的，一字排开，热闹非常。②

临泉的火神庙会在每年的正月初七举行，据说这天是火神的生日。火神庙坐落在城南南大街路西，庙内的火神爷身穿红蟒袍，赤脚大板，圆眼大睁，张口露舌，令人毛骨悚然。一年一度的正月初七会期到来时，人们就把火神塑像抬出庙门，在各大街小巷抬行走，敲锣开道。过到各家门前，住户必得鸣放鞭炮。谁家遭火灾，必请庙中的和尚念经消灾。③

奶奶庙位于临泉县城南端，每年的二月十五日是人祖奶奶的生日，此日便是庙会。庙内大殿有金色奶奶像，身穿皂青黑蓝紫衣袄，头戴凤冠，两手扶膝。东墙塑有九十九个娃娃像，西墙画有八十一个女娃娃像。谁家少男缺女，便到庙内用红丝线拴墙上的男女娃娃，并焚烧丰厚的香表，许愿。④

3. 各种行业庙会

清代，安徽城市中各行各业都敬奉一种神，并有固定的周期（诞辰）设醮奉祀，这样便有了各种行业庙会。

以省城安庆为例。在清代，安庆的行业庙会十分盛行。经费由庙宇

---

① 韩幼甫、杨起田：《安庆城乡的迎神赛会及其他》，政协安庆市文史资料研究委员会安庆文史资料编辑部编：《安庆文史资料》第11辑，1985年版，第146页。

② 王树九：《临泉城的几个庙会》，政协安徽省临泉县委员会文史资料委员会：《临泉史话》第4辑，皖内部图书99—078号，1999年版，第147~148页。

③ 王树九：《临泉城的几个庙会》，政协安徽省临泉县委员会文史资料委员会：《临泉史话》第4辑，皖内部图书99—078号，1999年版，第148~149页。

④ 王树九：《临泉城的几个庙会》，政协安徽省临泉县委员会文史资料委员会：《临泉史话》第4辑，皖内部图书99—078号，1999年版，第149页。

收入或摊派。做会时分正香、副香。烧正香的人要在庙里待一天；烧副香的人只是磕头就走，这样摊费少些。木匠、瓦匠、锯匠、石匠等筹资修建的鲁班阁（地址在任家坡），房屋宽大，除供鲁班排位外，尚有房间留给做会时用。每年七月十三日，全市木匠、瓦匠、锯匠、石匠停业赴会。成衣业的轩辕庙（地址在五当坡），会期三月初三。这天，全市裁缝歇业做会。民间传说三月初三是鬼谷子的生日，郊区农村算命的盲人也在这一天做会，地点年头约定。农村误传三月初三是鬼的生日，晚上望鬼火。雷神庙（地址在吕八街），每年的六月二十四日，全城粮行、馆店糕饼坊的都去做会，由道士诵经，大摆筵席。[①] 不建庙的有篾匠，奉祀洪钧老祖。染坊、漆匠，供奉梅阁二仙。剃头的奉祀罗祖。铁匠供奉李老君，有画像，做会时挂出。宰猪的奉祀张飞。四月二十三日，皮革业同行照例做庞祖会（庞涓），虽无庙宇，会期前临时通知，经费由同业公摊，届时延僧设醮，焚香礼忏，流水宴席，从早到晚，借神会赌博。以上因无庙宇，做会日期、地点都是事先通知。

除上述庙会外，尚有火神庙（东门火正街），会期十月十五日。东岳庙供的是黄飞虎，会期是三月二十八日。药王庙（大南门正街）供孙思邈，该庙和尚代人做佛事，会期四月二十八日。以上各庙不属行业的，会期由庙祝设醮奉祀，约请绅商参加，并备酒席招待，事后各送香资，就是"善士"上缘簿。财神庙有三处：大南门、同安岭、东门外月城，供奉赵公明，民间传说正月初五是他的生日，平时没有香火。每年正月初一天刚亮，城市各妓院的妓女由鸨母跟着，成群结队地来庙烧香，走时给庙里灯油、香纸钱。各商店供着财神爷，每月初一、十五烧香，供奉三个鸡蛋。[②] 土地庙，安庆各地共有 70 多处，分布在大街小巷，庙里供着土地公公和土地婆婆，庙门前贴着"土生万物，地生千金"的对联，每年二月初二和八月初二，由附近居民凑资请道士诵经，大家参拜，并设酒席。七月十五日，棉业公会和糖纸杂货业公会要做盂兰会，请和尚、道士放对台焰口，晚上则在江中放百盏荷灯，意思是那

① 韩幼甫、杨起田：《安庆城乡的迎神赛会及其他》，政协安庆市文史资料研究委员会安庆文史资料编辑部编：《安庆文史资料》第 11 辑，1985 年版，第 145 页。

② 韩幼甫、杨起田：《安庆城乡的迎神赛会及其他》，政协安庆市文史资料研究委员会安庆文史资料编辑部编：《安庆文史资料》第 11 辑，1985 年版，第 146 页。

些冤死的鬼魂拿到荷灯就能投胎转世，不必再四处飘荡，场面热闹，人山人海，附近的农民亦有来看热闹的。会里办有酒席，大家同吃，闹到半夜。[①]

（二）灯会

灯会是我国各地城乡居民传统的集体娱乐活动形式。灯会期间，地方政府举办灯展，吸引民众观灯，还会举行各种各样的集体娱乐活动和商贸活动。清代安徽城市各种灯会也很盛行。

清代皖北凤台县的黄花灯会极具地方特色。黄花灯会又名"插灯"，是一种古老的灯会。这种灯会创始于雍正、乾隆年间，是为歌舞升平、庆祝国家大典和丰收年景而举行的一种大型灯会。[②] 凤台的黄花灯会一般在元宵佳节举行，因为这个时候正是新年伊始、万象更新的第一个节日，人心欢愉。插黄花灯要以《灯谱》为依据。先划一片广场，呈正方形，边长500米，分成东、西、南、北、东南、西北、东北、西南、中央共9个方位。中央悬大旗，下边悬"九联灯"，其余8个方位分青、黄、赤、白、黑、橙、蓝、紫竖杆立旗。又按乾、坎、艮、震、巽、离、坤、兑定八卦方位。用360盏绘有不同事物的彩灯，按阵图布局，插成一个大正方形的阵势。每个方位都成为相等的小正方形，中间留出三米左右宽的甬道，让观众及四乡来的各种小型灯会在甬道里进行。阵图多种多样，每天换一次，计有"四方斗底阵""十面埋伏阵""二龙戏水阵""九曲黄河阵""八卦连环阵"等一百多个。阵势摆好后，有进门和出门，进出口处均扎彩门。到了晚上，灯火辉煌，烛光炫目，进阵观看，各种花灯千姿百态，琳琅满目，使人目不暇接。甬道中人潮如流，依次前进，曲曲弯弯，千回百转，方可由出口处走出阵门。[③]

清代南陵的灯会种类繁多，有板龙灯、罗汉灯、马灯、滚龙灯、狮子灯等种类。以板龙灯为例。先用一米多长，六七寸宽的木板，两端各

---

① 韩幼甫、杨起田：《安庆城乡的迎神赛会及其他》，政协安庆市文史资料研究委员会安庆文史资料编辑部编：《安庆文史资料》第11辑，1985年版，第147页。

② 张济锦：《旧时黄花灯会》，政协凤台县文史资料研究委员会：《州来古今》第2辑，安徽省非出字第（87）004号，1991年版，第214页。

③ 张济锦：《旧时黄花灯会》，政协凤台县文史资料研究委员会：《州来古今》第2辑，安徽省非出字第（87）004号，1991年版，第214~215页。

钻一圆孔，孔中插一根约三尺长的木棍，名"龙棍"，也称撑杆，作为玩灯者的抓手。一堂灯，少者八九板，多者一百多板。每块木板上用篾扎一副弓形或长条形龙身骨架，再用纸糊好，画上鳞片云纹，或画上"千里送君娘""单刀赴会""吕布戏貂蝉"等戏目上的人物形象，也有的画些花卉鸟虫等，并书写"五谷丰登""国泰民安"等字。另外，有两块一米多长的木板，一块扎一个特大的龙头，里面以竹篾为架，全部用五色纸或绸绢制作，色彩斑斓绚丽，头顶有一对短短的龙角，铜铃般的大眼突出，睛白分明，嘴似血盆，下挂洁白的长须，非常威武，鼻梁上有一古装人物排立，小巧玲珑，栩栩如生；另一块长木板，扎一个大弓形龙尾，夜晚燃烛于龙头龙尾及每节龙身上，烛光熠熠，耀人眼目。[1]

（三）庙会、灯会对城市的影响

庙会、灯会不仅是民俗活动，也是集体娱乐活动和经济活动。庙会和灯会的举行丰富了居民的文化生活，促进了城市商业的发展。

1. 丰富了居民的文化生活

在传统的农业时代，人们平时忙于劳作，聚会和集体娱乐的机会极少。所以每逢灯会、庙会，城市居民及附近的农民纷纷涌向集会地点，前去参观游览。这既是他们满足信仰需求的时刻，也是难得的娱乐放松时间。

清代安徽临泉东岳庙庙会于每年的二月二十八日举行。每逢会期，均搭台唱大戏五至七天，到会者达两万人次。另有从河南潢川、商丘来的马戏团，吸引了更多的赶会人。[2]清代泾县的城隍庙会掺杂着很多曲艺表演。如每年的十月十五日早上，抬"城隍爷"塑像出行，前面是"伍猖""鬼使"十余名，继之四人互抛"钢叉"，由戏班武生扮装，赤膊披发，面目狰狞。在城隍庙会队列中还有"抬阁"，上面都是物色来

---

① 佑人：《传统佳节话彩灯》，政协南陵县文史办公室：《南陵县文史资料选编》第6辑，1987年版，第82~83页。

② 王树九：《临泉城的几个庙会》，政协安徽省临泉县委员会文史资料委员会：《临泉史话》第4辑，皖内部图书99—078号，1999年版，第147~148页。

的秀童，扮装几出京剧，如《打金枝》《渔家乐》《白水滩》《白蛇传》等。① 这些活动极大地丰富了封建社会民众的文化生活。

2. 促进了城市商业的发展

每逢庙会、灯会，城市人口流动量大增，举办地点往往会聚集很多商贩，商品交易异常活跃。清代广德的祠山庙会举行期间，不时有头顶蒸笼、木盘出售点心和烟糖的小贩，他们高声叫卖，见缝插针地从人流中挤过。② 临泉东岳庙庙会期间，农贸市场出售各种农具、门窗、衣柜、桌椅、布匹等，前来购买者络绎不绝。③ 凤台的城隍庙会吸引了凤台周围百里的群众，他们扶老携幼，前来烧香赶会，摩肩接踵，熙熙攘攘，盛况空前。在会期，周边的生意人纷纷来凤台城内摆摊设点，吃的、用的、穿的、玩的，应有尽有。④ 临泉的奶奶庙庙会在每年的二月二十五日举行，庙会期间有很多卖烧饼、油条等小吃的商贩聚集于此，人头攒动，小吃生意火爆。⑤

三、清代安徽城市的婚丧习俗

清代安徽城市的婚丧习俗极其烦琐，其间存在着一些封建迷信活动。当时的城市居民往往互相攀比，不惜耗费重金办理婚丧事宜。

（一）婚姻习俗

婚姻是指一定社会制度确认的男女两性的结合及由此产生的夫妻关系。在人类发展史上，婚姻制度及由此产生的家庭制度经历了不同形态

---

①　沈席珍：《泾县的"城隍会"》，政协安徽省泾县委员会：《泾县文史资料选辑》第1辑，第96~97页。

②　余显琮：《祠山庙会简记》，政协安徽省广德县委员会文史资料委员会：《广德文史资料》第1辑，1986年版，第65页。

③　王树九：《临泉城的几个庙会》，政协安徽省临泉县委员会文史资料委员会：《临泉史话》第4辑，皖内部图书99—078号，1999年版，第147~148页。

④　刘学任、张济锦：《凤台城隍庙会》，政协凤台县文史资料研究委员会：《州来古今》第2辑，安徽省非出字第（87）004号，1991年版，第231页。

⑤　王树九：《临泉城的几个庙会》，政协安徽省临泉县委员会文史资料委员会：《临泉史话》第4辑，皖内部图书99—078号，1999年版，第147~148页。

的发展过程，婚嫁礼俗也随着历史的发展多次变革。①

清代安徽城市的男女婚姻沿袭了封建的包办制度，由父母之命，媒妁之言决定。结婚的过程从头至尾烦琐至极，并掺杂着许多封建迷信活动。

1. 婚姻习俗概况

1）基本条件

婚姻的基本条件是"门当户对"，双方都以财产、社会地位为主要标准，文化、年龄、健康次之。②

清代安徽城市的婚姻习俗讲究"门当户对"，男女双方在婚前要先衡量对方的社会地位、财富等，如门当户对，才可以考虑通婚。清代的一个城市中，名门望族只有那么几家，考虑到门当户对和高贵的血统，这几家之间往往会相互通婚。这样时间一长，会导致近亲结婚现象，不利于优生优育。门当户对的封建婚姻习俗无视婚姻当事人的个人意愿，由父母强加干涉。

以清代的桐城县为例。桐城名门望族的联姻不外乎城里的张家、姚家、马家、左家、方家、叶家、孙家，以及高甸吴家、龙河李家、小李庄方家等历代官宦人家。其他诸姓如果不是富贵三代，都攀不上大姓的桂花根。翻开张、姚、马、左几家大姓的族谱，就可以发现几家的联姻都是中表结婚的"亲上亲"，和娶过来、嫁过去的"回头亲"。由于他们的门户观念太深，联姻的对象仅限于几家大族，因此，姑侄两代嫁给父子两代、姐妹二人嫁给兄弟二人的非常多。为了保持其门族的"纯洁"，在找不到适当的对象时，甚至不惜违反封建社会的伦理秩序缔结"反亲"，即不同辈分之间结婚。③ 当时桐城世家大族的联姻标准有三：一是做官的，二是读书的，三是收租的。除此之外，虽是富商大贾也不在选择之列。清代桐城的大商号如"凤义兴""韩悦来""叶永昌"等，商

① 侯定国：《蒙城婚嫁礼俗漫谈》，政协安徽省蒙城县委员会文史资料委员会：《漆园古今》第2辑，1984年版，第149页。

② 费泽普：《皖中旧习俗和迷信》，政协安徽省委员会文史资料研究委员会：《安徽文史资料》第16辑，安徽人民出版社，1983年版，第16~17页。

③ 张仁寿：《解放前桐城旧婚姻礼俗》，政协安徽省委员会文史资料研究委员会：《安徽文史资料》第16辑，安徽人民出版社，1983年版，第28页。

号的拥有者虽家财数万，但名门都不愿娶他们的女儿，名门的女儿更不会嫁给他们。一些大户因为家道中落，为贪图丰厚的嫁资娶了他们的女儿，也要被人嘲笑，男家要被人骂"出卖祖宗"，女家要被人骂"攀龙附凤"。① 桐城县人家的儿女婚事基本上也是父母包办。如果是女的不同意婚事，即使通过种种斗争，最终往往也只能出家去当尼姑，自己找对象不仅要闹得满城风雨，而且还要受亲族迫害。如果是男的，除了逃走没有其他出路。② 如果男女双方互相爱慕，私定订身，而女方家长坚决反对，男方有时会用暴力把女子抢到自己家中结婚，此所谓"抢亲"。③

2）算命关、求签关

算命和求签是纯粹的封建迷信活动，将男女双方的终身大事交由算命先生或一个装签桶决定，荒谬可笑。这种封建愚昧的婚俗无视婚姻当事人的个人意志，往往会造成婚姻悲剧。清代安徽城市的情况也是如此。

（1）算命关

双方家长互接"传庚帖"后，即请星命家根据八字推算合婚。如光绪《亳州志》载："婚姻者，人伦之始，六礼不备则贞女不行。州俗订婚惟凭媒妁之言为定，两家各用名帖，遣人互相传送，以结二姓之好。"④ 合婚有所谓"上婚""中婚""下婚"、属性"相合""相冲"等说法。八字和属性完全相合为上婚，完全相冲为下婚，中婚是八字和属性有合有冲。只有星命家断定为上婚，才能闯过第一关。

（2）求签关

到城隍、观音等庙神前求签作最后决定。签为竹制，计百余根，装于四方木简之中，每签上写明号数，分为"上上""中平""下下"签，由求签人跪地摇出一根，请主持僧道代为找出用黄纸印成的对号签条，

---

① 张仁寿：《解放前桐城旧婚姻礼俗》，政协安徽省委员会文史资料研究委员会：《安徽文史资料》第 16 辑，安徽人民出版社，1983 年版，第 29 页。

② 张仁寿：《解放前桐城旧婚姻礼俗》，政协安徽省委员会文史资料研究委员会：《安徽文史资料》第 16 辑，安徽人民出版社，1983 年版，第 30 页。

③ 李应凡：《旧制婚姻点滴》，政协安徽省繁昌县委员会文史资料工作委员会：《繁昌文史资料选辑》第二辑，安徽省人民出版社皖非出字（84）第 2029 号，1985 年版，第 212 页。

④ 钟泰修：《（光绪）亳州志》卷二《舆地志·风俗》，江苏古籍出版社，1998 年版。

内有七绝诗一首，标明上、中、下签。得"中"签者固然有勉强议婚者，得"下"签者则断然中止原议，只有幸而摇出"上上"签而诗语亦好者，才能闯过第二关。[①]

六安地区在清代则是通过媒介"问名"，父母同意，就把女家所开的年庚（出生年、月、日）请星命家合上男女的八字，即古代婚礼所谓的"纳吉"。六安俗称此为"过小求"，需要准备礼物，请媒人和亲戚吃喜酒。[②] 桐城的情况也是如此，男女结婚前要请算命先生合婚。一问福气是否相克，是否能和睦相处，白头到老；二问女方是否有宜男之命；三问是否冲犯尊亲。于是算命先生成了青年男女婚姻的主宰。[③]

3）烦琐而劳民伤财的嫁娶仪式

清代安徽城市市民的嫁娶仪式非常复杂，光绪《宿州志》载："婚礼纳吉、请期、三日妇见舅姑，即日庙见，择日婿见妇之父母。"[④] 以桐城为例。桐城的嫁娶要经过小订、拜媒、请期、过礼、迎娶、回门六道程序才算完成。

（1）小订

即双方交换草庚（非正式的庚帖，用毛笔在大红纸上横写生辰八字），办酒请客。

（2）拜媒

即正式订婚。这一天两名正媒坐着大轿，后面跟着两名当差，一个手拿大红毡子，一个捧着拜盒，拜盒内装着飞金的龙凤庚帖，飞龙的是乾造，八字已经写好；飞凤的是坤造，空着让女家填，都用大红封套封着。此外还有一张男方家长"敬求俯允"的求婚书。在女家门口落轿后，两名当差奔至女家堂前，把红毡铺在地下，将拜盒捧给媒人，媒人恭恭敬敬地把拜盒放在女家堂前的供桌上，然后就跪在红毡上向女家祖宗行一跪三叩首礼，代表男家向女家求亲。这时女家便把媒人请到客厅

① 费泽普：《皖中旧习俗和迷信》，政协安徽省委员会文史资料研究委员会：《安徽文史资料》第16辑，安徽人民出版社，1983年版，第16~17页。

② 刘镜如：《六安旧礼俗点滴》，政协安徽省委员会文史资料研究委员会：《安徽文史资料》第16辑，安徽人民出版社，1983年版，第22页。

③ 张仁寿：《解放前桐城旧婚姻礼俗》，政协安徽省委员会文史资料研究委员会：《安徽文史资料》第16辑，安徽人民出版社，1983年版，第31页。

④ 何庆钊修：《（光绪）宿州志》卷四《舆地志·风俗》，江苏古籍出版社，1998年版。

里用茶点招待，请大富大贵之人在空白的庚帖上填上女儿的生辰八字，连同准婚书放在拜盒内交与大媒（男庚则由女家收下，作为凭证），大媒再捧着拜盒坐轿回去复命。①

（3）请期

拜媒以后即筹备嫁娶的事，一般总要一年以后才成亲。有钱人家为了摆阔气、讲排场，甚至有筹备四五年才结婚的。什么时候迎娶要由男方预订一个日子，征求女家同意，谓之"请期"。一般情况总是男家要早，女家要迟，男家势大，女家就只好屈从。"请期"的形式则是由男家把择好的吉日写在红纸上，请媒人送到女家去，女家如无意见，日子就算定了。照例要请媒人吃酒，众亲作陪。②

（4）过礼

过礼一般都在迎娶前三五天举行。这一天两家都要请有福之人摆台子。有福的标准是夫妻双全、子女成行、广有家财和颇具声望。"台子"就是装礼的抬箱。一般人家是四台，等而下之最少也有两台，或者两台之后再跟一个礼篮。这里和别处不同的有二：一是在清代其他城市中，礼箱不上盖，招摇过市，明摆着叫人看，而桐城人认为不上盖就走了气；二是本地过礼，礼箱内的衣服和首饰为了凑数起见大部分是借来的（因为新妇穿的衣服娘家早已备齐），女家回礼时要原物奉还，明摆着是假的。这群送礼的队伍，由男家两名亲信拿着拜帖和礼单领头，进了女家大门，呈上拜帖、礼单，由女家请来的"有福之人"开礼箱。所有的礼物，除"天圆地方"和"鸳鸯饼"外，全部收下，另外回赠新婚红信笺两札，笔两盒（每盒五支），墨两盒（每盒十锭），砚台一方，礼帽一顶，官靴一双（有钱人家加赠衣料两件），"顺遂袋"两个，袋内装艾叶和染红的棉花少许，取"爱婿"之意，都由摆台子的人摆好，交原人当天送回。第二天便是女家送嫁妆。这是女家与人比财富比阔气的机会，哪怕男女两家同住一条街，送嫁妆的队伍也要绕一个圈子再送到男家去。嫁妆一般分单橱单箱、双橱双箱、四橱四箱数种。另外，桐城的习

① 张仁寿：《解放前桐城旧婚姻礼俗》，政协安徽省委员会文史资料研究委员会：《安徽文史资料》第16辑，安徽人民出版社，1983年版，第32页。
② 张仁寿：《解放前桐城旧婚姻礼俗》，政协安徽省委员会文史资料研究委员会：《安徽文史资料》第16辑，安徽人民出版社，1983年版，第32页。

惯，无论招赘或上门娶，女家照例都不陪床，床一律由男家置办，不是女家舍不得花这钱，而是女家认为包干这事不吉利；如果女家要包干这事，那就要包干到底，棺材、草纸以及外孙的摇篮等都要陪送，谓之全副嫁妆。不过桐城人并没有这种先例，他们给女儿陪嫁的东西，有的已经丰盛得一生都用不完，有的则宁肯把价值数千金的租田陪给女儿，也不陪全副嫁妆。①

以上所述能完全办到的多是官僚地主和贵族家庭，一般人家是没有能力这样铺张的。至于贫苦劳动人民儿女的婚姻那就悲惨了。有自小给人家做童养媳的；有得若干红银，卖给人家成婚的；更有许多劳苦者，终年替剥削阶级当牛马，因为没有钱成家，做了一辈子鳏夫，根本谈不上娶妻育子。②

（5）迎娶

"迎娶"是最烦琐不过的事情。吉期的前一天要请两名结过婚得过子的青年男客在新床上睡一夜，谓之"暖床"。第二天新郎着长袍马褂，佩大红彩带，帽上插金花，坐着大轿，带着跟班和乐队，上门去求娶新娘。新娘的花轿不能空抬，必须找两个男孩子坐着去，谓之"暖轿"。官僚之家迎娶，还有戴红缨帽的当差骑着马在前面开路，后面跟着拿伞、斧钺和"肃静""迥避"以及世代官衔高脚牌的执事，轿子两旁有八名男仆扶着轿杆。③ 经过鼓乐几番催妆，待新人妆毕，即由其父兄肩负上轿，鸣炮登程。临喜轿到门，男家故意将大门关闭，名为"郁性子"。顷刻开门，新人下轿，导入堂前，行过庙见交拜礼、拜翁姑、拜三党六亲等，转送洞房行合卺礼。于是开始闹房，赞喜句、看新娘。狡黠的贺客往往把翁姑颈上套个锅圈子，引起哄堂大笑，反以三天不分大小为借口。有的人暗暗地用洋红和锅烟灰混抹在人们脸上。而新娘子在这种情况下总是闭着眼睛，不开口说话，听任人家百般戏弄，名为"装新"。有时把新娘子闹得啼笑皆非，那就要靠伴娘从中周旋，总以不慢

---

① 张仁寿：《解放前桐城旧婚姻礼俗》，政协安徽省委员会文史资料研究委员会：《安徽文史资料》第16辑，安徽人民出版社，1983年版，第33～34页

② 刘镜如：《六安旧礼俗点滴》，政协安徽省委员会文史资料研究委员会：《安徽文史资料》第16辑，安徽人民出版社，1983年版，第22～24页。

③ 张仁寿：《解放前桐城旧婚姻礼俗》，政协安徽省委员会文史资料研究委员会：《安徽文史资料》第16辑，安徽人民出版社，1983年版，第34页。

客为得体。旧社会无法纠正这种恶俗，每每因闹房过火而惹出事故。① 在凤台，闹房的陋习更为严重。当地流传着"三天不分大和小"的说法，就是说，在婚事期间，婚姻当事人不论其辈分、年龄如何，邻居都可戏闹之。凤台的闹新房以整治新人为目的，以调戏、凌辱新娘为快事，借闹房来说些污言秽语，使新婚夫妇难堪。② 当时一位不堪忍受闹房之苦的书生编过一段顺口溜：

> 盼新娘，娶新娘。娶妻最怕闹洞房。
> 男女老幼乱哄哄，七支八叉滚锅汤。
> 粗野俗透下流话，掐掐捏捏不像样。
> 一切常时禁忌物，闹房之时全亮箱。
> 喜庆变成愁苦事，花烛之夜更惊慌。
> 新娘被迫钻床底，新郎躲进磨道房。
> 宁可踏过火焰山，不过闹房"这三天"。③

（6）回门

清代桐城嫁娶仪式的最后一环是回门。新婚第二天，男方先把两桌酒席送到女家，新婚夫妇再坐着大轿，带着跟班和礼物去拜岳家。④ 除桐城外，清代安徽城市的婚俗中基本都有"回门"一说。各地的"回门"又有些许差异。如蒙城的回门是在新婚第六天，娘家备轿或车辆来接，新婚夫妇一起回娘家。女家待新郎为上宾，请亲朋作陪，下午新娘、新郎一起返回婆家。⑤

2. 婚姻习俗中不良内容的危害

清代安徽城市的婚姻习俗不少是封建糟粕，劳民伤财，给民众造成了相当大的危害。

---

① 刘镜如：《六安旧礼俗点滴》，政协安徽省委员会文史资料研究委员会：《安徽文史资料》第16辑，安徽人民出版社，1983年版，第22~24页。

② 肖不、加林：《凤台北方的"闹房"陋习》，政协凤台县文史资料研究委员会：《州来古今》第4辑，安徽省内出字第（90）154号，1991年版，第273页。

③ 肖不、加林：《凤台北方的"闹房"陋习》，政协凤台县文史资料研究委员会：《州来古今》第4辑，安徽省内出字第（90）154号，1991年版，第276页。

④ 张仁寿：《解放前桐城旧婚姻礼俗》，政协安徽省委员会文史资料研究委员会：《安徽文史资料》第16辑，安徽人民出版社，1983年版，第34页。

⑤ 侯定国：《蒙城婚嫁礼俗漫谈》，政协蒙城委员会：《漆园古今》第2辑，第152页。

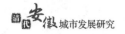

1）婚姻完全由父母包办，造成怨偶无数

清代安徽城市乃至当时全国的婚姻都是遵从父母之命，媒妁之言，青年男女完全没有自由选择的权力，有的甚至到洞房花烛夜才知道自己伴侣的模样。婚姻理应是青年男女在经过长期恋爱、了解之后的产物，而清代安徽城市的男女婚姻却任由父母横加干涉，越俎代庖，强迫子女接受，这样往往会造成很多不幸的婚姻。

2）男女婚前要经历的算命关、求签关充满了封建迷信思想

将青年男女一生的幸福交由鬼神或一纸签书来决定，这是何等的愚昧和残忍。很多相爱的青年男女就因为没有通过算命关和求签关而被阻挡在婚姻大门之外。在这种愚昧的算命、求签过程之后，有多少相爱的青年男女劳燕分飞，又有多少未曾谋面的人必须终生厮守。

3）男女双方结婚的首要标准是"门当户对"

男女双方家庭在社会地位和财富上必须旗鼓相当。这种鱼找鱼、虾找虾的风俗，导致有社会地位、财富的人只和同类人通婚。这种做法首先不是以爱情而是以门当户对作为婚姻的必要标准，不顾及婚姻当事人的感受。更有甚者，在一个较小的范围内几个大姓之间长期互相通婚，很容易导致近亲结婚，甚至出现有悖伦理纲常的状况。

4）造成男女双方尤其是男方家庭沉重的经济负担

中国人很重视结婚这件事。每逢婚事，双方家长都认为这是彰显自己社会地位和财力的大好机会，所以竭尽钱财来讲求大场面。有些财力不足的人家，因攀比思想作祟，也只有勒紧裤腰带来操办婚事。

清代安徽城市的婚姻习俗更是如此，有诸多劳民伤财的环节。如桐城男女结婚要经过六个步骤：小订、拜媒、请期、过礼、迎娶、回门。这六个步骤几乎都需要花费大量的钱财，其中尤以"过礼"为最。过礼中的台子（装礼物的抬箱）就很耗费钱财，一般人家是四台子，一台是猪肉、鸡肉、鱼肉，约一百斤，生鸡蛋一百只（谓之百子蛋）；一台子是蒸熟的糯米饭，下面用红丝青梅做出花样，此外还搭配两个糯米饭团，谓之"天圆地方"；一台子是一百个饼子、一百个花糕，花糕是用籼米粉和白糖做的，饼子是红豆沙馅或枣泥馅，都含有喜庆的意思，还有两对特大的饼子和花糕（谓之鸳鸯饼），两罐酒，九个染红的熟鸡蛋和十三个生鸡蛋（谓之九子十三孙）；最后一台子是十套（或二十套）

新妇穿的衣服，成对的金玉首饰（手镯、戒指、金链、锁片）和两个"顺遂袋"，袋内装艾叶和锡锭，取"爱媳"之意。① 这四台子往往会让男方倾家荡产，条件稍差之人家则要举债娶亲。

（二）丧葬习俗

清代安徽民间的丧葬习俗主要沿袭封建时代旧的丧葬制度。古代最讲究重殓厚葬，父母去世有一整套烦琐的仪式。

人断气后，家中就请人向亲戚报丧，俗称"送信"。如母亡则由孝子亲自去外婆家报丧。② 孝子要披麻戴孝，头扎白布巾，一手持一尺多长的用柳枝做的哭丧棒，一手扛五尺多长的用白纸糊的幡。侄儿、女婿身穿白衣，头戴束顶帽。孙子头戴羊角白帽子，重孙的羊角帽上要扎一块红布巾。女儿和儿媳身穿白布短衣，腰束麻绳，穿白布鞋，散发，手持哭丧棒。其他亲属则按辈分而定，也要戴孝。死者穿的衣服叫寿衣，男的穿五件或九件，女的穿六件或十件。女的死了要等娘家人来齐后方能入殓。死者要停尸三天，要摆设灵堂供上一些食品。孝子要日夜守灵，亲友来奔丧时，不论老少，孝子都要跪下叩头，表示感谢，这叫作"孝子头上无老少"。灵堂周围陈列敬献的挽联、祭幛、祭礼。同时请唢呐手鸣乐奏章，号丧，诵读孝子和亲友的祭文，焚烧有钱印的纸，举行祭奠。③ 有钱有势的人家还要请和尚、道士念经，女子死了请尼姑念经，以超度亡灵。另外要请阴阳先生看风水，选墓地，定墓门。入葬的时候要按照所谓的法葬规矩办，否则就会影响死者在阴间地府安居和生者繁衍后代。出殡时先由阴阳先生开路条，鸣炮发引。孝子顶棺，摔老盆，扛引魂幡在前，纸伞、灵棺随后，吹唢呐，鸣鼓奏乐。到达墓地后，抬棺围着坟地走三圈，停棺下葬。整个过程都要不断地烧纸，焚香点蜡。④

清末安徽城市的丧葬习俗表达了子女对仙逝者的哀思之情，本无可

---

① 张仁寿：《解放前桐城旧婚姻礼俗》，政协安徽省委员会文史资料研究委员会：《安徽文史资料》第16辑，安徽人民出版社，1983年版，第33~34页。

② 伍白丁：《南陵民间旧俗及迷信活动》，政协南陵县委员会：《南陵县文史资料》第4辑，第88页。

③ 邵长亮：《蒙城民间丧葬习俗琐记》，政协蒙城县委员会：《漆园古今》第2辑，第163页。

④ 邵长亮：《蒙城民间丧葬习俗琐记》，政协蒙城县委员会：《漆园古今》第2辑，第164页。

厚非，只是其间程序过于繁杂，又掺杂了很多封建迷信活动，劳民伤财，徒增子女的经济负担。

四、清代安徽城市岁时节令习俗

中国传统的岁时节令习俗很多，较为重要的有春节、端午节、中秋节。每逢这些重要的节日，清代安徽城市居民都要举行一些特定的活动和仪式，俗称"过节"。

（一）春节

农历正月初一是我国的传统节日，旧称过年，今称春节。春节是清代安徽城市最重要的节日，经过漫长的历史演变，清代安徽各城市形成了自己的春节习俗。这些习俗中既有和全国其他省份相同的地方，如贴春联、吃年饭、发压岁钱等，也有清代安徽城市自身独特的风俗习惯。下面以清代安徽的南陵和全椒为例加以说明。

南陵春节的节日活动是从腊月的最后一天开始的，是晚称作"除夕"。春节前十余日即开始做粑粑、团子，磨豆腐，杀猪，买鱼。上街买食品，叫作"办年货"。[①] 南陵一般习惯在农历腊月初八到除夕举行一些传统活动，如煮腊八粥，粥以枣、豆、腊米等制成，富户会购买一些桂圆、莲子加入粥内，使其味更美。十二月二十三、二十四日为送灶神的日子。灶上供糕点，烧化僧道送的黄表纸"灶疏"，祈求灶神爷"上天奏好事，下界保平安"。十七日或二十七日"掸尘"，全面大扫除，使环境整洁，家庭卫生，干干净净过春节。三十日（月小二十九日）为除夕，俗称三十晚，祭祖、接灶神。清代南陵的除夕夜忌睡眠，俗称"守岁"。孩子困了，大人叫去睡觉要讲"挖窖"（挖金银财宝意，以示吉祥）。午夜后，黎明前，屋里屋外，灯火辉煌，鞭炮齐鸣，"迎喜神""开对门"。翌晨为大年初一，早餐先吃五香茶叶蛋，称"拿元宝"，后吃汤圆，表示全家团圆。家属亲友，晚辈给长辈拜年行叩首礼；平辈相

---

① 伍白丁：《南陵民间旧俗及迷信活动》，政协南陵县委员会文史资料研究委员会：《南陵县文史资料》第4辑，第80~81页。

见则互相道贺"恭喜""恭喜"。正月十六日以后节日景象渐渐消失。①

全椒的春节习俗也很有特色。比如全椒有"忌出""定工酒""走太平"等习俗。正月初一清晨每人应向自家长辈逐一拜年，然后看历书宜先去某方，依其所述决定去某家拜年。正月初一的全椒只限于男人出门拜年，妇女从初一到初三三天不得出门，连自己的娘家也不能去。据民国《全椒县志》载："新年三日，男子俱出门拜节，妇女则否，虽母家不敢越门限一步。以为禁忌。"② 正月初五相传为"五路财神日"。各大商号老板皆备筵席数桌，宴请店内所有雇用人员。席间，老板向大家敬酒以表谢意，然后略述店中今年打算，接着宣布人员去留名单，并向去者赠送"红纸包"（礼金）。这次酒宴凡被辞退者，老板必请其坐首席（如有二人，依次坐二席），因此这席酒谁也不愿坐首席，首席常常空着（事先如已知被辞退便不来赴宴），故有人说这叫"缺席酒"，同时流传着"老板敬财神，相公过难关"之说（"相公"本指未出师的店员，这里泛指店中雇员）。全椒城及四郊居民皆有"正月十六走太平"的习俗，相传已久。据民国《全椒县志》载："正月十六日，倾城士女出游于东门太平桥，取拔除不祥之意。谚谓之走太平。是日谓之太平日。游人不远数十里而至者，炮竹及鼓吹声至夜分不绝。"③ 人们以走过太平桥取"一年太平"之兆。还有人向桥头水井中投硬币，谓之"掷太平钱"。早年桥头有石桩，游人至此必坐一下石桩，称"坐太平桩"，以祈太平无事。④

（二）端午节

清代安徽城市的端午节习俗和当时全国其他省份大同小异，有贴端午符、赛龙舟、吃粽子、插艾悬蒲、饮雄黄酒等风俗。下面结合清代安徽城市的具体情况逐一述之。

---

① 伍白丁：《南陵民间旧俗及迷信活动》，政协南陵县委员会文史资料研究委员会：《南陵县文史资料》第4辑，第81页。
② 张其濬修：《（民国）全椒县志》卷四《风土志·风俗》，江苏古籍出版社，1998年版。
③ 张其濬修：《（民国）全椒县志》卷四《风土志·风俗》，江苏古籍出版社，1998年版。
④ 吴评：《全椒县城春节习俗举隅》，政协全椒县委员会文史资料研究委员会：《全椒文史资料》第2辑，皖非出字（85）2050号，1986年版，第104～105页。

1. 贴端午符

清代皖中、皖南、皖西的城市，端午前一两天，寺庙僧尼道士往往要给附近的人家送端午符，符系木刻，后印于黄表纸上，有老人持剑形象，并有"五月五日午时姜尚在此，诸邪回避"或"太公在此，诸邪回避""飞雄镇宅"等。到端午这天，家家都把符贴在厨房等屋内的墙壁上。姜子牙为周初名臣，武王尊之为"尚父"，武王伐纣时立过战功。《封神榜》的故事在民间流传很广，民间视姜子牙（即姜太公、姜尚、飞雄）为镇魔驱邪的正直之神。①

2. 赛龙舟、吃粽子、插艾悬蒲、饮雄黄酒

划龙舟是端午节中普遍流行的民俗。在节日前后，各地均开展龙舟竞赛，观者人山人海，热闹异常。龙舟竞赛也是体育活动，是舞蹈和锣鼓轰鸣的集体表演。安徽是个江河密集之地，赛龙舟自然是清代安徽城市端午习俗的一项重要内容。粽子为端午节的食品，传说是楚国屈原忧国之将亡，愤君主之昏庸，投汨罗江自杀，当地群众深爱屈原之刚直，为使蛟龙鱼虾不损害其尸体，即自发投粽子于江中以喂鱼虾，以此悼念屈原，并作为习俗流传下来。艾叶和菖蒲均为中草药，艾性温，有香味，并有去湿、暖肾、通筋、消毒、驱虫的功效。端午节时家家户户都在门首屋檐等处插上艾叶和菖蒲，俗称蒲剑、艾虎。淮北有民谚曰："端午不插艾，死了变个王八盖。"端午节，妈妈和姨娘为小孩做"香包"，系在小孩的脖子上或衣扣中，香包里有艾叶和白芷等香草药，异香四溢，挂在身上小虫便不敢近身。小姑娘们还将艾叶插在头发上。菖蒲、艾叶有挥发性香味，对净化空气，改善环境卫生有作用。端午节，家家户户中午都要饮雄黄酒，有的人家还在孩子的耳朵、鼻子、额头和肚脐处涂抹雄黄；有的地方还在小孩额头上写一个"王"字，寓意"兽中之王"，蛇、虫、蚂蚁不敢侵犯，要保留三天时间才能将字洗去。有的地方在端午节那天，房间打扫完之后，特别是厨房内，要洒上雄黄酒，这样可以灭虫杀菌。用白酒浸雄黄，再泡上几块白矾，酒挥发后，就成为雄黄矾。这种雄黄矾打湿后涂在被蚊虫叮咬的皮肤上，能消毒止

---

① 安徽省地方志编纂委员会：《安徽省志·民俗志》，方志出版社，1998年版，第111页。

痒，在缺医少药的年代发挥了不少作用。① 由于这些几乎是清代中国城市的传统端午习俗，不单安徽城市才有，故不再赘述。

（三）中秋节

中秋节又称"八月节"。清代安徽城市中秋节习俗中有一部分是当时中国城市普遍流行的中秋习俗，如赏月、吃月饼等。除此之外，清代安徽城市还有不少具有地方特色的中秋习俗。

1. 砌宝塔

砌宝塔是清代六安、巢湖的中秋习俗。在中秋节前几天，六安、巢湖市民结伴搜罗碎砖瓦片堆集在一处，然后分工砌宝塔，在地上画一圆圈，或是八角形圈，用碎砖打脚，用整砖做门，再用碎瓦块砌墙，逐层向上砌，四方用整瓦做成塔门。每砌尺余高时，即用大瓦伸出一圈，作为塔檐。塔身渐渐缩小。上端用磨尖的砖盖上，作为塔顶。塔高约三尺，甚至五尺，多为七层。中秋夜，塔外扎彩门，塔内点蜡烛或油灯。巢湖一带，少儿多在庭院中用瓦片垒成宝塔，每层燃荷叶灯，有的用芦柴扎成剖面宝塔，用纸糊墙，中燃蜡烛。宝塔正面，用彩笔绘上神话人物或花卉走兽。这种中秋游戏习俗体现了儿童的智慧和创造性，有益于儿童在欢乐的节日发挥创造才能。②

2. 摸秋

"摸秋"也称"捞秋""摸钱串""摸元宝"，是清代皖北、皖中、皖南、皖西一带的中秋习俗。有两种情况。一种是青少年到田间地头摘南瓜、向日葵、毛豆、玉米棒烧着吃，大人们将之视为儿童节日间的娱乐，不加干预。另一种是中青年男子独自到菜地里偷瓜果，只要偷到了瓜果，可以送给亲友中久婚不孕或已孕未生的妇女，对方就有望生下胖娃娃。偷瓜果的做法是每个人只能摸一个瓜果，摸两个以上就不灵验，最好是摸到一个冬瓜，冬瓜是"贵子"的象征，不能摸葫芦，因为有些葫芦是苦的。皖西霍邱一带有"送冬瓜儿"的民俗，用红布包着冬瓜，上面留一块画成脸形，由多人抱瓜送到久婚不孕的妇女家中。妇女坐在

① 安徽省地方志编纂委员会：《安徽省志·民俗志》，方志出版社，1998年版，第112页。
② 安徽省地方志编纂委员会：《安徽省志·民俗志》，方志出版社，1998年版，第115页。

被子里接受冬瓜，像对待婴幼儿那样抚摸，放到床里面睡下后，方下床迎客①，给客人散发喜糖、红蛋。皖北的民俗是摸到丝瓜生男孩，摸到冬瓜生女孩，摸到辣椒不害眼。②

除了上述几个岁时民俗，清代安徽城市的岁时民俗还有很多，比如冬至、立春等，不再赘述。

第二节　清代安徽城市的地方戏剧

中国戏曲品类众多、历史悠久、源远流长。安徽的戏曲也有悠久的历史，亳州出土的隋代乐舞戏俑就反映了古代安徽戏曲的发展盛况。五代南唐时期，安徽地区已流行傀儡戏，宋元时期流行的则是杂剧。

清代，安徽地方戏种类多样，并达到了较高的艺术水准，在各城镇深受欢迎。这既和当时广大市民对精神文化生活的渴求有关，又离不开一大批地方戏创作者、表演者的努力。他们将广大人民的日常生活写入戏中，并用戏曲唱腔和动作表现出来，表演深入人心，吸引了大量市民。这也是清代安徽地方戏繁荣的主要原因之一。

清代安徽地方戏的发展在当时处于全国领先地位，就连国粹京剧的产生也离不开安徽地方戏。京剧是在徽剧、汉戏的基础上，吸收融合了京腔、秦腔、昆剧等的精华发展演变而成的。③

清代安徽地方戏种类繁多，较为流行的有徽剧、黄梅戏、庐剧、目连戏、泗州戏、花鼓戏等。这些地方戏丰富了清代安徽城市市民的文化生活，推动了城市商业的发展，并对社会有一定的教化作用。

---

① 安徽省地方志编纂委员会：《安徽省志·民俗志》，方志出版社，1998年版，第115页。
② 安徽省地方志编纂委员会：《安徽省志·民俗志》，方志出版社，1998年版，第116页。
③ 吴戈：《京剧形成的标志与程长庚的历史作用》，汪军主编：《皖江文化与近世中国：京剧、近代工业和新文化的源头》，合肥工业大学出版社，2004年版，第237页。

一、清代安徽城市的地方戏

（一）徽剧

徽剧是形成于安徽的徽州、池州、太平、安庆一带的地方戏曲，俗称"老徽调"。它是在徽州腔、青阳腔的基础上，吸收明末清初流行的优秀戏曲艺术，逐渐丰富发展而成的。在中国戏曲发展史上，徽剧曾起过继往开来的作用，不仅京剧在它的基础上发展形成，南方的许多戏曲剧种如淮剧、婺剧、赣剧、湘剧、桂剧及滇剧等也都与它有着一定的渊源，可以说徽剧的影响几乎遍及全国。[1] 清代安徽戏曲发展的标志是通过徽班推出了徽剧。徽剧是在以原怀宁县一个乡镇石牌为中心的安庆地区形成的。自清乾隆到同治的百余年中，安徽省不仅石牌拥有许多徽班，徽州也有不少徽班，曾出现"京外四大徽班"，此外还有鸿盛、四喜等正规班社。江南徽班以当涂为中心，江北徽班以无为为主。省外，自四大徽班进京以后，扬州和北京便成为徽调演出的中心。[2]

乾隆五十五年（1790），高朗亭等带徽戏三庆班进京，受到北京市民的欢迎。接着，四喜、春台、和春等徽班也相继进京，形成"戏庄演剧必徽戏；戏园之大者，如广德楼、广和楼、三庆园、广乐园，亦必以徽班为主"的盛况，徽戏占领了北京的舞台。北京是当时的首都，是全国的政治文化中心。徽戏在北京吸收了各种戏曲之长，特别是汉剧、京腔、秦腔等，进一步丰富发展了自己的声腔，并与北方语言结合起来，发展为京剧。[3]

对徽剧表演艺术有突出贡献的代表人物是程长庚。程长庚，名椿，安徽潜山人，生于嘉庆十六年（1811），逝世于光绪五年（1879）。他善于融汇徽调、汉调、昆曲之所长，唱得高调雄浑，饶有韵味；咬字吐音，清楚准确；脱俗创新，卓成一家，被誉为京剧的"开山鼻祖"。[4]

---

① 陈长文、严济棠、李太：《"徽戏"在徽州》，歙县政协文史资料工作委员会：《歙县文史资料》第3辑，第131页。

② 安徽省地方志编委会编：《安徽省志·总述》，方志出版社，1999年版，第293～294页。

③ 《安徽风物志》，黄山书社，1985年版，第244页。

④ 《安徽风物志》，黄山书社，1985年版，第246页。

（二）黄梅戏

黄梅戏原名黄梅调，起源于黄梅县的采茶调。乾隆五十一年（1786），黄梅县遭受特大洪灾，百姓背井离乡，大部分人逃往宿松、太湖、望江、怀宁等地，他们一边做苦工，一边卖唱糊口，以黄梅县盛行的"采茶调"为主，自编自唱，一些爱唱的也跟着学了唱，于是唱黄梅民歌小调的就越来越多，黄梅调也就越传越广，在怀宁、太湖、望江一带扎下了根，太湖尤其以徐桥镇为中心。后来，由于喜爱黄梅戏的人越来越多，在发展中又大胆吸收了不少地方曲艺的特色，如徽调、二高腔、采茶调、花鼓戏、连厢舞等，不断丰富自己，最终成为人们喜闻乐见的戏曲剧种。黄梅戏的传统剧目有《打猪草》《闹花灯》《夫妻观灯》《打豆腐》《补锅》《游春》等。[①] 黄梅戏以安庆地方语言为歌唱基础，唱腔以抒情见长，韵味丰富，优美动听。唱腔可分为两大类：一是平词类，有"平词""二行""阴司腔""仙腔"等，常用于大段抒情、叙事，是正本戏中的主要唱腔；另一类是花腔，大多是民间歌谣小调，为一些小戏的专用曲调。黄梅戏的主要乐器是高胡，配以其他民族乐器和锣鼓，表演时常常载歌载舞。在表演艺术上，强调细微之处见功夫，要求既能准确地表现动作的内容，朴实平易，一看就懂，又能抒发人物细腻的思想感情，真切自然。[②]

清代黄梅戏的演出情况如下：

1. 在玩灯的时候演出

清代，安庆民间每年春节都有玩灯的风俗。《怀宁县志》载："人日（农历正月初七）……乡村灯戏，率以是夜出焉……或龙或狮或采茶或走马……"[③] 这种玩灯的活动在安庆周围的十多个县都很盛行。黄梅戏的"玩友"（业余演员）常常加入玩灯的班子去演唱小型剧目。每到一村，玩灯者舞龙、舞狮时，黄梅戏艺人在一旁抽烟喝茶，唱戏时则玩灯

---

① 赵荆华：《太湖黄梅戏溯源》，政协安徽省太湖县委员会文史资料研究委员会：《太湖文史资料》第5辑，1989年版，第59~60页。

② 《安徽风物志》，黄山书社，1985年版，第253页。

③ 洪非：《黄梅戏从农村唱到城市》，政协安徽省委员会文史资料研究委员会：《安徽文史资料选辑》第3辑，第136页。

者去休息。玩灯中唱的黄梅戏，要求内容愉快、形式活泼，还要回避"斩、杀、死、亡"等不祥的字眼。黄梅戏在玩灯时演出只能分到一点"灯礼"（糕点及少量的钱），基本上还是业余性质。

2. 与高腔和徽戏合班

黄梅戏流行的安庆地区原有两个成熟的戏曲剧种。一种是高腔，源于明代青阳腔；另一种是徽戏，原是安庆的地方戏，有常年演出的职业班社，如"大四喜""天乐堂""同乐堂"等，还有一些培养徽戏演员的科班。黄梅戏与徽戏多次合班，在特定的场合演出（如唱"喜庆戏"）。剧目安排上还有些不成文的规定：每次演出，打过"闹台"后，即由徽戏艺人演唱"戏帽子"——《大赐福》或《封赠》，然后根据不同的情况演出不同的徽戏剧目。如庆贺新婚，唱一曲《打金枝》；新屋落成，演一天《天波府》；农历五月十三"关帝会"，则唱《华容道》……接唱黄梅戏，剧目也有所选择，如小儿满月、周岁，多唱《麒麟送子》《天仙配》。不同剧种的合班是进行艺术交流的好机会。①

3. 赶集、赶会、唱赌戏

从前，安庆地区太湖县的徐家桥、桐城县的练潭等地都有规模较大的集市贸易。尤其是练潭的"牛集"，人山人海，经月不散。同时，潜山怀宁一带还兴迎神、赛会，迎关帝就非常隆重。每年秋收之后，这些地方还有比赛奇珍异物、竞技斗艺的"赛会"。市集和会场都由当地的豪绅和流氓头子把持，他们为了吸引群众，开集、赛会之前，总是邀请一些黄梅戏艺人来演唱。此外，原至德县及其附近的江西潘阳、浮梁等地，还有专设的赌场，到江北来邀请黄梅戏艺人去演唱。②

黄梅戏班规共有十条："一、炮响登台；二、锣歇归把；三、不准私游乡村；四、不准欺师骂友；五、不准欺兄霸嫂；六、不准吵闹公堂；七、不准挑拨离间；八、不准招摇撞骗；九、不准见戏推诿；十、

---

① 洪非：《黄梅戏从农村唱到城市》，政协安徽省委员会文史资料研究委员会：《安徽文史资料选辑》第3辑，第137~138页。

② 洪非：《黄梅戏从农村唱到城市》，政协安徽省委员会文史资料研究委员会：《安徽文史资料选辑》第3辑，138页。

不准见班思班。"①

（三）庐剧

庐剧是安徽土生土长的地方戏，原名倒七戏，流行于江淮之间的广大地区和长江两岸及大别山的部分地区，拥有众多的观众。庐剧是在大别山民间歌舞的基础上，受湖北花鼓戏的影响而形成的。②

庐剧的起源没有文字记载可查。根据老艺人以师辈向前推算，约有两百年的历史。清乾隆、嘉庆年间，已有职业庐剧班社活动。③ 庐剧表演艺术朴实活泼，简单真实，民间气息浓厚。它的主要特点有三。一是道白有小白和韵白之分，小白与生活语言既相同又不同，韵白接近于生活语言，但有韵味。二是满台锣鼓半台戏。庐剧的伴奏用打击乐器，几乎是一种戏一套锣鼓经。三是在表演上有歌有舞，生动活泼。一般都是站着唱或坐着唱，同时做一些小的表情动作，保持了民间说唱的特点。舞时，大的舞蹈动作都是在唱完一段后，随着打击乐器的伴奏起舞，大量吸收了"挑花篮""跑旱船""秧歌"等民间舞蹈的特点。④

以霍山县的庐剧为例。据老艺人回忆，霍山县群众不叫庐剧"倒七戏"，而叫它"小戏""二小戏""三小戏"或"花篮戏"，这是根据它原来的演唱形式和活动特点来称谓的。因为庐剧最初只是一些会唱民歌的穷苦农民在农闲时为乞讨，二人或三人自行组合，把民歌进行改编，用唱花鼓的形式，在稻场或人家门口表演"二人唱"或"三人唱"，所以人们就叫它"二小戏""三小戏"。后来在流动表演时，他们多用竹编的花篮子装简陋的服装道具，所以又被称作"花篮戏"。顺治年间，每到立春的头一日，在霍山城乡的诸多民俗活动中就有了结彩演故事的活动，而且观众沿街充巷，热闹非凡。所谓"结彩演故事"，就是化妆唱戏表演有情节的故事，可以看出结彩唱戏演故事已经成为当时的传统习俗。如乾隆四十一年（1776）迎春这一天，城乡居民不仅在广场上唱戏

① 洪非：《黄梅戏从农村唱到城市》，政协安徽省委员会文史资料研究委员会：《安徽文史资料选辑》第3辑，第140～141页。

② 辛人、诗珠：《庐剧的沿革和发展》，政协安徽省委员会文史资料研究委员会：《安徽文史资料》第15辑，安徽人民出版社，1983年版。

③ 《安徽风物志》，黄山书社，1985年版，第248页。

④ 《安徽风物志》，黄山书社，1985年版，第248～249页。

演故事，还在亭台楼阁上张灯结彩唱戏演故事，既形象又具体。这应是霍山县登台唱戏最早的文字记载。

霍山县地方小戏班社的表演场所，最初都是临时搭制的土台或用方桌搭的台，非常简陋。大约明末清初始有专门为上演戏剧而建造的戏楼戏台，如徽州旅霍同乡会在该县老城光明街集资兴建了一座"新安会馆戏楼"，规模宏大，院内可容千人。诸佛庵镇东街火神庙内也有一座古戏楼，名叫"诸佛庵万年台"，是一座古典式建筑，砖木结构，飞檐翘角，古朴端庄，分上下层，台上演戏，台下住人，甚为壮观。此外，深山区的高山铺还有一座"高山戏楼"。惜多种原因，这些戏楼戏台均已荡然无存。[1]

（四）目连戏

目连戏源于目连救母的故事。北宋东京城曾演出《目连救母杂剧》，盛况空前。明代的目连戏有《赛目连》《曲品》《远山堂曲品》等剧目。康熙年间，北京梨园演过《目连戏传奇》。乾隆、嘉庆年间也演过《劝善金科》等戏剧。[2]

目连戏的演出在南陵历史悠久，据《南陵县志》载，王阳明先生评目连曲曰："词华不及《西厢》艳，更比《西厢》孝义全，亦神道设教意也。""清道光年间，南陵县知县王成潞在《杂咏》诗中曰：'……厉增涂鬼面，傀儡逢场戏（目连木偶戏）。'"[3]

南陵马家园（以下简称马园）即今属太丰乡马园行政村，是青弋江畔的一个农村小镇。清末民初，马园是南陵目连戏的发源地，习称"马园班"，对外演出名曰"万福班"。以前后间续和发展的时间不同，又分为"老万福"和"新万福"两个戏班。同治元年（1862），谢开基、任义荣合作创建"万福班"，后称"老万福"，服装（行头）道具由任成林管理。民国十年（1921），谢开基之子谢昌禄、万辅俊合作创办"新万福班"。班底的组合是以马园地方演员为主体，并吸收部分乡土流动演

① 李如尧、项志培：《霍山庐剧的历史沿革》，政协六安市委员会：《六安文史》第2辑，中国文史出版社，2006年版。
② 政协南陵县文史办公室编：《南陵县文史资料选编》第6辑，1987年版，第61页。
③ 政协南陵县文史办公室编：《南陵县文史资料选编》第6辑，1987年版，第61～62页。

员，角色比较整齐，阵容亦属可观。从艺的演员多在秋后和春节前后演唱，其余时间或做工，或务农，各自从事本业生产。演员中的主角多是一角多艺，是平时演唱实践中深受群众称赞的佼佼者，如扮旦角的也能唱生角，唱文生的也能唱武生；有的主角演员碰上"花目连"等大场面，既能唱目连，也能唱平台（京戏），演唱形式不拘一格。自清末至民国，马园地区的新老万福班都是当时被外地"抢箱子"的热门戏班，曾先后去过歙县、旌德、泾县、宣城、宁国、太平、青阳、贵池、铜陵、繁昌、芜湖、无为、庐江等地演出。①

（五）泗州戏

泗州戏是安徽省地方戏曲的主要剧种之一，历史悠久，唱腔丰富，音乐动人，好唱易懂，朗朗上口。它既有强烈的地方特色，又有北方戏曲的高亢、激越和南方戏曲的细腻、深沉。泗州戏有程式，但不程式化，本腔演唱，方言念词，质朴自然。

泗州戏流行于淮河两岸的广大地区。它的唱腔和艺术表演有着十分迷人的魅力，被誉为"拉魂腔"。过去民间曾流传这样一首歌谣："拉魂腔、拉魂腔，不怕我不听，就怕你不唱。"因此，在丰收之年，民众常常要请泗州戏班唱戏庆祝。

泗州戏源于苏北的"太平腔""猎户腔"两种民间曲调。传到淮河两岸后，在泗州一带最为流行，故称为泗州戏。泗州戏起源于乾隆年间，戏班经常演出的有《状元打更》《观灯》《玉堂春》等传统节目。②

（六）花鼓戏

1. 皖南花鼓戏

皖南花鼓戏流行于安徽省的宣城、广德、郎溪、宁国等地。它是由皖南民间歌舞和湖北花鼓小调、湖南灯曲结合，经过百余年的演化、发展，形成了具有皖南乡土风味的地方戏曲剧种。

---

① 章光斗、陈绍连：《南陵目连戏的"马园班"》，政协南陵县文史办公室编：《南陵县文史资料选编》第 6 辑，1987 年版，第 70～72 页。

② 赵春明、李时亮：《泗州戏》，政协濉溪县文史资料委员会：《濉溪文史资料》第 1 辑，皖非正式出版字（87）第 0011 号，1987 年版，第 75～76 页。

皖南花鼓戏的成长分为四个阶段："玩彩灯""打五件""地摊子""四季班"。

清初，灾民南下到宣城、广德一带开垦；太平天国运动后，这一带发生了大瘟疫，造成"十室九空，野无人烟"的惨状。清政府为鼓励开垦，规定"三年不纳皇粮"。这样，湖北、湖南、河北等地的居民纷纷来此垦荒。湖北的花鼓小调、湖南的灯曲随移民流入皖南。每当春节或秋收以后，这一带的本地人和客家人都要走乡串镇，玩灯赛会。到同治年间，这种灯会的活动规模已经变得相当大。玩彩灯实际上是一种歌舞活动，其内容一是耍狮子灯、马灯、龙灯等；二是扮演传统故事中的人物，有表演，有说唱；三是进行旱船、彩船等歌舞表演。后来又经过"打五件""地摊子""四季班"三个阶段逐渐发展成熟。[1]

皖南花鼓戏的表演艺术继承了民间歌舞传统，道具一般用彩扇子、红毛巾、腰带等。在表演程式上，有推帘门、摸刘海、亮毛巾等，统称十二摸，内容丰富。在表演方法上，讲究文演、武演、冷演、热演。文演的特点是细腻优美，武演的特点是泼辣火爆，热演的要求是风趣活泼，冷演要做到沉着稳健。[2]

2. 淮北花鼓戏

淮北花鼓戏流行于安徽砀山、萧县、宿县、灵璧、泗县、蒙城、涡阳、蚌埠、淮南、寿县等淮河以北的广大地区。它因发源于淮北，表演时男角上场背花鼓，乐队伴奏时也以花鼓为主乐，故又叫淮北花鼓。[3]

淮北花鼓戏的传统剧目有近两百个，内容大多是反映淮北人民的生活、生产、性格、习惯等，运用当地方言，有浓郁的地方色彩和强烈的生活气息。其中有一些剧目如《王小赶脚》《花园会》《白玉楼讨饭》《驾鸡》等，深受群众的喜爱。淮北花鼓戏在身段、动作、眼神上有独特的表演风格，粗犷、奔放、朴实而又诙谐，因而能较好地表现淮北劳动人民热情强悍、豪放爽朗的性格。[4]

---

[1] 《安徽风物志》，黄山书社，1985年版，第256~258页。
[2] 《安徽风物志》，黄山书社，1985年版，第258页。
[3] 《安徽风物志》，黄山书社，1985年版，第259页。
[4] 《安徽风物志》，黄山书社，1985年版，第260页。

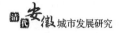

二、清代安徽城市地方戏对城市社会的影响

清代安徽城市地方戏的流行对城市社会产生了一定的影响，丰富了市民的业余文化生活，促进了商品经济的发展，并具有一定的社会教化作用，也对城市的空间布局产生了影响。

（一）丰富了市民的文化生活

戏曲演出是古代城市民众心目中不可替代的娱乐方式。通过观看戏曲表演，民众的苦闷得到宣泄，快乐得以放大，可以暂时摆脱日常生活中精神贫瘠的状况，获得某种精神上的"替代性满足"。[①]

清代安徽地方戏是继承民间传统艺术发展而来的，反映了劳动人民的审美观念。清代安徽的城市或较大的城镇，每逢红白喜事、灯会、庙会、贸易集市，以及节日如春节、元宵节、端午节、重阳节等，都有地方戏的演出。[②] 下面是清代、民国安徽方志记载的地方戏演出盛况：

石埭中秋节："十五日办赛会，肖神为假面……装演眩目，观者如堵，极为靡费。又醵钱演戏，积月方休。"[③]

宿松："（五月）二十八日为'城隍诞辰'。谀日与神鬼历坊厢街巷，仪仗无限制，鬼物杂戏，士女杂还，填溢衢路。"[④]

潜山县城端午节："五月，五日……官民士女各结彩船，俳优鼓乐，欢饮为乐。"[⑤]

舒城元宵节："元宵，儿张燎，杂百戏，醵聚为乐，箫鼓喧阗，金吾不禁。"[⑥]

从上述文字可以看出，每当地方戏演出之时，总会出现"士女杂还，填溢衢路"的盛况。在那个经济文化落后、娱乐活动贫乏、信息不通、交通不发达的时代，普通百姓的思想和感情得不到更多抒发，当地

---

① 贺宾：《传统戏曲社会教化功能作用机理探微》，载于《西北第二民族学院学报（哲学社会科学版）》，2008 年第 1 期。

② 谢克林：《中国花鼓灯艺术》，安徽人民出版社，1990 年版，第 28 页。

③ 《石埭县志》卷八，民国二十四年（1935）铅印本。

④ 《宿松县志》卷五六，民国十年（1921）活字本。

⑤ 《潜山县志》卷一二，康熙十四年（1675）刻本。

⑥ 《舒城县志》卷二〇，康熙三十九年（1700）刻本。

方戏开始演出的时候，成百上千的市民从四面八方涌向演出地点，他们陶醉在锣鼓喧天的乐曲和幽默诙谐的唱词里，尽情宣泄自己的情感。比如花鼓戏当中有这样一段唱词：

> 月亮一出白沙沙，抱着孩子纺棉花。三间屋子两道梁，中间安放花家堂。蜡烛明灯亮堂堂，炉中点燃五炷香。小小扫帚七寸长，室内扫得一片光。堂屋空出一块地，纺线车子放中央。安上绽子擦上油，右手要来左手纺。线子纺得赛银条，线有多长情多长。①

从这段花鼓戏的唱词中可以感受到真实的环境、场景，唱词活泼、清新、淳朴，叫人陶醉。

值得注意的是，近代安徽地方戏的发展呈现出复杂的状态。它一方面有着进步性，另一方面个别内容又有庸俗性和落后性，例如为迎合低级趣味的一些表演。在表现女性情态上有不少扭捏作态和矫揉造作的表演，甚至还演唱《十八摸》等下流淫秽小调，这对清末安徽城市的社会风气产生了一定的负面影响。②

（二）推动了商品经济的发展

在清代安徽城市，每逢地方戏演出，总会聚集大量的戏迷，这也为城市商家和农民提供了无限商机。城内的商家会购进大量货物，伺机兜售；流动的小商小贩则聚集在演出地点附近出售各种商品；附近的农民也将自家的农产品拿到演出地点交易。

清末，安庆府太湖县徐家桥、桐城县练潭都有较大规模的集市贸易，潜山、太湖县城经常举行迎神、赛会等活动。为了繁荣市场，这些地方会邀请黄梅戏艺人来演出。黄梅戏一唱，十里八乡的老百姓蜂拥而至，促进了潜山、太湖县城以及徐家桥、练潭等地商业的发展。③

（三）具有一定的社会教化作用

地方戏曲表演不仅丰富了清代安徽城市居民的文化生活，拉动了城

---

① 谢克林：《中国花鼓灯艺术》，安徽人民出版社，1990年版，第29～30页。
② 谢克林：《中国花鼓灯艺术》，安徽人民出版社，1990年版，第45页。
③ 洪非：《黄梅戏从农村唱到城市》，政协安徽省委员会文史资料研究委员会：《安徽文史资料选辑》第3辑，第138页。

市的商品经济，还在社会教化层面承担了文化传承和道德教育的使命。清末安徽城市的地方戏大多以劝善惩恶为教化宗旨，因此，地方戏很大程度上成为弘扬道德的载体。[①]

黄梅戏传统剧目《女驸马》讲述了冯顺卿之女冯素珍的故事。冯素珍自幼许配给李兆庭。李兆庭家道中落，前来冯家投亲。冯素珍的继母和冯顺卿嫌贫爱富，拒不接纳李兆庭，反诬其为盗，陷其入狱，欲将冯素珍许给刘大人之五公子。冯素珍不听父命，女扮男装，逃至京城，顶李兆庭之名，考中状元。皇帝爱其才貌，选为驸马，而说媒之人正是刘大人。冯素珍被迫进宫和公主成婚，但她用自己的不幸遭遇和不屈的行为说服了公主和皇帝，最终皇帝赦免了冯素珍，释放了李兆庭，有情人终成眷属。[②]《女驸马》歌颂了对爱情忠贞的冯素珍，抨击了势利小人冯父、冯母以及刘大人，伸张了正义。清末安徽花鼓戏《王小楼卖线》讲的是王小楼的故事。王小楼嗜赌成性，好吃懒做，不务正业，一家人全靠其妻纺线维持生活。一天，王小楼背着妻子纺好的线去城里卖，见赌手痒，把家里断炊的事忘得一干二净，将钱输光。为了欺骗妻子，王小楼背了半口袋的沙子回家。妻子发现袋子里不是米而是沙子，不禁悲从中来，痛苦万分。王小楼又在妻子面前装死，引得妻子伤心哭泣。花鼓戏《王小楼卖线》反映了旧制度下妇女的悲惨命运，抨击了赌博等社会不良习气，具有一定的社会教化作用。[③]

（四）影响了城市的空间布局

清代安徽众多戏楼的兴建丰富了城市的建筑，促进了地方戏的发展。以六安城为例。清代六安州城内有古戏楼四座：城隍庙戏楼，位于东大街；旌德会馆戏楼，位于黄大街；山陕会馆戏楼，位于便门口；泾川会馆戏楼，位于文胜街。其中最古老的戏楼为城隍庙戏楼。据乾隆十六年（1751）《六安州志》载："城隍庙在鱼市拐之东，坐北面南，太祖

① 贺宾：《传统戏曲社会教化功能作用机理探微》，载于《西北第二民族学院学报（哲学社会科学版）》，2008年第1期。
② 政协安庆市文史资料委员会：《安庆文史资料》第22辑，安徽省新闻出版局 A.90，129号，1991年版，第25页。
③ 谢克林：《中国花鼓灯艺术》，安徽人民出版社，1990年版，第37页。

（宋）乾德三年建，洪武（明）元年春奉旨重修。"层楼飞檐，规模宏伟。后毁于咸丰年间，同治时重建，内有戏楼一座，专供酬神庙会之用。光绪十五年（1889），河南汴梁京剧艺人赵凤箫（艺名"一点红"）来六安组建城关最早的京剧班社洪福社，开锣唱戏，便在此楼。之后，河南的庆寿班、六安的九如班以及蔡子文（艺名"大和尚"）同庆班亦相继在此演戏。

其余三处古戏楼均为明清时期外地商人所建。据同治十一年（1872）《六安州志》载，明清以来，徽商勃兴，六安城中会馆林立，"大者如泾川、旌德、山陕，馆宇宏大，院落深邃，内有戏楼、看台、会堂、学堂、宅舍、膳房等"。昔日会馆绅董，为炫耀门庭，寻欢作乐，每逢喜庆佳节，常邀戏班在馆内演戏，各班名伶轮番登场，丝竹之声不绝于耳。①

泾川会馆的古戏楼坐落在文胜街小竹丝巷 120 号大院内。戏楼坐西面东，分为上下两层，下为石库门庭，上为戏楼舞台。楼高八米，外呈六角形，青石铺基，砖瓦结构，中有四根巨型条石上下贯通，飞檐翘角，古朴坚实。楼顶宛若两只金元宝平放于宝盒之中，故被群众称为"宝盒楼"。据会馆《产业碑记》载，此楼建于乾隆五十二年（1788），嘉庆二年（1803）重修，为徽商泾川帮同乡会集资兴建。该戏楼建于城南住宅区，环境幽静。戏楼前原有石狮一对，碑记一方。后有大殿五间，三明两暗，两旁各设八间廊房，亦分上下层，白墙灰瓦，左右对称，面对戏楼可临窗观戏。若论其布局结构和精美雕饰，在六安古戏楼中均属上乘，足见当年造楼者之匠心。二楼为戏台，四周以雕花栅栏间隔，舞台台面宽十二米，深五米，均用三寸厚的檀树木板铺设。旁有二内室，可供演员化妆之用，木雕门楣上有"出将""入相"四字。舞台左侧有一砌砖楼梯。昔日戏班登场时，会馆管事在两旁石柱上悬挂两副彩绸楹联，一联曰："方寸地，有家有国有天下；一楼人，能文能武能鬼神。"另一联为："看我非我，我看我，我也非我；装谁像谁，谁装谁，谁能像谁。"短短两联，寥寥数语，既能寓言戏理，妙趣横生，又

---

①　张威：《漫话六安古戏楼》，政协安徽省六安市文史资料研究委员会：《六安文史资料》第一辑，安徽出版局登记证（86）2110 号，1986 年版，第 119 页。

可为台上演出烘托气氛。在旧社会，戏班常来泾川会馆古戏楼演戏。较有名的戏班有"庆寿班""九如班""天庆班"以及倒七戏艺人肖玉福的"福庆班"等。①

第三节 清代安徽城市的社会问题

社会问题是社会学研究的重要领域之一，指社会关系失调，影响社会大部分成员的共同生活，破坏社会正常活动，妨碍社会协调发展等社会现象。② 城市社会问题和城市的政治、经济、文化有关。早期城市主要具有军事、政治功能。随着城市的发展，经济功能日益突出，城市人口也越来越多，其中不乏传播或染上不良社会习气之人，于是，各种各样的城市社会问题就出现了，如赌博、嫖娼、吸毒、封建迷信等。在清代，安徽城市同样面临着赌风盛行、吸毒成风、娼妓泛滥、封建迷信等问题。

一、清代安徽城市的社会问题

（一）赌博盛行

赌博是依照大家都认同的规则，进行分出胜负优劣的游戏，并根据胜负高下，使钱财或其他抵押品在投注人之间更易或转移的一种行为。③ 赌博不仅助长了贪婪、狡诈的罪恶风气，而且造成了社会、家庭及个人的种种不幸，历史上因赌博而家破人亡者不知凡几。但赌博又能满足人们投机取巧、侥幸取胜的心理，还有一些消闲解愁，甚至是发挥机智的作用，因此具有很大的诱惑性，沉溺于赌海者大有人在，历朝历代屡禁不止。④

---

① 张威：《漫话六安古戏楼》，政协安徽省六安市文史资料研究委员会：《六安文史资料》第一辑，安徽出版局登记证（86）2110号，1986年版，第119~121页。
② http://baike.baidu.com/view/183632.htm。
③ 戈春源：《中国社会民俗丛书·赌博史》，上海文艺出版社，1995年版，第3页。
④ 戈春源：《中国社会民俗丛书·赌博史》，上海文艺出版社，1995年版，前言。

在清代，安徽地区的城乡家庭每逢婚丧喜庆及春节等节日，宾客临门庆祝，为了招待客人，往往以牌九、色子、麻将等为赌具，以财物为注，进行赌博活动。还有茶馆、酒店、旅店等处也聚众赌博。其中有的活动属于娱乐性的消遣，但多数以输赢财物为目的，有少数人沉溺其中，倾家荡产，为旧社会的公害之一。①

清末，铜陵大通和悦洲赌风颇盛。赌博活动五花八门，形形色色，有推牌九、打麻将、抹纸牌、摇单双等。有公开开赌场的，亦有私下聚赌的。赌场大多为官绅及帮会首领所设，他们与衙门官员有私交，且这些官员也常常参加赌博。据说李鸿章的侄孙李少岩是一个帮会的首领，他倚仗有钱有势，开设赌场。在大通地区的军政人员常出入李少岩的赌场，社会名流也常去捧场。李少岩聚赌抽头，每夜达百元（银圆）以上。聚赌于私家的多为小工商业者、无业游民等，所抽"头子"则装入邀赌者私囊。

旧社会在通河两岸有不少人染上了赌博的恶风，有的因赌博废时失业，倾家荡产；有的日夜参赌，将家业输尽，导致债台高筑，甚至无法生活，只得投河自杀。②

清代南陵城乡赌风盛行，有文武场之分。武场是牌九、单双、四门宝，文场是麻将、纸牌、梭花（扑花）、十符子等，赌具种类繁多。每逢节日和阴雨天，到处都在聚赌。这些人一上赌场，没日没夜，无休无止。③旧时赌局中常有赌假的骗局，暗设陷阱，诱人上当，手法变换多样，奸诈莫测。如麻将牌中的"抬轿子""一吃三"，单权、牌九中的"打印子""孔明灯""猴子灌酒"（即在骰子中注入水银）等，赌场上还有一种借钱计息、累息为本的高利贷，名叫"印子钱"或"包子钱"，又叫"天亮钱"。有的夜场借一百块"印子钱"，到天亮后次晨，本息加起来就得归还两百块，隔日就要滚到四百块。很多参与赌博的人因此倾家荡产，家破人亡。

---

① 安徽省地方志编纂委员会：《安徽省志·民俗志》，方志出版社，1998年版，第158页。

② 政协安徽省铜陵市、县文史资料研究委员会编印：《铜陵文史资料选编》第3辑，安徽省出版总社非字（86）第2065号，1986年版，第135页。

③ 老华、光斗、绍连：《旧社会南陵的烟、赌、娼》，政协南陵县文史办公室编：《南陵县文史资料选编》第6辑，1987年版，第103～104页。

赌徒们输光了就得另想办法，帮会头头可以"邀挑"得"头花"。有的人靠偷窃扒拿，见到人家的竹床、粪桶、小型农具就"顺手牵羊"，或者偷鸡、收晒、易地卖钱。有的输急了干脆拦路抢劫，或在黑夜结伙，戴猴头帽，做蒙面人，学着山东腔，破门入室，翻箱倒柜，抢走财物。赌博逐渐引发了严重的社会治安问题。①

由于赌博引发了诸多的社会问题，清政府曾试图查禁，规定凡造赌具者，为首之人发配边卫，终生充军，以下各类人分别处以杖一百、流二千里，或杖一百、三年徒刑的处罚；对于开设赌局的，初犯杖一百，并加三年徒刑，再犯则杖一百，流三千里。当时政府对旗人涉赌的处罚更加严厉，规定旗人参与赌博一律绞监候。②虽然清政府用严厉的措施禁赌，但各地的赌博风气丝毫没有收敛。官场腐败，官绅、富商多以赌博作为贿赂、交易的手段。赌博明禁暗放，终难禁止。进入近代，吏治日益腐败，清代安徽乃至全国的赌博之风盛行，已呈失控状态。③

（二）吸食鸦片

鸦片是毒品的一种，又名阿芙蓉，俗称大烟，是从未成熟的罂粟中提取的乳状液体，干燥后变成淡黄色或褐色的固体，味苦。若作为药品，有止泻、镇痛、止咳等作用。④唐初，鸦片和罂粟由阿拉伯商人献给皇帝。从唐至明的600余年间，鸦片作为药物在中国使用。明朝，宫中吸食鸦片之风开始盛行，随后蔓延到民间。⑤

清中叶以后，英国东印度公司向中国大肆倾销鸦片，当时的鸦片吸食者陡然增加到200万人。随着鸦片战争的失败，鸦片更像洪水一样倾销到中国。与此同时，罂粟也开始在中国广泛种植。⑥此后在日益增加的洋烟和土烟的双重熏染下，吸食鸦片的人数连续上升，到19世纪80

---

① 老华、光斗、绍连：《旧社会南陵的烟、赌、娼》，政协南陵县文史办公室编：《南陵县文史资料选编》第6辑，1987年版，第104～106页。

② 史革新：《中国社会通史晚清卷》，山西教育出版社，1996年版，第528页。

③ 史革新：《中国社会通史晚清卷》，山西教育出版社，1996年版，第529页。

④ 老华、光斗、绍连：《旧社会南陵的烟、赌、娼》，政协南陵县文史办公室编：《南陵县文史资料选编》第6辑，1987年版，第101页。

⑤ 苏智良：《中国毒品史》，上海人民出版社，1997年版，前言，第1～2页。

⑥ 苏智良：《中国毒品史》，上海人民出版社，1997年版，前言，第2页。

年代，吸食洋烟、土烟者达 2000 万人，占当时全国人口的 5%。①

清代安徽城市吸食鸦片的情况也很严重。当时不仅官吏、士绅吸食者甚多，而且社会上又以吸烟为交际应酬的必要工具，凡有宴会，以此敬客，通友商谈，必须到烟馆进行，更助长了吸食鸦片之风的流行。因此，平民吸食鸦片者也越来越多。

当时还有许多地主、巨富人家怕儿子到外面吃喝嫖赌，败光家业，为保持家业计，乃教儿子在家开灯吸烟，把鸦片作为软禁儿子的工具，认为只要儿子吸上了瘾，就不会到外面胡花乱用，即使每天付上几担稻子的烟费，巨大的家私也不会败落。清代繁昌县中分村巨富徐理堂便是这样做的。他的儿子、媳妇一天到晚不出房门，你吹我吸，在烟雾中消磨了一生，这种饮鸩止渴的办法，其他地主富户也多采用。② 阜阳县临泉镇南街路东陈应科之子陈亮西自幼就染上了毒瘾，对陈应科来说，使唯一的儿子成瘾有好处，可避免在社会上东奔西跑地胡混，以专心在家安度时光。所以陈应科吸烟时，就让亮西压边看盏。亮西稍有小病，就让其吸上几口，以后渐渐有了烟瘾。陈应科想的是家有 150 亩土地，有三处集宅和布店、粮行、杂货行生意，烟土不值钱，一元至二元就可买上一两，每天吸一两次，算不了什么，因此照吸不误。但最终不到十年，150 亩土地都被变卖，其家产布店、粮行、杂货行等也荡然无存。陈应科夫妇去世后，陈亮西食不果腹、衣不蔽体，最终死在其堂弟陈吉昌门前。而贫民抽鸦片成瘾者命运更加悲惨，如临泉南大街吴幼善，一家五口，靠其父吴斌贩卖鸦片为生，吴幼善则为商会的会计，最终因父子二人吸食鸦片，变得一贫如洗，家破人亡。③

一般人家是负担不起吸食鸦片的巨大开支的。何况鸦片上瘾后，人就会意志消沉，体质衰弱，什么事也懒得做，为了吸食鸦片而卖儿卖女，沦为乞丐盗贼的屡见不鲜。当时有人撰文讽刺瘾君子道："横枕开灯，足尽平生快事，朝吹暮吸，哪怕烈日风寒。纵妻怨儿啼，只装作天

①　苏智良：《中国毒品史》，上海人民出版社，1997 年版，前言，第 14 页。

②　李应凡：《记解放前的吸毒与禁毒》，政协繁昌县文史资料工作委员会：《繁昌文史资料选辑》第 2 辑，安徽省人民出版社皖非出字（84）第 2029 号，第 199 页。

③　政协临泉县文史资料委员会：《临泉史话》第 4 辑，皖内部图书 99—078 号，1999 年版，第 33~34 页。

聋地哑，只剩下几寸囟毛，半袖肩膀，两行清涕，一付枯骸。"把吸烟的堕落和他们囚首垢面的形态形容得淋漓尽致，如见其人。①

在清代，临泉镇以鸦片出名，其危害程度也十分惊人。几家地主和一些商贾为了赚钱，常邀请经营能手开灯设盏，吸食鸦片，借以招揽生意，而社会上的一些流氓、地痞、游手好闲之徒，染上毒瘾者，毒瘾发作，不偷即抢，混入土匪行列，为非作歹，挖空心思去抢劫、绑票，严重危害了社会治安。②

清代安徽农村有土地之富户大量种植罂粟，尤其是临泉南部靠近洪河的方集、艾亭、老集等地。因产量大，除供给本地吸食外，余数多卖于收购商店。地主方祥兆逢集便摆上方桌，大量收购鸦片，然后运往河南等地出售。每年麦收后，集上烟桌林立，光洋、铜板摆满一桌，收购来的鸦片堆积如山。时间一长，成瘾者甚多，烟馆也日益增多，仅南大街就有五六家，全集共十二家。③

在铜陵县的和悦街鸦片可以公开买卖。一般官僚豪绅、巨贾富商，大都在家开灯吸食。如招商局轮船公司老板金学海及儿子、儿媳三人在家吸食。不能在家开灯者就到烟馆吸食，烟馆应运而生。清末，和悦街上的烟馆竟有十家之多，贩烟者见有利可图，大肆购进皖烟、汉烟（武汉）、云烟（云南）。购进的烟土每两价格为一元以上，售出为两元以上，利润颇高。为此，不少行商、商店都兼营烟土，亦大发其财。④

清代安徽城乡的烟馆较多。烟馆有高低级之分。高级的烟馆有房间、床铺、桌椅、烟具，设备华丽典雅，还有糕点、细茶供应，有的烟馆还有专门替烟客烧烟泡子的女招待。低级烟馆设备简陋，大多是吸鸦片的破落户开设的，这种烟馆是草屋旧床，破被絮叠成长条形，放在床里边当枕头。床中间置一木盘，内设瓷灯、竹枪、铁钎等，床上一股肮

---

① 李应凡：《记解放前的吸毒于禁毒》，政协繁昌县文史资料工作委员会：《繁昌文史资料选辑》第 2 辑，安徽省人民出版社皖非出字（84）第 2029 号，1985 年版，第 199~120 页。

② 政协临泉县文史资料委员会：《临泉史话》第 4 辑，皖内部图书 99—078 号，1999 年版，第 34 页。

③ 政协临泉县文史资料委员会：《临泉史话》第 4 辑，皖内部图书 99—078 号，1999 年版，第 33~34 页。

④ 政协铜陵市、县文史资料研究委员会：《铜陵文史资料选编》第 3 辑，安徽省出版总社非字（86）第 2065 号，1986 年版，第 134 页。

脏气味，臭虫、跳蚤也不少。烟瘾发作的人犹如"打摆子"（疟疾的俗称），哈欠连天，人们称其为"大烟鬼"。进了大烟馆，付了吸烟钱，横躺在床上，独耳朝天，吸上几口烟，喝一口粗茶，闭目养神，才叹出一口气："烟瘾来了没奈何！"①

清代的烟毒给安徽城镇社会带来了深重的灾难。贩烟者越多，种烟者越广，吸食者也日益增多，危害也越来越严重。有的因吸食鸦片而倾家荡产，有的囊空如洗则卖儿卖女，有的一筹莫展行乞街头，有的骨瘦如柴命归黄泉，还有的沦为盗贼，危害社会。②

虽然清代屡出禁烟措施，但鸦片还是屡禁不止，愈禁愈多。清代安徽城乡吸食鸦片之风极大地危害了安徽人民的身心健康，造成大量白银外流，严重扰乱了社会风气。

（三）娼妓问题

旧社会妓院流毒贻害之广，坑害女性之惨之深，令人深恶痛绝。女性一遭坑害，便会被社会鄙视，再也不得翻身。③清代的妓女多系穷苦人家的善良女子，她们多被软硬兼施的手段欺骗引诱而落入娼门。清代妓女的来源大致有四种：

一是"捆"。龟头、老鸨用欺骗手段买来穷苦人家的青少年女子，小的教会其读书识字，大的教会其吹拉弹唱，不到成年就迫其卖身，招揽顾客。此类妓女受害最深，动不动就要挨打受骂，走动还有姨娘跟随监督，终生没有自由。生活上有老鸨供给，其收入全归老鸨所有，待到青春已过，人老珠黄，卖身钱也会被老鸨掠去。

二是"租"。龟头、老鸨趁某些贫家青年妇女遇到困难，用欺骗的手法把她们租来，少则一两年，多则三五年，经过训教接客赚钱，期满后方准回家，但在租期内无半点自由，若不顺从龟头、老鸨的意，也要受到打骂。

---

① 老华、光斗、绍连：《旧社会南陵的烟、赌、娼》，政协南陵县文史办公室编：《南陵县文史资料选编》第6辑，1987年版，101～102页。

② 政协铜陵市、县文史资料研究委员会：《铜陵文史资料选编》第3辑，安徽省出版总社非字（86）第2065号，1986年版，第134页。

③ 朱鼎元：《绵绵无尽的青楼恨》，政协安徽省芜湖市委员会文史资料研究委员会：《芜湖文史资料》第2辑，安徽人民出版社非出印字134号，第263页。

三是"折帐"。龟头、老鸨用欺骗手段，把某些女孩和妇女找来，稍加教唆和打扮，就要其接待嫖客。收入以三七、四六或对半分成。此类妓女虽比前两类自由，愿则留，不愿则去，其实也不随便，常受龟头的糟蹋或老鸨的打骂。

四是"半开门子"。被生活所逼自卖自身的暗娼、土妓，俗称半开门子。①

在清代，有"无娼不成市"之说。芜湖在清代是安徽省的经济中心，也是当时安徽娼妓业最发达的地方。妓院集中的地段叫"迎春坊"，即今天芜湖的集益里，按门牌分迎春坊1—9号；二排：10—19号；头排：20—37号；新头排：38—44号；新新头排：45—50号。起码有50家妓院。除集益里外，还有三街（同庆楼隔壁巷道内）、曾家塘（今吉和街）后面、河沿（今沿河路中山桥附近）、八字门（今中山路和二街转弯的厕所旁）以及美仁里、绍康里（今三横街巷内）大花园一带，都有妓院存在。

不论是迎春坊的名妓，还是三街、曾家塘和沿河路一带的土娼，她们大多是贫寒家庭出身的女子，被拐骗而堕入娼门。她们之中有的是老鸨的养女、童女；有的是妓院买自灾民或人贩子拐来的女子；有的买自鸦片鬼和赌徒之手，他们因积债难偿而卖掉自己的亲骨肉；还有的是从媒婆行诱骗的年幼无知原想成为用人、保姆的小姑娘。这些堕入娼门的姑娘与老鸨表面是"母女关系"，实际上是主奴关系。妓女的命运由老鸨和老板任意摆布，所受的是非人的待遇。②

倘若妓女想摆脱这种处境而逃走，被抓到就要遭受残酷的摧残、迫害。妓女分清倌人和红倌人，清倌人卖艺不卖身，一般是十三岁左右的童妓。清倌人到了十四岁后就要接客，接过第二次客的就叫红倌人，红倌人多是十四五岁以上的妓女。当时，怡春院有一个清倌人，长到十六岁时，老鸨为了讨好一个恶棍，就让她接待他。她得知后极为害怕，连夜逃跑，到了码头被追回。老鸨为了惩罚她，并达到杀鸡儆猴的目的，当即叫来好几个干兄弟（有的是商会会长，有的是米行大老板，也有的

① 凤阳县政协文史资料研究委员会：《凤阳文史资料》第2辑，1987年版，第203～204页。
② 政协安徽省芜湖市委员会文史资料研究委员会：《芜湖文史资料》第2辑，安徽人民出版社非出印字134号，第271页。

是帮会头头）对这个姑娘轮番奸污，折磨得她只剩下一口气。然后又将她卖给一个小流氓，不久便被迫害而死。一个清倌人长到十四五岁，老鸨往往叫她的干兄弟先来糟蹋她，这样一来，老鸨不但能获得巨额金钱，还能得到这些权势者的撑腰。红倌人到了二十二三岁以后，接客不多或叫价不高时，老鸨就将她卖出，有的三四千元，有的五六千元，谁开价高就卖给谁。

老鸨或老板用打骂和欺骗等手段迫使妓女接客，待妓女人到中年"下桥从良"后，其所赚的金钱、首饰和衣物悉数被老鸨占有。前来赎身的丈夫或父母必须付清妓女的赎身费，然后还得另制新衣换装，才能将她领出。客人为妓女赎身者多是买来做妾。也有阔少爷来买妓女，玩弄后转让他人，捞取厚利。做妾的妓女又要遭到世人的冷眼和大妇的虐待，因日子难熬而自尽者屡有所闻。

妓女如囚犯，平时不得外出，有事必须出门，需由老鸨的亲生女儿或媳妇跟随，限定时间回来，否则就要挨打受骂。清倌人在学艺时，如学不会或不听话，也要受到老鸨的毒打。有时老鸨在吃鸦片烟，就会顺手用挑烟的签针猛戳其身。可怜年幼的清倌人只准饮泣，不得号哭。红倌人接客时，不管有无淋病，都得强作欢笑奉迎，如有违抗或侍奉不周，轻则用鸡毛掸打，重则饿饭、罚跪搓衣板。妓女不愿接客或不愿多接客也要挨打，若被打伤赶回家，还要如数退还卖身费，有的回到家门还会受到父兄的打骂。平时遇到兵痞、恶棍迫唱歌曲或陪坐，若稍不及时，他们就要以带钉的木棍毒打妓女乃至捣毁妓院。出事后，妓院却迁怒于妓女，罚跪打骂。如两夜接不到客人就罚，对客人不开笑脸也罚，对客人太殷勤（怕被人拐走或私奔）又罚。总之，妓女们的生活是极为痛苦的。歌妓登台演唱，如被恶棍看中，只要递上名片，指定到某处唱堂会，歌妓就要及时前往，如有推托或婉拒，会立即受到迫害。①

迎春坊的妓女以陪客打牌为主，卖身为辅。即便是这样，每妓每月至少要接客一两百人次。河沿一带的妓女公开拉客的，每月接客超过两百人次。她们日夜疲劳，经常病魔缠身，淋病缠体，做了性病传播的媒

① 政协安徽省芜湖市委员会文史资料研究委员会：《芜湖文史资料》第2辑，安徽人民出版社非出印字134号，第272~273页。

介。老鸨很少给她们治疗，多是采取拖的办法。一旦病重不能接客，或者年老色衰，妓院就将她们卖给人贩子或贱卖给低等妓院，以其所得再买童妓或"养女"，一进一出，获利惊人。[1]

蚌埠娼妓与蚌埠城市的兴起，几乎同时根植于清末封建社会的土壤。1853年，太平军与清军在蚌埠发生了激烈的战斗。清军撤退时，一把大火把初具集镇规模的蚌埠焚为瓦砾。市集于是由淮河南岸的老蚌埠转到淮河北岸的小蚌埠。随着小蚌埠的发展，凤阳府在这里设立了一个小衙门——三县司，直属凤阳府衙。州官从镇台衙门调派一名低于七品县令的小武官前来驻守。这个三县司老爷出于个人享乐和发展商旅从中渔利的目的，便与外地船商合谋，从清江、淮城购来两只花船，花船的外形酷似杭州西湖的游舫，装饰得十分华丽，妓女便在花船上接客。

1909年开始修建津浦铁路，这是蚌埠发展的新起点，也是花船上的妓女上岸的转折点。当时数万修路民工从各地云集淮河南岸，各种店铺在老大街相继开业，这里顿时热闹起来，出现了多家客栈，如大喜客栈、怡安客栈、同升客栈等。花船上的妓女开始住进客栈。这时期小客栈的妓女多来自正阳关或河南省商城县，称为"商城帮"。她们虽精心打扮，油头粉面，并把足缠为"三寸金莲"，但着实土气，不善言辞，个人均以自己的丈夫为老板，不受客栈挟制。[2]

清代，安徽除了较大的城市娼妓业盛行外，一些处于交通要道、商业繁荣的集镇娼妓业也十分了得，如铜陵县和悦洲的暗娼私淫便十分兴盛。[3]

（四）封建迷信

所谓迷信，是在对神鬼、命运盲目崇拜信仰的基础上，企图通过多种非科学手段预测前景，或借鬼神之力改变某种不如愿的情况，或维护某种状况的行为。迷信大致包括以下几项内容：一是对各种仙怪鬼神和

[1] 政协安徽省芜湖市委员会文史资料研究委员会：《芜湖文史资料》第2辑，安徽人民出版社非出印字134号，第273页。

[2] 蚌埠市政协文史办公室、蚌埠市市志办公室编：《蚌埠古今》第2辑，1984年版，第128~129页。

[3] 政协安徽省铜陵市、县文史资料研究委员会编印：《铜陵文史资料选编》第3辑，安徽省出版总社非字（86）第2065号，1986年版，第135页。

天命的信仰；二是在此基础上利用一些手段，企图预测人世前途的吉凶，如占卜、相术、看八字等；三是企图凭借鬼神之力改变命运或不如愿的状况，如巫术、风水术等；四是由信仰鬼神而产生的无数禁忌。①

清代安徽城乡封建迷信习俗盛行，主要有算命、看相，拆字、卜卦，巫婆、神汉的活动，求签，过阴，看风水等。

1. 算命、看相

清代安徽城市有不少算命、看相的固定摊点和流动摊点。从事算命、看相的大都是男性盲人，人称"算命先生"。为了招揽顾客，他们常悬幡挂幛，上写"神机妙算"，并敲锣鸣铃，边喊"算算命，转转运"。算命人根据对方的出生年月日时，配合阴阳和五行（金、木、水、火、土）来"推算"，然后得出所谓的"好运""坏运"，讲的都是因果报应，含有极大的欺骗性和荒谬性。看相则是通过看对方的五官、手掌等来预测吉凶祸福，实际上都是无稽之谈。②

2. 拆字、卜卦

在清代安徽的一些城镇中，有少数人专以"拆字"的勾当进行欺骗活动，以传播迷信，骗取钱财。他们摆摊设点，面前摆一个小筒，内装若干卷纸条，由对方任意抽出一张纸条，然后拆字人问明对方的意图，即以汉字加减笔画，拆开偏旁，或打乱字体结构，或以谐音字替代，加以玩弄附会，以推算吉凶休咎。这是利用旧时城乡群众文化层次低的弱点，将汉字神秘化，以文字游戏的方式来欺骗群众。③

卜卦又名"占卦""打卦""算卜"。或用铜钱三枚，放入有盖的竹筒内，以烟熏之，连摇数次，倒钱于桌面，看钱的背面或正面，根据八卦课文推算，以判断吉凶。或用两块木制八卦，焚香后丢掷于地，根据卦象推算祸福。判断依据往往是"祖师爷"传授下来的八卦课文，多是宣传因果报应的陈词滥调，并结合求卜者的某些心态。④ 清代繁昌县城内充斥着很多算命、卜卦、看相和拆字的迷信从业者，这些人既是人们

① 郭春梅、张庆捷：《世俗迷信与中国社会》，宗教文化出版社，2001年版，导论，第6页。
② 安徽省地方志编纂委员会：《安徽省志·民俗志》，方志出版社，1998年版，第161页。
③ 安徽省地方志编纂委员会：《安徽省志·民俗志》，方志出版社，1998年版，第161页。
④ 安徽省地方志编纂委员会：《安徽省志·民俗志》，方志出版社，1998年版，第162页。

的吸血虫，又是麻醉人们的工具。①

3. 巫婆、神汉

清代，巫婆、神汉都是装神弄鬼的男女巫觋，流行于安徽全省城乡各地。他们借口神仙附体，能驱鬼治病，其迷信活动有以下几种。"送祟"（送野鬼），小孩生病，妄称"野鬼"缠身，由巫婆做法术驱鬼；烧剪纸童，为病人"招魂""看魂""开阴锁"，诡称小孩在阴间戴锁受罪，必须许下"开锁愿"，小孩方可痊愈。开锁仪式是：神汉手持带响圈的单面皮鼓，边击边唱，祈神拜佛，撕去病儿颈上的纸枷，亲友则馈钱致贺，这是神汉敛财的一种手段。②清代繁昌县城内有不少神汉、巫婆，他们蒙蔽群众，招摇撞骗。当时，东门内有一神汉，西门外有一巫婆，他们装神弄鬼，骗取钱财。神汉自称是"七姑娘"仙姑附体，在家里供奉牌位，帷幕上悬挂着"有求必应"的横匾，两旁挂有善男信女赠送的锦旗，供案上陈列着供果茶具，终日灯火不熄，香烟缭绕，为人"召亡""超度"，使得许多人上当受骗。巫婆自称是"牛头神"下凡，给人家"上神""召亡"。城内有一家男孩生病，请她上神治病，晚间在病人家设坛，只见她呵欠一打，双臂一挥，高声唱道："我是某仙来了……"接着装神弄鬼，一阵折腾之后赐"药"治病，结果导致病孩耽误了治疗，病情加重，最终夭折，家长后悔莫及。③

4. 求签

清代安徽城乡寺院一般都有求签的活动，其中木刻签文的内容涉及治病、求财、求子、求官等方面的问题，都是宣传封建因果报应思想的。其词句多含糊、抽象，可以任意解释。签分上上、上中、中平、中下、下下，除正文四句以外，尚有附注四句。求签者跪拜祈祷后，手摇签筒，摇出竹签一支，由庙祝凭竹签取签文，并加以必要的解释，以适应求签者的心理要求。庙祝从中收费，以借此增加寺院或个人的

---

① 政协繁昌县文史资料工作委员会：《繁昌文史资料选辑》第2辑，安徽省人民出版社皖非出字（84）第2029号，1985年版，第188页。

② 安徽省地方志编纂委员会：《安徽省志·民俗志》，方志出版社，1998年版，第162页。

③ 政协繁昌县文史资料工作委员会：《繁昌文史资料选辑》第2辑，安徽省人民出版社皖非出字（84）第2029号，1985年版，第188页。

收入。①

5. 过阴

清代安徽地区的皖西、皖中、皖南一带城乡有"过阴"的迷信习俗，即走乡串户的老年妇女招摇撞骗，说自己能画"花姑"过阴，代为寻找阴间已故的亲人。其方法是用一块红布蒙在一个小姑娘头上，并用香在她的头顶乱画圆圈，近似于催眠，使小姑娘如入梦境，乱讲胡话。老妇则在一旁牵强附会，说小姑娘的生魂已在阴间看到要找的亲人，并捎回亲人要说的话。其实小姑娘已晕头转向，神志不清，只是老妇满口胡言，借此骗取财物罢了。②

6. 看风水

看风水，古称"堪舆"。《汉书·艺文志》有《堪舆金匮》十四卷。"堪"是高处，"舆"是低处，"堪舆"即是选择住宅或基地的地理位置和高低地形，据说可以"避凶趋吉"，利宅主，益后人。"堪舆家"又称"阴阳先生"。

清代，南陵虽然没有专业的堪舆家，但富户看风水、选宝地之风颇盛。如三里乡地主方锡纯为了寻找风水宝地，请来一位福建省的阴阳先生在他家居住一年，对其丰厚优待，访遍附近平原丘陵，一无所获。最后在哦岭西侧丘陵地带找到了一块叫作龙凤呈祥的宝地。又据水闸河沿河老人说，自古水闸河南岸群山均系北向，是金龟朝北斗。故有传言："上至新会店，下至合河口，一对金龟朝北斗，有人葬得金龟地，子子孙孙朝中走。"此后沿河富户多请阴阳先生看风水，到处寻找金龟地脉。③

二、清代安徽城市问题的影响和治理

清代安徽城市存在的问题给市民带来了诸多危害，不利于城市的发展。如前面所述的赌博、吸毒，往往会使参与者倾家荡产，有的更是走

---

① 安徽省地方志编纂委员会：《安徽省志·民俗志》，方志出版社，1998年版，第162页。
② 安徽省地方志编纂委员会：《安徽省志·民俗志》，方志出版社，1998年版，第163页。
③ 政协南陵县文史办公室编：《南陵县文史资料选编》第7辑，内部发行，1988年版，第141页。

上了抢劫、盗窃的道路，导致社会治安混乱。嫖娼更是有伤风化，使得花柳病传播，损害了市民的身心健康。

这些问题有的由来已久，并非清代安徽特有。有的城市管理问题则在清代变得更加突出，如吸食鸦片问题。对于赌博、嫖娼、吸毒等，地方政府也尝试着加以禁止；而对于封建迷信则很少有禁止的。这主要是由于这些迷信活动一方面有利于麻痹市民，维护封建统治阶级的统治秩序；另一方面，在这些封建迷信活动中，有些是封建礼教演化而来的，地方政府没有禁止的道理。

（一）对吸食鸦片的治理

鸦片的危害十分严重，清代各级政府屡出禁烟措施。1729 年，雍正皇帝颁布了中国第一个也是世界上第一个禁烟法令，从此禁烟之声不绝如缕。1839 年，在道光皇帝的推举信任之下，林则徐发动了中国历史上第一次大规模的禁烟运动。以虎门销烟为代表的禁烟壮举，打击了外国殖民者的贩毒行动，向全世界表明了中国人民禁烟的决心。清末，清政府又发动了一次大规模的禁烟运动，这场运动是晚清新政的一部分，以挽救垂亡的政治。① 如 1910 年公布的《禁烟条例》规定：凡违背定章，栽种罂粟、制造鸦片及兴贩图利，处一等有期徒刑；凡开设鸦片烟馆供人吸食者，处四等有期徒刑，或一千元以上之罚金；吸食鸦片者，处二十元以上，五百元以下之罚金，等等。② 光绪三十四年（1908），安徽省成立了禁烟公所。当时的禁烟先从官吏开始，禁烟大臣颁发表格，调查各直省文武官员的吸毒禁毒情况，并通饬司道，一体严查结报，兼制药丸，给领戒除，并开药方，分饬州县局、所、社、会等，自行配制。凡平民吸食鸦片有愿戒除者，另于省城安庆西门外设戒烟分局，留住限期戒断，各州县同样办理。③

虽然清代屡出禁烟措施，但鸦片还是屡禁不止，愈禁愈多。鸦片的重要消费群体为各级官员，包括实施禁烟的官员，故禁烟效果不明显。清代安徽城乡吸食鸦片之风极大地伤害了人民的身心健康，使大量白银

---

① 苏智良：《中国毒品史》，上海人民出版社，1997 年，前言第 4 页，
② 朱绍侯：《中国古代治安制度史》，河南大学出版社，1994 年版，第 793 页。
③ 冯煦主修，陈师礼纂：《皖政辑要》，黄山书社，2005 年版，第 155～156 页。

外流，严重扰乱了社会风气。

（二）对赌博的治理

赌博是一种十分有害的社会风气，清代颁布了很多禁赌措施。康熙四年（1665）规定："凡开场召集赌博之人，抽头放头者，旗人枷号三月，鞭一百；民人责四十板，充军。在场赌博者，旗人枷号二月，鞭一百；民人责四十板，流三千里。官员有犯赌博者，枷责。"①

雍正时期严厉整顿社会风气和治安，再次申令严禁赌博，规定：凡制造纸牌、骰子等赌博器具，为首者发边远充军；为从及贩卖者杖一百，流二千里；地方保甲邻佑知而不首者，杖一百；地方官失察，罚俸三个月。如果诱人入局，杖一百，流二千里。官员赌博，革职，永不叙用。②

从整体上看，由于清代前中期严禁赌博，安徽城市赌风不甚流行。鸦片战争后，社会秩序趋于紊乱，安徽许多城市赌风盛行，一些地方官甚至公开开设赌场，禁赌法律条例形同虚设。③

（三）对嫖娼的治理

清代妓女、妓院的存在是合法的，但由于政治和道德的原因，禁止官员嫖娼。凡文武官员宿娼者，杖六十；妓女只能在妓院接客，不准流动营业；严禁衙役兵丁监生窝藏流娼；浴室、剃头铺、客店等服务性行业不准兼营娼妓，违者枷号三个月，徒三年。④ 这些规定在实际生活中作用不大。清代安徽城市官员嫖娼根本无法禁止，腐败的政治与道德的沦丧往往是并行的。

---

① 《清朝文献通考》卷一九六《刑考二》，浙江古籍出版社，2000 年影印本，第 6608 页。
② 朱绍侯主编：《中国古代治安制度史》，河南大学出版社，1994 年版，第 795 页。
③ 朱绍侯主编：《中国古代治安制度史》，河南大学出版社，1994 年版，第 795 页。
④ 朱绍侯主编：《中国古代治安制度史》，河南大学出版社，1994 年版，第 795~796 页。

结　语

明代以前，今安徽地区从未同辖于一个行政大区。元代，今安徽境内分属河南江北行省、江浙行省。明代，朱元璋建立明朝，以京师（今南京）为中心，将周围广大地区的府、州、县划为直隶区（后称南直隶、南京），今安徽地区始一统于京师，结束了分治的历史。清初，今安徽地区隶属江南省。由于政治、经济、军事方面的原因，康熙十五年（1676），原来隶属江南省的安徽地区，取安庆、徽州二府的头一个字，建成安徽省。

安徽地区在很早的时候就得到了开发，并出现了城市。随着时间的推移和朝代的变换，安徽城市逐渐形成规模并获得了较大的发展。虽然明末清初的战乱对安徽乃至全国的城市破坏极大，但随着清朝政权的稳固，安徽城市获得了较快的发展，城市人口增加，工商业较为繁荣。从整体上看，清代城市发展速度与规模超过了历史上任何时期[①]，安徽的情况也是如此。随着安徽的建省，安庆被确立为省会，各府、州、县城市治所的确定使清代安徽城市的行政等级体系正式形成。由于受地域范围以及长期商业贸易的影响，清代安徽城市还形成了淮河流域城市体系、皖江城市体系、皖南城市体系。就清代安徽城市的规模而言，大城市较少，城市整体规模较小。清代安徽城市的形态受省内复杂多变的地形影响，规则的矩形城市相对较少，不规则的或圆形的城池在山地丘陵地区较为普遍。在整个清代，安徽城市城垣和城内建筑在屡遭自然灾害和战争的破坏后，仍得到了较好的营建和维修。

中国古代城市具有重要的政治、军事功能，城市的地方行政管理机

---

① 何一民：《中国城市史纲》，四川大学出版社，1994 年版，第 219 页。

构和军事管理机构往往是合一的，中国古代各级城市官员的主要职能是征收田赋税务，维持封建统治秩序和社会治安。中央政府的行政编制最低往往到县一级，县城行政人员编制较少，有限的城市官员的主要职责是维持城市的正常运转，市政设施及各种公益事业的管理效率低下。在这种情况下，城市中自下而上的民间自治管理就显得必不可少，这种自治管理往往是通过民间基层组织实现的。就清代安徽城市的治安管理而言，参与者有城市地方政府、城市驻军、基层组织、清末警察等；就清代安徽城市的经济管理而言，官方介入不多，且以征收赋税为主，民间自发的经济管理在这一时期的安徽城市经济运行中占主要地位，各种行会、会馆发挥了较为重要的作用。

清代前中期，安徽地区的城市商业依然沿着传统的步伐前进。建省以后，安徽仍是以小农经济为主的自然经济，男耕女织，自给自足。随着政局的稳定，以及统治者较为有效的措施，清代前中期的安徽城市经济有了一定的发展，主要表现为粮食产量增加、经济作物大面积种植、手工业较快发展、城镇的商品交换活动日趋兴盛。鸦片战争之前，清政府实行闭关锁国的政策，一定程度上阻止了西方国家的侵略，但也让统治者看不到世界形势的变化，在西方资本主义经济飞速发展的时候，大清帝国已经落伍了。从鸦片战争开始，中国开始一步步沦为半殖民地半封建社会，从此被强行拽入了世界经济大潮。清末安徽近代经济的演变，既有与中国其他省份相同的特征，也有本省的特点。相同的特征是，从1840年鸦片战争以后，安徽与其他省份一样，开始了半殖民地半封建社会的形成、加深和全面崩溃的过程。[①] 不同之处主要有：第一，安徽不是沿海省份，虽然有一部分农产品通过上海、宁波等第一批通商口岸销售到国外，国外的商品也通过上海、宁波等口岸间接倾销到安徽地区，但毕竟数量有限。到1877年芜湖开埠通商以后，英、日、美等帝国主义国家才陆续开始了对安徽的直接掠夺和经济侵略。因此，在近代史上，安徽的半殖民地半封建社会的形成较其他省份要晚。第二，安徽的封建势力极其顽固，封建地主阶级的土地占有关系也根深蒂固。这种顽固的封建势力和根深蒂固的封建土地占有关系对民族资本主

---

① 程必定：《安徽近代经济史》，黄山书社，1989年版，第24页。

义表现出极大的排他性，对外国资本主义和帝国主义势力又表现出极大的妥协性。外国资本主义对安徽的入侵，也往往是借助封建势力及其代表者军阀和官僚政府的力量来完成的，可以说在近代史上，安徽社会的封建化程度要超过其殖民地化程度。第三，在近代，安徽的民族资本主义由于受外国资本主义入侵和本省封建势力的双重排斥，一直处于步履艰难的境地，民族工业落后，极大地阻碍了安徽社会生产力的发展，致使安徽一进入近代，经济发展就落后于全国，更落后于华东地区的一些经济发达省份。①

清代是中国最后一个封建王朝。古代教育发展到清代已经走到其历史的最后阶段。这一时期的安徽教育制度集传统教育制度之大成，又带有封建社会末期腐朽僵化的特征，呈现盛极而衰的趋势。② 1840 年以后，随着西方势力的入侵，新式教育传入安徽地区，安徽的传统教育开始变革，新式教育逐渐崛起。

清代安徽城市居民大多具有民风淳厚、崇尚节俭、好习诗书、文采风流等特点，城市风俗区域性差异大，靠近省界的城市社会风俗具有明显的邻省特征。清代安徽地方戏种类繁多，较为流行的有徽剧、黄梅戏、庐剧、目连戏、泗州戏、花鼓戏等。这些地方戏丰富了市民的文化生活，推动了城市商业的发展，对社会有一定的教化作用。在清代，安徽城市面临着赌风盛行、吸毒成风、娼妓泛滥、封建迷信等社会问题，政府虽然进行了一定的管理，但效果不明显。这些问题给清代安徽城市带来了诸多的危害。

综观清代安徽城市的发展，从整体来看，具有这样一些不足：整体发展缓慢，城市规模偏小，缺少全国性的大城市。

城市规模有人口、城市面积等衡量标准，由于清代城市很少有关于人口的记载，故一般以城市面积及城墙周长作为衡量城市大小的主要依据。如前文所述，清代全国城市中，周长在 15 里以上的有 57 个，而清代安徽城市中仅有 1 个。就清代府城而言，清代全国范围内府城周长为 11～12 里的比例最大，占 29%，剩下的大多为 5～10 里；而清代安徽

---

① 程必定：《安徽近代经济史》，黄山书社，1989 年版，第 25～26 页。
② 李国钧、王炳照：《中国教育制度通史》（第 5 卷），山东教育出版社，1999 年版，导言。

府城周长 9～10 里的比重最大，占 42%，剩下的大多为 5～8 里。根据民国时期的一项统计，1933—1936 年全国人口在 20 万以上的城市有 28 个，安徽无一城市在列，同期全国人口在 10 万以上的城市有 76 个，安徽仅芜湖、安庆、蚌埠在列。① 虽然是民国时期的数据，但基本反映了清末安徽城市规模在全国的地位。可见，就全国范围而言，清代安徽城市总体发展缓慢，整体规模偏低，缺少全国性的大城市。

造成清代安徽城市发展有上述不足的原因很多，具体来说有如下几点：

（一）地形复杂，城市可拓展的空间有限

从图 1 可以看出，安徽境内山脉分布较密，淮河、长江、新安江三条河流的干支流蜿蜒于群山之间，省内成片的大平原较少，仅有淮河中游平原和沿江平原两处。即使是这两片较大的平原地区，还是坐落着许多大大小小的山脉。这样，安徽大部分城市的修建只能因山利水。如清代安徽省会安庆虽然位于沿江平原，但安庆北靠大别山南麓丘陵，南临长江干流，也是面水背山而建，在这种情况下，安庆城市空间的拓展就较为有限了。再如清代徽州府城，"西有浙岭之塞，南有江滩之险，北有黄山之扼"，只有"即山为城，因溪为隍"。② 清代庐州府城合肥位于淮河中游平原，附近地势平坦，建城的回旋余地大，从扬州刺史刘馥建城，到唐代加瓮城，宋代郭振扩展了合肥城的北部，跨金斗河为城，至此合肥的周长已达 26 里③，这一城市规模一直延续到清代。就城市空间面积而言，合肥为清代安徽最大的城市，且遥遥领先于清代安徽的其他城市。

---

① 顾朝林：《中国城市地理》，商务印书馆，1999 年版，第 76 页。
② 马步蟾纂修：《道光徽州府志》卷二《舆地志·形胜》，江苏古籍出版社，1998 年版。
③ 黄云修：《（光绪）续修庐州府志》卷九《城署志》，江苏古籍出版社，1998 年版。

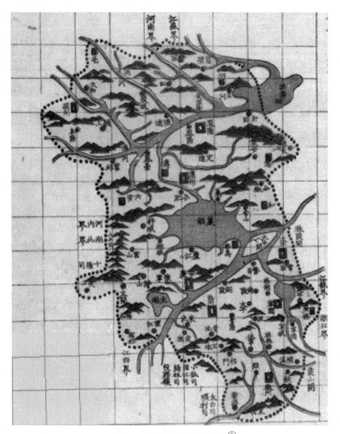

图1　清代安徽地形图[①]

（二）城市腹地农业发展不足，限制了城市规模的扩大

农业为城市人口提供粮食，为城市手工业的发展提供原料，腹地农业的发展直接决定了城市的规模。清代安徽城市腹地农村面积有限，农业不甚发达，不足以支撑起特大城市的发展，所以清代安徽没有出现全国性的大城市，城市的整体规模也偏小。

有清一代，安徽的农业有所发展。如前文所述，清代安徽粮食产量增加，粮食商品化程度提高，为城市人口的增加提供了最基本的口粮条件；粮食、经济作物的生产，为城市手工业提供了生产原料；随着粮食商品化程度的提高，一定程度上促进了城市人口的增加和商业、手工业

---

① http://ishare.iask.sina.com.cn/f/16601544.html?from=like。

的发展。然而，从整体上看，清代安徽农业的发展有限，对城市发展的推动力不足。首先，清代安徽的粮食（米、麦等主食）生产虽然有所发展，清末全省年稻米总产量在 4500 万石左右[①]，但由于耕地面积有限和农村人口的大量增长，能够提供给城市人口食用的余粮有限。其次，清代安徽经济作物的种植不甚发达，农民不是将纺纱织布、织网捕鱼视作独立的副业来对待，而是作为粮食种植业的补充，直至清末，安徽省境内自然经济仍占主导地位。[②] 经济作物往往是作为手工业原料或直接作为商品在城市市场流通，清代安徽农村经济作物种植业的落后直接影响了城市手工业原料的供应和城市商品市场的充实程度，限制了城市手工业和商业的发展。

（三）交通不便

交通对城市的发展异常重要。城市人员、商品货物、信息的流动都离不开发达的交通。交通是城市发展的重要动力之一，更是提高城市对腹地农村和小城市吸附能力的保障。清代安徽城市的水陆两路交通都制约了城市的发展。

从水路交通方面看，安徽省境内有长江、淮河、新安江三条重要水道及大大小小的支流，在十分依赖水路运输的清代，安徽省的交通条件不可谓不好。也正因为如此，清代安徽城市多分布于长江、淮河、新安江的干支流沿岸。清末西方新式轮船的引入，提升了安徽水路运输的速度，但是，安徽的水路交通存在不足。首先，安徽的水路运输多在省内进行，一部分水路通达邻省，但缺少全国性的水路交通枢纽。与安徽相反的是，明清时期的苏州正是依靠京杭大运河的有利运输条件，成为南北水路交通枢纽，苏州也因此成为明清时期全国闻名的工商业中心。其次，清代安徽境内不少河道多暗礁，淤泥堵塞，或者水流湍急，航运条件有限。皖南山区的河流有新安江、阊江、青弋江，分别与钱塘江、鄱阳湖、长江相通。虽然航运资源较为丰富，但由于蜿蜒于群山之间，皖

---

① 谢国兴：《中国现代化的区域研究：安徽省（1860—1937）》，台湾师范大学历史研究所博士学位论文，1990 年，第 1～21 页。

② 张亮：《皖江流域城市结构、功能及其早期转型研究——以清代安庆、芜湖为例》，四川大学硕士学位论文，2007 年，第 35 页。

南的河流多急流险滩，有的河段根本就不宜航行。如黟县河流水浅流急，到渔亭以下才能通行木船，经横江、新安江至杭州。① 安庆虽有长江之利，但附近长江支流不多，只有皖河一条，皖河连接长江与上游的太湖、潜山，但由于皖河流域多是山地丘陵，因而河水较浅、流程较短，水系不甚发达，航运不甚方便。②

从陆路来看，安徽境内山脉河流纵横，陆路交通大多需要跋山涉水，艰险万分。综观清代安徽境内的陆路交通，皖北淮河中游平原地区地势平坦，陆路交通条件较好，但长江沿岸及皖南地区的城市陆路交通相对较差，大多翻山越岭，临渊涉水，通行能力有限。安庆腹地多山区丘陵，陆路交通不便，对周围小城市的控制力较弱。安庆与腹地小城市的陆路交通线有五条：东面由集贤关经午公坝至枞阳镇，北面出城经十里铺、练潭、张家嘴达桐城，西北出正观门经高桥岭、高河铺至青草塥，向西经高河铺、青草塥、三里桥至潜山城，西南出安庆经潜山至石牌。③ 这五条陆路大多经过丘陵山地，道路狭窄，且弯曲不平，运载能力有限。正因为如此，整个清代，作为安徽省省会，安庆的发展都不尽如人意。从经济发达程度而言，安庆不及芜湖；从城市空间面积而言，安庆不及合肥的一半。安庆的陆路交通尚且如此，多山的皖南情况就更糟糕了。历史上的皖南陆路交通就不发达，汉代黟县通丹阳郡（今宣城）的道路为皖南地区的主要商道；唐代徽州人口显著增加，经济得到初步开发，所产茶叶已行销全国，歙砚、漆器等产品也已问世。为便于商品流通，徽州先民新辟山道，使旧有的交通条件得到了一定的改善。南宋定都临安，对徽州经济和交通的发展起到了较大的推动作用。境内著名的歙县昱岭关古道、绩溪逍遥岩栈道、黟县戊己桥等，都建于这一时期。但由于这些道路艰险万分，通行能力十分有限。④

清末，西方新式的轮船、火车等传入中国，安徽的部分水路运输开始使用新式轮船。北京、上海等大城市附近的铁路已经开通，并开始发

---

① 黟县地方志编纂委员会：《黟县志》，光明日报出版社，1989年版，第233页。
② 朱庆葆：《传统城市的近代命运：清末民初安庆城市近代化研究》，安徽教育出版社，2001年版，第3页。
③ 朱之英修：《（民国）怀宁县志》卷三《乡区》，江苏古籍出版社，1998年版。
④ 徽州地区交通志编纂委员会：《徽州地区交通志》，黄山书社，1996年版，第33页。

挥较大的运输效益，而安徽铁路的修建基本是民国以后的事情了。

清代安徽省的交通状况欠佳，影响了城市的商品、人员和信息的流通，减弱了城市对农村腹地的吸附能力，制约了城市的发展。相对较差的交通条件导致清代安徽城市整体发展缓慢，没有出现全国性的大城市。

（四）城市经济发展缓慢

城市发展的动力有很多，经济动力是其中之一。随着城市商品经济的发展，尤其是近代西方列强的入侵，一大批沿海沿江城市开放为通商口岸，使经济因素在中国城市发展中的作用越来越重要。清代安徽城市的发展亦是如此。在清代前中期，经济因素是推动安徽城市发展的一个重要因素。清末，西方势力入侵安徽地区，使经济因素在安徽城市的发展中的作用更加重要，芜湖因此成为清代安徽最发达的城市，安庆虽是安徽的政治中心，但经济发展不及芜湖。

相对于全国发达省份，清代安徽城市经济发展落后。在清代前中期，全国较著名的工商业中心城市有北京、苏州、杭州、南京、广州、佛山、汉口、成都等。[①] 虽然芜湖是清代前中期安徽经济最发达的城市，但芜湖的工商业发展远远落后于苏州、广州等城市，更不用提安徽的其他城市了。

清末，西方列强入侵，清政府被迫开辟了一批沿海沿江通商口岸城市，中国城市的发展产生了新的变化。如上海为 1842 年第一批开放的口岸城市，开埠之初，上海城区连同郊区人口在内约 50 万人，到 1880年，上海仅城区人口就达到了 100 万，成为当时中国最大的工商业经济中心城市。[②] 而芜湖到 1877 年才开埠通商，无论是开放的时间，还是开放的程度都远不及上海、广州等城市。1891 年，芜湖市区的人口尚不到 8 万。[③] 1933 年，上海工业总产值 11 亿元以上，超过全国工业总

---

① 何一民：《中国城市史》，武汉大学出版社，2012 年版，第 404 页。
② 何一民：《中国城市史》，武汉大学出版社，2012 年版，第 488 页。
③ 章征科：《从旧埠到新城：20 世纪芜湖城市发展研究》，安徽人民出版社，2005 年版，第 17页。

产值的一半①；而芜湖 1935 年的工业总产值才为 347 万元。② 虽然是民国时期的数据，但也大致反映了清末的情况。

由上可知，无论是清代前中期还是清末，相较于全国发达省份，安徽城市的经济发展滞后，这也是清代安徽城市发展缓慢的重要原因之一。

（五）战争和自然灾害延缓了安徽城市的发展

战争和自然灾害对城市的破坏极大。清代安徽是战争和自然灾害频发的地区。就战争而言，明末清初的战乱与咸同年间的太平天国运动对安徽城市的破坏极大。清代安徽也是地震、洪涝等自然灾害频发的地区之一，自然灾害对安徽城市的破坏也非常严重。在战争和自然灾害等的打击下，清代安徽城市的发展整体缓慢。

---

① 何一民：《中国传统工商业城市在近代的衰落——以苏州、杭州、扬州为例》，载于《西南民族大学学报（人文社会科学版）》，2007 年第 4 期。

② 《安徽省芜屯公路沿线经济概况》，载于《安徽政务月刊》，1935 年第 6 期，第 43～44 页。

参考文献

一、古籍

《皇明世法录》，明刻本。

《晋书》，北京：中华书局，1996 年版。

《旧唐书》，北京：中华书局，1975 年版。

《吕氏春秋》，北京：中华书局，2007 年版。

《清朝文献通考》，杭州：浙江古籍出版社，2000 年影印本。

《清高宗实录》，北京：中华书局，1986 年影印本。

《清会典事例》，北京：中华书局，1991 年版。

《清圣祖圣训》，台北：台湾商务印书馆，1983 年版。

《清圣祖实录》，台北：华文书局，1969 年影印本。

《清世祖实录》，北京：中华书局，1985 年影印本。

《诗经》，北京：中华书局，2006 年版。

《宋会要辑稿》，北京：中华书局，1957 年版。

《隋书》，北京：中华书局，1973 年版。

《新馆鲍氏著存堂宗谱》，清光绪元年（1875），木活字本。

《新唐书》，北京：中华书局，2003 年版。

《续修四库全书》，上海：上海古籍出版社，1996 年版。

陈寿撰，裴松之注，易行、孙嘉镇校订：《三国志》，北京：线装书局，2008 年版。

杜佑撰，王文锦等点校：《通典》，北京：中华书局，1988 年版。

冯煦主修，陈师礼纂：《皖政辑要》，合肥：黄山书社，2005 年版。

刘献廷：《广阳杂记》，北京：中华书局，1957 年版。

彭孙贻：《流寇志》，杭州：浙江人民出版社，1983 年版。

司马迁：《史记》，哈尔滨：北方文艺出版社，2007 年版。

田涛、郑秦点校：《中华传世法典：大清律例》，北京：法律出版社，1998 年版。

王圻：《续文献通考》，北京：现代出版社，1986 年版。

夏东元：《郑观应集》上册，上海：上海人民出版社，1982 年版。

徐珂编撰：《清稗类钞》第 13 册，北京：中华书局，1984 年版。

袁康、吴平辑录：《越绝书》，上海：上海古籍出版社，1985 年版。

允祹纂修：《钦定大清会典则例》，台北：台湾商务印书馆，1986 年版。

张寿镛辑：《皇朝掌故汇编》，光绪二十八年（1902）刊本。

赵尔巽等撰：《清史稿》，北京：中华书局，1977 年版。

朱寿鹏编：《光绪朝东华录》，北京：中华书局，1984 年版。

二、清代方志

《（道光）宿松县志》，道光八年（1828）刊本。

冯煦主修，陈师礼纂：《皖政辑要》，合肥：黄山书社，2005 年版。

符兆鹏修：《（同治）太湖县志》，同治十一年（1872）刻本。

顾景濂等修，段广瀛纂：《（同治）续萧县志》，光绪元年（1875）刊本。

黄桂修，宋骧纂：《（康熙）太平府志》，康熙十二年（1673）刻本。

江映鲲修：《（康熙）天长县志》，康熙十二年（1673）刻本。

李懋仁纂修：《（雍正）六安州志》，北京：线装书局，2001 年版。

李青岩等修：《铜陵县志》，民国十九年（1390）刊本。

李载阳修，游端友纂：《（乾隆）潜山县志》，乾隆四十六年（1781）刊本。

梁启让修：《（嘉庆）芜湖县志》，嘉庆十二年（1807）刻本。

廖腾煃修：《康熙休宁县志》，康熙十三年（1674）刻本。

刘光宿修：《婺源县志》，康熙八年（1669）刻本。

穆彰阿、潘锡恩等纂修：《嘉庆大清一统志》，《四部丛刊续编》本，上海：上海书店出版社，2015 年版。

任寿世等修，刘开等纂：《（道光）亳州志》，道光五年（1825）刊本。

沈葆桢修：《重修安徽通志》，光绪四年（1878）刻本。

陶澍等修：《（道光）安徽通志》，道光十年（1830）刻本。

王庭修，毕琪光纂：《（顺治）太湖县志》，康熙二十七年（1688）刻本。

张佩芳修，刘大櫆纂：《歙县志》，乾隆三十六年（1771）刻本。

赵裔昌修，何名儁等纂：《（康熙）蒙城县志》，康熙十五年（1676）刻本。

《中国地方志集成》编辑工作委员会：《中国地方志集成 安徽府县志辑》，南京：江苏古籍出版社，1998 年版。

三、近代方志

《祁门县工商行政管理志》编纂委员会：《祁门县工商行政管理志》，合肥：黄山书社，1995 年版。

《舒城县工商行政管理志》编纂委员会：《舒城县工商行政管理志》，北京：方志出版社，1995 年版。

安徽省地方志办公室编著：《安徽水灾备忘录》，合肥：黄山书社，1991 年版。

安徽省地方志编委会编：《安徽省志·总述》，北京：方志出版社，1999 年版。

安徽省地方志编纂委员会编：《安徽省志：煤炭工业志》，合肥：安徽人民出版社，1993 年版。

安徽省地方志编纂委员会编：《安徽省志：轻工业志》，北京：方志出版社，1998 年版。

安徽省地方志编纂委员会编：《安徽省志·出版志》，北京：方志出版社，1998 年版。

安徽省地方志编纂委员会编：《安徽省志·纺织工业志》，合肥：安徽人民出版社，1993 年版。

安徽省地方志编纂委员会编：《安徽省志·军事志》，合肥：安徽人民出版社，1995 年版。

安徽省地方志编纂委员会编：《安徽省志·民俗志》，北京：方志出版社，1998年版。

安徽省地方志编纂委员会编：《安徽省志·商业志》，合肥：安徽人民出版社，1995年版。

安徽省地方志编纂委员会编：《安徽省志供销合作社志》，北京：方志出版社，1998年版。

安徽省人民政府地震局编著：《安徽省志·地震志》，合肥：安徽人民出版社，1989年版。

安庆市地方志编纂委员会编：《安庆地区志》，合肥：黄山书社，1995年版。

蚌埠市地方志编纂委员会编：《蚌埠市志》，北京：方志出版社，1995年版。

亳州市地方志编纂委员会编纂：《亳州市志》，合肥：黄山书社，1996年版。

巢湖地区地方志编纂委员会编：《巢湖地区简志》，合肥：黄山书社，1995年版。

巢湖志编纂委员会编：《巢湖志》，合肥：黄山书社，1989年版。

池州地区地方志编纂委员会编：《池州地区志》，北京：方志出版社，1996年版。

徽州地区交通志编纂委员会编：《徽州地区交通志》，合肥：黄山书社，1996年版。

六安地方志编纂委员会：《六安市志》，南昌：江西人民出版社，1991年版。

祁门县地方志编纂委员会办公室编：《祁门县志》，合肥：安徽人民出版社，1990年版。

休宁县地方志编纂委员会编：《休宁县志》，合肥：安徽教育出版社，1990年版。

黟县地方志编纂委员会主编：《黟县志》，北京：光明日报出版社，1989年版。

四、文史资料

安庆市政协文史资料委员会、《安庆文史资料》编辑部编：《安庆文史资料》第 23 辑，安徽省新闻出版局 A．91，016 号，1991 年。

安庆市政协文史资料委员会、《安庆文史资料》编辑部编：《安庆文史资料》第 28 辑，编非正式出版字（2000）第 022 号，2000 年。

安庆市政协文史资料委员会、安庆文史资料编辑部编：《安庆文史资料》工商经济史料专辑，总第 13 辑。

凤阳县政协文史资料研究委员会编：《凤阳文史资料》第 2 辑，1987 年。

合肥市政协文史资料研究委员会编：《合肥文史资料》第 1 辑，安徽省出版总社非出字（84）2027 号，1984 年。

建设委员会调查浙江经济所编印：《芜乍铁路沿线经济调查（安徽段）》，1933 年。

铜陵市政协文史资料委员会编辑：《铜陵文史资料》第 7 辑，1992 年。

政协安徽省亳州市委员会、文史资料研究委员会编：《亳州文史资料》第 4 辑，1990 年。

政协安徽省亳州市委员会、文史资料研究委员会编：《亳州文史资料》第 5 辑，1992 年。

政协安徽省广德县委员会、文史资料委员会编：《广德文史资料》第 1 辑，1986 年。

政协安徽省泾县委员会编：《泾县文史资料选辑》第 1 辑，1985 年。

政协安徽省铜陵市、铜陵县文史资料研究委员会编印：《铜陵文史资料选编》（大通和悦洲历史变迁专辑）第三辑，安徽省出版总社非字（86）第 2065 号，1986 年。

政协安徽省委员会、文史资料研究委员会编：《安徽文史资料选辑》（经济史料），第 14 辑，安徽省出版局内部发行，1983 年。

政协安徽省委员会、文史资料研究委员会编：《工商史迹》，合肥：安徽人民出版社，1987 年。

政协安庆市委文史资料研究委员会、《安庆文史资料》编辑部：《安庆文史资料第 17 辑》，1987 年。

政协安庆市文史资料研究委员会、安庆市工商业联合会、中国民主建国会安庆市委员会编：《安庆文史资料》总第 14 辑，安徽省出版局 2009 号。

政协安庆市文史资料研究委员会等编：《安庆文史资料》，安庆市档案局藏，1984 年。

政协蚌埠市委员会、蚌埠市志编纂委员会编辑组编：《蚌埠古今》，1984 年。

政协安徽省六安市文史资料研究委员会编：《六安市文史资料》，安徽出版局登记证（86）2110 号，1986 年。

政协亳县委员会、文史资料研究委员会编：《亳县文史资料》第 1 辑，1984 年。

政协亳州市委员会文、史资料研究委员会编：《亳州文史资料》第 3 辑，1987 年。

政协繁昌县文史资料委员会编：《繁昌文史资料》第 7 辑，1991 年。

政协贵池市文史资料委员会编：《贵池文史资料》第五辑，皖非正式出版字（96）第 034 号，1996 年。

政协合肥市委员会、文史资料委员会编：《合肥文史资料》第 7 辑，1991 年。

政协黄山市屯溪区委员会、文史资料研究委员会编：《屯溪文史》第 4 辑，安徽省出版局皖非出字第 2027 号，1998 年。

政协六安市委员会编：《六安文史》第 2 辑，北京：中国文史出版社，2006 年。

政协蒙城委员会编：《漆园古今》第 2 辑，1984 年。

政协南陵县文史办公室编：《南陵县文史资料选编》第 5 辑，1986 年。

政协潜山县委员会文史资料文员会：《舒州古今》，1986 年。

政协歙县文史资料委员会编：《歙县文史资料》第 1 辑，1985 年。

政协濉溪县文史资料委员会编：《濉溪文史资料》第 1 辑，皖非正式出版字（87）第 0011 号，1987 年。

政协太和县委员会文史资料研究委员会编：《细阳春秋》第 1 辑，安徽省出版局非出印字第 2021 号，1984 年。

政协芜湖市委员会文史资料研究委员会编:《芜湖文史资料》第 4 辑,1990 年。

五、专著

《安徽风物志》,合肥:黄山书社,1985 年版。

《工商史迹》,合肥:安徽人民出版社,1987 年版。

《合肥史话》采编组:《合肥史话》,合肥:黄山书社,1985 年版。

《可爱的安徽》,合肥:安徽人民出版社,1987 年版。

《马克思恩格斯全集》第 3 卷,北京:人民出版社,1995 年版。

安徽大学徽学研究中心编:《徽学 2000 年卷》,合肥:安徽大学出版社,2001 年版。

鲍亦骐:《芜湖港史》,武汉:武汉出版社,1989 年版。

曹树基:《中国人口史》第四卷《明时期》,上海:复旦大学出版社,2000 年版。

曹树基:《中国人口史》第五卷《清时期》,上海:复旦大学出版社,2001 年版。

陈瑞、方英:《徽州古书院》,沈阳:辽宁人民出版社,2002 年版。

陈亚平:《清代法律视野中的商人社会角色》,北京:中国社会科学出版社,2004 年版。

陈智勇:《中国古代社会治安管理史》,郑州:郑州大学出版社,2003 年版。

程必定:《安徽近代经济史》,合肥:黄山书社,1989 年版。

单光鼐:《中国娼妓:过去和现在》,北京:法律出版社,1995 年版。

邓洪波:《中国书院史》上海:东方出版中心,2004 年版。

丁文江、翁文灏:《中国矿业纪要》,北京:农商部地质调查所,1921 年版。

樊树志:《明清江南市镇探微》,上海:复旦大学出版社,1990 年版。

范西成、陆保珍:《中国近代工业发展史(1840—1927)》,西安:陕西人民出版社,1991 年版。

方行主编：《中国经济通史·清代经济卷》（中），北京：经济日报出版社，1999 年版。

费正清：《剑桥中国晚清史》（上卷），北京：中国社会科学出版社，1993 年版。

戈春源：《中国社会民俗丛书·赌博史》，上海：上海文艺出版社，1995 年版。

顾朝林：《中国城镇体系——历史现状展望》，北京：商务印书馆，1996 年版。

郭春梅、张庆捷：《世俗迷信与中国社会》，北京：宗教文化出版社，2001 年版。

韩延龙：《中国近代警察制度》，北京：中国人民公安大学出版社，1993 年版。

何一民：《中国城市史纲》，成都：四川大学出版社，1994 年版。

何一民：《近代中国城市发展与社会变迁》，北京：科学出版社，2004 年版。

华立：《清代保甲制度简论》，见《清史研究集》，北京：光明日报出版社，1998 年版。

黄崇岳：《中国历朝行政管理》，北京：中国人民大学出版社，1998 年版。

矶村英一：《城市问题百科全书》，王君健等译，哈尔滨：黑龙江人民出版社，1988 年版。

季啸风：《中国书院词典》，杭州：浙江教育出版社，1996 年版。

李国钧、王炳照：《中国教育制度通史》第 5 卷，济南：山东教育出版社，1999 年版。

李琳琦：《徽商与明清徽州教育》，武汉：湖北教育出版社，2003 年版。

李则纲：《安徽历史述要》（上、下册），安徽省地方志编纂委员会，1988 年版。

梁漱溟：《中国文化要义》，上海：学林出版社，1987 年版。

楼慧珍等：《中国传统服饰文化》，上海：东华大学出版社，2003 年版。

罗尔纲：《绿营兵志》，北京：中华书局，1984年版。

马正林：《中国城市历史地理》，济南：山东教育出版社，1998年版。

闵煜铭等：《安徽省地理》，合肥：安徽人民出版社，1991年版。

潘小平：《徽商：正说明清中国第一商帮》，北京：中国广播电视出版社，2005年版。

瞿同祖：《清代地方政府》，范忠信等译，北京：法律出版社，2003年版。

任重：《魏晋南北朝城市管理研究》，北京：中国社会科学出版社，2003年版。

桑兵：《晚清学堂学生与社会变迁》，上海：学林出版社，1995年版。

施坚雅：《中华帝国晚期的城市》，叶光庭等译，北京：中华书局，2000年版。

施坚雅：《中国农村的市场和社会结构》，史建云、徐秀丽译，北京：中国社会科学出版社，1998年版。

史革新：《中国社会通史·晚清卷》，太原：山西教育出版社，1996年版。

宋兆麟：《中国风俗通史·原始社会卷》，上海：上海文艺出版社，2001年版。

宋镇豪：《夏商社会生活史》，北京：中国社会科学出版社，1994年版。

苏智良：《中国毒品史》，上海：上海人民出版社，1997年版。

汤业奇、施立业：《安徽通史·清代卷》（上、下），合肥：安徽人民出版社，2011年版。

唐力行：《明清以来徽州社会区域社会经济研究》，合肥：安徽大学出版社，1999年版。

汪军：《皖江文化与近世中国：京剧、近代工业和新文化的源头》，合肥：合肥工业大学出版社，2004年版。

王承仁主编：《太平天国研究论文集》，武汉：武汉大学出版社，1994年版。

王鹤鸣、施立业：《安徽近代经济轨迹》，合肥：安徽人民出版社，1991 年版。

王鹤鸣：《芜湖海关》，合肥：黄山书社，1994 年版。

王开玉、杨森：《安庆史话》，合肥：安徽人民出版社，1981 年版。

王振忠：《徽州社会文化史探微》，上海：上海社会科学院出版社，2003 年版。

隗瀛涛：《中国近代不同类型城市综合研究》，成都：四川大学出版社，1998 年版。

魏建猷：《中国近代货币史》，上海：群联出版社，1955 年版。

翁飞等：《安徽近代史》，合肥：安徽人民出版社，1990 年版。

芜湖市文化局：《芜湖古今》，合肥：安徽人民出版社，1983 年版。

吴量恺：《清代经济史研究》，武汉：华中师范大学出版社，1991 年版。

吴晓煜：《中国煤炭史志资料钩沉》，北京：煤炭工业出版社，2002 年版。

夏东元：《郑观应集》（上册），上海：上海人民出版社，1982 年版。

谢国桢：《明代社会经济史料选编》（中册），福州：福建人民出版社，1980 年版。

谢克林：《中国花鼓灯艺术》，合肥：安徽人民出版社，1990 年版。

徐学林：《安徽城市》，北京：中国城市经济社会出版社，1989 年版。

许涤新、吴承明：《中国资本主义发展史》（第一卷），北京：人民出版社，2003 年版。

杨大金：《现代中国实业志》，北京：商务印书馆，1938 年版。

杨端六：《清代货币金融史稿》，北京：生活·读书·新知三联书店，1962 年版。

张德生、高本华：《安徽省经济地理》，北京：新华出版社，1987 年版。

张海鹏、王廷元：《徽商研究》，合肥：安徽人民出版社，1995 年版。

张朋园：《中国现代化的区域研究：湖南省》，台北："中央"研究院近代史研究所，1983 年版。

张学恕：《长江下游经济发展史》，南京：东南大学出版社，1990年版。

张驭寰：《中国城池史》，天津：百花文艺出版社，2002 年版。

章征科：《从旧埠到新城：20 世纪芜湖城市发展研究》，合肥：安徽人民出版社，2005 年版。

钟敬文主编，萧放等著：《中国民俗史（明清卷）》，北京：人民出版社，2008 年版。

周忍伟：《举步维艰：皖江城市早期现代化研究》，合肥：安徽教育出版社，2002 年版。

周耀明：《汉族风俗史》第 4 卷《明代·清代前期汉族风俗》，上海：学林出版社，出版时间不详。

朱庆葆：《传统城市的近代命运：清末民初安庆城市近代化研究》，合肥：安徽教育出版社，2001 年版。

朱绍侯：《中国古代治安制度史》，开封：河南大学出版社，1994年版。

朱永春：《徽州建筑》，合肥：安徽人民出版社，2005 年版。

六、期刊论文

《安徽实业概况》，载于《实业统计》，1935 年第 6 期。

《芜湖古代的漕粮运输》，载于《广西粮食经济》，2001 年第 4 期。

陈金勇：《近代芜湖关进出口贸易发展述论》，载于《绥化学院学报》，2005 年第 1 期。

陈联：《明清时期的芜湖关》，载于《安徽师范大学学报（人文社会科学版）》，2000 年第 1 期。

成一农：《清代的城市规模和行政等级》，载于《扬州大学学报（人文社会科学版）》，2007 年第 5 期。

范习中：《近代安徽城市发展的动力因素分析》，载于《西南民族大学学报（哲学社会科学版）》，2012 年第 2 期。

方前移：《近代芜湖与无锡工农商关系的差异》，载于《江苏商论》，2006 年第 1 期。

方前移：《抗战前芜湖与无锡米市》，载于《巢湖学院学报》，2005年第2期。

方行：《清代前期农民的家庭手工业》，载于《中国经济史研究》，2005年第1期。

高曾伟：《徽州建筑民俗文化及其形成因素》，载于《民俗研究》，1993年3期。

龚光明、曹觉生：《安徽各大市镇之工商现状》，载于《安徽建设月刊》，1931年第26期。

何一民：《现代化视野下的社会动员与辛亥革命——以四川保路运动为例》，载于《社会科学》，2011年第10期。

何一民：《中国传统工商业城市在近代的衰落：以苏州、杭州、扬州为例》，载于《西南民族大学学报（人文社会科学版）》，2007年第4期。

贺宾：《传统戏曲社会教化功能作用机理探微》，载于《西北第二民族学院学报（哲学社会科学版）》，2008年第1期。

霍跃夫：《晚清县以下基层行政官署与乡村社会控制》，载于《中山大学学报（社会科学版）》，1995年第4期。

蒋含平：《安徽近代第一次报刊热潮探源》，载于《新闻大学》，1997年第1期。

李絜非：《合肥风土志》，载于《学风》，1935年第7期。

梁琍：《论清末民国徽州民居的变异》，载于《小城镇建设》，2001年第3期。

廖声丰：《清代前期的芜湖榷关及其商品流通》，载于《中国社会经济史研究》，2004年第1期。

廖声丰：《试论清代前期凤阳关的管理制度》，载于《淮南师范学院学报》，2004年第01期。

鲁尧贤：《太平天国安庆根据地建设》，载于《安庆师范学院学报（社会科学版）》，2001年第2期。

闵传超：《走向中国早期现代化的第一步——论安庆内军械所的历史地位》，载于《安庆师院社会科学学报》，1998年第4期。

穆键：《〈皖政辑要〉所见安徽近代教育行政体制的建立》，载于

《安徽广播电视大学学报》，2011 年第 1 期。

穆键：《皖政辑要》所见清末芜湖警政建设》，载于《安徽广播电视大学学报》，2010 年第 2 期。

钱国祥：《商人与市镇：明清芜湖城市发展的逻辑》，载于《乐山师范学院学报》，2011 年第 6 期。

秦政奇：《安庆内军械所——近代兵工业的起点》，载于《安徽史学》，1992 年第 4 期。

隋丽娟：《多隆阿与安庆战役》，载于《黑龙江社会科学》，1997 年第 1 期。

唐力行、申浩：《差异与互动：明清时期苏州与徽州的市镇》，载于《社会科学》，2004 年第 1 期。

王鹤鸣：《安徽近代教育发展概述》，载于《安徽史学》，1986 年第 3 期。

王鹤鸣：《芜湖开埠与安徽近代经济的发展》，载于《安徽史学》，1995 年第 3 期。

王开玺：《1907 年安庆起义与晚清政局简论》，载于《安徽大学学报（哲学社会科学版）》，2001 年第 5 期。

王开玺：《嘉道年间的京城保甲制度与社会治安》，载于《历史档案》，2002 年第 2 期。

吴珂：《近代内陆政治型城市发展动力机制研究——以西安为中心的考察》，载于《西南民族大学学报（人文社会科学版）》，2009 年第 11 期。

吴仁安：《明清时期芜湖的社会经济和市政建设》，载于《大同职业技术学院学报》，2003 年第 2 期。

肖国清：《论徽州古典园林艺术》，载于《中国园林》，1988 年第 2 期。

谢国权：《典型的城市早期现代化之路》，载于《安徽史学》，1999 年第 4 期。

谢国权：《近代芜湖米市与芜湖城市的发展》，载于《中国社会经济史研究》，1999 年第 3 期。

谢学序：《中国手工业造纸及其贸易概况》，载于《实业部月刊》，

1937 年第 6 期。

杨春雷：《试论明清徽州市镇与社会转型》，载于《安徽史学》，1996 年第 4 期。

姚娟、刘锡涛：《清代安徽书院的地域分布特点》，载于《阜阳师范学院学报（社会科学版）》，2006 年第 5 期。

尹玲玲：《明清时期安庆地区的渔业经济》，载于《安徽史学》，2001 年第 4 期。

袁首乐：《安庆内军械所的产品和地点再析》，载于《历史教学问题》，1995 年第 1 期。

张爱民：《近代安徽人口的变迁》，载于《安徽师范大学学报》，1996 年第 3 期。

张浪：《徽州古典园林的研究》，载于《中国园林》，1996 年第 4 期。

张南、张宏明：《安徽汉代城市的分布与建设》，载于《学术界》，1991 年第 6 期。

张云彬：《安徽省城市化发展的历史回顾》，载于《安徽农业大学学报（社会科学版）》，2002 年第 6 期。

赵郭：《清末安徽之中等教育》，载于《学风》，1935 年第 6 期。

赵静、焦华富、宣国富：《安徽省城市体系等级规模结构特征及其调整》，载于《长江流域资源与环境》，2005 年第 5 期。

郑国良：《安庆内军械所究竟设立于哪一年》，载于《安徽史学》，1998 年第 3 期。

周忍伟：《传统城市近代工业发展轨迹和特征——芜湖近代工业个案研究》，载于《安徽史学》，2004 年第 1 期。

周忍伟：《商业对近代中国城市发展作用——芜湖米市分析》，载于《华东理工大学学报（社会科学版）》，2002 年第 4 期。

周亚琦：《徽州民居建筑的探讨和启示》，载于《四川建筑》，2007 年第 2 期。

七、学位论文

陈敬宇：《清代安徽集镇经济发展研究》，安徽师范大学硕士学位论文，2007 年。

韩东洙：《清代府城的城制与兴建活动之研究》，台湾大学建筑与城乡研究所硕士学位论文，1994 年。

梅立乔：《明清徽州市镇初探》，安徽大学硕士学位论文，2003 年。

谢国兴：《中国现代化的区域研究：安徽省（1860—1937)》，台湾师范大学历史研究所博士学位论文，1990 年。

杨发源：《清代地方城市治安管理研究》，四川大学硕士学位论文，2006 年。

杨发源：《清代山东城市发展研究》，四川大学博士学位论文，2009 年。

张亮：《皖江流域城市结构、功能及其早期转型研究——以清代安庆、芜湖为例》，四川大学硕士学位论文，2007 年。

郑晓文：《试论明清时期的牙行》，郑州大学硕士学位论文，2002 年。